JN441335

아픈 사회를 넘어

사회적 웰빙의 가치와 실천의 통합적 모색

아픈 사회를 넘어

사회적 웰빙의 가치와 실천의 통합적 모색

• 조병희 이재열 구혜란 유명순 박상희 양준용 •

21세기북스

서문

'사회적 건강'과 '사회적 웰빙'을 향하여

한국 사회가 아프다. 1990년대까지 우리 사회는 '경제 발전의 성공적 모델'로 불려왔다. 그런데 이제 불만스럽고, 불안하고, 불신에 차 있다. 우리가 힘들고 지친 생활 끝에 병들고 아프듯이 우리 사회도 3불(불만·불안·불신)에 찌들어 사회 구성원 다수의 삶이 고통에 처해 있는 것처럼 보인다.

이를 우리 연구진은 '아픈 사회'라고 은유적으로 표현했다. 한국 사회가 아프니까 그 속에 사는 우리도 아프다는 것이다. 한국인들은 지금 불공정한 현실에 분노하고, 연줄에 치이며, 남과 비교당하며 살아가고 있다. 가만있으면 손해를 보고 독해져야 살아남을 수 있다. 그러다 보니 우리는 주변 사람들을 경계하고 불신하며, 소수의 사람들하고만 소통을 한다. 타인에 대한 배려심은 거의 사라졌고, 자기 존중조차 희미해졌다.

하루하루를 긴장과 경계심과 불안 속에서 살아야 하는 사람들은 몸과 마음이 아프다. 우리의 몸과 마음이 아픈 것은 사회적 모순이 우리의 몸과 마음에 체화된 것으로 사회적 고통이라 부를 만하다. 달리 말하면 사회적 모순이 커지면 궁극적으로 우리의 몸과 마음에도 영향을 받고 그 결과 우리는 아프고, 고통스럽고, 행복하지 못한 삶을 살게 된다. 우리의 아픔과 불행은 상당 부분 사회적으로 만들어진 것이다. 불공정하고, 불평등하고, 불신에 차고, 국가와 사회에 대한 소속감도 없는 사회는 분명 어딘가 고장이 나서 제대로 작동되지 않는 사회다. 이런 사회를 '아픈 사회'라고 볼 수 있을 것이다.

그런데 아픈 사회를 아픈 개인과 연결하는 학문적 작업은 수월치 않았다. 지금까지 사회적 모순은 사회학의 영역이었고 개인의 건강은 보건학과 의학의 영역이었다. 개념이나 관점이 다른 두 학문 영역을 연결하기 위해 우리 연구진은 사회적 건강 또는 사회적 웰빙이란 용어를 사용했다. 건강이나 웰빙은 이미 잘 알려져 있지만 '사회적' 건강은 세계적으로도 이제 새롭게 만들어지고 있는 개념이다.

개인과 사회, 사회 구조와 건강을 개념적으로 연결하기 위해 우리는 사회학 전공자들과 보건학 전공자들로 연구진을 구성했다. 이재열, 구혜란, 박상희는 사회학을 전공하고 사회 문제를 연구한다. 유명순은 간호학과 보건학을 공부했고, 보건 현상을 연구한다. 조병희와 양준용은 사회학을 공부한 뒤에 보건대학원에서 연구 중이다. 연구진의 학문적 배경만 '융합적'인 것이 아니라 3년간의 연구 과정에서 각자가 작성한 글을 나눠 읽으며 토론하고, 또 집필자를 바꾸어 수정 보완하는 작업을 하면서 책 내용이 실제적으로 융합되도록 노력했다.

이 책의 주제는 사회적 건강과 웰빙이다. 현재의 사회가 건강하지 못하다면 그 기원은 언제부터이고 왜 그렇게 되었을까? 우리 연구진은 1997년에 시작된 외환위기 이후 한국 사회의 변화에 그 단초가 있다고 보았다. 외환위기 이후 한국 사회를 조명하는 많은 연구들이 공통적으로 지적하는 것은 경제 위기를 극복하고 기업의 국제 경쟁력을 높여 우리나라의 국부를 늘리는 데는 성공했으나 그 부작용으로 불평등 및 부패와 불공정이 심화되고, 노동의 유연화에 따라 비정규직이 대량으로 발생했다는 점이다. 과거에는 부자가 되고 장수를 누리면 복 받은 사람으로 칭송받았다. 이제는 국민 다수가 예전보다 더 잘살게 되었고, 더 건강하게 오래 살 수 있게 되었다. 그런데 왜 우리 사회는 세계 최고의 자살률, 세계 최장의 노동 시간, 세계 최저의 출산율과 세계 최고의 낙태율, 세계 최고의 사교육비 지출과 세계 최하의 청소년 행복 지수를 보이는가?

개인이나 사회나 우리는 지금까지 물질적 성공을 위해 부단하게 노력했다. 그것도 그냥 평범한 수준이 아니라 모두가 전력투구해 노력했다. 그렇게 앞만 바라보며 내달릴 수 있게 한 원동력은 무엇일까? 연구팀이 찾아낸 동기는 '남과의 비교'였다. 한국인은 평등주의 심성이 강하다고 한다. 강한 평등 지향성 때문에 우리는 남들하고 비교해 뒤처지는 것은 참지 못한다. 남보다 잘살든지 적어도 남들처럼 살기 위해 노력했다. 왜 남들처럼 살아야 하는가? 남들보다 못살면 처절하게 낙인찍히고 차별받기 때문이다. 한국식 평등주의의 이면에는 사회적 약자에 대한 무차별한 낙인이 숨겨져 있다. 그러한 사회적 차별을 당하지 않으려면 1차적으로는 공부에서 1등을 해야 했고, 2차적으로는 좋은 회사에 들어가야 했고, 그다음으로는 성공한 친구나 친지들과 연줄을 만들어 높은 지위로 올라가야 했다.

한국인은 평등주의 심성을 갖고 있지만 속으로는 성공을 통해 남들보다 높은 자리에 앉고 싶어 하고, 일단 자리를 차지하면 남들의 접근을 가능한 한 차단해 자신만의 것으로 사유화하고자 한다. 이러한 경향이 더 진행되면 신분 제도인 카스트와 같은 차별화가 나타난다. 최근에 문제가 되고 있는 소위 '갑질'은 신종 카스트의 존재 확인과도 같다. 성공 전쟁은 대학 입시에서 1차로 판가름 나지만 카스트가 확고해질수록 학교보다는 연줄-네트워크가 중요시된다. 세간에서는 요즈음 어떤 산후 조리원 출신인가가 중요하다고 한다. 태어나면서부터 '연줄 동기'를 만들고 있는 것이다. 즉 출생 시 신분이 사망까지 인생행로를 좌우할 수 있다고 믿는 사람들이 많은 것이다. 이들의 카스트 연대가 확고해질수록 한국 사회는 불공정하고, 부패하고, 불신에 차고, 물질 만능 사회가 될 가능성이 높다.

성공 전쟁에서 승리해 카스트의 상부에 오른 사람들은 소수에 불과하다. 카스트 하부로 밀려난 이들은 어떻게 살아가는가? 성공 확률이 희박해진 사람들에게 일상의 하루하루는 즐거울 리가 없다. 우울과 절망에 빠지기도 한다. 더욱이 사회 보장이 부실하고 직업 안정성이 떨어지는 상황에서는 실직을 당하거나 비정규직에서 벗어나지 못하면 극도의 불안을 느낄 수밖에 없고 불안감은 신체화되어 몸과 마음을 병들게 한다. 우리나라 국민이 경제협력개발기구 Organization for Economic Cooperation and Development, OECD 최하위의 주관적 건강 상태를 보이는 것은 내 몸이 신체적으로는 멀쩡해도 주관적으로 또는 사회적으로는 아픈 상태에 처해 있음을 말해준다. 우리나라 국민의 의료 이용도는 OECD 평균의 2배에 달할 정도로 높다. 그만큼 병이 정말로 많아서 병원에 자주 가는 것이라고 보기는 어렵다. 사회가 병들어 있을 때 개인들도 아플 수밖에 없다. 울화, 울분, 분노가 커지면 몸과 마음이 병들 수도 있다. 사회적으로 아픈 몸과 마음을 병원에 의지해보지만 그것이 의학적으로 치료되기는 어렵다.

사회학자들은 개인과 사회가 유기적으로 연결되어 있다고 본다. 동시에 몸과 마음도 서로 영향을 주고받는다고 가정한다. 불공정이나 부패 또는 불신 같은 사회적 모순은 스트레스가 되어 개인에게 병인病因이 된다. 그것을 극복할 수 있는 개인적 역량이 있으면 다행이지만 그렇지 못하면 신체적이거나 정신적 질병의 위험에 처할 수 있다. 이러한 모순 구조에 대응해 사회를 개혁하는 일도 중요하지만 개인들이 대응 역량을 갖추는 것도 중요하다. 몸과 마음을 다스려야 건강해진다. 자신의 불운을 새로운 도전 기회로 전환해 바라볼 수 있는 성찰적인 안목도 필요하고, 성공에 목매지 않도록 눈높이를 낮추는 것도 필요하다. 물론 사회적 차원에서도 할 일이 많다. 주변 사람들을 경쟁 상대로만 여기지 말고, 주변 사람들의 불행을 돌볼 수 있도록 사회적 감수성을 기르고 기부와 봉사를 통해 사회적 지원망을 늘리면 결과적으로 자신이 혹시 빠질 수 있는 실패의 늪에서 구원받는 길이 될 수도 있다. 다른 한편 행복한 삶을 살려면 성공의 눈높이를 낮추어 내 생활에 만족할 수 있어야 하고, 행복감을 누릴 수 있는 시간적 여유가 필요하다.

성공 중심 사회는 일중독을 초래한다. 행복해지려면 일중독에서 벗어나 가족, 이웃, 지역 사회와 함께하는 시간을 만들어야 한다. 국가적으로는 경제적 성공 일변도에서 벗어나서 국민행복계정 같은 행복 지향적 정책과 제도를 만들어야 한다. 동시에 제도의 공정성과 공공성 확립을 위한 혁신적인 노력이 필요하다.

이 연구는 2014년에 삼성의료원 사회정신건강연구소의 의뢰로 한국 사회의 사회정신건강을 측정하기 위한 연구로 시작했다. 1차 연도에는 베이비 붐 세대와 에코 세대를 중심으로 행복을 가로막는 사회적 요인들을 규명하고, 그로 인해 심신이 얼마나 괴롭고 아픈지를 파악하기 위한 초점 집단 토론focused group discussion을 진행했다. 2차 연도에는 앞선 질적 연구를 바탕으로 조사 항목과 설문지를 개발해 전 국민 대상 표본 조사를 진행했고, 자료 분석을 바탕으로 연구 모형을 조정하고 주요 개념을 가다듬었다. 3차 연도에는 서울대학교 보건대학원 보건환경연구소의 지원으로 1년간 출판을 위한 집필에 몰두할 수 있었다. 그리고 이와 병행해 일부 주제를 논문으로 출판하기도 했다. 이 연구와 관련된 출판 목록은 참고 문헌과 함께 수록했다. 연구 결과 1차적인 결과물은 2016년 2월에 '사회적 웰빙의 새로운 모색'이란 제목으로 특별 세미나를 개최해 발표했고, 이 책의 초고에 해당하는 보다 완성된 내용은 2017년 12월에 한국사회학회 주최 정기 사회학대회에서 특별 세션을 구성해 발표했다.

그동안 이 연구와 관련해 정신 의학자인 민성길, 김현수 교수, 인류학자 이현정 교수, 심리학자 최인철, 최해연 교수, 사회학자 김문조, 한준, 임동균, 김홍중 교수 등이 가감 없는 토론으로 연구의 내용을 가다듬는 데 큰 도움을 주었다. 이 연구가 가능하도록 지원해준 기관들과 논평과 제언을 해준 여러분께 감사드린다. 끝으로 지루한 편집 작업을 도맡아서 수고해준 박상희 선생과 양준용 선생의 노고에 감사드린다.

2018년 3월

관악 연구실에서 필자들을 대표해 조병희 씀

차례

2부 누가 아픈가?
실증 분석을 통해 본 한국의 사회적 웰빙 현황

3부 왜 아픈가?
사회적 고통의 장애물 찾아내기

1부

왜 사회적 웰빙인가?

사회–정신–건강의 새로운 모델 찾기

SUFFERING KOREA

1장

왜 사회적 웰빙인가

1. 아픈 개인, 아픈 사회

서구 국가들이 근대 사회로 진입한 역사는 300~400년이다. 그러나 우리는 최근 70년 만에 따라잡았다.[1] 이는 놀라운 발전이고 큰 성과다. 정부 수립과 분단이 동시에 일어났고, 곧이어 전쟁을 치러 폐허가 되었다. '이런 나라에서 민주주의가 소생하기를 기대하기보다는 쓰레기 더미에서 장미꽃들이 피어나기를 바라는 것이 더 타당할 것'[2]이라는 독설을 들었던 한국이다. 그러나 우리는 전 세계가 놀라는 고도성장과 민주화를 이루었다. 구매력을 기준으로 하면 한국인의 1인당 국민소득은 3만 달러를 넘어선다. 일본, 프랑스, 영국과 대비해 그다지 뒤지지 않는 성적표다. 그렇지만 워낙에 압축적으로 성장하다 보니 어두운 그늘이 드리워져 있다. 한국인의 삶도 녹록

지 않다. 외국에서는 성공적으로 산업화와 민주화를 이룬 '기적의 나라'라고 칭송하지만, 정작 한국인들은 선진국이 되려면 아직 멀었다고 생각한다.

사정이 이러하다 보니, 짧은 기간 압축된 역사의 퇴적토 위에서 한국인은 '비동시적인 것들의 공존'을 경험한다. 전통문화 속에 태어나 성장해 식민지와 전쟁의 참혹함을 경험한 노인 세대, 정치적 억압에 숨이 막혔지만, 고도성장이 제공한 경제적 기회를 마음껏 만끽한 중·장년 세대 그리고 탈인습적·탈물질적 가치를 지향하지만 정작 풍요 속 빈곤과 불안에 시달리는 젊은 세대들은 거의 소통이 어려울 만큼 이질적이다. 이들이 함께 어울려 살아가는 사회라서일까. 한국인의 마음은 다양한 요소들이 뒤죽박죽 뒤얽힌 사회다. 자아가 성숙하기도 전에 너무 빨리 몸이 커버린 아이처럼, 한국 사회도 그 변화의 폭과 깊이가 극심한 데 비해 함께 성장해야 할 인식이나 규범은 여전히 예전 모습 그대로라는 점에서 성장통이 심해 보인다. 이처럼 압축적으로 성장한 사회에서 개인들의 삶은 온전할까. 사회가 성장의 통증에 시달리는데, 개인들은 건강할 수 있을까.

전상인은 '헝그리 사회'가 '앵그리 사회'로 바뀌었다고 한국 현대사를 요약한 바 있다.[3] 헝그리 사회는 물질적 결핍에서 벗어나지 못한 전통 사회다. 반면에 앵그리 사회는 풍요롭지만, 불신과 불만 그리고 불안으로 인해 분노감을 억누르지 못하는 사회다. 그 근원을 따지면 과거의 경험으로부터 결과한 제도에 대한 '불신', 현재의 삶에 대한 '불만' 그리고 미래에 대한 '불안'이라는 소위 '3불'이 자리하고 있다. 풍요의 시대에 삶의 만족도는 거꾸로 가는 증상이 역력하다. OECD 최고 수준의 자살률이 이를 잘 보여준다. 물질적으로 풍요롭지만 불행하다. 자살률은 급증했다. 그래서 '풍요의 역설'이다. 또 한국인은 역동적인 민주화로 권위주의를 해체했지만, 시민들의 정치에 대한 냉소는 커지고 시민 참여는 저하되었다는 점에서 '민주화의 역설'에 시달렸다. 2016년의 탄핵 정국은 풍요의 역설과 민주화의 역설에 시달려온 시민들의 불만의 에너지가 횡적으로 연결되어 장기적으로 분출된 폭발이었다.

이러한 역설을 드러내는 지표들은 다양하다. OECD 기준으로 부정적 측면에서 1위를 달리는 통계 항목들이 네티즌들 사이에서는 '헬조선 50관왕'이라는 이름으로 퍼지고 있다.[4] 여기에는 다음과 같은 수치들이 포함된다. 우선 자살률과 자살 증가율이 가장 높을 뿐 아니라 비정상적인 사고로 죽을 위험이 가장 높다. 산업 재해 사망률, 교통사고로 인한 어린이 사망률이나 노인 사망률 등이 모두 1위다. 건강에도 빨간불이 켜졌다. 건강을 돌보지 않거나 돌보지 못하는 경향도 두드러진다. 예컨대 청소년과 성인 흡연률, 15세 이상의 술 소비량, 독주 소비량 등이 모두 1위다. 결핵 발생과 사망, 당뇨 간 질환, 대장암, 심근경색으로 인한 사망률도 모두 1위다.

사회 해체 증상도 심각하다. 가계 부채, 남녀 간 임금 격차, 최저임금, 저임금 노동자 비율, 노인 빈곤율, 이혼 증가율, 실업률 증가폭 등이 모두 최고 수준이다. 노동자들의 근무 시간은 최장이고, 학생들의 학업 시간도 최장이다. 그런데 학생들의 과학 흥미도는 최하위다. 부모는 교육비 부담에 시달린다. 사교육비 지출이 가장 많은 나라에 살기 때문이다. 민간 부문이 담당하는 공공 교육비도 가장 많다. 어린이와 청소년의 행복 지수는 최하위다.

출산율은 최저인데 낙태율은 최고 수준이다. 사생아에 대한 사회적 수용성이 너무 낮기 때문이다. 노령화 지수의 증가세 또한 가장 빠른데, 사회 안전망을 제대로 갖추지 못하다 보니 대부분 노인은 빈곤층이 되었다. 공공 사회 복지 지출은 최하위인데 지출을 늘리려다 보니, 세 부담 증가나 국가 부채 증가 속도는 최고 수준이다.

이처럼 다양한 지표들은 대체로 여러 형태의 경제 사회적 위험 요소가 곳곳에 산재해 있어, 그 결과 때문에 심각한 피해가 발생하는 양상을 잘 드러낸다. 반면에 이에 대비하기 위해 필요한 사회 안전망이나 정치적 비전은 매우 부족하고 국제 기준에도 뒤처져 있다.

국민들의 마음 행로를 특징짓는 핵심 단어의 하나가 '불안'이 된 결정적 계기는 1997년의 외환위기였다. 안정된 종신 고용의 편안함을 누리던 중산층에서 하루아침에 빈곤층으로 추락한 이들은 지옥을 경험했다. 추락을 비껴간 이들도 '생존자 증후군'에 시달렸다. 은퇴를 앞둔 세대는 생산적 일거리가 없는 '퇴직 후 30년'이 두렵고, 노동 시장에 진입하는 젊은 세대는 어떻게 불안과 평생 동거할 수 있을지 고민스럽다. 그런데 눈을 과거로 돌려보면 사회·경제적으로나 정치적으로 어려웠던 1970년대나 1980년대에 사람들은 오히려 긍정적이고 희망적인 미래에 대한 비전을 공유했고, 의기투합해 강력한 응집력을 발휘했다. 반면에 선진국에 들어섰다고 평가받는 현재, 한국인의 미래에 대한 불안, 제도에 대한 불신 그리고 양극화는 과거 어느 때보다도 심해졌다.

50여 년을 돌아보면 농촌 중심의 전통 사회가 정보화된 탈현대 사회로 급격히 변했지만, 사람들 사이의 관계를 규정하는 사회 규범이나 도덕성은 계약적이고 유기적인 형태로 변화하지 못했다. 뒤르켐Émile Durkheim이 개념화한 아노미anomie 현상에 잘 부합되는 사례다.

일탈이나 갈등이 심화되고 전반적인 범죄율이 증가하는 것은, 뒤르켐의 시각에서 보면 사회 통합이 정상적으로 이뤄지지 않고 사회가 해체되어 있을 때 발생한다. 후쿠야마는 일반적 신뢰를 토대로 하는 선진 사회와 달리 한국에서는 연고라는 특수한 형태의 신뢰에 기반을 두고 있어, 사회의 도덕적 자원이 부족한 까닭에 여러 가지 어려움에 시달리고 있다고 주장한다.[5] 가족이나 친구 등 친밀한 관계에 있는 이들에 대한 신뢰는 매우 높은 반면, 낯선 사람에 대한 신뢰는 매우 낮아서 신뢰의 반경이 좁고 신뢰 격차가 크다 보니 보편적인 복지나 공정한 법 집행이 쉽지 않다는 것이다.

풍요의 역설과 민주화의 역설을 겪는 사회에서 압축적인 사회 변화와 개인의 신체적·정신적 건강 사이에는 밀접한 연관성이 있다. 개인의 건강은 거시적 변화와 연관되어 있다. 개인적 수준의 건강도 거시적 맥락에서 이해할 필요가 있다. 아울러 거시적 변화는 미시적 개인들의 선택으로 설명되어야 한다. 그래서 미시-거시 연계의 분석 틀이 필요한 것이다. 달리 말하면 범죄나 자살의 증가, 불신과 불안의 증가, 사회적 불공정에 대한 분노나 좌절로 인해 빈발하는 사회적 저항 등을 개인의 심리로만 환원해 설명하는 것은 적절치 못하며, 사회적 기원을 가진 것으로 개념화하고 설명할 수 있어야 한다. '건강치 못한' 사회 증상을 유형화하고 측정하며, 이러한 증상이 대두된 메커니즘이 어떤 것인지, 아울러 이러한 사회적 요인들이 개인의 건강과 어떻게 연결되는지 설명할 수 있어야 한다.

그러나 기존의 연구들은 건강의 다면성을 다루는 데는 한계를 보인다. 예를 들어 세계보건기구World Health Organization, WHO는 건강의 주요 요소를 신체적 웰빙, 심리적 웰빙, 사회적 웰빙으로 정의한 바 있고[6]

많은 학자들은 개인의 건강이 거시적 사회 구조와 연계되어 있음을 지적한다.[7]

여기서 한걸음 더 나아가 이 글에서는 제대로 된 통합적 접근을 할 필요가 있다고 주장한다. 개인의 신체적·심리적 웰빙이 사회의 거시적 변화와 연계되어 있기 때문이다. 그래서 '사회적 웰빙'이라는 개념에 주목했다. 그동안의 연구들에서 건강이 다면적인 현상이라는 점이 잘 다뤄지지 않았던 이유 중 하나는 이를 체계화할 이론적 자원이 충분치 않았기 때문이다. 이 부분에 대한 자세한 설명은 2장에서 다루기로 한다.

이 글에서 '사회적 웰빙'이라는 개념을 사용하는 이유는 개인의 건강이라는 미시적 차원과 사회 변화라는 거시적 차원이 분석적으로는 구분되지만, 실질적으로는 통합되어 있다고 보기 때문이다. 개인의 사회적 웰빙은 그 사회의 구성적인 성격을 드러내는 사회의 질과 밀접히 관련된다. 그래서 거시적인 사회 변화가 개인 건강에 끼치는 영향에 대해서도 논의할 수 있다는 장점이 있다.

2. 의료 중심 접근의 한계

무엇이 건강인지에 대한 설명의 패러다임은 계속 변화했다. 전통적 패러다임은 질병을 강조했다. 그러나 이제는 질병뿐 아니라 기능과 웰빙도 중요하다고 인식한다.[8] 건강과 질병을 구분하는 기준도 변해왔다.[9] 건강은 의료적·사회적·경제적·심리적 요소 등 다양한 것들을 포함하기 때문에 단일 차원으로 정의하기는 어렵다.[10] 가장 일반적으로 받아들여지는 것은 WHO의 건강 정의인데, 건강의 사회적 기원을 함축하고 있다. 즉 개인의 건강은 사회 구조적 조건에 배태되어 있다고 보는 것이다. 2차 세계대전 이후 세계 평화와 복지, 사회적 안전이 개인의 건강과 상호 밀접하게 연관되어 있다는 사실이 광범하게 받아들여지면서,[11] 건강은 개인적일 뿐 아니라 사회적인 것이라는 인식도 확산되었다.

그러나 이러한 정의도 건강의 미시–거시 차원을 연결해 설명하는 이론적 엄밀성을 결여할 뿐 아니라 경험적인 측정에도 실패하고 있다. 예를 들어 WHO에 따르면, 건강은 '단순히 질병이 없거나 허약하지 않은 상태만이 아니라 완벽한 신체적·정신적·사회적 웰빙의 상태'라고 정의한다.[12] 신체와 정신을 구분해온 전통적·생의학적 접근법에 비하면 WHO의 정의는 신체 건강뿐 아니라 정신건강과 사회 건강을 포함해 몸과 자아의 이분법을 지양했다는 장점을 갖는다.[13] 그래서 질병의 치료에만 국한하지 않고 질병의 예방으로 관심을 전환시켰다. 또한 건강에 '웰빙'이라는 긍정적 영역을 포함시킴으로써 질병에만 초점을 맞춘 생의학적·병리적 접근의 한계를 벗어날 수 있었다.

그러나 WHO의 건강 정의는 여러 비판들을 받기도 했다.[14] 첫 비판은 인간의 역량을 축소한다는 평가다.[15] 예컨대 건강과 질병의 기준은 개인의 역량에 따라 상대적일 수 있다. 질병에 걸려 신체적으로 허약한 사람도 주관적으로는 건강하다고 인지하고 활동할 수 있다. 사람들은 변하는 신체적·감정적·사회적 도전들에 자율적으로 대응하므로 만성 질환이나 장애가 있어도 어느 정도 웰빙을 실현할 수 있다는 것이다.[16] 그런데 WHO의 건강 정의는 '질병이 있더라도 개인의 역량에 따라 건강할 수 있는 상태'에 대해서는 설명하지 못한다. 이제는 사회 발전으로 인해 질병의 형태가 만성 질환으로 바뀌고 있는데, 인간의 역량을 고려하지 않으면 인간은 평생 아픈 존재로 분류될 수밖에 없는 것이다.

WHO의 건강 정의에 대한 두 번째 비판은 건강을 정적인 상태로 정의하며, '과정이나 동적인 조건'으로 보지 못한다는 점이다.[17] WHO의 건강 정의는 일정한 시점의 건강 상태에만 초점을 맞출 뿐, 생애 주기나 연령에 따라 그리고 사회 문화적으로 다양화된 요구와 도전에 따라 변화하는 개인의 건강을 설명하지는 못한다.[18] 건강과 질병에는 정신 심리적 요인뿐 아니라 사회 구조적·사회 문화적 요인들도 영향을 준다.[19] 이처럼 건강을 결정하는 사회적 요인들을 감안한다면 사회 변화와 사회 문화적 맥락을 고려해 건강을 개념화할 수 있는 설명 틀이 필요하다는 것이다.

세 번째, WHO의 건강 정의는 전체론적인holistic 시각을 견지하다 보니 의료 기술이나 제약 산업이 전문가 조직과 결합해 보건 의료 체계의 범위를 확장하고, 질병을 재정의해 개입의 문턱을 낮추는 등 사회가 의료화medicalization하는 것을 제대로 보지 못한다는 비판을 받는다.[20]

마지막으로, WHO는 개인적 차원과 사회적 차원의 건강이 있다고는 하지만 정작 건강의 미시-거시 차원이 연결되는 메커니즘에 대해서는 설명하지 않는다. 또한 신체적 웰빙, 정신적 웰빙, 사회적 웰빙이 서로 어떻게 관련을 맺는지도 설명하지 않는다.

이렇게 이야기하면 기존의 연구들은 모두 문제투성이라는 인상을 줄 수 있다. 그러나 선행 연구의 한계들은 조금씩 보완되어왔다고 말하는 것이 보다 정확할 것이다. 이를 3가지 연구 경향으로 나

오타와 건강 증진 헌장

건강 증진에 관해 1986년 11월 21일에 이뤄진 최초의 국제적 선언으로서, 모든 이들이 2000년과 그 이후에 성취해야 할 건강에 관한 목표를 제시했다. 오타와 국제회의는 세계적으로 진행되는 새로운 공공 보건 운동의 점증하는 기대에 대한 반응이었다. 산업화된 나라들뿐 아니라 개발도상국의 문제들에 대해서도 대응하는 선언이었다. 이 헌장에서 건강 증진은 사람들이 건강에 대한 통제력을 늘릴 수 있어서 건강을 개선할 수 있는 과정이라고 정의했다. 따라서 건강을 위한 필수 조건과 자원으로서 평화, 쉼터, 교육, 음식, 소득, 안정적인 생태계, 지속적인 자원 활용, 사회 정의와 공정성 등이 중요하다고 언급했다.

눠 설명할 수 있다. 첫째는 인간의 역량과 건강의 동적인 성격을 강조해 건강을 개념화하는 노력이다. 오타와 건강 증진 헌장The Ottawa Charter for Health Promotion은 인간의 역량을 강조한 대표 사례다.[21] 오타와 헌장은 건강이 단순히 목표가 아니라 일상생활을 수행할 수 있는 능력이라는 관점에 입각해서, 모든 개인이나 집단이 자신의 건강 욕구를 규명하고 실현할 수 있어야 하고 건강을 저해하는 환경에 대응해 이를 변화시키거나 통제할 수 있는 역량이 강화되어야 한다고 보았다.[22] 같은 맥락에서 혹자는 건강을 동적인 개념으로 이해해, 웰빙을 위한 대응·유지·복원 역량(회복력)을 기초로 적응하고 스스로 관리할 수 있는 능력이라고 개념화하기도 한다.[23] 예를 들어 버셔는 건강을 개인의 역량과 동적인 개념뿐 아니라 문화적 차이와 생애 주기를 고려해 개념화한다.[24]

둘째, 신체적 건강, 정신적 건강, 사회적 건강 간의 관련성을 설명하고자 하는 시도들이다. 예를 들어 세일러[25]는 전체론적 관점에서 다양한 건강 개념 간 연결성을 논리적으로 설명한다. 버서와 쿠빌라도 건강의 개인적·사회적·환경적 요소 간의 관련성을 개념화한다.[26] 그리고 헬리웰과 퍼트남은 사회 자본과 신체 건강 및 주관적 웰빙의 관련성에 대해 연구했고, 그 밖의 많은 연구자들은 사회적 지지가 신체적·정신적 건강에 끼치는 영향에 대해 연구한 바 있다.[27]

셋째, 거시와 미시의 연계를 통해 건강에 대해서 설명하려는 연구들이 있다. 버크만과 동료들은 건강이 사회 구조에 배태되어 있으며, 개인의 건강에 영향을 끼치는 사회적·행동적 경로와 생물학적·심리적 경로를 개념화했다.[28] 선행 연구들은 심리적 웰빙이 미시적 수준뿐 아니라 거시적 수준의 영향을 받으며, 그러한 거시적 영향이 끼치는 경로를 사회 심리적 메커니즘으로 설명하기도 한다.[29] 미시–거시 경제가 소득, 실업, 인플레이션을 통해 궁극적으로 행복에 어떤 영향을 끼치는지도 연구했다.[30]

그런데 이러한 선행 연구들은 건강 개념을 발전시킨다는 점에서는 긍정적이지만, 3가지 연구 경향을 한데 통합해 일관된 논리적인 설명 틀로 제시하지는 못하고 있다는 점에서 아쉽다. 개인 수준에서 건강의 다면성을 이해하고 미시와 거시를 연계하는 개념화로 나아가려면 인간의 역량을 축소하지 않으면서 건강의 과정 혹은 동적인 측면을 고려할 수 있어야 한다. 패트릭과 에릭슨은 WHO가 건강 개념을 정의할 때 사용한 '사회적 웰빙' 개념을 비판하면서 사회적 웰빙이 개인이 거주하는 사회의 사회 경제적 환경을 뜻하는지 아니면 사회적 상호 작용과 사회 통합처럼 기능적 지위functional status에 더 가까운 개념인지 불분명하다고 지적했다.[31] 이러한 다양한 비판들을 고려해 이 글에서는 미시-거시 연결성에 초점을 두어 사회적 웰빙을 설명하되, 건강의 다면성을 이해할 수 있는 통합적인 설명 틀을 제안하고자 했다.

선행 연구의 한계를 극복하려면, 두 측면에서 개인 건강의 사회적 기원을 설명할 수 있게 이론적 자원을 보완할 필요가 있다. 먼저 정신건강에 관한 기존 연구들이 주목한 미시적이고 개인적인 접근을 넘어서, 정신건강의 사회적 측면을 강조하는 이론적 자원들이 필요하다. 이러한 이론적 자원들 중 하나는 사회정신 의학이다. 그런데 '사회정신'이라는 개념은 마치 헤겔의 '시대정신Zeitgeist'[32]처럼 형이상학적 개념으로 오해받을 위험이 있다. 그래서 경험적으로 관찰 가능한 인식과 체험의 장에서 재구성할 수 있게 개념화할 필요가 있는데, 이를 위해 최근 김홍중이 제안한 '마음의 사회학'이라는 담론을 주요 이론적 자원으로 삼았다.[33]

다음으로 주목한 것은 사회의 건강성을 다루는 이론들이다. 개인 건강의 사회적 기원을 '사회의 건강성'에서 찾는 이론들 중 대표적인 것은 기능주의적 사회 통합을 주창한 뒤르켐의 아노미나 사회적 연대 개념 등이다. 개인 건강의 사회적 기원은 사회의 전반적인 통합 수준을 드러내는 관점에서도 설명할 필요가 있다. 다시 말하면 사회와 개인 간의 관련성을 고려해 건강을 통합적으로 이해한다는 것은, 개인 건강의 사회적 기원뿐 아니라 사회 건강의 개인적 기원에 대해서도 설명할 수 있어야 한다는 것을 의미한다.

정신건강을 다루는 정신건강 의학의 기본 모델은 생의학과 정신 의학을 통합한 것이다. 정신건강 의학의 주된 분파는 정신건강을 가족력, 생물학적-유전적 원인으로 환원하는 생물 정신 의학biopsychiatry과 사회적 원인, 즉 문화, 관계, 맥락, 커뮤니티, 환경 등을 강조하는 사회정신 의학social psychiatry이다. 이 중에 사회정신 의학의 관점은 사회적 웰빙을 개념화하는 이론적 자원이라는 점에서 이 연구에서 매우 유용하다. 사회정신 의학은 정신 질환이나 정신적 웰빙의 사회적·문화적 맥락에 초점을 맞추는 정신 의학의 한 분야라고 정의할 수 있다. 그리고 의학적 훈련뿐 아니라 인류학, 사회 심리학, 사회학 등과의 협력 연구를 추구하기도 한다.

그러나 사회정신 의학은 여전히 의학적 전통 위에서 임상 분석 방법을 이용해 개인의 증상을 중심으로 연구할 뿐, 사회 전반의 정신건강에 대해서는 체계적인 분석 틀을 제시하지 못한다는 비판을 받고 있다. 정신 의학에서 다루는 질병의 범주들이 너무 단조롭고, 신체적 증상으로 확인되기 어려운 경우가 많다. 그래서 사회학적 개념을 활용해 사회적 기능의 결여나 손상 등으로 설명하는 것이 정신건강을 더 잘 보여주는 방안이 될 수 있다는 의견이 제시되기도 했다.[34] 이처럼 정신건강에 대한 기존 연구의 한계에 대해서는 많은 비판과 지적이 있었는데, 그중 몇 가지를 살펴보겠다.

첫째, 정신건강의 정상성과 비정상성 혹은 건강과 불건강의 기준이 사회적으로 매우 다양한데 이를 간과한다는 점이다. 정신건강의 정상과 비정상은 객관적인 기준에 따르기보다는 연속선상에 존재한다. 그런데 어디까지가 정상이고 어디부터가 비정상인지에 대한 정의는 사회나 문화에 따라 매우 다르게 나타난다. 예를 들어 화병火病, 한恨, 왕따 등의 현상은 비교 정신 의학이나 문화 정신 의학에서 자주 다루는 증상들인데, 나라마다 그 개념과 증상이 다르다.

둘째, 감정은 보편적이기도 하지만, 사회 문화에 따라 차이도 있다는 점을 고려하지 않는다는 것이다. 예를 들면 사회적 분노를 구성하는 맥락은 사회마다 다르다.[35] 분노도 문화적으로 파생되기 때문이다.[36] 분노의 전염 속도가 유럽보다는 한국이나 중국에서 훨씬 빠르다는 연구 결과도 존재한다.[37] 특히 한국의 경우 분노나 불공정성에 대한 저항이 시대적 신드롬syndrome처럼 반복적으로 나타나고는 하는데, 그 사회적 맥락을 살펴보면 공평함이나 공정성 등의 기준이 매우 분명하고 강하기 때문에 사람들이 상대적 박탈감을 갖기 쉽고 이것이 쉽게 공분으로 이어지는 것임을 알 수 있다. 분노의 전염 속도는 네트워크 사회가 도래한 이후 더 가속되었다. 한국인의 리트윗retweet 속도가 서양인의 8배에 달한다는 보고도 있다.[38] 아마도 한국은 상대적으로 공동체적 속성이 거의 사라졌고, 직접적인 대면 접촉 대신 인터넷으로만 접촉하는 경우가 늘다 보니 상스럽고, 쉽게 폭력화하는 경향이 두드러지는 것도 이유가 될 것이다. 그래서 소비자 공분이 시장 판도를 뒤집는 일도 빈번하게 일어난다.

대표 예가 2013년 5월의 남양유업 사건이다. 한 영업 사원의 폭언으로 시작된 갑을 논란은 비윤리적 경영 형태에 대한 공분을 낳았고, 소비자들의 심기를 건드린 결과 기업의 이미지와 마케팅에 심각한 타격을 가했다. 2014년에는 대한항공의 오너 가족 부사장에 의한 회항 사건이 전 국민의 분노를 불러일으켰고 급기야 세계적인 사건으로 비화했다. 분노의 전파가 상대적으로 빠른 이유를 공통된 생각과 행동, 동질감을 중시하는 집단주의의 근원인 쌀 문화로 보는 시각도 있다. 즉 문화의 상징체계 및 생활 양식 차이 때문이라는 것이다. 쌀 문화는 상호 협력이라는 미덕을 낳았지만 동시에 집단적 스트레스, 우울감 같은 공동체적 반감과 집단적 공격 행동의 모습으로 나타나기도 한다. 탈헬름Talhelm은 동양에서 집단주의, 서양에서 개인주의 성향이 강한 이유는 쌀과 빵을 주식으로 하는 문화의 차이에서 비롯되었다고 설명한다. 맨땅에서 자라는 밀과 달리 벼는 고인 물에서 자라므로 한 마을의 여러 농가가 물길과 논을 공유하는 방식으로 농사를 지어야 한다. 따라서 가장 중요한 생산 요소인 물을 끌어들이기 위해 마을 전체가 하나가 돼 힘을 모아야 할 일이 잦을 수밖에 없다는 것이다.[39]

셋째, 사회 변화에 따라 정신건강의 형태와 내용도 달라지는 경향이 있는데, 과연 이를 잘 반영하는가 하는 문제 제기다. 사회 체계의 변화와 복잡화가 질병의 복잡화를 가져오며, 사회 특성과 발달 단계에 따라 질병 구조도 달라진다.[40] 예컨대 1960~1970년대 한국에서는 신체 질환이 질병의 거의 전부였다. 그러다가 1990년대에 스트레스라는 새로운 건강 문제가 생겨났고, 한 예로 학교공포증school-phobia이라는 새로운 질병이 생겨났다. 영국의 거식증이나 일본의 히키코모리引き籠り(은둔형 외톨이)도 선진국병이라 할 수 있다. 자살률은 한 국가의 경제적 수준 및 성장 단계에 따라 차이가 있는데, 한국의 자살률은 OECD 평균보다 낮다가 1997년 외환위기 이후부터 급격히 증가해 평균을 지속적으로 상회했다는 점에서 특수한 사회 현상이다.[41] 이것을 설명할 체계적인 이론이 아직 없지만, '부모-자녀 동반 자살' 등이 동아시아에 나타나는 사회 현상이라는 점을 고려한다면,[42] 사회적 맥락을 빼고 한국인의 사회적 웰빙을 설명하는 것은 불가능하다는 것을 짐작하게 된다.

넷째, 개인의 정신건강과 사회 자본 간에 밀접한 연관을 간과했다는 점이다. 사회 자본은 공동체를 구성하는 도덕적 자원이라고 할 수 있다. 그런 점에서 사회 자본의 부재는 사회적 웰빙 측면에서 질병을 악화시키고, 보호 요인을 없애며, 위험 요인을 커지게 한다. 한국적 맥락을 살펴보면, 경제 발전에 따라 사회 자본이 급격히 줄어드는 것과 정신건강이 문제되는 수준 간에 상관관계가 있는 것으로 보인다. 아이들이 부모 외에는 연결된 사람이 없고 의료 이용에서도 중간 단계가 없어서 주위 아는 이들로부터 도움받기 어렵다 보니 직접 전문가를 찾아야 하는 것이 현실이다. 이러한 관념을 가장 잘 드러내는 연구는 캐나다를 대상으로 지역 사회의 특성과 건강 간의 관계를 규명한 라몽과 홀의 연구다.[43] 이들은 지역 주민들의 건강 수준을 사회적 성공의 지표로 해 분석한 결과, 사회적 관계가 주민들의 신체적 건강과 그것을 가능케 하는 공공 정책에 크게 영향을 끼친다는 사실을 발견했다. 따라서 '성공적 사회'를 보여주는 가장 핵심 변수가 바로 지역 주민들의 건강 상태라고 주장한다.

이처럼 30여 년간 정신건강 연구에 대해 쏟아진 여러 비판들을 살펴보면 진단 범주의 구성 타당성의 문제, 정신건강 관련 질병의 시계열 자료의 불비, 무이론적이고 지나치게 경험주의적인 연구 경향, 정신건강 이론과 실천이 내포한 이데올로기적 편향에 대한 성찰의 부재, 정신건강 산업에서 제약 회사의 영향력 증가 등 다양한 이슈들이 드러난다.[44]

이러한 비판에 대한 한국적 성찰과 대응을 가장 잘 보여주는 사례는 민성길의 정신 의학적 역동 이론이다. 민성길은 개인의 정신병리에 대한 정신 의학적 역동 이론을 사회 집단, 즉 한국 사회나 서울의 문화 발전 이해에 적용해 고찰하고 있다.[45] 역동 이론은 한 개인의 정신 병리를 설명하는 기본 원리를 사회에도 같은 방식으로 적용해 설명한다. 그래서 사회 병리적 문화 현상들이 개인의 정신증 증상처럼 잘못된 문화로 자리 잡게 되면 개인과 전체 집단에 고통을 주고 기능 장애를 불러일으킬 수 있다고 본다. 정신 병리학은 개인에 대한 이론이어서 사회로 확대하기가 어렵다. 그런데 민성길은 '일반 시스템 이론'을 적용해 '개인과 집단은 동일한 작동 원리를 따른다'고 주장한다. 그래서 개인 수준에 적용한 의학적 방법을 집단, 사회, 문화에 확대 적용할 수 있다고 주장한다. 그래서 민성길의 논의는 개인 증상에 대한 설명을 그대로 집단에 적용한다는 점에서 '집합화의 오류fallacy of aggregation' 가능성을 내포하고 있다. 하지만 한 집단이 특정 방식으로 문제에 대응하다 보면 사회학적으로는 '습속習俗'이 되어버리므로 결국 병에 대한 치료도 문화를 바꾸는 것이 된다고 간주한다는 점에서 '집단에 대한 정신 분석학'을 주장한 문화인류학적 통찰을 한국 상황에서 잘 보여주는 장점도 있다.

인간은 문화와 상호 작용한다. 그리고 문화는 인격이나 사회 성격에 영향을 끼친다. 따라서 정신 역동적 설명에 따르면, 사람의 모든 행동은 환경으로부터 오는 스트레스에 의한 감정적 반응인데 개인이나 집단이 이에 대해 어떤 방어-대응 전략을 사용하는가에 따라 다양한 형태의 장애가 나타난다고 한다.

역동 이론에 따르면 압축 성장, 대도시화, 민주화, 국제화 등의 흐름 속에서 한국인은 정신적으로나 사회 문화적으로 다양하고 매우 높은 스트레스를 경험할 수밖에 없다. 이 상황에서 개인이나 집단이 어떤 방어 기제를 사용하는가는 상당 부분 문화에 의해 결정된다. 그런데 대응 전략이나 방어 기제, 한국 사회의 문화 현상에 대한 지지 요인과 위험 요인, 한국인의 대응 방식에 대한 체계적인 연구는 아직 부족하다. 그래서 민성길의 한恨에 대한 연구는 한국인의 사회적 웰빙을 설명하는 예시로서 중요한 이론적 함의를 갖는다. 민성길은 한을 역동 이론에 근거해 부당한 사회-환경적 억압unfair social-environmental suppression에 대한 반응성 분노reactive anger가 장기간에 걸쳐 억제되고 누적된 결과로 생겨난 정동affect, 情動으로 정의한다.[46]

3. '마음의 사회학'이 여는 가능성

사회적 수준에서 정신에 대한 연구는 '마음의 행로'가 어디로 향하는지에 대한 것이다. 여기서 마음의 행로라는 시적인 표현은 토크빌이 만든 '마음의 습속habits of the heart'이라는 구절에서 따온 것이다. 벨라는 토크빌이 쓴 같은 이름의 베스트셀러 『마음의 습속』에서 미국인의 삶을 규정하는 습속을 '개인주의'에서 찾고, 이것이 어떻게 여러 대에 걸쳐 지배적 가치관으로서 감정과 의식의 기준으로 자리잡게 되었는지를 살핀 바 있다. 벨라는 사적이고도 미시적인 토대인 마음으로부터 공적인 영역인 시민 의식, 종교, 국가, 문화가 형성되고 변형되는 과정을 추적하고 있다.[47]

송호근은 벨라의 접근을 빌려와 한국인의 마음의 습속에서 '평등주의적 심성'을 읽어냈다. 한국인은 평등주의적 심성을 습속으로 내면화했기 때문에 공정성에 특히 민감하며 동시에 높은 성취동기, 시기와 질투, 분노와 불신 등과 뒤범벅되면서 급격한 성장을 추동하는 힘이 되기도 했지만 사회적 갈등을 폭발시키는 효과도 가져왔다는 것이다. 따라서 왜곡된 평등주의를 벗어나 다원적 평등 사회를

지향하는 것이 사회적 과제라고 주장한다.[48]

김홍중(2009)은 모든 사회 현상에는 사람의 '마음heart'이 담겨 있다고 본다. 김홍중은 마음을 근대 심리학이 설정하고 있는 사이키psyche가 아니라 뒤르켐의 '집합 표상', 베버의 '정신', 푸코의 '에토스', 토크빌의 '습속', 아날학파의 '심성', 윌리엄스의 '정서 구조' 등과 같은 것이라고 주장한다. 즉 마음은 개인적이고 사적인 것이 아니라 이 시대를 살아가는 이들의 경험과 기억과 기쁨과 고통이 공유되어 탄생한 것이라고 본다.[49]

김홍중은 마음을 시적으로 정의하기보다는 매우 기술적이면서도 포괄적으로 정의한다. 즉 마음이란 사회적 실천들을 발생시키며 그 실천을 통해 작동(생산, 표현, 사용, 소통)하며 그 실천의 효과들을 통해 항상적으로 재구성되는, 인지적·정서적·의지적 행위 능력agency의 원천이라는 것이다. 그리고 마음의 레짐regime of the heart은 마음의 작동과 마음가짐의 형성을 가능하게 하고 조건 짓는 사회적 실정성(이념들, 습관들, 장치들, 풍경들)의 특정한 배치라고 한다.[50] 김홍중은 마음은 마음의 레짐 속에서 작동한다고 보고, 마음의 작동(생산, 표현, 소통, 사용)을 가능하게 하고 구조화하는 사회적 실정성들의 배치를 '마음의 레짐'이라 규정한다.

김홍중의 마음의 사회학이 가지는 독특성은 마음의 능력을 합리성rationality, 合理性에만 국한하지 않고 정서적 측면과 의지적 측면을 함께 고려해 합정성emotionality, 合情性과 합의성volitionality, 合意性 개념을 추가한다는 데 있다. 여기서 (1) 합리성은 "특정 목적을 달성하기 위한 최적 수단을 찾을 수 있는 지적 능력"을, (2) 합정성은 "특정 행위, 규칙-규범, 상호 작용, 사회 시스템이 개인 혹은 다수 행위자들의 내적 감정, 혹은 객관적으로 생산, 소통, 재현되는 감정적 실재에 발생적으로 연관되거나 기능적으로 조응하거나 구조적으로 연동되는 성향, 양태 또는 능력"을, (3) 합의성은 "사회적 행위의 창발 과정에서 드러나는 의지 혹은 욕망과의 연관성, 혹은 행위자가 자신과 행위 파트너의 의지적 차원에 부합하는 방식으로 행위할 수 있는 능력"을 의미한다고 정의했다.[51]

정수복(2012)은 관행, 습속, 심성, 마음 등의 문화적 요소들을 '문화적 문법'이라고 정리한다. 사회 구성원들의 행위의 밑바닥을 가로지르는 공통의 사고방식이라는 것이다. 구성원들이 당연시하기에 거의 의식하지 못하지만 행위의 전반에 걸쳐 영향을 끼치는 문화적 의미 체계라는 점에서, 문화적 요소들은 시대가 바뀌어도 쉽게 변하지 않고 현재를 사는 개인들에게 영향을 끼치는 '역사의 축적물'이자 쉽게 변하지 않는 '마음의 습관'이라는 것이다.

마음에 대한 기존의 연구들 중 정수복의 연구가 가장 역사적이고 근본적이다. 정수복은 유교나 종교적 전통으로부터 그 뿌리를 찾아서 한국의 근본적 문법의 구성 요소로 현세적 물질주의, 감정우선주의, 가족주의, 연고주의, 권위주의, 갈등회피주의 등을 들고 이로부터 파생된 문법으로 감상적 민족주의, 국가중심주의, 속도지상주의, 근거 없는 낙관주의, 수단방법 중심주의, 이중규범주의 등이 나타난다고 주장한다.[52]

토크빌이나 벨라의 문제의식과 송호근, 정수복, 김홍중 등의 연구를 비교해보면 한국인의 마음의 행로가 미국인과는 대척점에 있음을 알 수 있다. 토크빌과 벨라는 미국인들이 강한 개인주의라는 마음의 습속을 품고 어떻게 공동체를 이루며 살아왔는지에 주목한다.

송호근, 정수복, 김홍중 등은 분석의 수준과 방법은 상이하지만 개인주의의 뿌리가 약한 반면 인격주의personalism 혹은 집단주의적 연고가 강한 전통문화의 영향이 사회적 쏠림을 가능케 한다는 점에 공통적으로 주목한다.

마음의 사회학은 왜 사회적 웰빙이 문제가 되는지에 대한 이론적 준거와 역사적 맥락에 대해 접근할 수 있는 풍부한 개념을 제공하고 있다. 따라서 '마음의 사회학'은 '사회적 웰빙'을 개념화할 수 있는 유용한 이론적 자원으로 활용 가능할 것이다. 그러나 마음의 건강과 불건강을 가르는 규범적 판단의 기준을 제공하고 있지 않으므로, 규범 차원을 체계적으로 보완해야 한다. 이는 다음 절에서 살펴볼 것이다.

4. 건강의 다면성과 다차원성

사회가 건강한 상태에 있는지 건강하지 않은 상태에 있는지에 대해 관심을 가진 최초의 사회학자는 뒤르켐이다. 뒤르켐은 사회의 정상성과 병리 상태에 대한 구분에 관심을 가졌다. 사회의 통합이 불가능해지는 경우에는 다양한 병리 상태가 등장한다고 보았는데, 대표 사례가 아노미다. 뒤르켐에 의하면 아노미란 지나치게 빠른 인구 증가가 다양한 집단들 간의 적절한 상호 작용을 압도하게 되어 규범이나 가치 등과 같은 상호 이해의 전제가 파괴될 때 생겨나는 병리 현상을 의미한다. 권력자들의 강요와 강제 분업으로 인해 사람들이 원하는 일보다는 이윤이라는 탐욕에 의해 행동하게 될 경우 사람들은 불행해지고, 사회 시스템은 불안정해진다고 보았다.

[표 1-1] 거시·미시 차원에서 사회 통합의 이론 유형

	거시	미시
사회 통합	사회 해체 이론[53]	사회 통제 이론[54]
사회 규제	아노미 이론[55]	일반 긴장 이론[56]

뒤르켐은 기능주의적 해석을 제시한다. 범죄가 사회 통합에 기여하는 기능을 예로 들었다. 즉 범죄는 사회 규범을 충실히 따르는 다수에게 사회적으로 위험한 요소들에 대한 경각심을 불러일으킴으로써 규범에 충실코자 하는 이들을 도덕적으로 결속하는 역할을 한다고 본 것이다.[57] 또한 자살론을 통해 다양한 사회적 규범과 분업의 논리가 상이한 자살률을 설명하는 논리를 구성한다고 보았다.[58] 예를 들면 사회 통합이 매우 강한 사회에서는 이타적인 자살이, 강력한 사회적 규범 대신 개인의 자율성이 강조되는 사회에서는 이기적 자살이, 과거의 규범이 작동하기 어려울 만큼 급속한 사회 변화가 이뤄지는 사회에서는 아노미적 자살이 두드러진다고 설명한다.

건강한 사회가 잘 통합된 사회라면, 불건강한 것은 해체된 사회다. 건강한 사회에서 규범이 잘 작동한다면, 불건강한 사회에서는 규범과 행위 간에 어그러짐이 있고 이것이 개인에게는 긴장을 야기한다. 그런 점에서 거시적 수준에서 사회의 건강성과 미시적 수준에서의 개인의 선택 간에는 일정한 연관성이 존재한다. [표 1-1]은 사회 통합과 사회 규제가 거시적·미시적 수준에서 각각 어떤 의미를 가지는지를 정리한 것이다.

건강한 사회는 거시적 통합이 잘 이뤄지고 사회 규제가 잘 작동하는 곳이다. 그런데 만약에 사회 통합이 제대로 이뤄지지 않는다면 이는 해체된 사회를 의미한다. '사회 해체 이론Social disorganization theory'에서는 특정 공동체에서의 불리한 조건들이 만들어낸 결과가 범죄라고 본다. 특정 지역의 범죄율을 높이는 생태적 조건이 존재한다는 것인데 높은 학교 중퇴율, 높은 실업률, 기반 시설의 노후, 홀부모 가정 등이 해당한다.

한편 '사회 통제 이론'은 개인 간 관계, 헌신, 가치, 규범, 믿음 등이 개인으로 하여금 규범을 따르도록 한다는 점을 강조한다. 도덕 기준을 내면화한 개인들은 사회에 잘 통합되어 일탈 행동을 할 가능성이 적다는 것이다. 그러나 사회 통제 이론은 개인 동기에 대해서는 고려하지 않는 경향이 있다. 인간은 사회화나 학습 과정에 의해 제한되지 않는 행동이라면 무엇이든지 할 것이라고 가정한다. 이러한 가정은 홉스주의적 인간관에 기반을 둔 것으로서 모든 선택은 암묵적 사회적 계약이자 합의 등에 의해 제약된다고 본다. 도덕성은 사회의 질서를 만들어나가는 과정에서 특정한 선택의 결과로 생겨나며, 그 나머지는 비도덕적인 것으로 정의된다.

사회 통제 이론을 대표하는 허쉬는 통제의 다양한 유형에 대해 주목한다.[59] 허쉬에 따르면 직접적 통제는 부모나 가족, 권위적 인물이 잘못된 행동에 대해 처벌하거나 처벌하겠다고 아동을 위협함으로써 통제를 가능케 하는 전략이다. 반면에 내적 통제는 젊은이들이 양심이나 수퍼에고Superego, 超自我, Über-Ich를 통해 비행에서 벗어나는 것을 의미한다. 그리고 간접적 통제는 행위에 영향을 끼치는 누군가가 자신과 깊은 관계를 맺는 가까운 이들에게 상처와 실망을 준다는 점을 환기시켜 긍정적인 제재 효과를 갖는 것을 의미한다. 마지막으로 만족을 통한 통제란 모두가 원하는 욕구를 충족함으로써 일탈하지 않도록 하는 것을 의미한다.

[표 1-2] 개인과 사회를 보는 관점에 따른 매트릭스(4가지 차원)

구분		사회	
		건강한(공공성 有)	아픈(공공성 無)
개인	도덕적(합법)	A	B
	비도덕적(비합법)	C	D

규제를 강조하는 고전적 이론은 머튼의 '아노미 이론'이다. 머튼은 사회적으로나 문화적으로 수용되는 성공이라는 목표와, 이 목표를 달성할 수 있는 사회적으로 허용된 규범적인 수단 간의 긴장 관계에 대해 주목했다. 그래서 목표(물질적 성공)에 대한 열망이 강렬함에도 불구하고 규범적으로 허용된 수단이 없을 경우에 사람들은 비합법적인 수단(탈세, 위조, 사기 등)을 동원해서라도 목표를 달성하고자 노력하게 되는데, 이 경우에 무규범 상태가 된다고 보았다.[60]

'일반 긴장 이론'은 머튼의 이론을 조금 더 미시적 수준으로 끌어내려 발전시킨 것이다. 사회의 구조적 조건이 개인 수준에서 발생시키는 긴장strain에 주목한다는 점에서는 머튼의 문제의식과 같다. 조금 더 내용을 구체화한 점은 (1) 상이한 가치들이 존재하거나 (2) 현실과 열망 간의 격차가 커서 개인의 열망이나 높은 목표와 개인이 살아가는 현실 간의 격차가 클 때, (3) 상대적 박탈감이 크고 (4) 적응력을 결여했을 때 개인들은 큰 긴장을 느끼게 된다고 주장한다.[61]

개인의 도덕성/합법성과 사회의 공공성/합리성이 항상 일치하지는 않는다. 거시적 규정 효과와 개인의 지향 간에도 차이가 발생할 수 있다. 사회가 매우 합리적이고 공공성이 보장되어 있더라도 개인은 비도덕적으로 행동할 수 있다. 반대로 사회의 공공성이 확보되지 않고 불합리한 데 반해 개인은 도덕적이고 합법적으로 행동하려 할 수도 있다. 따라서 사회적 차원과 개인적 차원의 도덕성은 다양한 방식으로 조합 가능하다. 개인과 사회를 도덕성/합법성과 합리성/공공성을 기준으로 [표 1-2]와 같이 유형화할 수 있다.

A유형: 도덕적 개인, 건강한 사회

첫 유형은 도덕적인 개인들이 모인 합리적인 사회, 즉 합법적인 개인들로 구성된 동시에 공공성이 존재하는 이상적인 사회다. 공자는 도道에서 이상적·도덕적 사회 구현 방법을 찾았으며 도를 인仁과 예禮에서 찾았다. 즉 이상적인 사회를 구현하는 출발점을 개인의 도덕성에서 찾았다. 공자의 도뿐 아니라 아리스토텔레스Aristoteles의 중용이나 스토아학파의 금욕, 에피쿠로스학파의 절제 등은 각각이 지향하는 이상적인 사회의 모습은 다를지라도 개인의 도덕성을 이상적인 사회 실현을 위해 매우 중요하다고 보았다는 점에서 공통적이다. 한국의 경우에 건강 보험 제도가 발전하면서 1970년대나 1980년대에는 누리지 못했던 혜택, 즉 아플 때 치료받을 것을 걱정하지 않아도 되는 세상이 되었다는 것은 큰 진전이다. 2016년 겨울 촛불 시위에 참여한 많은 시민이 일부 과격한 시위꾼들의 폭력 시도에 대해 "비폭력"을 외치고, 시위가 끝나고 현장을 깨끗하게 청소한 것 역시 건강한 공공성과 개인의 도덕성이 잘 어울린 사례라 할 수 있다.

B유형: 도덕적 개인, 아픈 사회

개별적인 구성원들은 도덕적이고 합법적이지만 그들로 구성되어 있는 사회는 불합리하고 공공성이 부재할 수도 있다. 니부어는 도덕적인 개인들이 도덕적인 사회를 구성한다는 고전 윤리학의 가정을 비판한다.[62] 사회는 개인들의 단순한 집합이 아니다. 개인이나 소규모 공동체가 정의롭더라도 재산이나 권력, 특권 등의 요소들이 정의감을 압도할 수 있다. 니부어는 이를 '출현적 위험'이라 하는데 시스템 실패로도 볼 수 있다. 대표 예로 한국의 만혼과 비혼, 저출산 현상이 있다. 경기 침체와 불안정한 경제 상황으로 인해 한국의 젊은 세대들이 결혼을 지연 혹은 회피한다. 이러한 선택을 한 개인들은 합리적일 수 있으며 사회 시스템의 불합리성(높은 실업률, 일과 가정 양립을 위한 사회 제도의 미비 등)이 개인들의 선택에 영향을 준다. 이로 인한 혼인 건수의 감소 및 합계 출산율의 저하는 사회 재생산의 위기를 야기해 사회의 불합리성을 높인다.

C유형: 비도덕적 개인, 건강한 사회

개별적인 구성원들은 비도덕적이고 비합법적일 수 있지만, 그들로 구성되어 있는 사회는 합리적이며 공공성이 높을 수도 있다. 대중교통에서의 빈번한 무임승차를 대표 예로 들 수 있다. 이제는 고속 철도나 일반 철도를 승차할 때 따로 탑승권 검사를 하지 않는다. 이를 통해 철도공사는 인건비를 절약하고 절약한 만큼 효율성을 높이고 서비스의 질을 개선하는 데 투자할 수 있다. 그러나 무임승차자가 늘어나게 되면 사회적 가치를 구현하는 데 장애가 된다. 의료 기관들의 경우 수익을 늘리기 위해 비급여 항목의 검사를 늘리는 경향이 나타나게 되면 환자들은 불필요한 검사비 부담을 하게 되고, 사회 전반의 의료비 비중이 높아져 국민의 편익을 후퇴하게 할 수 있다. 의료 기관 종사자들의 건전한 도덕성이 유지되지 않는다면 의료 체계의 공공성과 효율성은 와해될 수밖에 없다.

D유형: 비도덕적 개인, 아픈 사회

마지막 유형은 비도덕적이고 비합법적인 개인들로 구성된, 불합리하며 공공성이 부재한 사회다. 이는 아노미적 상태, 즉 정당성이 결여된 무규범-무질서의 상태를 말한다. 대체로 부패가 만연하고 타인에 대한 신뢰도 매우 낮은 나라들에서 이런 경향이 나타난다. 부분적으로는 특정 지역이나 부문에서 이런 경향이 드러나기도 한다.

예를 들어 정부의 주요 정책 결정자들이 공적 자원을 사유화하거나 공적 자원에 대한 통제력을 자신의 미래를 위해 활용해 다양한 인맥으로 얽힌 이들과 담합한다면, 공공성이 현저하게 침해될 것이고 사소한 범죄를 저지른 이들은 자신들의 잘못에 대해서 죄의식을 갖지 않을 수 있다. 유명 범죄자였던 신창원 사건의 경우를 보자. 신창원은 사회 지도층의 범법이 만연한 상태에서 자신의 범죄는 큰 문제가 되지 않으며, 오히려 의적 같은 행위라고 정당화하는 경향이 있었음을 기억할 필요가 있다.

대체로 노점상을 단속하는 일선 공무원들은 무관용 원칙zero tolerance을 주장하는데, 이럴 경우 단속을 당한 노점상들은 고위직이나 부자들의 범죄에 대한 너그러운 관용과 자신들의 처지를 대비시켜 법적인 적용에 불복하는 사례들이 나타나고는 한다. 이 같은 최악의 상황이 만들어지는 이유는 반복되는 게임의 결과로 해석할 수 있다. 두 경쟁자는 상충적이고 경쟁 조건에서 최저 전략을 선택하게 되는데, 한쪽의 이익이 상대방의 손실을 가져와서 득실을 합하면 항상 0이 된다. 동태적인 상황이나 비합리적인 행동 동기도 게임 이론으로 어느 정도 설명이 가능한데,[63] 여기에는 자기 준거self-reference의 문제가 숨어 있다. 나의 합리적인 행동을 결정하려면 상대방이

나의 행동을 어떻게 예측할지 예측해야 한다. 이 점에서 게임 이론적 상황에서의 합리성 문제는 논리학에서 역설의 문제와 유사한 구조를 갖는다.[64] 게임 이론으로 치면 늘 협력에 실패하는 공유지의 비극을 예로 들 수 있을 것이다.

지금까지 검토한 이론적 자원들을 종합하면, 개인과 사회의 건강/불건강이 어떻게 조합되느냐에 따라 다양한 사회적 병리 현상을 설명할 수 있다. 개인은 사회 구조에 배태되어 있기 때문이다. 사회의 건강성은 개인의 긴장이나 평안에 영향을 준다. 개인 차원의 건강은 통합과 해체 등 사회의 건강성에도 영향을 끼친다. 즉 건강은 미시적이고 거시적인 기원이 있으며 이 2가지 차원은 동적으로 상호 연계되어 있다. 그래서 건강의 다면성을 이해하려면 개인 건강의 사회적 기원과 사회 건강성의 개인적 기원 2가지 차원을 통합적으로 고려해야 한다. 이 2가지 차원을 유기적이고 체계적으로 연계하는 개념으로 '사회적 웰빙'을 정의함으로써 기존 논의의 한계를 보완할 수 있는 것이다.

사회적 웰빙은 개인의 건강과 사회 건강성의 결합으로 정의할 수 있다. 개인의 건강은 건강ease과 질병dis-ease이라는 양 극단 위에 있는 상태를 의미한다. 그리고 '사회적 건강'은 개인의 건강에 영향을 끼치는 사회적 맥락 혹은 거시적 사회의 질적 수준이라고 볼 수 있다. 여기서 사회적 웰빙이란 개인이나 공동체가 긍정적인 삶의 궤적을 경험하기 위해 필요로 되는 것을 총체적으로 지칭하는 개념이며, 개인의 웰빙은 환경이나 사회 생태계가 다층적인 지원이나 보호, 자원과 기회를 제공할 때 비로소 가능하다는 것을 전제한다. 사회적 웰빙은 바람직한 결과와 행동을 낳을 가능성을 높이고 인권, 건강, 사회 경제적 조건을 개선할 수 있게 한다. 사회적 웰빙의 결여는 부정적 결과들, 즉 폭력, 중도 학업 포기, 유아 사망률, 성적 착취나 노동 착취, 사회적 불평등, 사회적 주변화와 빈곤 등을 낳는다.[65]

기존 연구들은 암묵적·명시적으로 건강의 개인적 기원과 사회적 기원이라는 두 차원을 논의하고 있다. 그래서 이 글에서는 개인적 웰빙 수준의 논의들을 정리하되, 외부 환경이 개인과 상호 작용하며 개인의 웰빙에 영향을 주지만 그 영향이 절대적이지 않다는 것을 지적하고자 한다. 개인의 행동이나 태도가 외부 환경보다 개인의 건강에 더 큰 영향력을 발휘할 수도 있기 때문이다. 아울러 개인적 웰빙 수준이 높으면 사회 건강이 높다는 뜻이라기보다는 개인적 수준의 독자적인 웰빙 메커니즘이 있다고 본다. 앞서 설명했듯이 개인과 사회의 관련성은 복합적이다. 그래서 사회가 개인의 건강에 영향을 끼치지만 그 영향은 절대적이지 않으며 그 역의 관계도 마찬가지임을 보여주고자 한다.

2장

사회적 웰빙의 구성 요소

보통 사람들에게 건강이나 웰빙은 개인 차원의 문제로 인식된다. 개인의 몸과 마음이 건강해야 그들의 웰빙 수준도 높아진다. 그러나 개인의 노력만으로 웰빙을 충분히 달성할 수는 없다. 부패와 무질서가 가득한 세상에서 나 혼자 건강하기는 어렵기 때문이다. 개인의 건강이 사회의 건강과 어울릴 때 우리는 진정으로 웰빙을 누릴 수 있다. 2장[66]에서는 사회적 웰빙을 구성하는 개인 건강과 사회 건강의 개념에 대해 각각 알아보고 두 개념 사이의 관계에 대해 설명할 것이다.

1. 개인 건강

어떻게 하면 건강할 수 있을까? 그 대답은 건강을 바라보는 관점에 따라 달라진다. 의학에서는 질병 유무에 따라 건강을 이해한다. 질병이 없으면 건강한 것이고 질병에 걸리면 불건강한 상태가 된다. 질병은 박테리아나 바이러스 같은 미생물의 감염이나 유전적 소인에 의해 발생하는 것이므로 질병을 예방하려면 개인위생을 준수하고, 예방 접종을 실시하며, 예방 검진을 통해 질병 발생을 조기에 파악하는 것이 중요하다. 의학이 제시하는 건강하기 위한 방법은 매우 구체적이며 이 시대에는 거의 당위적이기도 하다. 세균의 존재를 발견하면서부터 세균 박멸을 통해 전염병을 효과적으로 통제하게 되었고, 그로써 질병의 공포에서 어느 정도 벗어날 수 있었다.

근대 사회에서 질병으로 인한 사망이 감소하고 수명이 증가해 이전보다 건강하게 되었다는 의학 공헌론이 지배적 담론처럼 되어 있다. 그러나 이를 부정하는 견해도 존재한다.

일례로 맥케원McKeown은 저서 『의학의 역할』에서 서양 사회에서 18세기부터 19세기에 걸쳐 전염병으로 인한 사망이 급격하게 감소한 것은 근대 의학이 전염병에 대한 효과적인 치료법을 발전시키기 이전의 일이기 때문에 근대 의학의 기여에 의한 것으로 보기 어렵다고 주장했다.[67] 맥케원에 의하면 의학 발전보다는 산업 사회의 형성 이후 실질적 삶의 질이 향상된 덕분에 인간은 더 건강해질 수 있었고 그 결과 사망률도 감소할 수 있었다는 것이다. 의학적 관점에서 건강은 질병에 걸리지 않는 것이지만, 질병 여부와 관계없이 다른 차원에서 형성되는 것일 수도 있다. 즉 건강할 수 있는 역량이 있을 수 있고 그것은 경제 개발이나 삶의 질의 향상 같은 다른 차원의 결과물일 수 있다.

보건학적 관점은 1장에서 주목한 사회적 웰빙에 대한 관심과 같은 맥락에서 의학적 관점을 보완한다. 즉 보건학은 건강의 원인으로 유전적-생물학적 요인의 영향도 인정하지만 그보다는 사회적-환경적 요인, 보건 의료 제도적 요인, 개인 행태 요인 등에 포괄적으로 관심을 갖는다. 따라서 국민들이 건강해지려면 병원을 세우고 의사를 양성하며 약품과 장비를 개발하는 등 의료 제도를 잘 만드는 것 못지않게 안전하고 건강하게 살 수 있는 주거 환경이나 도시 근린 환경을 만들어야 하고, 국민 모두가 적어도 중등학교 이상의 교육을 받고, 적절한 직업을 갖고 일할 수 있는 사회적 환경을 갖추어야 하고, 각 개인은 불건전한 건강 위험 행동(음주, 흡연 등)에서 벗어나 건강 지향적 삶을 살 수 있게 해야 한다. 그래야 우리 사회와 개인이 모두 건강해진다고 볼 수 있다. 우리 사회는 그동안 의료 제도를 잘 정비했기에 국민들이 양질의 의료 서비스를 수월하게 이용할 수 있게 되었다. 주거 환경이 깨끗해졌고, 공원과 운동 시설도 많아졌으며, 교육 수준도 높아졌다. 이 모든 요소가 우리 국민을 더 건강하게 만드는 조건임을 부인하기 어렵다.

그런데 이러한 구조적 조건들을 충족시키는 것만으로 충분히 건강할 수 있을 것인지에 대해서는 의문의 여지가 있다. 금연을 실천해 흡연으로 인한 질병 발생의 가능성을 낮출 수 있겠지만 자동적으로 건강 역량까지 증대시켜주는 것은 아니다. 마찬가지로 의료 제도를 잘 운영해 환자들의 질병 악화를 방지하고 사망률을 일정하게 낮추는 것은 가능하지만 병원이 많다고 해서 국민이 건강해지는 것은 아니다.

안토노프스키Antonovsky는 의학적 접근을 강물에 빠진 사람을 구조하는 작업에 비유했다.[68] 위기에 처한 사람을 구하는 일이 중요한 것은 사실이지만 사람들이 사회적인 이유로 계속 강물에 빠질 수밖에 없는 현실이라면 구조 작업은 분명 한계가 있다. 질병도 마찬가지다. 질병 치료를 잘한다고 하더라도 그것이 건강 역량을 제고해주지는 못한다. 보건학적 관점은 구조 작업보다는 사람들이 강물에 빠지지 않도록 강 주위에 안전 펜스를 설치하고, 안전 의식을 제고하기 위한 홍보 교육 활동을 실시하기를 권한다. 보건학적 관점은 의학적 관점보다는 더 포괄적이고 실천적 함의를 제공해준다는 점에서 더 사회적이다. 다만, 보건학의 장점이자 단점은 모든 사회적 구성 요소가 건강 지향적일 것이라 기대한다는 점이다. 즉 개인이 건강 지향적 행위를 실천하는 것과 동시에 사회적·환경적 조건이 건강 지향적일 때 사회와 구성원들이 건강할 수 있다고 본다.

그런데 이러한 목표는 이상적일 뿐 현실에서 이뤄지기는 어렵다. 생물 생태계에 감염을 초래하는 미생물이 산재해 있듯이 사회에는 불건강을 초래하는 요소들이 널려 있다. 이런 불건강 요소들은 개인들의 이해관계와도 복잡하게 연결되어 있기 때문에 개인이나 사회를 건강 지향적으로 만드는 것은 쉬운 일이 아니다. 더구나 과도한 건강 지향성은 자칫 다른 모든 것보다도 건강을 우선시하는 건강주의healthism를 낳을 수도 있다.

사람들은 누구나 건강하기를 원할 것이다. 그럼에도 그의 생애가 온통 건강 지향적 행위로만 이뤄지지는 않는다. 아마도 건강보다는 생존이나 성공을 우선시하기 때문일 것이다. 나이가 들어 신체적 기능이 저하되거나 위중한 질병을 가진 사람에게는 건강이 최우선의 관심사이겠지만, 대부분의 건강한 사람들은 평소에 건강을 그다지 의식하지 못한다.

의학적 모형이나 보건학적 관점이 갖는 어려움은 이처럼 일상에서 건강 지향적이지 않은 개인들을 건강 지향적이게 만들어야 한다는 점이다. 그래서 때로는 건강 위험을 과장하고 공포심을 유발함으로써 사람들로 하여금 보건 의료 서비스를 찾게 하기도 하고, 건강 행동을 실천하게 하기도 한다. 그렇지만 개인이 건강 위험의 강물에 빠지지 않는 한 건강 지향성에 우선순위를 두기는 쉽지 않다. 일례로 정부가 담뱃갑에 흡연으로 인한 건강 피해를 알리는 그림을 적나라하게 그려넣는 것은 공포심을 유발하여 금연을 유도하려는 것이다. 그렇지만 다수의 흡연자는 여전히 흡연을 계속한다.

질병을 약으로 치료하듯이 건강도 단방요법으로 증진될 수 있을까? 인류는 한때 항생제로 세균을 박멸시켜 질병 없는 사회를 만드는 꿈을 꾸기도 했고, 모기약을 뿌려서 모기를 박멸해 모기로 인한 질병 감염 전파를 차단할 수 있을 것으로 믿기도 했다. 그러나 세균이나 모기가 돌연변이가 되고 약제 내성이 생기면서 더 강력해졌고 이제 세균 박멸이나 모기 박멸은 비현실적인 방식임이 분명해졌다. 불건강 요소를 박멸하기보다는 불건강 요소를 적절히 통제할 수 있는 힘을 기르는 것이 더 필요할 수 있다. 건강은 보약으로 단번에 좋아지는 것이 아니라 꾸준히 노력해 역량을 키워야 누릴 수 있다.

그렇다면 의학적 관점이나 보건학적 관점과는 대비되는 사회학적 또는 사회 심리학적 관점은 어떤 입장인가? 사회학적 관점은 구조적 상황을 고려하기는 하지만 기본적으로 인간의 주체적 행동에 관심을 갖는다. 의학은 미생물의 작용에 초점을 둔다. 보건학은 건강 지향적 사회-환경 구조와 인간 행태에 관심을 갖는다. 반면 사회학은 인간이 건강에 위해적일 수 있는 상황에서 어떻게 상황에 대응하고 극복하는지(또는 실패하는지)에 관심을 갖는다. 의학에서는 질병을 치료하고 예방하는 것이 건강해지는 방법이다. 보건학에서는 건강 지향적 사회 구조를 만드는 것이 건강 사회를 이룩하는 방법이다. 반면 사회학에서는 개인이 어떻게 불건강 요소에 대응하고 극복할 수 있는 의지와 역량을 갖추는지에 주목한다.

여기서 의료 사회학자인 안토노프스키의 건강 기원론Salutogenesis에 대해 자세히 살펴보자. 안토노프스키는 의학이 박테리아나 바이러스 같은 질병의 원인pathogenesis을 밝히는 데 관심을 두는 것에 대응해 사회학에서는 건강의 기원에 관심을 둘 필요가 있다고 주장했다. 즉 병인론病因論 대 건인론健因論의 대응 구조다. Salutogenesis는 라틴어 salus(건강)와 그리스어 genesis(기원)의 합성어로, 안토노프스키가 '어떻게 사람들이 스트레스를 관리하며 건강을 유지하는지' 연구하는 과정에서 발전시킨 개념이다.[69] 스트레스는 어디에나 있는데 스트레스에 대응하는 사람들이 모두 불건강해지는 것은 아님을 관찰하면서 스트레스에 노출되었음에도 불구하고 건강을 유지하는 사람들에게서 발견되는 공통점을 찾으려고 했다.

안토노프스키는 나치의 유대인 수용소에서 살아남은 여성들이 스트레스적인 환경을 잘 극복할 수 있는 긍정적인 정서적 건강을 유지하고 있다는 것을 파악한 후 이 같은 긍정적 적응력을 '일반적 저항 수단'이라 명명했고 그 반대 상황, 즉 스트레스 대응에 실패하는 이들의 상태를 '일반적 자원 결핍'이라 명명했다. 개인들이 스트레스에 대해 성공적으로 저항할지, 아니면 저항 자원의 결핍으로 인해 실패할지 여부는 그 개인의 건강 역량 또는 통합력sense of coherence에 달려 있다고 보았다. 현재 자신이 겪고 있는 상황을 어떻게 인식하고, 대응하고, 통제하고, 대응할지를 판단하고 결정하고 실행하는 역량이라는 것인데 통합력은 의미, 통제, 이해라는 3가지 구성 요소를 갖는다. 즉 스트레스 상황에서도 내 삶에 어떤 의미를 갖도록 찾아 나서고, 그 상황을 조금이라도 통제 가능하도록 만들 수 있어야 하며, 상황이 예측 가능한 방식으로 발생한다는 믿음이 있어야 된다. 이렇게 악몽과 같은 상황에서도 긍정적으로 생각하고 대응할 수 있는 능력이 통합력이라 할 수 있다.

안토노프스키는 건강 기원론을 정립하면서 다음의 3가지 점을 강조했다.[70]

첫째, 건강과 질병이 연속적이라는 점이다. 건강과 질병은 서로 질적으로 양분되는 다른 차원의 현상이 아니라 연속성을 갖는 건강 축선의 두 지점으로 볼 수 있다. 건강 축선의 왼쪽 끝에는 극단의 질병(아마도 사망)이 위치하고, 오른쪽 끝에는 최고의 건강이 위치한다. 보통 사람들은 그 사이에 위치한다. 즉 대체로 건강하지만 조금 아프기도 한 사람들과 대체로 아프지만 일상 활동이 어느 정도 가능한 사람들로 구성되어 있다. 만일 사람들이 이 건강 축선 위에서 최선을 다해 노력하면 오른쪽(건강)으로 움직여서 건강 능력을 향상시킬 수 있다고 본다.

둘째, 일반화된 저항 자원이 중요하다고 본다. 사람이 왼쪽 끝(질병)에서 오른쪽 끝(건강)으로 이동하려면 움직임을 방해하는 내/외부 환경들에 저항할 수 있는 자원을 가지고 있어야 한다는 것이다.

셋째, 통합력이다. 한 개인은 그 자원을 이해하고, 관리/통제할 수 있어야 하며, 그렇게 관리/통제할 동기와 이유를 명백히 가지고 있어야 한다. 안토노프스키는 인생의 삶을 강江에 비유한다. 사람은 모두 깊은 강물 속에 빠져 흘러가는 존재다. 굽이치며 빠르게 흐르는 강물에서 살아남으려면 스스로의 힘으로 헤엄쳐서 강가로 올라와야 한다. 강물에 휩싸여 떠내려가면서도 헤엄쳐 강가로 올라오려는 사람은 일반화된 저항 자원을 가져야 하고, 이 자원들이 힘을 발휘해 제 몫을 하려면 통합력이 있어야 한다고 주장한다.

건강 기원론은 사람은 누구 할 것 없이 생의 여정에서 부족함이나 어려움에 처하게 되며 이들을 극복하려는 싸움을 싸워야 하는데, 무엇을 가지고 어떻게 할 것인가가 쟁점이 된다고 본다. 사람이 싸움을 싸움답게 싸워나가게 도와주는 것들을 일반화된 저항 자원이라고 칭하는데 이 같은 자원으로는 돈, 지식, 자아 정체성, 사회적 지지, 문화적 안정성, 건강 지향성 등을 들 수 있다. 그런데 자원은 존재하는 것만으로는 충분하지 못하다. 사람이 자원의 속성을 이해하고, 자원을 사용하는 방법을 알고, 자원을 사용하는 동기가 분명해야 싸움의 양상이나 결과가 확연히 달라질 수 있다.

건강 기원론이 제시하는 균형과 저항의 모델은 다른 연구들에서도 확인된다. 헤디와 위어링Headey and Wearing의 저량stock, 貯量과 유량flow, 流量 모델에 의하면 웰빙은 개인의 퍼스낼리티Personality, 생활 사건life events의 영향을 받아서 만들어진다.[71] 개인의 사회 경제적 지위, 성격, 사회적 연결망 등에 의해 기본적인 웰빙의 재고stock가 형성되고, 이것이 긍정적 생활 사건(소득 증가)이나 부정적 생활 사건(소득 감소)의 영향을 받아 일시적으로 유동적 상황에 처하지만 그의 지위, 성격, 연결망 등의 영향으로 곧바로 다시 균형을 찾게 된다는 것이다. 즉 저량은 구체적인 생애 경험(유량)을 해결하는 과정에서 향상되고 증가하며, 이 과정에서 스트레스는 감소한다. 그래서 주관적 웰빙은 일정하기보다는 유동하는 상태다.

커민스Cummins는 항상성에 주목한다.[72] 항상성이란 심리적 균형이 깨져도 다시 내적 균형을 잡아주는 메커니즘을 말한다. 주관적 웰빙은 일종의 심리적 장치로서 항상적으로 보호받는 기분 상태라고 할 수 있다. 즉 웰빙 상태에서는 일시적인 스트레스로 인해 심리적으로 위축이 되어도 곧바로 균형을 회복할 수 있기 때문에 우리의 일상적 삶은 대체로 만족감, 행복감, 긍정적 각성 등의 형태로 경험된다. 반면 항상성이 깨지면 부정적인 도전이 압도적이 되며, 부정 정서의 지배 기간이 지속되면 우울증이 생긴다는 것이다. 도전이 없으면 주관적 웰빙은 출발점에 있고, 약한 도전에 직면하면 주관적 웰빙은 출발점에서 약간 벗어난 위치로 이동한다. 그러나 일정 구간을 지나면 주관적 웰빙이 일정 수준 이하로 하락하지 않도록 하는 강한 항상성 유지의 방어 기제가 작동한다. 그리고 임계점을 넘어서는 강한 도전이 이뤄지면 주관적 웰빙은 급속히 하락한다. 결국 안정적 웰빙은 개인에 위협이 되는 심리적·사회적·물리적 도전과 이에 대응해 개인이 동원할 수 있는 심리적·사회적·물리적 자원 간의 균형에 의해 결정된다.[73]

이러한 논의는 모두 '건강의 역설'에 대해 언급하고 있다. 즉 질병의 원인인 바이러스를 완벽하게 제거하는 것이 더 건강한 결과를 낳지 않는다는 것이다. 예를 들면 아토피는 너무 강박적으로 청결을 강조하는 부모에 의해 양육된 아이들에게서 많이 발병한다고 한다. 위내시경을 하기 위한 세척액은 대체로 위와 장 내에서 활동하는 다양한 바이러스들을 모두 씻어내 버리므로 오히려 소화 장애를 일으키기도 한다. 과도한 위험 추구가 많은 문제를 낳지만 지나친 위험 회피도 문제를 낳는다. 외부와 완벽히 차단된 인큐베이터 내에서만 성장한 아이는 절대로 건강하게 살아갈 수 없는 것과 같은 이치다. 사회도 마찬가지다. 갈등이 없는 사회가 좋은 사회일까. 그렇지 않다. 오히려 갈등에도 불구하고 이를 일방적으로 억압하기보다는 갈등을 풀어나갈 수 있는 다양한 역량을 제도화해나가는 사회가 좋은 사회다.

안토노프스키 등은 모두 개인행동의 주체성을 강조한다. 외부 환경이 웰빙에 영향을 끼치지만, 개인의 행동이나 태도가 더 큰 영향을 끼친다고 본다. 즉 개인이 취하는 긍정적 행동이나 태도에 의해 웰빙을 증대시킬 수 있다고 보는 것이다. 여기서 의문점은 건강 또는 웰빙이 순수하게 개인적 차원의 과제인가 하는 점이다. 스트레스가 개인사를 중심으로 전개되는 경향이 있고 따라서 그에 대한 대응 역량을 키워야 웰빙이 증대된다는 것은 분명하다. 그런데 스트레스에 대한 대응이 개인의 의지와 역량에 의해서만 극복되는 것이 아니다. 주변의 도움과 지지도 스트레스의 영향을 감소시켜 건강을 유지하는 데 매우 중요한 요소가 된다.

20세기 초반에 활동한 프랑스 사회학자 뒤르켐은 사회 통합의 끈이 느슨해지면 자살률이 높아진다고 주장했다. 이것을 현대적으로 해석하자면 사회 통합은 사회적 네트워크에 해당되고 자살은 정신건강에 해당된다. 즉 주변 사람들과 우호적인 관계에 있을 경우에는 스트레스 극복에 도움을 얻고 정신건강을 유지할 수 있다. 외톨이로 지낼 경우에는 사회적 스트레스 극복이 어렵고, 우울하거나 자살 충동을 겪을 가능성이 커진다고 할 수 있다. 즉 스트레스의 대응은 개인적 과제이기도 하지만 동시에 사회적으로 대응해야 할 문제이기도 한다. 스트레스의 강도가 크고 깊을수록 개인의 대응에는 한계가 있을 수 있고 사회적 대응에 의해 보완되어야 할 필요성은 커진다. 네트워크가 부족한 사람들을 위해서는 사회적 공감대를 확산시키는 노력도 필요할 것이다.

2. 사회적 건강

의학에서는 일반적으로 개인의 질병과 건강에 주목할 뿐 사회의 건강에 대해서 직접적인 관심은 없다. 소수의 마르크스주의 의사들이 자본주의 방식으로 조직화된 보건 의료 체계의 개혁 필요성을 제기할 뿐이다. 예를 들어 와이츠킨Waitzkin의 저술인 『The Second Sickness』에 따르면 통상적인 질병 문제primary sickness에 대응하는 구조적 차원의 불건강 개념으로 이윤 추구를 지향하는 미국의 보건 의료 체계가 바로 불건강의 원천이 된다.[74] 건강의 상징이어야 할 의료 체계가 오히려 불건강을 초래하는 상황은 영화감독 마이클 무어Michael Moore가 제작한 〈식코Sicko〉(2007)라는 영화에 잘 표현되어 있다.[75] 그런데 의료 체계의 재조직화가 환자들의 건강 회복에는 도움이 되겠지만 그것만으로 사회 전체의 건강성을 회복할 수 있을지는 분명치 않다.

보건학에서는 '건강 도시' 또는 '건강 마을' 개념을 제시한다. 건강 도시는 도시 정부의 정책적 노력에 의해 시민이 더 건강하고 도시 환경이 더 건강해지도록 장기 계획을 세워 추진하는 전략을 말한다. 예를 들어 캐나다 밴쿠버는 모든 사람에게 주거 보장, 좋은 영양 공급, 건강 관련 인적 서비스human services, 도시 안전, 평생 교육,

문화적 연대, 소통, 협동적 리더십, 건강한 환경, 자연 친화적 주거 등의 전략을 추진하고 있다.[76] 이를 위해 주민 참여와 함께 도시 정부 지도자들의 적극적인 역할이 강조되고 있다. 우리나라에서도 창원시 등 여러 도시들이 건강 도시 운동에 참여하고 있다. 앞 절에서도 설명했듯이 건강 지향적 개인들과 건강 지향적 도시 정부가 합쳐지면 사회가 건강해질 가능성은 충분히 있다. 그런데 건강 도시가 만들어지려면 지난한 주민 참여와 설득의 과정이 필요하다. 우리나라에서도 수십 개의 자치 단체들이 건강 도시 네트워크에 가입했으나 성공적인 전환을 한 경우는 드물다. 자치 단체의 예산과 인력 및 정책을 건강 우선으로 결정할 수 있을 만큼 정부 관계자들의 인식이나 이해가 충분하지는 않다. 경제 성장이나 복지가 우선적인 정책 사안이고 건강은 아직 부차적인 지위에 머물고 있는 상황에서 건강 도시 정책은 인기 있는 정책이 되기는 어렵다.

보건학이 사회 각 부문의 건강 지향성 형성에 관심을 두는 데 비해 사회학에서는 사회적 통합과 연대 같은 보다 구조적인 상황이 건강과 웰빙을 제고할 것이라는 관점을 갖고 있다. 웰빙의 사회적 모델에 관심을 가진 체계적 연구는 키이스Keyes에 의해 시작되었다.[77] 이는 고전 사회학에서 가졌던 사회의 건강성social health을 현대적으로 재해석한 것이다. 뒤르켐과 마르크스는 긍정적인 사회적 건강에 대해 관심을 가진 대표 인물이다. 특히 뒤르켐은 사회 통합과 응집력, 소속감, 상호 의존, 공유하는 의식과 집합 정체성 등이 건강한 사회의 특성이라 보았다. 키이스는 사회적 웰빙을 '자신의 주변 환경과 사회 내 역할에 대한 평가'라고 정의한 후, 사회적 웰빙의 5가지 구성 요소를 다음과 같이 나열한다.

⑴ 사회 통합: 자신의 사회적 관계의 질에 대한 평가로서, 남들과 얼마나 많은 것을 공유하는지, 혹은 사회에 대한 소속감이 어느 정도인지를 의미하며 반대는 소외다.

⑵ 사회적 기여도: 자신의 사회적 가치에 대한 평가로서, 자신의 효능감과 구체적 목적을 달성할 수 있는 역량으로서의 책임감을 의미한다.

⑶ 사회적 실현: 사회의 잠재력에 대한 평가로서, 한 사회가 제도와 시민 참여를 통해 얼마나 가치를 실현할 수 있는지를 믿는 것으로서 운명론이나 무력감과 대비된다.

⑷ 사회적 응집력: 사회 구성원들을 하나로 뭉치게 만드는 의미의 차원을 말한다. 자신을 둘러싼 세계를 이해하고 의미를 찾는 것이 응집인데, 만일 우리 사회에서 살아가는 것이 무의미하면 더는 삶이 유지되기 어렵다. 응집성이 있으면 예측 불허 상황이나 트라우마적인 사건을 접해도 일관성을 유지할 수 있게 된다.

⑸ 사회적 수용: 일반화된 범주로서 타인의 특성과 특징을 통해 사회를 해석하고, 남을 수용해 사회 일원으로 받아들이고 배제하지 않는 것을 의미한다. 신뢰가 핵심 역할을 한다.

즉 내가 남들과 공유하는 부분이 많고, 사회적 소속감을 느끼며, 이 사회에 사는 것에서 긍정적 의미를 가질 수 있고, 사회를 위해 기여를 하며, 나와 다른 모습의 사람들도 수용하고 함께 살아가는 사회가 웰빙 수준이 높은 사회라는 것이다. 사회 또는 공동체 수준에서 우리가 타인들과 어떤 관계를 맺고 살아가느냐에 따라 웰빙이 달라진다는 것이다. 좀 더 단순하게 표현하자면 돈과 친구(또는 타인과의 관계) 중 무엇이 행복에 더 중요한가 하는 질문에 다른 사람들과의 관계가 더 중요한 영향을 끼칠 수 있다는 것이다.

글라이브Gleibs 등은 개인적 수준의 소득과 공동체 수준의 사회 자본이 개인의 행복을 결정하는 데 어떻게 영향을 주는지 연구했다.[78] 이에 따르면 행복에 장기적으로 영향을 끼치는 것은 소득 수준이 아니라 사회 자본 같은 공동체 수준의 관계와 역할이라고 한다. 타인들과의 결속이나 협력을 의미하는 사회 자본이 탄탄하게 구성된 사회는 그렇지 못한 사회와 비교해 개인의 자아나 행복의 개념도 달라진다고 한다. 사회적 관계 맺기나 친사회적인 행동이 의외로 매우 높은 웰빙을 가져오며, 사회적인 행동이 주관적 웰빙에 큰 영향을 끼치는 것은 진화론적으로 설명 가능하다고 주장하기도 한다.[79] 사회 자본이라고도 불리는 사회적 맥락에서 중요한 것은 신뢰, 다양한 사람들과 맺는 관계, 지역에 대한 소속감 등인데 특히 사회적 접착제로서의 신뢰의 역할이 중요하다. 즉 개인의 경제적 성취를 중시하는 사회보다는 집합적 웰빙 또는 사회 자본의 축적을 강조하는 사회에서 구성원들의 웰빙 수준이 더 높다는 것이다.

최근 연구들은 국가 간에 발전과 진보의 지표로 주관적 웰빙의 중요성에 주목하기 시작했다. 휴퍼트Huppert 등의 연구는 높은 웰빙을 긍정적인 정신건강과 동일시한다는 점에서 건강 기원론과 유사한 입장을 취한다. 즉 우울이나 불안 등의 흔한 정신적 문제들의 정반대편에 웰빙이 존재하는 것으로 본다. 이들은 국제적으로 통용되는 우울과 불안의 질병 분류 기준DSM and ICD classifications을 검토한 후 이와 정반대의 증상을 중심으로 10가지의 긍정적 웰빙의 특성을 확인했다. 여기에는 역량, 정서적 안정, 참여, 의미, 낙관주의, 긍정 정서, 긍정적 관계, 회복 탄력성, 자존감, 활력 등이 포함된다. 그리고

이들을 종합해 심리적 번영flourishing 척도를 구성했다.[80]

이 척도를 국가 간 비교에 적용한 것이 유럽 23개국의 유럽사회조사European Social Survey, ESS의 심리적 번영 문항이다. 그런데 그 비율이 51%로 최고인 덴마크와 10% 미만인 슬로바키아, 러시아, 포르투갈 간에는 4배의 차이가 났고, 국가 간에는 10개 지표상에서도 큰 차이가 나타났다. 이 차이는 웰빙에 영향을 끼치는 문화적 요인들이 있으며 웰빙을 증진시키는 정책 입안 시 문화적 요인들을 고려해야 한다는 함의를 제시한다. 그리고 웰빙 척도와 삶의 만족도를 비교해보면 웰빙 척도가 더 많은 것을 설명하는 다차원 척도임이 드러난다.

한편 갤럽 조사에 참여한 130개국의 연례 자료를 분석한 헬리웰은 웰빙을 결정함에 있어서 전통적인 경제 성장도 중요하지만 다른 사회적 맥락 변수들, 대표적으로 규범, 사회적 연결망(네트워크), 사람들 사이의 관계도 중요함을 확인했다.[81] 이 변수들은 공동체나 정부, 국제기구의 정책으로부터 영향을 받을 수 있는 것들이다. 최근에는 사회적 진보나 발전을 측정하는 새로운 방법으로 국가 웰빙 계정National Accounting of Well-being을 작성하기도 한다.[82]

'국가 웰빙 계정'은 국민들이 느끼고 경험하는 생활을 명시적으로 포착해 국가의 발전과 성공에 중요한 사회적 가치를 재정의하고 이를 향상시키려는 노력의 결과다. 과거에는 전통적인 정책 결정 분야를 주도하는 집단들을 대상으로 좁게 정의된 효율성 중심의 경제 지표에 관심이 집중되었으나 이러한 경제 지표들이 국민의 웰빙 수준을 충분히 보여주지 못하는 한계를 뛰어넘고자 하는 시도가 '국가 웰빙 계정'이다. 특징을 한번 살펴보자.

첫째, 삶의 만족도와 달리 주관적 웰빙은 다차원적이고, 다양한 요소들의 역동적 결합으로 이뤄져서 단일 항목 질문의 한계를 극복할 수 있다.

둘째, 개인과 사회 차원을 구분해 사람들의 삶의 질을 결정하는 결정 요인으로 타인과의 관계가 중요하다는 점을 강조한다. 이는 국가 웰빙 계정이 개인적 차원뿐 아니라 사회적 차원(주로 타인들과의 관계에 대해 느끼는 주관적 평가)도 포함하기 때문에 가능한 일이다.

셋째, 느낌, 긍정적 작동positive functioning, 심리적 자원을 포함한다. 전통적으로 행복감이나 생활 만족도는 좋은 감정의 경험에 집중하지만, '국가 웰빙 계정'은 사람들이 자신들의 기능이나 잠재력 실현 등과 같은 행동의 차원을 고려하고 이에 보태어 회복 탄력성 같은 심리적 자원도 '마음 자본'을 반영하는 것으로 이해하고 포함시킨다.

이처럼 웰빙을 국가 계정으로 측정한 결과, 개인적 수준의 웰빙이 높은 나라들이 꼭 사회적 웰빙이 높은 것은 아니라는 사실을 발견하게 되었다. 덴마크는 개인적 웰빙과 사회적 웰빙이 모두 높은 반면 우크라이나는 개인적 웰빙과 사회적 웰빙이 모두 낮다. 그러나 그 사이에는 많은 변이가 존재한다. 중부/동부 유럽 국가들은 사회적 웰빙이 개인적 웰빙보다 훨씬 높고 포르투갈과 스페인도 사회적 웰빙이 개인적 웰빙보다 더 높다. 스칸디나비아 국가들은 전반적인 웰빙이 가장 높은 반면, 중부/동부 유럽 국가들은 가장 낮다. 웰빙의 불평등은 국가들마다 차이가 난다. 오스트리아와 스위스는 개인적 웰빙의 평균 수준은 비슷하나 스위스에서 개인 간 격차가 훨씬 적다. 중부/동부 유럽 국가들에서 웰빙의 개인 간 편차가 크다.[83]

사회적 웰빙의 부정적 극단은 사회적 고통이다. 사회적 수준의 문제가 개인 수준에서 발생시키는 긴장의 가장 극단적인 형태를 우리는 사회적 고통과 구조적 폭력이라고 볼 수 있다. 사회적 고통은 인간이 경험하는 고통이 사회적인 경험이라는 점을 강조한다.[84] 이 관점은 고전적인 사회 분석이 개인과 사회를 이분법적으로 분리함으로써 고통의 문제를 개인의 문제로 환원하는 것을 비판한다. 사회적 고통은 정치적·경제적·제도적 권력이 인간에게 끼치는 영향력에서 비롯된다. 그리고 권력이 그로 인해 생겨난 사회 문제들에 대응하는 방식에 의해 사회적 고통은 다시 야기된다. 해체되는 공동체 속에 살아가는 개인들에게 가정 폭력, 자살, 우울증 등의 고통은 한꺼번에 나타나는 것이다. 고통은 사회적 문제와 밀접히 연관되며 인간관계를 토대로 발생하는 사회적 경험이다.

즉 고전적 이분법을 없앨 때 고통의 문제는 전혀 다르게 나타나는데, 고통이 개인의 심리적인 문제라기보다는 '사회적 조정과 변형의 과정'이 된다. 사회적 고통은 중첩적인(집단적·상호 주관적·개인적인) 맥락들 속에서 우리 몸에 체화되어 경험된다.

예를 들어 1970년대 대규모 내전으로 사회 질서가 무너진 아프리카와 1980년대 사회주의 체제가 무너진 이후의 격변기의 동유럽에서 에이즈 발생이 급격하게 증가되었던 점은 주목할 만하다. 에이즈Acquired Immune Deficiency Syndrome, AIDS는 가족 관계, 공동체 내의 성적 관계 네트워크가 무너지면서 급속하게 확산되는데 그 상황은 사회 구조 수준에서의 통합과 규제가 무너질 때 발생한다. 그리고 개인은 신체적 질병의 고통을 경험하게 되는데 이러한 상황에서의 에이즈 문제는 사회적 고통이라 표현할 수 있다.

고통과 관련된 도덕적 상상력, 사회 제도, 신체적 영향은 서로 침투하며, 도덕적 세계의 모순적인 책임과 권리, 정치 공동체의 규범과 논쟁이 몸-자아로 흡수된다.[85] 구조적 폭력은 막강한 제도화된 힘으로써 특정 집단에 속한 개인의 선택과 능력을 제한하며 궁극적으로 억압과 차별을 정당화한다는 점에서 억압적 사회 기제에 관심을 갖는 학자들에게 중요한 개념으로 다루어져왔다.[86]

구조적 폭력은 갈퉁Johan Galtung이 제시한 개념으로 사회 구조 또는 사회 제도에 의해 가해지는 폭력으로 인해, 인간의 기본적 필요가 충족되지 못하는 것을 뜻한다.[87] 예로는 제도화된 엘리트주의, 자민족 중심주의, 계급주의, 인종주의, 성차별주의, 연령주의, 이성애주의 등이 포함된다. 파머Paul Farmer에 의하면 구조적 폭력이란 빈곤, 인종주의, 성차별처럼 극심한 사회 불평등으로 특징지어지는 죄악의 사회 구조를 지칭한다. 구조적 폭력은 질병이 사회 내의 가난하고 힘없는 사람들에게 더 쉽게 감염되도록 하는 결정적인 원인으로 작용한다.[88]

이현정은 중국 농촌에서 여성의 자살률이 왜 유난히 높은지를 다음과 같이 설명한다.[89]

첫째, 도농 빈부 격차와 가부장적 억압이 발휘하는 구조적 폭력이다. 도시와 농촌에 대한 차별적인 국가의 정책으로 인해 친족 관계 외에 어떠한 사회 안전망도 가지지 못한 농민들은 사회 경제적 곤란에 노출될 위험이 매우 높다. 동시에 개혁 개방 이후 시장 경제의 확산 및 공산당에 의한 통제의 약화는 그동안 억눌려 있었던 다양한 형태의 가부장적 억압을 다시 살아나게끔 환경을 조성하고 있다. 도농 차별로 인한 경제적 어려움과 가부장적 억압은 농촌 여성이 자살을 시도하는 데 있어서 상당히 강력한 구조적인 폭력으로 작용하고 있다.

둘째, 체현된 실천으로서의 자살이다. 중국 농촌의 여성들은 삶 속에서 여성 자살 사건을 빈번하게 경험하는데, 빈곤이나 가부장적 억압 상황에 직면해 나타나는 여성의 자살 행위에 대해 체현된 경험을 공유하고 있다. 그 결과 자신이 비슷한 상황에 직면했을 때 자연스럽게 자살을 선택 가능한 대응 방식으로 인식하는 것으로 나타난다. 따라서 상당수의 여성들은 죽음에 대한 신중한 고려 없이 충동적으로 자살을 선택하는 경향이 있다. "먼저 울어보고, 안 되면 싸워보고, 그래도 안 되면 목을 매달아라一哭, 二闹, 三上吊"는 말이 표현하듯 자살은 여러 세대를 거쳐 마을에서 나타나는 꽤 흔한 사건이다. 이유는 농촌 여성들이 직간접적인 경험을 통해 자살을 여성이 선택할 수 있는 가능한 행위 중 한 가지로 인식하기 때문이다.

3. 개인 건강과 사회 건강의 관련성

지금까지 설명한 개인적 건강과 사회적 건강을 연결해 일목요연하게 하나의 개념 틀로 만들 수는 없을까? 이 글에서 사회적 웰빙은 개인적 건강과 사회적 건강을 포괄하는 개념으로 보고자 한다. 사회적 웰빙을 개념화하려면 건강성을 구성하는 영역과 건강 역량에 대한 논의가 필요하다. 여기서 우선 한 개인의 건강 역량은 복합적인 척도 또는 차원으로 구성된다는 가정이 필요하다. 앞서 살펴본 여러 가지 건강 이론과 관점은 어느 것이 맞고 틀리는 것이 아니라 건강의 여러 차원과 영역 중 특정 부분만을 강조한 결과일 수 있다. 웰빙 역시 비슷한 방식으로 이해할 수 있을 것이다. 건강 역량을 일종의 능력이라고 할 때 그것은 단일적 능력이기보다는 다차원적 능

[표 1-3] 사회적 웰빙을 구성하는 4가지 영역과 이에 대응하는 역량

영역	역량	구체적 역량
몸 體, Body	신체 역량 Physical intelligence, PQ	신체적 역량
마음 心, Mind	인지 역량 Mental intelligence, IQ	분석, 사고력, 추상력, 언어, 상상력, 이해력
관계 情, Heart	정서 역량 Emotional intelligence, EQ	사회적 감수성, 공감과 소통 능력
내적 가치 魂, Spirit	영적 역량 Spiritual intelligence, SQ	의미, 궁극적인 것, 집단적 자존심, 가치 지향

력으로 생각된다.

학계에서는 원래 능력 또는 지능 자체가 다차원적이라고 생각한다. 가드너Howard Earl Gardner에 의하면 지능에는 논리-수학 지능, 언어 지능, 공간 지능, 음악 지능, 신체 표현 지능, 대인 관계 지능 등의 능력이 포함된다.[90] 즉 학습 과정에서 누구는 수리 능력으로 교과 내용을 이해하지만 또 다른 학생은 언어 능력이나 공간 능력으로 이해할 수도 있다. 그렇지만 여러 역량을 갖추면 학습이나 소통은 훨씬 수월해지고 고차원적이 될 것이다.

지능 중에서 정서 지능emotional intelligence은 가장 많이 연구된 주제이며 자의식, 자기 관리, 사회의식, 관계 관리 등의 요소로 구성된다고 한다.[91] 그 후 코비Stephen Covey의 대표 저서인 『성공한 사람들의 7가지 습관The Seven Habits of Highly Effective People』을 통해 4가지 심리적 역량 지능의 구분이 체계화되었다.[92]

최근에 위글스워스Wigglesworth가 심층 지능deep intelligence이라는 개념으로 코비의 논의를 재정리했다. 위글스워스는 심층 지능을 신체적 지능, 인지적 지능, 정서적 지능, 영적 지능으로 구분한 다음 이

4가지 지능들이 서로 균형을 이뤄야 한다고 본다.[93] 이 4가지 지능은 [표 1-3]처럼 각각 몸, 마음, 관계, 내적 가치에 대응하는 것으로 볼 수 있다. 몸에는 신체적 지능(역량)이 필요하고 이를 통해 몸을 건강하게 가꾸고 관리할 수 있게 된다. 마음에는 인지적 능력이 필요하고, 인지 능력이 높으면 사고력이나 분석력이 높아진다. 타인과의 관계 영역에서는 정서 역량이 필요하고 이를 통해 타인과 공감하고 소통할 수 있게 된다. 공동체 수준에서는 이를 하나로 엮어주는 내적 가치가 필요한데 이를 영적 역량이라 할 수 있다. 내가 이 사회에 존재해야 할 의미와 가치를 제공해준다.

사회적 웰빙의 4가지 구성 요소는 사회학적으로는 거시적 관점과 미시적 관점, 객관적 차원과 주관적 차원을 통합적으로 접근해 사회 세계의 복잡성을 다루는 통합적인 이론 틀에 의해 재구성될 수 있다.[94] 이 연구에서는 사회적 웰빙을 결정하는 건강 역량을 모두 네 영역으로 나누었다. 네 영역은 두 축에 의해 구분된다. 첫 번째 축은 객관적 차원과 구성적(주관적) 차원을 구분하는 축이다. 두 번째 축은 관계적/사회적/공적 차원과 개인적/사적 차원을 구분하는 축이다. 이 두 축을 교차하면 네 영역이 나눠진다. 각 영역은 그 영역에 대응하는 역량이나 능력이 매우 중요하다. 결과적으로 사회적 웰빙을 구성하는 영역은 [그림 1-1]과 같이 몸(객관적-개인적), 마음(구성적-개인적), 관계(객관적-사회적), 내적 가치(구성적-사회적) 측면으로 구성된다.

'몸體, body'은 신체적 역량 및 건강과 밀접히 연관된다. 자신의 몸을 인식하고 잘 이용하는 능력을 신체 역량physical intelligence이라 할 수 있다. 매슬로우Abraham H. Maslow는 다양한 인간 욕구들의 위계를 제시했

[그림 1-1] 사회적 웰빙의 4가지 영역과 개념 구성

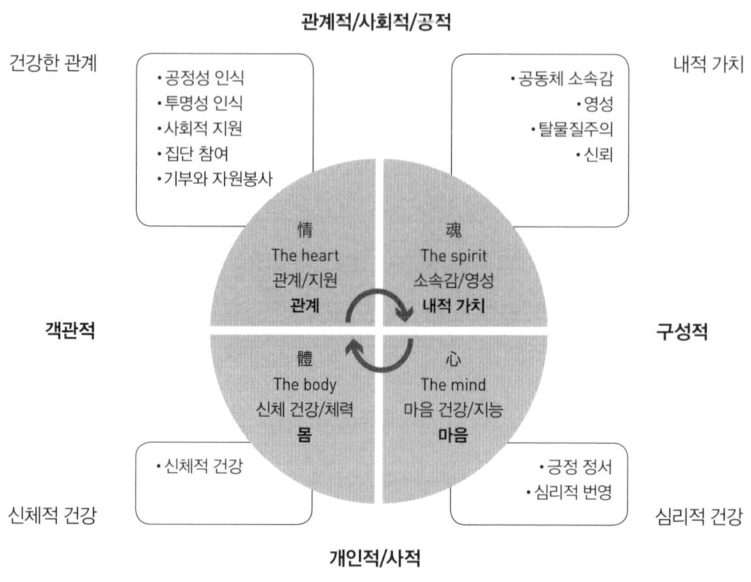

는데 가장 기본적인 욕구는 먹는 것과 자는 것 같은 신체적 욕구로 이것이 충족되어야 더 높은 수준의 존재적 욕구를 충족시킬 수 있다. 신체 활동에 불편함이 없을 때 우리는 신체적으로 건강하다고 할 수 있다. 질병 유무 또는 신체적 활동 역량, 또는 주관적 건강 인식 등에 의해 측정할 수 있다.

'마음心, Mind'은 인지적 역량cognitive intelligence과 관련된다. 교육을 통해 분석력, 사고력, 추상력, 언어 구사력, 상상력, 이해력 등을 높일 경우에 인지적 역량은 제고되며, 높은 수준의 인지적 복잡성을 이해할 수 있게 된다. 마음은 안정적이고 긍정적인 상태에 놓일 수도 있고 반대로 부정적이며 불안정한 상태에 놓일 수도 있다. 그래서 심리적 웰빙은 마음의 상태를 드러내는 개념이다. 긍정 정서 척도

또는 심리적 번영 척도 같은 심리 정서 측정 도구로 측정할 수 있다.

'건강한 관계情, Heart'는 정서적 역량emotional intelligence과 연관된다. 즉 사회적 감수성, 공감과 소통 능력 등이 이에 해당한다. 그런데 관계적 측면에서의 건강성은 한 개인이 타인들과 적절한 관계를 맺고 있는지 여부, 다양한 사회적 활동을 통해 타인들과 교류하며 서로 어려움에 처한 이들을 돕는 상호부조 활동을 수행하는지 그리고 사회적 관계를 규정하는 사회적 규칙들이 공정하고 투명하다고 인식하는지 등에 의해 결정된다. 공정성과 투명성에 대한 인식, 사회적 지원망, 조직과 모임에의 참여 정도, 기부 활동과 자원봉사 여부 등에 의해 측정될 수 있다.

'내적 가치魂, Spirit'는 영적 역량spiritual intelligence과 관련된다. 이는 종교나 영성과는 구별된다. 즉 초월적 존재에 대한 믿음이나 신앙과는 다른 차원에서 자신의 삶이 지향하는 의미, 궁극성, 집단적 자존심과 가치 지향 등이 이에 해당한다. '우리 마을'이나 '우리나라'에 대한 자부심과 소속감 같은 것에서 그 예를 찾아볼 수 있다. 개인들이 공동체적 소속감이 강하고 성공의 내적 기준이 분명하며 삶의 의미를 찾을 수 있고 서로를 믿을 수 있다면, 그들은 건강한 정신을 가진 것으로 볼 수 있고 사회적으로는 강한 응집성으로 표현된다. 사회적으로 보면 건강한 내적 가치의 토대가 된다. 공동체 소속감과 탈물질주의 인식, 사회적 신뢰 여부 등에 의해 측정될 수 있다.

한국 사회의 현실은 앞서 제시한 사회적 웰빙의 영역들이 부정적인 모습으로 드러나기 때문에 '아픈 사회'라고 표현했다. 이를 도식화하면 [그림 1-2]와 같다. 신체적으로 아프고 불편하며 정서적으로나 마음이 우울하다. 사회관계에서도 불공정과 부패 때문에 억울하

[그림 1-2] 사회적 웰빙의 불건강한 모습

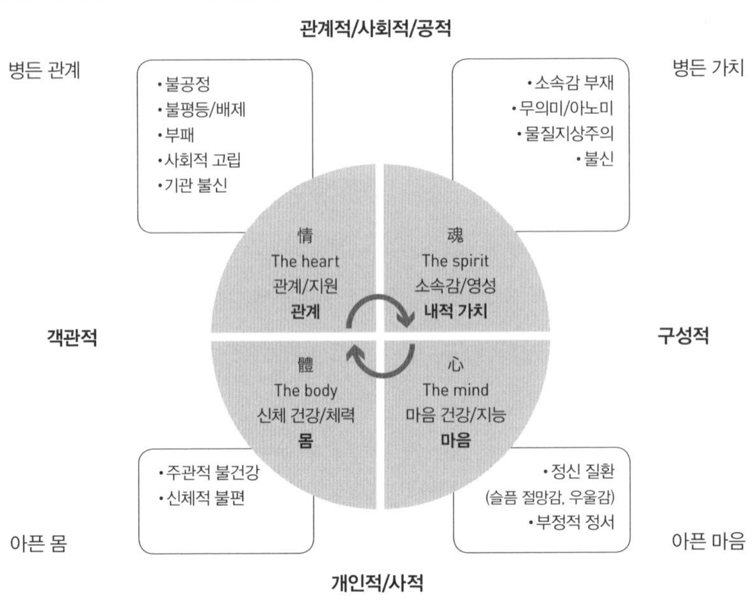

고 불평등이 심하며 정부 등 제도에 대한 불신이 크다. 내적 가치 측면에서도 소속감이 부재하고 무규범화되어 혼란스럽고 물신주의가 만연하며 사람에 대한 불신이 크다.

개인 수준에서 측정되는 신체적·정신적 역량은 거시적 수준에서 측정되는 관계적·집합적 역량과 밀접하게 연관성을 갖는다. 사회학에서는 사회의 질social quality이라는 개념이 있다. 마치 개인의 몸과 마음의 건강함을 표현하듯이 사회에도 바람직한 구조와 과정이 있다고 볼 수 있는데, 이를 사회의 질이라고 한다.

사회의 질의 구성 요소에는 그 사회의 다양한 위험을 관리하는 시스템의 안전성과 포용성 및 생활 세계에서 구현되는 사회적 응집성과 역능성 등이 있다. 개인 수준에서 객관적-관계적 차원의 역량은 거시적 수준의 사회의 질과 대응한다. 사회의 질이 높은 사회는 응집성이 높으며 정부 행정이나 공적인 과정이 투명하고 부패하지 않고 예측 가능한 규칙에 의해 지배된다고 느끼게 된다. 그러나 규칙이 투명하지 않을 경우, 개인들은 지향하는 목표와 활용 가능한 수단 간의 불일치로 인해 고민하고 고통받고 갈등하게 된다. 그러한 과정이 심화될 경우 스트레스는 정신적·신체적 건강에 부정적으로 작용하게 된다.

개인들 수준에서 구성원 모두 심리적으로 활기와 자신감에 넘치면 사회적으로는 역능성이 넘쳐나고 시민 사회가 활성화된다. 아울러 개인들 수준에서 신뢰가 높고 집단 정체성이 강하며 개인들이 사회적인 감수성을 가지고 서로 공감하며 소통하는 능력을 가지는 경우, 이들의 효과는 개인 수준의 만족에 머물지 않고 집단적인 자부심과 가치 지향 그리고 궁극적 의미에 대한 관심을 제고해 궁극적으로 사회적 응집성에 기여한다.[95] 이처럼 사회의 질이 높은 사회의 특징 중 하나는 공공성이 잘 구현되는 사회다. 공공성은 '한 개인이나 단체가 아닌, 일반 사회 구성원 전체에 두루 관련된 성질'이라고 정의된다. 공공성公共性은 공적인 것, 즉 국가 부문을 담당한다는 의미의 법적 시스템으로서의 공公, de jure과, 시민들의 참여로 이뤄지는 실질적 생활 세계로서의 공共, de facto으로 구성된다. 조대엽은 국가 중심적 공공성과 시민적 공공성을 구분하기도 한다.[96]

사이토 준이치齊藤純一에 의하면 공공성은 3가지로 구성된다.[97] 첫째는 국가와 관련된 공적인 것official이라는 의미다. 국가가 법이나 정책을 통해 국민을 대상으로 실시하는 활동, 강제, 권력, 의무 등을 총칭한다. 두 번째는 특정한 누군가가 아니라 모든 사람들과 관계된 공통적인common 것인데 공통적으로 타당한 규범이나 관심사, 공통의 이익이나 재산과 관련된 것들을 의미한다. 마지막으로는 누구의 접근도 거부하지 않는 공간이나 정보의 공개성open을 의미한다. 공공성은 건강한 사회의 토대라고 할 수 있다. 예컨대 공공성과 불안은 서로 상호 작용한다. 공공성이 높으면 불안이 낮아지고 공공성이 낮으면 불안이 높아진다.

대표 사례는 공공성에 대해 포괄적으로 연구한 장덕진 등의 연구에서 찾을 수 있다.[98] 이들은 공공성을 공동의 이익에 기여하는 국가와 사적 영역의 자원 투입 및 배분 정도를 측정하는 공익성, 자원에 대한 접근과 분배 및 재분배의 형평성을 뜻하는 공정성, 의사 표현의 자유와 의사 결정 과정에서의 개방성과 투명성을 의미하는 공개성, 공익과 관련된 문제를 결정하는 과정에서의 시민 참여 역량과 제도화를 의미하는 시민성 등으로 개념화한 후 각종 지표들을 활용해 OECD 국가들의 공공성 수준을 비교한 결과 한국은 30개국 중 30위로 최하위였음을 발견했다.

한편 이들은 공공성이 높은 국가들에서 자연재해나 사회적 위험을 더 잘 다루게 되므로 위험 수준이 낮아지고, 위험 관리 역량은 더 강화된다는 사실을 발견했다.

이 논의들을 종합한 것이 [그림 1-3]이다. 이것은 콜만Coleman의 보트 모형Boat Model을 응용한 것인데,[99] 거시적 조건은 상이한 구조적 조건에 놓인 개인들에게 다양한 스트레스와 긴장을 야기한다. 이때 인구 집단에 따라 상이한 수준의 취약성에 노출된다. 그리고 각 개인은 동일한 구조적 조건하에서도 다양한 방식으로 자신의 행동

[그림 1-3] 개인 역량과 사회의 질의 조응 관계: 보트 모형

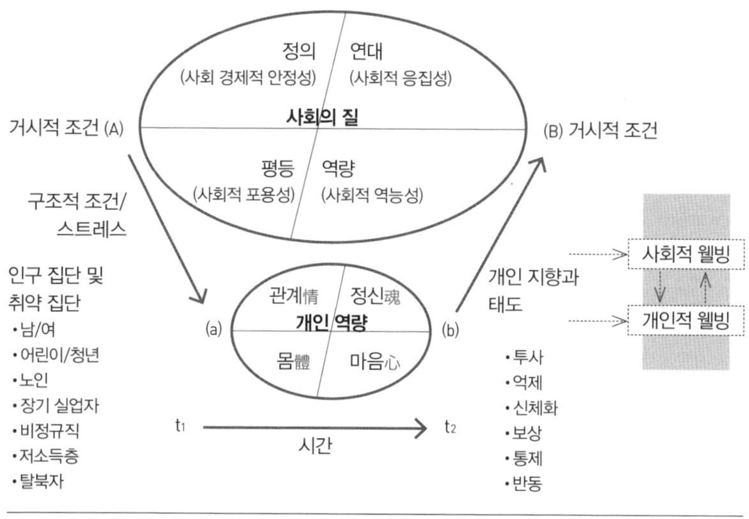

을 결정해나간다.[100] 이 모델에 따르면 거시적 조건에서의 다양한 사회적 특성, 예를 들면 특정 시점에서의 공공성의 수준, 경쟁주의/생존주의, 신뢰 수준, 이중 규범 등은 개인의 도덕적 선택이나 합리적 행동 등에 심대하게 영향을 끼친다.

A(사회적 조건)→B(A→a→b→B)를 설명하려면 각 화살표에 대한 '사회 과학적 설명의 논리'를 고려해야 한다. 예를 들면 A→B로 직접 가는 거시적 구조주의적 담론이 문화론적이고 제도론적 설명이라면, 사회적 웰빙과 관련된 설명은 거시 조건들이 어떻게 개인들에게는 문제 공간에서 스트레스와 긴장을 야기하는지 설명할 수 있어야 한다. 또한 개인들의 적응 능력과 대응 능력에 따라 어떻게 상이한 형태의 반응이 나타나는지 그리고 이것이 궁극적으로 어떻게 사회의 공공성이나 규범을 재생산하는 데 기여하는지 설명할 수 있어

야 한다. 공공성이 없는 거시적 초기 조건이 강한 경우, 생존 경쟁에서 개인들의 비도덕적 행동이 쉽게 정당화된다. 그리고 도덕적 행동을 하고자 하는 개인들은 체계적으로 불이익을 감수해야 한다.

전우택과 민성길은 A→a→b로의 거시–미시–거시 연계의 과정을 정신 역동으로 설명한다.[101] 사회 구조적으로 발생한 사회적 스트레스나 트라우마 혹은 폭력에 직면하는 개인은 분노나 공포를 경험하며 이에 대응해 싸울 것인지 도망할 것인지 고민하게 되는데, 여기에는 감수성, 나이, 성별, 유전, 과거 경험 등의 개인 소인들이 차별적으로 작동한다. 그래서 서로 유사한 구조적 조건과 스트레스를 경험하는 개인들도 다양한 방식의 대응 방어 기제를 발동하게 된다. 예로는 피해 의식을 가지고 복수하는 투사 행동, 억울함을 한으로 간직하는 장기적 억제, 화병으로 전환하는 신체화, 멋이나 예술적 창조성, 생산성이나 사회 개혁 등으로 전환하는 승화, 인내나 예의, 근면 노력 등으로 반응하는 통제, 억제, 보상의 메커니즘 등이 발동하게 된다.

마찬가지로 김홍중은 '마음의 레짐'을 중심으로 이 과정이 어떻게 전개되는지 설명한다.[102] A→a로 이행하는 초기 단계 t_1에서 행사하는 구조적 힘의 작용은 문제 공간을 매개로 특정 마음의 레짐을 형성시키고, b→B로 이어지는 행위 공간은 문제들을 해결하기 위한 다양한 실천들을 생산한다. 이 과정에서 마음의 레짐은 구조적 압력을 문제로 번역하는 인식론적 틀로 기능하는 동시에 실천을 생산하고 그 실천에 의해 다시 재구성되는 행위의 틀로도 기능한다.

따라서 t_1 시점의 거시적 조건(A→a)은 사회적 행위자들의 실천을 포괄적으로 규정하는 거시적·객관적 차원이자 피터 블라우Peter

Blau를 빌려 말하자면, 사회적 파라미터들parameter의 분포의 형태로서 사회적 행위에 일정한 강압적 영향력(압력)을 행사하는 구조다.[103] A→B로의 전환, 즉 t_1 시점에서 t_2로의 구조적 변동 과정은 모두 이것을 가능케 하는 미시적 차원의 마음의 레짐의 작동(a→b)에 의해 이뤄진다. 예를 들어 최근의 약 15년 동안 한국 사회를 규정하는 구조적 논리인 신자유주의화를 t_1 시점의 핵심으로 파악한다면 우리는 그것을 각종의 법률 개정, 금융화, 노동 유연화, 양극화 등의 복합적 제도 변동의 결과 형성된 구조적 수준의 힘들의 총체로 이해할 수 있다.

김홍중은 구조가 행사하는 힘은 반드시 문제의 언어로 번역되어야 한다고 본다.[104] 예를 들어 1997년 외환위기 이후 본격화되는 신자유주의적 제도화의 구조적 압력은 행위자들의 생활 세계와 충돌하면서 다양한 문제들의 형식(부친의 실업, 모친의 우울증, 등록금 인상, 비정규직 아르바이트 노동, 건강과 의료비 부담 문제, 부채, 취업의 어려움, 세월호 사건 같은 다양한 재난 등)으로 스스로를 드러내기 전에는, 단지 하나의 추상적인 개념, 언어, 수치, 사실로 잔존한다.

바로 이런 점에서 구조와 행위 사이에는 객관과 주관을 매개하고 추상과 구체를 접속시키며 세계의 운동과 실존의 의미를 접합시키는 변환 장치들의 공간, 즉 문제 공간이 존재한다. 문제 공간은 구조적 압력이 삶의 문제로서 구성되는 문제화의 복합 과정이 발생하는 담론적 소통의 장을 가리킨다. 문제화란 구조의 압력하에서 발생하는 객관적 문제들이 문화적 인지 구조와 접촉하면서 주관적 문제들로 형상화되고 지각되고 유형화되고, 그 우선수위가 결정되는 복합적 사건들이 발생하는 의미 생성의 공간이다.

행위 공간은 이처럼 중요한 해결 과제로 제기된 문제들을 해결하기 위해 시도되는 상이한 행위와 전략적 실천들이 펼쳐지는 차원이다. 그리고 행위 공간은 분화된 실천들이 전개되는 공간이다. 구조의 압력에 굴복하고 순응하고 적응하는 행위자들도 있지만, 반항이나 저항을 시도하는 자들도 있고 문제를 외면하고 이로부터 도피하는 그룹도 있을 수 있으며 문제 자체를 문제시하는 발본적 대응을 보여주는 자들도 있을 수 있기 때문이라는 것이 김홍중의 설명이다.

t_1 시점의 거시적 구조를 A로 하고 t_2 시점의 구조를 B라고 할 때, '물질주의–탈물질주의의 구분', '공공성의 유무나 정도', '경쟁주의/생존주의', '집단이기주의', '저신뢰', '이중 규범' 등을 구조적 특징의 예로 들 수 있다.

예를 들어 '공공성이 취약한 사회에서는 생존 경쟁에서 비도덕적 행동이 쉽게 정당화되고, 개인들은 이러한 분위기에서 도덕적 행동을 하는 데 많은 긴장을 느끼게 된다. 이는 A→a→b의 과정을 통해 설명할 수 있다. 행동 영역에서의 거시적 결과, 즉 'b→B' 과정에서 거시적 결과 B는 단순히 개인들 수준의 행위인 b의 합으로만 측정하기 어렵다. 그렇다면 거시적 수준에서 B의 측정은 어떻게 할 것인가의 문제가 대두된다. 한 가지 방법은 거시적 수준에서 측정 가능한 지표들을 찾는 것이다. 국가 수준에서 집계가 가능한 자살률의 변화, 혹은 정신 질환자의 숫자를 파악하는 방법이 한 가지 대안이다. 다른 한편으로 국가별 비교에서 흔히 사용하는 방법은 개인 수준에서 측정한 지표들의 평균값을 활용하는 방법이다. 국민 각자가 느끼는 우울감의 정도를 측정하고 그 평균값을 계산해 국가 수준의 우울 지수로 사용하는 식이다.

한국 사회는 압축적으로 성장했지만 풍요의 역설과 민주화의 역설에 시달리고 있다. 한국인들은 현재의 삶에서 만족을 얻지 못하고 미래의 삶도 불안해한다. 사회 제도도 신뢰하지 못한다. 이 문제는 GDP의 증가로 요약되는 경제적 성장만으로는 해결할 수 없다. 어떻게 좋은 사회를 만들 것인가 하는 시대적 과제는 좋은 사회를 구성하는 사회적 구성물로서의 소프트웨어, 즉 규범과 도덕과 감성과 가치가 결부된 건강한 사회정신이 뒷받침되어야 하고 이를 구현할 수 있는 사회적 조건을 갖추어야 한다.

기존의 연구들은 건강의 다면성을 이해하기는 하지만, 인간의 역량과 건강의 동적인 성격을 이해하고 미시와 거시를 연계하는 논리적인 설명 틀을 제시하지는 못하고 있다. 그래서 이 글에서는 건강의 다면성을 분석하고 설명할 수 있는 통합적 접근을 다음과 같이 제안한다.

첫째, 한 개인의 정신건강은 사회적 맥락 위에서 작동한다. 특히 한국같이 사회적 변화가 극심한 사회에서는 개인들이 느끼는 스트레스와 좌절은 사회 구조적 차원의 변화를 빼놓고는 설명하기 곤란하다. 촘촘하게 사회적 관계가 짜여 있고, 인격주의적 결속이 강하며, 정보화의 진전으로 인해 감정과 의사의 전달과 전이가 매우 빠른 한국 사회에서는 특히 타인과의 비교가 매우 중요하다. 비교를 통해 느끼는 좌절이나 질투도 빠르게 전이될 수 있다.

둘째, 한 사회의 통합 정도와 개인의 스트레스는 이중적이고 복합적인 관계에 놓여 있다. 사회적 수준에서 발생하는 다양한 구조적 조건과 긴장에도 불구하고, 개인들은 놓여 있는 조건이 다양하며 스스로의 역량이나 지향에 따라 동일한 수준의 스트레스에 대해서도 매우 다르게 반응할 수 있다. 그 결과 개인들의 웰빙은 다양한 차이를 나타낸다. 따라서 사회의 질에 관한 연구와 개인의 웰빙에 관한 연구가 통합적으로 발전되어야 한다.

셋째, 개인적 수준에서 웰빙을 결정하는 요인은 신체적이고 심리적인 역량뿐 아니라 사회적 관계를 맺고 집단적 자존심과 가치 지향을 추구하는 사회적 역량에 의해 크게 좌우된다. 따라서 사회적 관계를 유지하는 역량과 집단적 정체성을 지향하는 내적 가치 같은 사회적 측면은 사회적 웰빙을 결정하는 데 크게 기여한다. 그런데 이러한 사회적 역량은 급속한 사회 변화의 과정에서 세대 간에 따라 그리고 급속한 분업 구조의 변화에 노출된 정도에 따라 매우 다른 양상을 보일 것으로 예상된다. 따라서 사회적 웰빙의 시대적 변화와 집단 간 변화를 추적하려면 장기적이고 반복적인 조사가 지속적으로 시행되어야 한다.

넷째, 사회적 웰빙 수준에 대한 측정과 시계열적 변화는 다른 나라들과의 비교 가능성과 장기적 추세를 추적할 수 있는 형태로 추진되어야 한다. 이를 통해 그동안 GDP 같은 경제적 변수 중심으로 이뤄진 웰빙에 대한 측정을 보완할 수 있는 형태로 발전해야 한다.

다섯째, 사회적 웰빙에 대한 연구는 양적인 변화의 추적뿐 아니라 다양한 좌절과 변화의 메커니즘을 설명할 수 있는 토대 이론의 구성으로 나아가야 한다. 이를 통해 향후 추이를 예측할 뿐 아니라 보다 현실감이 있는 정책적인 함의를 도출해낼 수 있을 것이다.

이 글에서 제안한 사회적 웰빙에 대한 개념과 설명 틀은 건강과 질병 발생의 원인과 문제 해결에 대한 사회 과학적 접근이 필요하다는 고민에서 출발한 것이다. 개인의 건강은 사회 구조에 배태되어 있다. 그래서 개인의 역량을 중심에 두되 사회적으로는 매우 역동적으로 구성되는 건강의 다면성을 설명할 수 있는 틀로 사회적 웰빙의 개념을 제안했다. 이러한 사회적 웰빙을 분석하려면 실증적인 방법론뿐 아니라 문화적 맥락과 복합성을 탐구할 수 있는 깊이 있는 현상학적이고 해석적인 시각도 필요하다. 이는 거시적 구조와 역사 그리고 행위자의 문제 공간에 대한 균형 잡힌 이해를 필요로 한다.

3장
한국인의 사회적 웰빙의 특징

1. 한국인의 사회적 웰빙 조사

본격적으로 한국인의 사회적 웰빙 수준을 알아보기에 앞서, 어떻게 한국인의 사회적 웰빙을 파악했는지 그 과정을 설명한다. 삼성의료원 사회정신건강연구소의 지원과 서울대학교 사회발전연구소의 협력을 받아 2014년 "'사회정신건강'의 개념과 측정에 관한 연구"가 시작되었다. 여기에 서울대 사회학과 및 보건대학원 보건학과 소속 연구자들이 참여해, 보편적인 타당성을 가지면서도 한국적 특수성에 민감한 사회적 웰빙의 개념 틀을 구성하기 위해 노력을 기울였다. 또한 이론에 부합하면서도 사회정신건강 수준을 예리하게 측정할 수 있는 도구를 개발하기 위해 양적인 방법과 질적인 방법을 망라하는 분석을 했다.

2014년에는 주로 브레인스토밍brainstorming을 통한 아이디어 발굴, 이론적 검토, 초점 집단 토론과 내용 분석을 통한 근거 이론을 마련하는 데 집중했다. 이에 대한 상세한 내용은 3부 1장의 앞부분을 참조하기 바란다.

2015년에는 1차 연도에 개발한 근거 이론을 토대로 하여 사회적 웰빙을 측정하기 위한 설문지를 개발했으며, 설문지를 이용한 시험적인 조사를 거친 결과 만족할 만한 결과를 얻게 되어 본격적으로 설문 조사에 착수했다. 3장에서 이용할 자료는 바로 이때 실시한 조사의 결과물이다.

사회적 웰빙 조사는 52개 사회적 웰빙 관련 질문, 14개 인구학적 변수 관련 질문을 합해 66개 문항으로 구성되어 있다. 세부 문항을 포함한다면 문항 수는 194개에 이른다.

질문 영역은 개인적 스트레스, 직장 내 스트레스, 사회적 스트레스의 정도 및 원인을 비롯해 경쟁에 대한 인식, 영성, 사회에 대한 인식, 신뢰 수준, 공정성, 투명성, 매체 이용, 단체 참여 등 사회정신건강 영향 요인까지를 포함한다.

조사 대상은 전국에 거주하는 만 19세 이상 성인 남녀 1,005명으로 제주도를 포함 대한민국 전국에서 조사를 했고, 조사 기간은 2015년 6월 15일부터 7월 14일까지 한 달가량이었다.

면접원이 종이 설문지를 가지고 각 가구를 방문해 대면 면접 조사를 했다. 방문 가구는 17개 광역시와 도를 28개 하위 지역으로 나눈 후 다시 성과 연령을 고려해 무작위로 선정하는 방식을 택했다. 이렇게 수집된 자료에 이상이 있는 부분을 점검해 자료를 검토한 후 완성된 것이 한국인의 사회적 웰빙 조사 자료다.

2. 사회적 웰빙의 4가지 영역과 역량

자료 수집은 물론이거니와 분석에도 거쳐야 할 절차가 있다. 앞에서 사회적 웰빙을 신체, 마음, 관계, 내적 가치의 건강함을 드러내는 4개 차원으로 구성되어 있다고 규정했다. 이런 추상적인 규정을 구체적으로 측정 및 비교 가능하도록 변화시키는 과정을 두고 '조작화'라 한다. 한국인의 몸(신체), 마음(심리), 관계, 내적 가치의 건강이 구체적으로 어떤 수준에 있는지 확인하려면 앞선 규정을 조작화한 후 구체적인 수치를 산출해 통계적으로 분석하는 것이 합리적이다. 그 과정에서 설문 조사 등을 이용해 수집된 자료들을 가공하고 검토하게 된다.

이 같은 과정을 보통 '지표 구성' 혹은 '지표 산출'이라 한다. 현실의 다차원성을 드러낼 수 있도록 가장 흔히 쓰이는 지표 구성 방법은 2가지다. 하나는 여러 차원의 특성들을 종합해 하나의 종합 지표composite index로 구성하는 방법이고, 다른 하나는 각 차원들의 특성을 비교할 수 있도록 지표들의 프로파일indicators profile을 보여주는 방법이다. 일반적으로 사회에서 특정 문제들은 단일한 원인을 갖는다기보다는 여러 차원의 현상과 문제들이 복합적으로 작용해 드러난다. 종합 지표는 이러한 다차원성을 하나의 지표로 요약해 보여줄 수 있다는 점 덕분에 많이 활용되어왔다. 그러나 하위 지표들 간의 관계가 불분명할 경우, 종합 지표는 풍부한 지표를 포괄하고 있지만 실제로 제공하는 정보는 빈약한 결과를 초래할 수도 있다는 점이 문제로 지적되어왔다.

종합 지표가 갖는 문제를 해결하는 방안으로 이 연구에서는 사회적 웰빙 구성 지표들이 다층적 구조를 갖는 것으로 보고, 하위 차원의 지표를 분리해 산출한 뒤 이들 간의 관계를 비교하는 방법과 하위 차원들을 종합해 하나의 사회적 웰빙 종합 지표를 산출하는 2가지 방법을 함께 사용한다. 이처럼 2개의 트랙을 사용하는 이유는 사회적 웰빙을 구성하는 하위 차원들을 분리해서 볼 수 있으면서도 사회적 웰빙의 총체적 수준을 비교해볼 수 있다는 장점이 있기 때문이다. 특히 사회정신건강이 4개 차원의 건강 수준 간의 균형을 중시한다는 점에서 지표들의 프로파일은 종합 지표와 함께 유용하게 활용할 수 있다.

일반적으로 종합 지표는 복잡한 과정을 거쳐서 산출된다. 먼저 지표 틀을 확정하고 이를 측정할 수 있는 변수들을 선택해 조정한 후, 변수들 간의 구조를 탐색해 지표 구성 변수로서의 적합성을 검증한다. 그런 다음 정규화, 가중치 부여 등의 과정을 거쳐 변수들의 값을 종합한 점수를 산출한다. 산출된 지표는 지표의 강건성과 민감성을 테스트해 모델 구성과 지표 산출 과정에서 내려지는 자의적 선택에 문제가 없는지를 확인한다. 강건성과 민감성 검증에서 문제가 없는 것이 확인되면 지표와 다른 관련 변수들과의 관계를 분석해 이들 간의 관계가 이론적·경험적인 근거들로부터 크게 벗어남이 없는지를 검토해봄으로써 지표의 질을 검증한다. 마지막으로 이를 효과적으로 제시할 수 있는 방법을 결정해 공표한다.[105] 이를 단계별로 정리하면 [그림 1-4]와 같다.

사회적 웰빙 종합 점수 역시 동일한 과정을 거쳐 탄생했다. 다만 위의 과정 중 일부는 매우 전문적인 지식을 필요로 하는 까닭에 일일이 설명하기에는 복잡할뿐더러 이후 분석의 내용에 직접 연관이

[그림 1-4] 종합 지표 산출 과정

되지는 않는다. 따라서 3장에서는 주로 각 건강 영역에 어떤 구체적인 문항들이 담겨 있는지를 중심으로 살피고, 이를 바탕으로 한국인의 전반적인 사회적 웰빙 수준을 그려내고자 한다.

먼저 신체 건강의 경우 신체 활동에 불편함이 없고 건강하다고 인식하고 있는 상태를 의미하며, 이를 확인할 수 있는 자료들로 지표를 만들었다. 신체 건강은 2개 변수의 표준화 값의 평균으로 이뤄져 있다. 첫째는 보건학에서 소위 주관적 건강subjective health이라 부르는 문항으로 평소에 본인의 건강은 어떻다고 생각하는지를 1점에서 5점으로 물었다. 둘째는 신체 불편감으로 한 달 내에 일을 하는 데 지장이 있을 정도로 몸이 불편한 적이 얼마나 자주 있었는지를 1점에서 4점으로 물어 이용했다.

다음으로 심리적 건강은 정서적·심리적으로 안정적이고 긍정적인 상태를 뜻한다. 이 연구에서는 심리적 건강의 하위 영역으로 긍정 정서 경험, 부정 정서 경험, 심리적 번영을 두었다. 긍정 정서는 가장 가까운 지나간 평일에 웃을 일, 즐거운 일, 행복한 일이 얼마나 있었는지를 1점에서 4점으로 물은 값의 평균이다. 부정 정서는 지나간 가까운 평일 하루에 우울, 힘듦, 화남, 슬픔, 의욕 상실, 외로움, 불면, 불안의 8가지 사건을 얼마나 겪었는지 1점에서 4점으로 묻고 평균을 내어 조사했다. 어려움을 이겨내는 정신적 역량으로서 심리적 번영은 가장 가까운 평일 하루에 겪은 평화로움, 활력과 함께 자신을 긍정하는지, 미래에 낙관적인지, 자신을 걱정해주는 사람이 있다고 생각하는지, 삶에 가치가 있다고 느끼는지, 일에서 성취감을 느끼는지, 전반적으로 얼마나 행복한지, 세상일에 관심이 많은지, 고난을 겪었을 때 얼마나 쉽게 일상으로 돌아오는지 등 9개 문항을 활용해 구성했다.

건강한 관계는 보통 학계에서 '사회적 자본social capital'이라 부르는 변수들을 중심으로 구성되어 있다. 개인이 얼마나 건강한 관계 안에 놓여 있는지를 측정하기 위해 공동체 안에서 상호 호혜적인 사회관계를 맺고 있는 상태를 확인하고자 했다. 그 구성 요소로 사회적 지원망, 각종 단체 참여, 기부와 자원봉사 참여, 사회 구성원에 대한 일반적인 신뢰감을 포함했다. 지원망의 경우 아파서 가사 지원을 받아야 할 때, 돈을 빌려야 할 때, 대화가 필요할 때 도움을 주는 사람이 있는지의 여부로 측정했다. 단체 참여는 종친회, 향우회, 동창회, 계, 반상회, 노동조합, 취미·문화·연구 모임, 시민 단체, 정당, 사회봉사 단체 등 10개에 참여하고 있는지의 여부로 측정했다. 기부와 자원봉사도 참여 여부를 알아보았고, 일반적인 신뢰감은 주위 사람들을 신뢰할 수 있는지, 이용당할 수 있다고 생각하는지 물어서 확인했다.

마지막으로 건강한 내적 가치는 분명한 삶의 목적과 문제 해결에 대한 자기 확신이 있으며, 자아를 공동체 안에서 표현할 수 있는 상태를 일컫는다. 이를 측정하기 위해 사회적 웰빙 조사에서 공동체 소속감, 가치 지향성, 문제 해결 자신감의 3가지 변수를 가져왔다.

공동체 소속감은 사회에 소속감을 느끼는지 1점에서 4점으로 물어서 측정했다. 가치 지향성은 외적 성공보다 내적 만족을 중시하는지, 다른 사람의 기쁨과 슬픔에 공감할 수 있는지, 세상이 친근하다고 느끼는지, 삶을 방황하지 않게 하는 방향과 의미를 가지고 있는지 4가지를 질문해 평균 낸 값이다. 문제 해결 자신감은 어려운 문제를 해결할 자신이 있는지, 예기치 못한 사건이 일어나도 해결할 자신이 있는지를 물었다.

이렇게 여러 자료들을 하나의 단일한 점수로 합치려면 수학적인 가공이 필요하다. 그 가공 과정에서 정규화normalization가 진행된다. 지표를 만들기 위해 선택된 설문 문항들은 각기 척도(측정 기준)와 분포(측정된 값이 퍼져 있는 모양)가 상이하다. 이처럼 척도가 다르면 개별 질문 문항들을 합해 종합 지표를 구성할 때 문제가 발생한다. 예를 들어 4점 척도에서의 3점과 5점 척도에서의 3점은 같은 점수로 보기 어렵다. 척도가 같더라도 문항의 질문 내용에 따라 같은 3점이라도 그 수준이 같다고 볼 수 없다. 이러한 문제를 조정하려면 데이터의 범위를 일치시키고 분포를 유사하게 만들어주는 변수들의 표준화standardization 과정이 필요하다. 이 연구에서는 ESS가 권장하는 변환 공식을 적용한 후 보다 직관적인 비교가 가능하도록 전체 점수의 평균을 50점으로, 점수의 변화 폭을 0점에서 100점 사이로 조정했다.[106]

위의 과정을 통해 사회적 웰빙 점수가 계산된다. 주의해야 할 점은 각 점수는 개개인이 얼마나 건강한지를 보여주는 것이 아니라, 개인이 속한 집단이 비교 집단에 비해 얼마나 건강한지를 보여준다는 점이다. 후술할 분석에서 확인되겠지만, 남성이 여성보다 100점 만점일 때 몇 점 정도 더 각 영역에서 건강한지를 점수화한 것이 사회적 웰빙 지표다. 이는 각 변수의 집단별 평균 점수와 전체 평균과의 차이를 살펴보는 방식으로 변환이 이뤄졌기 때문이다.

그러므로 본 지표는 집단 간 차이를 비교하는 데 활용할 수 있으며 그 과정에서 취약 집단을 발견할 수 있다는 강점이 있다. 특히 최근에는 경제 사회적 불평등의 연장선상에서 발생하는 건강 격차와 불평등에 대한 관심이 전 세계적으로 높아지고 있는 추세다. 사회적 웰빙 점수를 통해 한국인의 절대적인 건강 수준을 가늠하기 어렵다는 점은 아쉽지만, 집단 간 차이를 살펴보고 우선 개입해야 할 집단을 발견하고, 대처 방안에 대한 정책적 함의를 도출해낸다면 그것만으로도 충분한 의의가 있다.

3. 인구 집단별 사회적 웰빙 양상

가장 먼저 성별에 따른 건강 수준의 차이를 살펴보았다[그림 1-5]. 남성 집단의 사회적 웰빙 평균 점수가 51점으로 여성 집단의 49점에 비해 아주 근소하게 높았다. 사회적 웰빙의 세부 영역을 살펴보았을 때, 남성과 여성의 차이는 주로 신체 건강에서 갈렸다. 남성의 신체 건강이 52점인 데 반해 여성의 신체 건강은 48점에 그쳤다. 심리적 건강의 경우 여성이 남성보다 2점 정도 근소하게 앞섰고, 건강한 관계에서는 반대로 남성이 2점 더 높았다. 가치 건강의 경우는 큰 차이가 나타나지 않았다.

4점이라는 신체 건강의 차이는 어디서 온 것일까? 통계 분석 기법을 활용해서 확인한 결과 여성은 남성보다 주관적 건강 수준이 낮고, 신체 불편감은 높았다. 여성 설문 응답자가 전반적으로 나이가

[그림 1-5] 성별 사회적 웰빙 점수

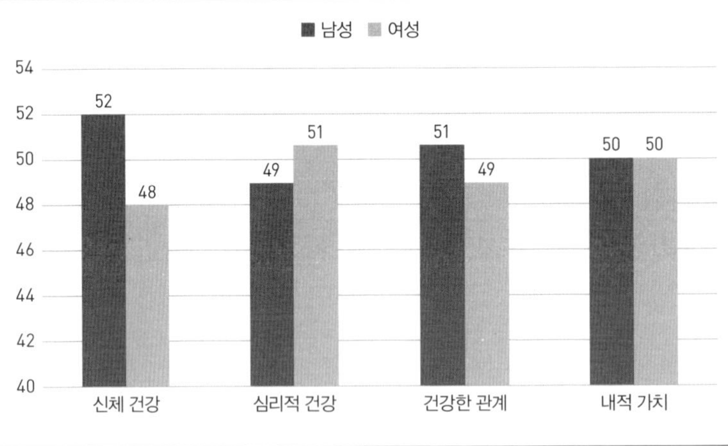

많을 수 있는 까닭에 연령의 효과를 배제하는 기법을 사용한 뒤에도 마찬가지였다. 보건학에서는 이론적으로 남성이 여성에 비해 건강 자신감이 크고 질병에 둔감한 것으로 판단하는데 이러한 영향이 나타난 것으로 판단된다.

'심리적 건강'의 차이는 통계적으로 긍정 정서 점수의 차이 때문인 것으로 나타났다. 그중에서도 어제 하루 얼마나 웃을 일이 있었느냐는 물음에서 여성과 남성의 차이가 상대적으로 컸다. 어제 하루 얼마나 웃을 일이 있었는지를 '매우 자주 있었다'를 1점, '전혀 없었다'를 4점으로 조사했을 때, 남성의 평균 점수는 2.11점으로 여성의 1.93점에 비해 0.2점가량 낮았다. 여성이 조금 더 웃을 여유를 가짐으로써 건강상 이득을 보고 있는 셈이다.

'건강한 관계'의 경우에는 남성이 여성보다 나았는데 특히 연고 집단에 남성이 여성보다 열심히 참여하고 있었다. 여러 연고 집단 중 남성은 종친회, 동창회, 향우회에 많이 참석했다. 그중에서도 종친회의 경우 전체 여성의 8% 정도만 참석하는 반면 남성은 전체 중 30%가 참석해 차이가 극명했다. 동창회 역시 61%와 43%로 남성이 18%p가량 더 참여하고 있었고, 향우회는 26%와 6%로 20%p의 격차가 벌어졌다. 여성의 사회 참여가 많이 늘었다고는 하나 여전히 남성의 사회생활이 더 활발한 것으로 생각해볼 수 있다.

'내적 가치'의 경우 총점부터 세부 항목까지 성별에 따른 차이가 거의 없었다. 성별에 따라 특별히 문제 해결 자신감이나 공동체 소속감, 가치 지향성에 대한 차이는 발생하지 않는 것으로 볼 수 있다.

다음으로 [그림 1-6]의 세대별 사회적 웰빙 점수를 살피기에 앞서 염두에 두어야 할 점이 있다. 이 점수는 연령이 아닌 세대에 초점이 맞춰져 있으므로 나이가 들어감에 따른 변화가 아닌 각 세대가 살아온 사회 및 현재 상황의 특징을 나타낸다. 각 세대는 크게 에코 세대, IMF 세대, 베이비 붐 세대, 전후 산업화 세대와 대체적으로 들어맞는다. 세대별 건강 수준의 차이를 살펴봤을 때는 중·노년 세대가 청장년 세대에 비해 낮은 점수를 기록했다. 전체 사회적 웰빙 점수 평균에서 청년 세대와 장년 세대는 51점을 기록한 반면 중년 50점, 노년 47점으로 세대에 따라 최대 4점 정도의 사회적 웰빙 점수 차이가 발생한다. 사회적 웰빙 점수가 50점을 평균으로 해 각 집단의 상대적 차이를 비교한 점수임을 고려할 때, 유독 노년 세대의 사회적 웰빙 수준이 나쁜 것으로 판단할 수 있다.

세대별 웰빙 점수의 차이가 발생한 가장 큰 이유는 신체 건강의 저하다. 그러나 이 결과를 나이 듦에 따른 당연한 것으로 받아들이기에는 세부 점수들이 말하는 이야기에 귀를 기울일 필요가 있다.

[그림 1-6] 세대별 사회적 웰빙 점수

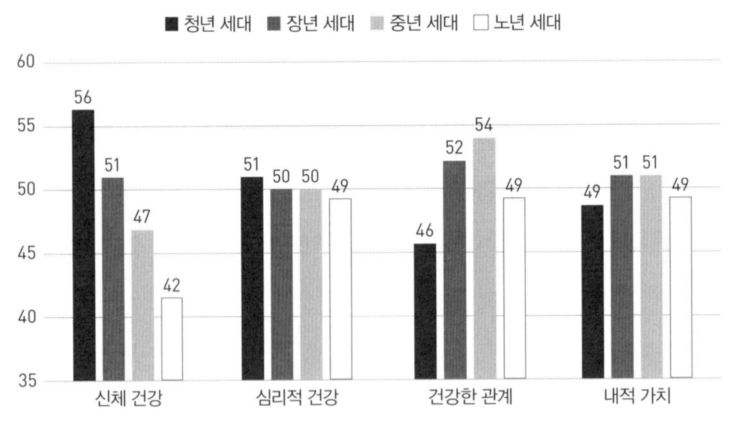

만 19세부터 34세까지 청년 시절에는 신체 건강이 56점으로 다른 모든 세대를 압도하는 반면 관계 건강은 46점으로 모든 연령층 중 가장 낮다. 비록 총점은 조금 낮아지기는 하지만 34세부터 64세까지를 아우르는 장년층과 중년층은 신체 건강은 조금 떨어질지언정 나머지 건강 영역에서 고른 점수를 나타내고 있으며, 특히 중년 세대는 건강한 관계에서 다른 집단보다 높은 점수를 기록했다.

'신체 건강'의 세부 요소 중에서는 주관적으로 평가하는 건강에서 세대별로 뚜렷한 통계적 차이가 나타났다. 반면 신체 불편감의 경우 청년과 그 외의 세대 사이에는 차이가 있었지만, 장년, 중년, 노년 세 집단 내부의 차이는 분명하지 않았다. 이는 한국인에게서 노화나 질병으로 인한 신체의 기능 저하보다 자기 신체에 대한 자신감이 더욱 중요할 수 있음을 보여주는 결과다. 만약 신체에 대한 자신감 저하를 제고할 수 있다면, 장년 세대와 중년 세대의 사회적 웰빙 수준은 오히려 청년기보다도 높아질 수 있으며 노년 세대 역시 상당한 사회적 웰빙 수준을 누릴 수 있다.

'심리적 건강'은 여타 영역에 비해 상대적으로 세대 간 차이가 크지 않다. 세부 요인을 살펴봤을 때 부정 정서는 연령의 차이에 따른 영향이 거의 없었다. 그러나 긍정 정서의 경우 청년 세대가 다른 세대에 비해 높은 평균 점수를 기록했으며, 심리적 번영의 경우 노년 세대가 다른 세대에 비해 낮은 평균 점수를 보였다. 따라서 장년과 중년기에 비해 플러스 요인이 있는 청년 세대는 약간 더 높은 점수를, 마이너스 요인이 있는 노년 세대는 약간 더 낮은 점수를 보이게 되었다. 청년 세대는 다른 세대에 비해 어제 하루 즐거울 일이 더 많았다고 응답하는 경향이 뚜렷했다. 반면 노년 세대는 미래에 대해 낙관하느냐는 물음과 당신의 삶에 가치가 있다고 생각하느냐는 물음에 다른 세대보다 뚜렷하게 부정적인 응답을 내렸다. 청년 세대의 83%가 미래를 낙관했고, 93%가 삶에 가치가 있다고 응답한 반면, 노년 세대의 해당 수치는 각각 66%와 88%에 그쳤다. 2가지 응답치 모두 장년(80%, 95%)과 중년(78%, 94%) 세대에서 큰 변화가 보이지 않았기에 노년 세대가 기록한 점수의 충격이 더욱 크게 다가온다.

'건강한 관계'는 여러 건강 영역들 가운데서도 가장 역동적인 차이가 발견되는 영역이다. 청년 세대는 46점을 기록한 한편 장년 세대는 52점, 중년 세대는 54점으로 가장 높은 점수를 보이고, 노년 세대는 49점에 그쳤다. 세부 요인을 봤을 때 이 차이는 크게 4가지 근거로 설명될 수 있다. 첫째, 중·장년 세대가 연고 집단 참여가 가장 활발하다. 둘째, 중년 세대는 연고 집단 참여를 넘어 사회봉사 및 기부 활동에도 열심히 참여한다. 셋째, 노년 세대는 배우자를 잃거나 친구가 대개 적어서 지원망이 협소하다. 넷째, 청년 세대는 여러 요인 모두에서 골고루 낮은 점수를 보인다.

청년 세대에 건강한 관계 점수가 높지 못한 것은 어쩌면 건강한 관계를 구성하는 사회적 자본의 속성을 고려할 때 당연한 결과다. 사회적 자본은 오랜 기간 공동체 안에서 함께 생활함으로써 축적되어가는 것으로, 사회적 웰빙 점수가 절대적인 점수가 아니라 상대적인 점수임을 떠올리자면 장년 세대와 중년 세대에 비해 아직 사회에 진출한 지 얼마 안 된 청년의 건강한 관계 점수는 낮을 수밖에 없다. 물론 그 상대적인 폭이 8점 가까이 되므로 청년 세대의 사회 참여를 늘리는 방안을 강구할 필요는 있겠다. 한편 노년 세대가 건강한 관계 점수가 낮다는 점이 우려스럽다. 이는 한국 사회에서 노인들이 사회 참여를 하고 이곳저곳 다양한 공간들을 돌아다니고 여러 차원의 다양한 인간관계 속에서 도움을 주고받는 경험을 하지 못하고 있음을 의미하기 때문이다. 아내 및 몇몇 친지들과의 협소한 인간관계에서 고립된 생활을 하다 삶을 마무리하는 것이 결코 건강한 삶은 아닐 것이다.

'내적 가치'도 세대별 점수 차이는 상대적으로 줄어들었으나, 관계 건강과 유사한 분포 양상을 나타내고 있다. 점수 차가 크지 않아 통계적으로 유의한 정도의 차이가 나타난 세부 항목은 많지 않았다. 그럼에도 청년 세대에서 뚜렷하게 낮은 가치 지향성이 나타났으며, 그중에서도 다른 세대에 비해 내적 만족보다는 외적 성공을 중시하는 것으로 파악되었다. 노년 세대의 경우 특정한 한 항목이 통계적으로 유의하게 낮은 점수를 보이지는 않았지만, 공동체 소속감과 문제 해결 자신감 점수가 낮은 까닭에 내적 가치 수준이 저조했다.

[그림 1-7] 가구 소득별 사회적 웰빙 점수

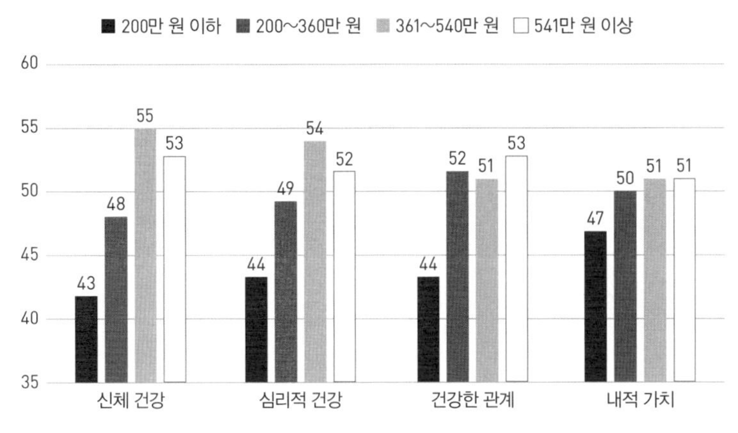

정리하자면 청년 세대는 외적인 성공을 달성하기 위한 경쟁 속에서 공동체에 대한 소속감이나 목표를 추구하는 몰입감을 얻지 못한 채 방황하고 있으며, 노년 세대는 사회로부터 동떨어져 버림받은 느낌에 고통받고 있다. 이들을 어떻게 품을 것인가가 한국 사회의 내적 가치 수준을 향상시키는 데 핵심 고민이다.

[그림 1-7]의 가구 소득에 따른 사회적 웰빙 총점의 경우, 가구 소득이 높을수록 높아지는 경향이 분명하게 나타났다. 200만 원 이하의 평균은 44점, 200~360만 원은 50점, 361~540만 원 이하 집단과 541만 원 이상 가구 소득 집단은 모두 53점을 기록했다. 360만 원이 사회적 웰빙 조사에서 대략 평균 가구 소득이었음을 고려할 때 평균 이상 소득 집단은 평균보다 높은 사회적 웰빙을 누리고 있음을 알 수 있다. 200만 원 이하 소득 집단이 상대적으로 취약한 상황에 놓여 있음 또한 확인 가능하다.

신체 건강과 심리적 건강은 가구 소득이 가장 많은 집단보다 두 번째로 많은 집단에서 보다 양호한 것으로 나타났다. 내적 가치의 경우에도 소수점까지 살펴봤을 때에는 두 번째로 높은 가구 소득 집단이 최고 득점을 올렸다. 한편 건강한 관계의 경우 200~360만 원 사이 가구 소득 집단이 두 번째로 높은 점수를 기록해 다른 사회적 웰빙 하위 영역과는 상이한 양상을 드러냈다. 한 발짝 더 들어가 신체 건강의 하위 영역들을 살펴본 결과 200만 원 이하 가구 소득 집단과 361만 원 이상 가구 소득 집단의 차이가 통계적으로 의미가 있는 것으로 나타났다. 주관적 건강과 신체 불편감 모두에서 분명한 차이가 보였다.

심리적 건강의 경우, 심리적 번영 수준의 차이는 통계적으로 뚜렷하지 않았으나 긍정 정서와 부정 정서 모두에서 매우 선명한 가구 소득의 영향력이 나타났다. 200만 원 이하 가구 소득 집단은 361만 원 이상 가구 소득 집단에 비해 모든 종류의 긍정 정서가 부족했고, 모든 종류의 부정 정서가 더 높았다. 흥미로운 점은 최고 소득 집단에 비해 361~540만 원 집단의 심리적 건강이 세부 변수들에서까지 상당히 유의하게 높았다는 사실이다. 오히려 지킬 것이 많아지면 걱정이 앞서기 때문일 수 있다.

가구 소득에 따른 건강한 관계의 경우, 지원망과 연고 집단 참여에서 유독 가구 소득 200만 원 이하 집단이 낮았다. 200만 원 이하 가구 소득 집단은 아플 때, 급전이 필요할 때, 이야기를 나누고 싶을 때 도움을 줄 사람이 아무도 없는 경우가 각각 10%, 22%, 6%로 361만 원 이상 집단의 1%, 7%, 2%에 비해 최대 10배 가까이 높았다. 연고 집단 참여 변수에서 200만 원 이하 집단과 다른 집단의 차이를 만들어낸 것은 동창회 참여였다. 여타 가구 소득 집단에서 동창회 참여 비율이 전체의 56%로 일관되게 나타난 반면 200만 원 이하 가구 소득 집단에서는 그보다 20%p 낮은 36%에 그쳤다. 이는 한국에서 동창회라는 장소가 서로의 사회적 성과를 과시하고 비교하는 공간인 경우라는 점에서 이해 가능하다.

그나마 가구 소득에 따른 건강 수준의 차이가 가장 적은 영역이 내적 가치다. 가구 소득의 경우 문제 해결 자신감 세부 영역에서 200만 원 이하 집단과 이상 집단 사이에 통계적 차이가 있는 것으로 확인되었다. 가구 소득 200만 원 이하 집단은 자신이 노력을 한다고 해도 사회에서 발생하는 어려움들을 뚫고 나가기가 힘들다고 느끼고 있었다. 이는 이 집단에 속한 사람들이 낮은 소득으로 인해 문제 해결을 위한 자원을 충분히 갖추지 못하게 되었음을 방증한다.

종합해볼 때 가구 소득 200만 원 이하 집단이 취약 집단임을 알 수 있다. 200만 원 이하 집단은 바로 위 201~360만 원 집단에 비해 신체·마음·관계·내적 가치의 4가지 건강 영역 모두 3점에서 8점가량 낮은 모습을 보인다. 물론 201~360만 원 집단도 그 이상 집단들에 비해 신체 건강과 심리적 건강은 상당히 낮은 편이나, 건강한 관계 및 내적 가치의 경우 큰 차이를 보이지 않는다는 점에서 이는 주목할 만하다. 가구 소득이 200만 원 이하로 내려가는 순간 개인이 누리는 모든 삶의 영역이 어려움으로 바뀌고 있다는 증거일 수 있기 때문이다. 향후 가구원 수 및 연령 등을 보정한 연구가 진행될 필요가 있겠으나, 1차적으로 가구 소득을 200만 원 이상 확보할 수 있게끔 정책적으로 보조하는 것이 개개인의 사회적 웰빙 수준을 상당히 개선하는 방안일 수 있다.

[그림 1-8] 학력에 따른 사회적 웰빙 점수

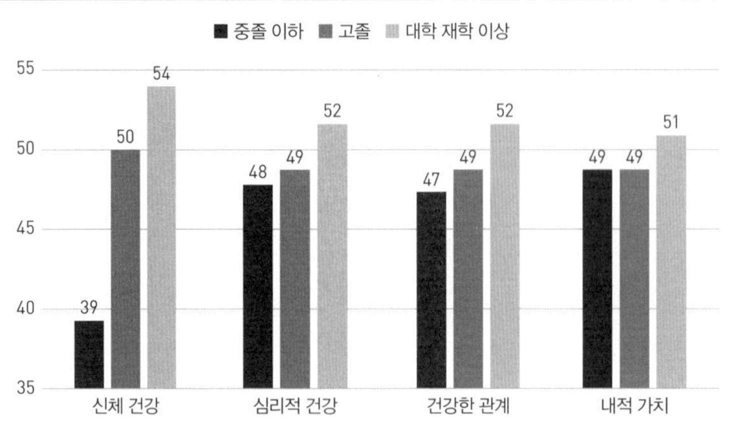

[그림 1-8]의 학력에 따른 사회적 웰빙 점수는 중졸 이하 45점, 고졸 49점, 대학 재학 이상 53점으로 학력이 높으면 사회적 웰빙 수준이 높았다. 다만 학력은 연령의 영향을 크게 받는 점을 고려할 필요가 있다. 통계적 기법을 활용해 연령으로 인한 영향을 통제해봤더니, 학력과 신체 건강 사이의 관계는 겉보기와 달리 실제로는 무관한 것으로 나타났다. 즉 학력에 따른 신체 건강 점수의 차이는 실제로는 고연령층에 저학력자가 많아서 나타난 착시 현상이다. 그러나 신체 건강을 제외한 나머지 건강 영역의 경우 모두 학력과 선형적인 관계가 있었다. 따라서 나이와 무관하게 학력이 높으면 전반적인 사회적 웰빙 수준이 높다는 사실은 변하지 않는다.

주로 연령의 영향임이 나타난 신체 건강을 배제하고 심리적 건강부터 파고들어 보면, 학력의 경우는 주로 긍정 정서와 깊은 연관이 있었다. 학력이 높을수록 웃을 일이 많고 행복감을 느끼는 등 긍정 정서가 양호했으며, 중졸 이하 집단보다는 고졸 집단에서 긍정 정서가 더 낮게 나타났다. 다만, 고졸은 중졸 집단보다 심리적 번영과 부정 정서 점수가 나은 편이었으므로 중졸 이하 집단보다 좋은 심리적 건강 점수를 기록했다.

학력에 따른 건강한 관계에서는 흥미로운 결과가 나타났다. 대학 재학 이상의 학력을 가진 집단은 지원망, 자발적 결사체 참여, 봉사 및 기부 활동 참여 등 전반적으로 양호한 관계를 맺고 있는 것으로 나타났다. 한편 고졸 집단의 경우 다른 세부 점수는 낮은 반면 연고 집단 참여는 여타 학력 집단에 비해 높았으며, 일반 신뢰가 특히 낮았다. 이는 고졸 집단에서 소위 말하는 연줄의 폐해가 나타난 것이다. 자기와 가까운 사람들과만 관계를 맺고 더 넓은 종류의 관계를 이루거나 신뢰하지 못하고 있는 것이다. 한편으로 고졸 집단이 처한 상황은 모든 종류의 관계 참여가 고루 낮은 중졸 이하 집단에 비해 차라리 나을 수도 있다.

내적 가치의 점수 차이는 대학 재학 이상과 나머지 집단에서 2점 정도 차이가 났지만 통계 기법을 이용했을 때 크게 유의미한 차이는 아니었다. 다만, 학력에 따라 사회적 웰빙 수준의 모든 영역에 차이가 있음은 눈여겨볼 필요가 있다.

4. 특별히 취약한 사람들

그렇다면 사회적 웰빙 점수가 특별히 낮은 사람들은 어떤 사람들이었을까? 이를 확인하기 위해 한국인의 사회적 웰빙 조사에 참여한 1,005명 중 자료에 이상이 있는 것으로 보이는 사람들을 제외한

[표 1-4] 평균보다 사회적 웰빙 점수가 높은 집단과 낮은 집단의 구성비 차이

전체	인구 집단	859(높음)	128(낮음)
성별	남성	49.6%	43.0%
	여성	50.4%	**57.0%**
코호트	1954년 이전 출생: 노년 세대	18.2%	**32.0%**
	1955~1963년 출생: 중년 세대	18.2%	19.5%
	1964~1978년 출생: 장년 세대	34.3%	19.5%
	1979년 이후 출생: 청년 세대	29.3%	28.9%
학력	중졸 이하	14.9%	**26.6%**
	고졸	37.7%	42.2%
	대학 재학 이상	47.4%	31.3%
가구 소득	200만 원 이하	19.4%	**46.9%**
	200~360만 원	27.1%	26.6%
	361~540만 원	35.2%	13.3%
	541만 원 이상	18.3%	13.3%
고용 상태	전일제 임금 근로	32.5%	25.0%
	비정규 임금 근로	11.8%	9.4%
	자영업	32.4%	28.1%
	무직	23.4%	**37.5%**

987명을 좀 더 세분화해 들여다보았다. 사회적 웰빙 점수가 통계적으로 특별히 평균보다 낮은 128명[107]을 그렇지 않은 859명과 비교해 보았다.

[표 1-4]를 읽을 때는 왼쪽 수치와 오른쪽 수치의 차이를 보아, 낮은 집단의 비율이 높은 집단의 비율보다 클 경우 해당 인구 집단이 더욱 취약하다고 평가하면 된다. 먼저 사회적 웰빙 점수가 높은 사람들은 성비에 특별히 차이가 없었지만, 열악한 사람들은 여성이 남성보다 많았다. 세대별로 보았을 때는 열악한 집단의 32%가 노인으로, 양호한 집단의 18.2%에 비해 14%p가량 많아 노년 세대가 웰

빙 수준이 낮음을 알 수 있었다. 학력에서는 중졸 이하인 경우가 사회적 웰빙 수준이 열악한 집단에서 양호한 수준보다 더 많은 구성비를 보였고, 가구 소득은 200만 원 이하 집단에서 25.5%p나 양호한 집단과 열악한 집단의 차이가 벌어졌다. 이에 고용 상태를 추가해 살펴본 결과 역시 무직자들이 여타 고용 상태의 근로자들과 자영업자에 비해 웰빙 수준이 낮았다.

지금까지 한국인의 사회적 웰빙 수준을 살펴본 결과, 사회적 웰빙을 누리려면 장년 세대에 속한 남성으로 대학 재학 이상의 학력을 가지고 평균보다 적당히 많은 수준의 가구 소득을 올리며 직업이 있어야 함을 알 수 있었다. 반면 나이를 많이 먹고 학력이 낮으며 현재 일자리가 없고 소득도 거의 없는 여성일 경우, 사회적 웰빙에 심각한 위협을 받고 있을 가능성이 높았다. 이렇게 인구 집단별 차이가 나타나는 것은 단순히 개인의 타고난 차이로는 설명하기 어려운 결과다. 또한 국민의 사회적 웰빙 수준을 제고하기 위한 국가 차원의 정책적 노력이 필요함을 보여주는 것이기도 하다.

미주

1장 왜 사회적 웰빙인가

1 1부 1장은 이재열·박상희(2016, 2017)의 글을 토대로 재구성한 것이다.
2 《더 타임스The Times》, 1951년 10월 1일자 사설.
3 전상인, 2008.
4 《국민일보》, 2015년 11월 13일.
5 Fukuyama, 1995.
6 WHO, 1948.
7 Durkeim, 1951; Parsons, 1951; Berkman, Glass, Brissette&Seeman, 2000 etc.
8 Larson, 1999.
9 Greenfield and Nelson, 1992.
10 Larson, 1999.
11 Callahan, 1973.
12 WHO, 1948. WHO의 건강 정의의 장점들은 Callahan(1973)에 잘 정리되어 있다.
13 Callahan, 1973.
14 이외에 '완벽한' 웰빙 상태의 불가능성, 건강 정의의 조작화와 측정의 어려움, 인구와 질병 성격의 변화 등 여러 한계들이 지적되는데 이는 Bircher, J.&Kuruvilla, S.(2014), Callahan(1973), Huber et al.(2011), Frenk and Gómez-Dantés(2014), Larson(1999), Lerner(1973) 참고하기 바란다.
15 Callahan, 1973; Huber et al., 2011; Bircher, J.&Kuruvilla, S., 2014.
16 Huber et al., 2011.
17 Bircher, 2005; Bircher, J.&Kuruvilla, S. 2014; Frenk and Gómez-Dantés, 2014.
18 Bircher, 2005; Bircher, J.&Kuruvilla, S. 2014; Callahan, 1973; Heber et al., 2011.
19 조병희, 2015.
20 Huber et al., 2011.
21 Ottawa Charter for health promotion. www.who.int
22 조병희, 2015.
23 Health Council of Netherlands. www.gezondheidsraad.nl
24 Bircher, 2005.
25 Saylor, 2004.

26 이는 마이클러 모델Meikirch Model이라고 불린다. Bircher, J.&Kuruvilla, S. 2014.

27 Helliwill&Putnam, 2004; Cohen, Gottlieb, Underwood, 2000; Fiori&Jager, 2012; Thoits, 2011; Uchino, 2006; 윤현숙, 구본미, 2009; 이명숙, 2015 etc.

28 Berkman, Glass, Brissete&Seeman, 2000.

29 Ryff et al., 1999.

30 Frey and Stutzer, 2010.

31 Patrick and Erickson, 1993.

32 헤겔의 '시대정신'이란 특정 시대를 관통하는 감정과 태도 또는 정신 자세를 말한다. 개인의 정신세계를 초월해 사회 전 구성원들에게 보편적으로 내재하는 정신적 가치 체계와도 같다.

33 김홍중, 2009.

34 Lawson, 1989.

35 Russell, 1991; 함인희, 2003.

36 Horton&Rice, 2012.

37 최순화, 2014.

38 최순화, 2014에서 재인용.

39 MacKenzie, 2014.

40 조병희, 2015, pp.73~74.

41 유경원·노용환, 2007.

42 이현정, 2012.

43 Lamont and Hall, 2009.

44 Rogers and Pilgrim, 2003.

45 민성길, 2010, p.281.

46 Lee and Min, 2009.

47 Bellah, 1985.

48 송호근, 2006.

49 김홍중, 2009.

50 김홍중, 2014, p.184.

51 김홍중, 2013, p.10.

52 정수복, 2012.

53 Shaw&McKay, 1942.

54 Hirschi, 1969.

55 Merton, 1938.

56 Agnew, 2009.

57 Durkheim, 1997.

58 Durkheim, 1951.

59 Hirschi, 1969.

60 Merton, 1938.

61 Agnew, 2009.

62 Niebuhr, 2013.

63 정준표, 1994.

64 김완진, 2005.

65 Center for Social Well-Being and Development
http://publichealth.gwu.edu/projects/center-social-well-being

2장 사회적 웰빙의 구성 요소

66 1부 2장은 이재열·박상희(2016, 2017)의 글을 재구성하고 발전시킨 것이다.

67 McKeown, 1980.

68 Antonovsky, 1987, p.90.

69 김공현, 2014.

70 Antonovsky, 1979, 1987, 1990, 1993.

71 Headey and Wearing, 1991.

72 Cummins, 2010.

73 Dodge et al., 2012.

74 Waitzkin, 1983.

75 Michael Moore, 'Sicko', 2007.

76 http://vancouver.ca/people-programs/healthy-city-strategy.aspx

77 Keyes, 1998.

78 Gleibs et al., 2013.

79 Helliwell, 2012.

80 Huppert and So, 2013.

81 Helliwell, 2008.

82 국가 웰빙 계정 www.nationalaccountsofwellbeing.org

83 Michaelson et al, 2009.

84 Kleinman et al., 1997.

85 Kleinman et al., 1997.

86 이현정, 2013.

87 Johan Galtung, 1969.

88 Paul Farmer, 2004.

89 이현정, 2013.

90 Gardner, 1983.

91 Goleman, 1998.

92 Covey, 1989.

93 Wigglesworth, 2014.

94 Ritzer, 1979, 1981.

95 이재열 외, 2015.

96 조대엽, 2012.

97 사이토 준이치齊藤純一, 2009.

98 장덕진 등, 2015.

99 Coleman, 1990.

100 김용학, 2003.

101 전우택과 민성길, 2010.

102 김홍중, 2014.

103 Blau, 1974; 김용학, 2003, pp.70~73.

104 김홍중, 2014.

3장 한국인의 사회적 웰빙의 특징

105 OECD, 2008.

106 자세한 사항은 ESS EduNet 웰빙 페이지 참조.
http://essedunet.nsd.uib.no/cms/topics/wellbeing/2/9.html

107 사회적 웰빙 점수화 이전, 세부 영역의 변수들을 이용해 점수들의 평균 점수를 계산한 후 1표준 편차 이하의 집단을 따로 분류했다.

2부

누가 아픈가?

실증 분석을 통해 본 한국의 사회적 웰빙 현황

SUFFERING KOREA

1장

누가 건강한가?

1. 신체적 건강 상태

여기에서는 한국인의 건강 상태를 구체적으로 살펴볼 것이다. 먼저 신체적 건강 상태를 알아보자. 건강 상태를 파악하는 기본 방법은 사망 수준과 유병률을 살펴보는 것이다.

사망률이 높고 낮음은 달리 보면 얼마나 오래 사는가의 문제다. 즉 기대 수명이나 평균 수명을 살펴보면 인구의 건강 상태를 단적으로 파악할 수 있다. 2015년에 우리나라 국민의 기대 수명이 82세로 OECD 국가 중 평균을 상회한다. 즉 신체적 건강 측면에서는 우리 국민이 최상위권에 속한다. 건강 상태를 파악하는 다른 방법은 얼마나 병에 많이 걸리는지를 살펴보는 것이다. 한국인의 사회적 웰빙 조사의 결과를 보면 응답자들 중 만성 질환을 가진 경우는 16.4%였다. 여기에 감기 등 급성 질환을 가진 사람들을 합하면 조사 시점에 적어도 국민의 5분의 1 이상이 질병 상태에 있는 것으로 볼 수 있다. 의학적 관점에서는 질병이 없는 대다수 국민은 건강한 것으로 간주한다. 즉 의학적으로는 이번 조사의 응답자들의 5분의 4는 건강한 상태라고 볼 수 있다.

건강 상태를 파악하는 다른 방법은 신체의 기능적 측면에 주목해 사회적인 역할 또는 일work을 수행할 수 있는 역량을 가질 수 있는가의 여부를 따지는 것이다. 즉 사회적 역할을 수행하는 데 신체적 상태가 지장을 주는지 여부에 관심을 갖는다. 일례로 사회학자 파슨즈Talcott Parsons는 사회적 역할을 수행하지 못할 정도로 아픈 상태를 질병으로 파악했고 그에 따른 새로운 역할 수행을 '병 역할sick role'로 개념화한 바 있다.[1]

이번 조사에서 "한 달간 일을 하는 데 지장이 있을 정도로 불편한 적이 있었는가?" 하는 질문에서 2.5%의 응답자가 '자주 있었다'고 했고, 11.4%가 '가끔 있었다'고 응답해 이를 합하면 약 13.5%의 응답자가 신체적으로 불건강한 상태에 있는 것으로 나타났다. 이 기준을 적용할 때도 대다수 국민은 건강한 것으로 판단된다.

그런데 건강 상태를 판단하는 또 다른 방법은 응답자에게 자신이 얼마나 건강한지를 주관적으로 평정rating하도록 하는 것이다. 즉 주관적 건강 상태를 파악하는 것이다. 이번 조사에서 주관적 건강 상태에 대해 응답자의 18.1%가 '매우 좋다', 45.9%가 '좋은 편이다'라고 응답해 이를 합하면 응답자의 64%가 자신의 건강을 좋은 것으로 평가했다[그림 2-1]. 한편 응답자의 27.5%가 '보통이다', 8.6%가 '나쁜 편'이거나 '매우 나쁜' 것으로 응답했다. 응답자 대다수는 건강 상

[그림 2-1] 응답자들의 주관적 건강 상태

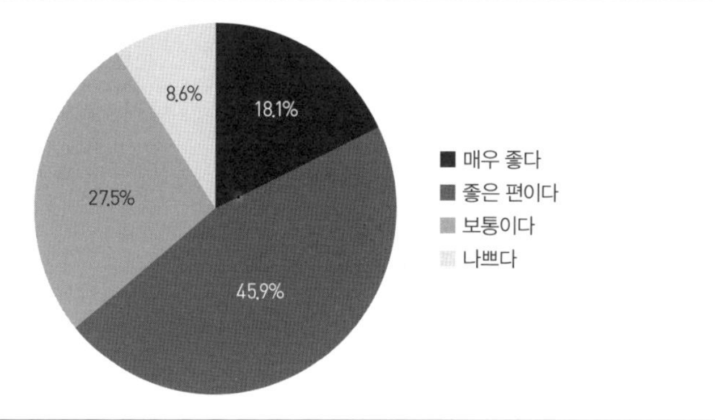

태가 양호하거나 보통이었고 극소수만이 불건강한 것으로 나타났다. 앞의 2가지 기준을 적용할 때보다 불건강한 사람의 비율이 더 적게 나온 것을 보면 상당수 응답자들은 질병이나 신체적 불편함을 갖고 있음에도 불구하고 자신을 건강하다고 생각하는 것으로 보인다. 이런 불일치는 왜 발생하는 것일까?

근대 사회는 전문가들이 득세했고, 보건 의료 분야에서도 의사를 비롯한 전문가의 영향력이 절대적으로 커졌다. 질병에 대한 진단과 치료는 모두 의사가 결정했고 환자는 그 결정을 수용하고 지시를 따르기만 하는 수동적 존재였다. 환자의 생각이나 의견은 중요한 것이 아니었다. 그런데 탈근대 사회postmodern society가 되면서 개인의 주관적 경험을 중시하게 되는데 이런 경향은 보건 의료 분야에서도 나타난다. 과거에는 건강 상태 파악을 위해 의사의 진단에 의한 객관적 질병 유무만을 따졌지만 이제는 개인이 주관적으로 인지하는 건강 상태를 중시하게 되었다.[2]

신체적 질병 유무와 주관적 건강 인식은 서로 관계가 깊지만 반

[표 2-1] 주관적 건강 상태별 만성 질환 유무

만성 질환	주관적 건강 상태			계
	좋음	보통	나쁨	
있다	7.6%	24.6%	55.8%	16.4%
없다	92.4%	75.4%	44.2%	83.6%
계(N)	100.0%(643)	100.0%(276)	100.0%(86)	100.0%(1005)

드시 일치하는 것은 아니다. 즉 건강하다고 생각하는 사람은 질병이 없는 경우가 많고 질병이 있으면 스스로 불건강하다고 생각하는 경우가 많지만, 일정한 신체적 질병 증상이 있어도 사람들은 건강하다고 생각할 수도 있고 반대로 질병으로 진단되지는 않았더라도 신체적으로 불건강하다고 생각할 수도 있다. 의학적으로 질병이 있다고 진단된 사람들의 경우에도 그들이 회사 업무나 자기 역할을 '정상적으로' 수행할 경우에 자신을 건강하다고 생각할 가능성이 크다.

이를 확인하기 위해 만성 질환 유무와 주관적 건강 상태를 교차 분석해보면 [표 2-1] 같은 결과가 나온다. 주관적 건강 상태가 좋은 그룹에서도 7.6%의 응답자는 만성 질환을 갖고 있었고, 건강 상태가 나쁘다고 생각하는 그룹에서도 44.2%는 만성 질환을 갖고 있지 않았다. 그런데 만성 질환은 없으나 급성 질환이나 사고 손상에 의해 신체적 불편함을 가질 수도 있다.

몸이 불편한지 여부와 주관적 건강 상태를 교차 분석해본 결과 [표 2-2]와 같은 결과가 도출되었다. 주관적 건강 상태가 좋은 그룹에서도 5.6%의 응답자가 신체적 불편을 호소했고, 건강 상태가 나쁘다고 생각하는 그룹에서도 45.3%는 신체적으로 불편한 것은 없다고 응답했다. 즉 신체적 질환이나 불편함이 있으면 자신의 건강 상태

[표 2-2] 주관적 건강 상태별 신체적 불편 여부

신체적 불편	주관적 건강 상태			계
	좋음	보통	나쁨	
있다	5.6%	20.7%	54.7%	13.9%
없다	94.4%	79.3%	45.3%	86.1%
계(N)	100.0%(643)	100.0%(276)	100.0%(86)	100.0%(1005)

를 나쁘다고 평가할 가능성이 높지만 반드시 그런 것은 아니며, 질환이나 불편함이 없이도 건강 상태를 나쁜 것으로 인식할 수도 있는 것이다.

다음은 이번 연구 과정에 참여했던 분들의 진술이다.

저는 개인적으로 건강이 아주 좋거나 그런 건 아닌데 상대적으로 주위 사람들을 봤을 때, 모임 같은 게 있다 보니까 느끼는 거죠. 저는 혈압도 있고 그렇긴 한데 이 정도 나쁘거나 그런 건 아니었고 주위 대비, 혈압으로 고생하는 사람도 있고 당뇨 때문에 인슐린 차고 있는 친구도 있고 그런 걸 봤을 때 이 정도면 건강하다고 생각하고요.

— 남성 1, 50대

작년 재작년만 해도 이렇게까지 힘들지 않았는데 부쩍 피곤함을 많이 느끼고요. 그래도 객관적으로 본다면 친구들하고 술 먹고 늦게까지 같이 남아 있고, 아침에 일어날 때 힘들지 않고 신체적으로 건강하다고 봅니다.

— 남성 2, 50대

저는 고혈압, 당뇨, 고지혈증 약을 먹고 있긴 하지만 제 철학이 사람이 자꾸 아프다 아프다 그러면 없는 병이 생기는 것 같아서 나는 건강하다 생각하고 있습니다.

— 남성 3, 50대

피로가 누적되고 아침에 일어나기 힘든 게 아, 체력이 떨어지는구나. 체력 떨어지는 건 느꼈지만 건강은 대체로 양호하다고 느끼고요.

— 남성 4, 50대

이들은 만성 질환으로 치료를 받거나 신체적 능력이 상당히 감소된 상태임에도 불구하고 자신들은 건강하다고 판단하는 것이다. 이로써 신체적 이상이 건강 상태의 판정에 결정적이거나 유일한 요소는 아님을 알 수 있다. 중요한 것은 개인이 자신의 상태를 어떻게 판단하는지의 여부다. 즉 주관적 인식의 중요성이 크다.

2. 주관적 건강과 건강 불안감

건강은 이제 행복과 함께 삶의 질을 좌우하는 중요한 지표가 되었다. 과거에는 건강이 개인의 사적 영역에 맡겨져 있었으나 이제 국민의 건강 상태와 영향 요인을 파악하는 것이 정부의 주요 과업이 되었다. 우리나라에서는 매년 다양한 형태의 건강 행태 조사가 실시되는데 그중에서 질병관리본부가 주관하는 '국민건강영양조사'가 표본의 규모도 크고 자료의 신뢰도도 높다.[3]

제6기(2013~2016년)의 경우 전국을 576개 조사구로 나눠 조사구당 20가구를 추출했다. 선정된 가구의 모든 가구원이 조사 대상이 됨으로써 최종적으로 약 1만 명이 표본에 포함되었다. 이들은 건강 설문 조사, 영양 조사, 검진 조사를 받았다. 즉 건강 습관과 의료 이용 등에 대한 설문지 방식의 조사와 식생활 행태, 영양 지식, 식품 섭취 등에 대한 조사, 건강 검진 등을 받았다. 설문 조사와 검진 조사를 함께 실시해 응답의 신뢰도를 높인 점과 거주 지역을 576개 조사구로 나눠 계통 표집을 실시해 표본의 대표성을 확보한 점이 건강 행태 중심의 설문 조사와 소규모 표본에 의한 일반 건강 조사와 차별화되는 점이다.

국민건강영양조사 결과에 의하면 최근 10여 년간 우리 국민들이 주관적으로 건강하다고 생각하는 비율은 2008년 42.8%, 2009년 43.9%였다가 이후 계속 낮아져서 2015년에 32.0%까지 하락했다. 그런데 본 조사 연구에서는 주관적 건강이 양호한 사람이 64%로 나타나 국민건강영양조사 결과와 차이가 크다. 이것은 표본과 조사 방법의 차이에서 기인하는 것으로 보인다. 국민건강영양조사는 인구센서스 조사 방법을 적용해 엄격한 확률 표집으로 대상자를 선정하고 건강 행태에 대한 설문 조사와 함께 건강 상태 판정을 위한 임상적 검사까지 실시한다. 반면 이 조사는 엄격한 확률 표집을 적용하기 어렵고 지역을 추출한 후에 성과 연령 분포에 따른 할당 표집 방식으로 표본을 추출했기 때문에 최종 표본에는 상대적으로 건강 상태가 양호한 사람들이 더 많이 표집되었을 가능성이 있다. 따라서 국민건강영양조사에서 산출된 주관적 건강 상태 통계치는 우리나라의 대표 건강 지표로 볼 수 있고, 다른 조사의 결과들은 참고적인 통계치로 볼 수 있다.

그런데 통계청의 '사회 조사'의 건강 평가에서는 2014년 48.7%, 2016년 47.1%가 좋다고 응답했는데 이 역시 과반에는 미달한다.[4] 즉 조사의 특성에 따라 주관적 건강 상태의 응답률은 차이가 있기는 하지만 그다지 양호하지 못한 것을 알 수 있다.

하지만 사회에 따라서 객관적 건강 상태와 주관적 건강이 불일치하는 현상이 우리와는 다른 방향으로 나타날 수도 있다. 한국과 미국을 비교해보자. 미국인의 기대 수명은 78.8세로 OECD 국가들 중 중하위권이다. 그런데 스스로 건강하다고 생각하는 미국인은 88%에 달해 캐나다, 뉴질랜드와 함께 세계 최상위권이다. 이러한 현상은 한국인들이 기대 수명은 높음에도 불구하고 주관적으로는 매우 불건강한 상태로 인식하는 것과는 반대되는 양상이다. 이것은 마치 경제 성장의 결과로 물질적 삶이 풍요로워졌는데도 행복감을 제대로 느끼지 못하는 것과도 유사하다. 우리는 신체적으로 건강해졌음에도 오히려 상당한 건강 불안감을 갖고 있는 것으로 볼 수 있다. 우리는 왜 불안해할까?

미국의 사회학자 데이비드 리스먼David Riesman, 1909~2002은 1950년에 『고독한 군중The Lonely Crowd』이란 저술을 발표했다.[5] 농경 사회에서 산업 사회로 발전하면서 사람들의 사회적 성격이 전통 지향이나 내적 지향형으로부터 외부 지향 또는 타인 지향형으로 변화했다는 것이다. 즉 사람들의 행동이 전통, 규율, 의식儀式에 의해서나 개인에 내재된 도덕적 가치에 의해 통제되는 상황에서는 자신 내부에서 행복과 성취를 찾았고 타인의 시선을 크게 의식하지 않았다. 그런데 산업 사회에서는 통계가 발전하고 미디어가 발전하면서 사람들의 삶의 모습이 일목요연하게 정리되어 사회적으로 드러나게 되면서 나의 삶의 모습도 사회 전체에서 어디쯤에 위치하는지 순식간에 드러나게 되었다. 이제 우리는 다른 사람들에게 내 모습이 어떻게 비칠지 걱정하며 살게 되었고 다른 사람들 또는 사회로부터 소외당할지도 모른다는 불안감을 항시적으로 느끼게 되었다는 것이다.

삶의 가치나 기준이 내면에 있을 때는 내가 어떤 식으로 살든 또 다른 사람의 삶의 모습과 얼마나 다르든 크게 개의치 않고 내면의 만족과 행복을 얻을 수 있었으나, 삶의 기준이 타인으로 바뀌면서 우리는 고독해졌고 타인으로부터의 소외를 걱정하게 되었으며 그럴수록 행복 찾기는 점점 멀어지게 되었다. 한국 사회도 이제 타인 지향의 사회가 되었고, 사람들은 '고독한 군중'이 되어 항시적으로 타인을 의식하면서 고독감 속에서 소외될까 불안을 느끼게 된 것으로 생각할 수 있다.

그런데 1990년대에 밀려온 신자유주의는 고독과 불안을 심화시킨 것으로 보인다. 신자유주의는 복지 국가 체제에서의 국가 개입으로 경제 활력이 떨어진 점에 대한 대안으로 경쟁을 통한 시장 기능의 회복을 주창했다.

1997년 외환위기 이후 신자유주의가 추진되면서 한국 사회에서는 극심한 경쟁 체제와 승자 독식의 사회가 만들어졌다. 그러한 사회에서는 승자나 패자 모두 불안에 시달리게 된다. 승자는 잠재적 경쟁자의 도전에 대해 불안하게 되고, 중산층은 패자로 밀려날까 불안해하고, 패자는 자신을 사회적으로 쓸모없어진 존재로 생각하면서 사회적 배재에 대한 극도의 불안을 느끼게 된다.[6]

세계사적으로 유례가 없는 고속 경제 성장을 이룩한 한국 사회는 개인의 성취동기를 극도로 자극하는 경쟁 지향성을 기반으로 그러한 성취를 이룩해냈다. 그런데 타인은 경쟁 대상이면서 동시에 지지 대상이 된다. 사람들은 주변 사람들로부터 인정받고 소속감을 얻고자 한다. 즉 안정되고 탄탄한 사회적 유대의 관계를 얻고자 한다. 그런데 경쟁이 심화될수록 주변과의 사회적 관계는 약화되기 쉽다. 불안은 이러한 경제 관계와 사회관계의 모순에서 비롯된다.

과거에 건강은 생존의 문제였다. 수명도 짧았고 항시적으로 치명적 질병에 노출되어 있었다. 질병으로 인한 죽음의 공포와 불안이 상존하는 상황에서 건강은 생존의 문제였고, 건강에 대한 불안보다는 죽음에 대한 불안이 엄습했다. 그런데 이제 건강은 사회생활을 위한 필수 조건이 되었다. 더 나아가 건강한 몸은 신체 자본으로까지 인식되고 있다. 이런 상황에서 그 몸이 훼손되거나 병에 걸리면 사회적 역할을 수행할 신체적 역량과 사회적 자본의 상실을 의미하게 되니, 건강해졌음에도 건강에 대한 불안감은 커질 수밖에 없다.

건강은 이제 개인의 삶의 문제로 끝나지 않는다. 건강한 몸을 가짐으로써 우리는 경쟁에서 이길 수도 있고, 다른 사람들과 관계를 유지할 수도 있다. 경쟁이 치열해질수록 건강한 몸은 더 필요할 수밖에 없고, 그럴수록 건강 불안감도 커질 수 있다. 질병으로 인한 신체적 무기력은 곧 사회적 무기력이 된다. 이제는 국민 다수가 80세 이상 장수할 수 있는 상태이므로 우리가 직면하는 건강 문제가 과거처럼 죽음에 대한 불안을 뜻하지는 않는다. 신체적으로 병든 상태일지라도 의료와 요양을 통해 장기간 생존이 가능한 덕분이다. 이제 건강 문제는 죽음에 대한 불안보다는 사회적 역할의 상실 또는 사회적 관계의 단절과 고립에 대한 불안감이 못지않게 크다.

우리는 건강한가? 인간의 수명이 증가하는 것은 그만큼 건강 상태가 양호해졌음을 말한다. 그렇지만 수명 증가의 필연적 결과인 인구의 노령화는 인간을 장시간에 걸쳐 만성 질환과 신체적·정신적 장애를 겪게 만들었다. 그러다 보니 이제는 수명이나 질병 유무만으로 건강 상태를 파악하는 것이 한계에 부딪히게 되었다.

건강은 사회적으로 생각하면 생산 활동에 참여하고 사회적 역할을 수행할 수 있는 신체적·정신적·기능적 적합성을 내포한다. 연로해질수록 또 만성 질환과 장애를 가질수록 우리 몸의 기능 적합성은 떨어지게 될 것이다. 연로한 노인들이 스스로 밥을 먹고 옷을 입고 몸을 씻는 정도의 신체적 능력도 발휘하기 어려운 상태가 되어 누군가 수발 보조를 해야 되는 상태에 처해 있다. 그런 노인들이 많아지다 보니 국가적으로는 장기요양보험제도를 도입해 수발과 요양 서비스를 제공하게 되었다. 건강 상태의 측정이란 측면에서 볼 때 이제 기대 수명에서 질병이나 장애로 인한 무능력 상태를 제외해야 수명이 건강 본래의 의미를 보여주는 지표로서 가치를 가질 수 있게 되었다. 이렇게 질병 또는 장애로 인해 무능력해진 기간을 제외한 수명을 '건강 수명'이라고 한다.

WHO에서 발표한 각국의 2013년 건강 수명을 보면 한국은 73세, 일본은 75세, 독일과 영국은 71세다. 우리나라의 경우, 건강 수명이 기대 수명보다 8.4세가 적다. 노인기의 상당 기간을 질병과 장애로 보내고 있음을 알 수 있다. 90세까지 건강하게 사는 노인들도 있고 건강 증진 실천을 통해 죽을 때까지 건강하게 사는 '성공적 노년 successful ageing' 운동도 전개되고 있다. 그렇지만 우리의 평균적 삶의 모습은 아직 오랫동안 질병과 장애에 시달리고 있다. 신체적·정신적 불건강이 사회적으로 만들어진 불안감과 결부될 때 우리는 진정한 건강 생활을 누리기 어려워진다. 건강은 개인의 노력과 함께 사회적으로 파생되는 불안감을 줄여줄 때 성취될 수 있을 것이다.

3. 정신적 건강 상태

정신건강 상태를 파악하는 데는 의학적으로는 정신병 유병률이 사용된다. 정신병 유병률은 전국 표본을 선정해 설문지 형태로 만든 진단 조사지를 적용해 추산된다. 2016년에 전국의 만 18세 이상 성인 5,102명을 대상으로 정신 질환 실태 역학 조사를 실시했다.

그 결과 정신 질환 평생유병률이 25.4%로 성인 4명 중 1명이 평생 1번 이상 정신병에 걸리는 것으로 나타났다.[7] 또 최근 1년 사이에 정신건강 문제를 겪었던 사람의 백분율을 의미하는 1년 유병률은 11.9%로 나타났다. 이 통계치를 실제 인구수로 환산하면 약 470만 명의 국민들이 1년 사이에 정신병으로 고생한 것이므로 적지 않은 사람이 정신건강 문제를 갖고 있음을 알 수 있다. 정신병을 종류별로 나눠볼 때 가장 많은 환자를 갖는 것은 불안 장애(강박, 공황 장애 등) 유병률이 5.7%였다. 다음으로 알코올 사용 장애(알코올 중독) 3.5%, 니코틴 사용 장애(담배 중독) 2.5%, 기분 장애(우울증 등) 1.9% 등이었다. 중증 정신 질환인 조현병(정신분열)은 0.1% 수준이었다.

정신 질환 역학 조사는 정신 의학적으로 진단되는 정신병 유병률을 의미한다. 정신 질환자로 진단될 정도로 증상이 심각하지는 않지만 정신적으로 고통스러운 상태를 나타내는 데는 스트레스 인지율과 우울감 경험률이란 지표를 사용한다. 우리는 일상에서 '스트레스 받는다'는 말을 많이 한다. 스트레스 인지율은 대중의 정신건강 상태를 보여주는 대표 지표다. 스트레스 인지율은 조사 대상자 중 평소 일상생활 중에 스트레스를 '대단히 많이' 또는 '많이' 느끼는 사람들의 백분율(%)을 의미한다. 스트레스 인지율은 상대적으로 '가벼운' 정신건강 문제이고, 우울감 경험률은 상대적으로 마음의 상처가 깊은 상태를 의미한다. 물론 스트레스나 우울 모두 정신 질환을 의미하는 것은 아니다.

2015년 국민건강영양조사 결과를 보면, 성인의 스트레스 인지율은 29.5%이고 우울감 경험률은 13.0%다.[8] 즉 국민의 약 3분의 1 정도는 스트레스나 우울로 고생하고 있음을 알 수 있다.

국제사회조사프로그램International Social Survey Program, ISSP의 2011년 조사를 보자. 이 조사에는 우울감 경험 여부를 묻는 질문이 포함되어 있는데 스위스 4.0%, 덴마크 7.8%, 네덜란드 6.9% 등이 낮은 응답률을 보였고 다음으로 미국, 일본, 노르웨이가 약 9% 수준을 보였으며 그다음으로 독일이 12.4%, 한국이 13.2%의 수준을 보였다.[9] 즉 한국의 우울감 경험률이 상대적으로 높은 수준임을 알 수 있다. 이러한 결과들을 종합하면 우리나라는 정신병으로 진단될 정도의 중증의 우울증은 다른 나라보다 낮은 수준이지만 일반 대중이 일상에서 경험하는 우울감은 상당히 높다.

4. 개인적 스트레스

이번 한국인의 사회적 웰빙 조사에서도 "한 달간 일하는 데 지장이 있을 정도로 슬프거나 절망감을 느낀 적이 있는지" 질문해 일반적 수준의 정신건강 상태를 파악했다[그림 2-2]. 응답자의 15%가

[그림 2-2] 한 달간 슬픔과 절망감 경험 여부

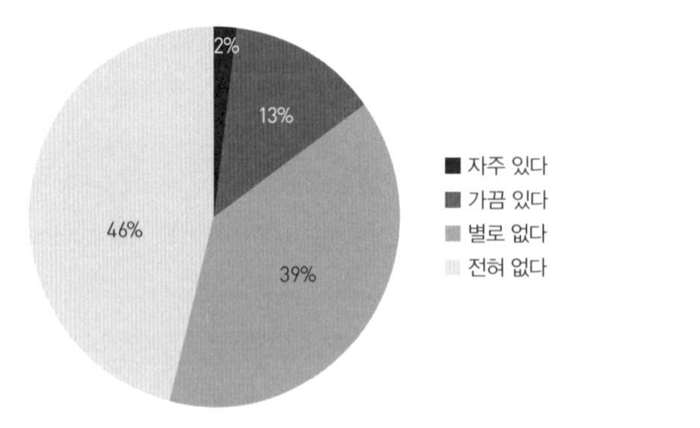

'자주' 또는 '가끔' 그런 적이 있다고 응답했다. 앞서 언급했던 신체적 건강이 나쁜 사람들과 비슷한 정도로 정신건강이 나쁜 사람들이 분포하고 있음을 알 수 있다.

정신건강 문제는 일상에서 겪는 다양한 스트레스에서 시작된다. 이 연구에서는 스트레스를 개인적 스트레스, 직장 스트레스, 사회적 스트레스로 나눠 측정했다. 개인적 스트레스에서는 가족과 친구 등 주변 사람들과의 갈등을 겪은 경우가 41.4%로 매우 많았다. 다음으로 경제적 곤란(29.7%), 건강 문제(19.0%), 진로-취업(17.9%) 등이 고민거리였다. 전체 응답자 중 약 30%는 이 항목들 중 어느 것에도 응답을 하지 않았다. 즉 특별히 스트레스를 겪지 않는 사람이 약 30%였다.

스트레스의 경험은 세대별로 다른가? 얼핏 생각하면 나이 대에 따라서 생활 경험이 다르므로 스트레스의 원인도 다를 것으로 예상할 수 있다. 이를 확인하기 위해 스트레스 원인을 연령대별로 나눠 분석했다[표 2-3]. 그 결과 가족 친지 등 주변 사람과의 갈등은 어

[표 2-3] 연령대별 개인적 스트레스의 원인

(단위: %)

	19~29세	30대	40대	50대	60세 이상	전체
주변 사람과의 갈등	20.0	33.1	32.9	34.1	27.3	29.4
경제적 곤란	15.7	25.4	37.5	29.5	19.3	25.6
건강·죽음·걱정	4.3	6.9	11.2	10.6	24.0	11.6
진로 및 취업	41.4	10.8	2.6	0.8	0.7	11.1
외모 고민	5.7	3.8	3.9	3.8	1.3	3.7
본인 자녀의 결혼	6.4	6.2	2.6	6.1	9.3	6.1

느 세대에서나 큰 문제임이 확인되었다. 경제적 곤란도 모든 세대에서 주요한 스트레스가 되고 있었다. 이 2가지 스트레스를 합산해볼 때 40대는 68.4%, 50대의 63.6%, 30대의 58.5%, 60대의 46.6%, 20대의 35.7%가 주변 갈등 및 경제 문제로 인한 스트레스를 경험하고 있었다. 20대의 경우에는 진로 및 취업 문제로 인한 스트레스를 41.4%가 지적했다. 20대만의 특별한 양상이라고 할 수 있다. 건강 및 죽음에 대한 고민은 연령이 높아질수록 응답이 많았다. 20대에서는 4.3%에 불과했으나 점차 많아져서 60대에서는 24%에 달했다. 60대의 스트레스는 1순위가 가족 등과의 갈등, 2순위가 건강, 3순위가 경제 문제였다. 외모에 대한 고민은 연령대별로 각각 5% 미만의 응답을 받았다. 비록 적은 수이지만 외모에 대한 스트레스가 중년까지 지속되고 있음을 알 수 있다. 본인 또는 자녀의 결혼 문제도 연령대별로 10% 이하의 응답을 꾸준하게 받고 있었다.

이번에는 개인적 스트레스 심각도를 원인별로 계산했다. 여기서 스트레스 심각도는 0(매우 작은 스트레스)에서 10(매우 큰 스트레스)까지 11단계로 측정되었다. 그런데 심각한 스트레스별 순서와 심각도의 순서는 서로 일치하지 않았다. 가족 등 주변 사람과의 갈등을 6가지 개인 스트레스 중 가장 심각한 스트레스라고 꼽은 사람이 수적으로 가장 많았지만 그 스트레스의 심각도는 10점 만점에 5.96점에 불과했다. 반면 진로 및 취업이 가장 심각한 스트레스라고 꼽은 사람들의 스트레스 심각도는 7.03점으로 심각도가 가장 높았다. 이것은 각 개인이 처한 상황에 따라서 스트레스의 원인이 다르고 스트레스별 심각도가 다르기 때문에 나타난 결과다. 가족과의 갈등은 가장 많은 사람들이 겪는 스트레스이기는 하지만 심각도의 수준은 상대적으로 낮다. 반면 취업 스트레스나 경제적 곤란 또는 결혼 문제 등은 상대적으로 소수만이 겪는 스트레스이지만 당사자들은 상당히 심각한 스트레스가 되고 있었다. 개인적 스트레스에 대한 대처 능력을 심각도와 동일한 방식의 11점 척도로 측정했다. 대처 능력은 10점 만점에 5.0~6.1점의 분포를 보였다. 중간 정도의 대처 역량을 보여주었다.

스트레스 원인별로 대응 양상에 어떤 차이가 있는지를 살펴보았다[표 2-4]. 개인적 스트레스에 대한 대응 방식으로 가장 많이 지적된 것은 '어쩔 수 없다고 받아들였다'와 '해결책을 찾으려고 노력했다'다. 이 2가지 대응 방식은 스트레스의 종류에 관계없이 가장 두드러진 방식으로 나타났다. 그다음 순위에 오른 방식이 '잊으려고 애썼다'와 '나 자신에게 화를 냈다'이다. 끝으로 '남 탓을 했다'는 모든 스트레스에서 가장 적게 꼽힌 대응 방식이었다. 스트레스의 종류에 관계없이 개인이 스트레스를 받을 때 나타나는 양상이 유사하다는 것은 스트레스에 대한 대응이 사안별로 특성을 따져서 대응하기보다는 '문화적으로 고착된' 구조화된 대응 방식의 영향을 받고 있음

[표 2-4] 스트레스 원인별 대응 양상

(단위: %)

	주변 갈등	경제 문제	건강 문제	외모	진로 취업	결혼
나 자신에게 화를 냈다	39.1	51.3	48.7	38.4	52.5	41.9
남 탓을 했다	18.4	21.1	18.3	7.6	11.6	14.0
잊으려고 애썼다	62.4	58.9	81.7	38.4	46.2	62.8
어쩔 수 없다고 받아들였다	81.2	78.3	81.8	73.1	64.1	79.1
해결책을 찾으려고 노력했다	72.0	72.1	76.8	57.7	79.5	65.1

을 암시하는 것으로 보인다. 해결책을 찾으려고 노력하지만 해결이 되지 않으면 이를 어쩔 수 없이 수용하거나 잊으려고 노력하는 것이 보편적인 대응 방식처럼 보인다. 자신을 탓하기도 하고 때로는 남 탓도 하지만 그보다는 주어진 결과를 수용하고 잊어버리는 것이 보다 보편적인 방식으로 나타났다. 물론 사적으로는 남 탓을 한다고 하더라도 설문 조사 같은 공적 표현에서는 이를 감추었을 가능성은 여전히 남아 있다.

5. 직장 스트레스

다음으로 직장에 다니는 사람들만을 대상으로 직장에서 받는 스트레스를 질문했다. 직장 스트레스로는 인간관계(30.2%), 임금(25.4%), 거래처(10.9%) 등이 주요한 스트레스였고 그 외에 부당한 대우(9.3%)와 해고 염려(5.5%)가 제시되었다. 직장 스트레스의 심각도를 살펴보면 '부당한 대우'의 경우 이를 경험한 사람은 소수이지만(16명) 그로 인한 스트레스는 직장 스트레스 중 가장 심각했다(심각

[표 2-5] 연령대별 가장 심각한 직장 스트레스 원인

(단위: %)

	19~29세	30대	40대	50대	60세 이상	전체
직장 내 인간 관계	30.4	47.9	40.4	41.2	21.7	37.5
급여 문제	46.4	28.2	25.9	19.1	45.7	31.9
거래처 문제	7.2	11.3	20.0	14.7	15.2	13.9
부당한 대우	8.7	2.8	3.5	5.9	2.2	4.7
해고 염려	1.4	2.8	3.5	5.9	8.7	4.1

도 7.06). 급여 문제(6.35)나 해고 문제(6.14)가 상대적으로 심각도가 높았다. 반면 직장 내 인간관계(5.64)는 다수의 직장인들이 겪는 스트레스이지만 심각도는 상대적으로 가장 낮았다. 직장 스트레스의 대처 능력은 10점 만점에 5.0~6.57 수준으로 중간 정도의 대처 능력을 보였다.

직장 스트레스를 연령대별로 나눠 살펴본 결과는 이렇다. 30~50대에서는 '직장 내 인간관계'가 가장 스트레스를 많이 받는 요인이었던 반면 20대와 60대에서는 '급여 문제'가 가장 심각한 사안이었다[표 2-5]. 30~50대에서 급여 문제는 두 번째로 스트레스를 많이 받는 요인이었다. 40대에서는 거래처 문제를 주요 스트레스로 꼽은 사람이 20%에 달했다. 이들은 과장이나 부장 등 중간 간부의 직위에 있을 가능성이 크고 거래처와의 원만한 관계 유지가 중요한 사안인 까닭에 발생하는 문제로 생각된다. 50~60대에서 거래처는 약 15% 내외로 중요한 스트레스가 되고 있었다. 반면 20~30대에서는 상대적으로 비중이 작았다. '부당한 대우'는 연령대별로 10% 이내의 비중으로 스트레스가 되고 있었다. 20대에서 상대적으로 많이 스트레스가 되고 있었다. '해고 염려'도 10% 이내로 스트레스로

[표 2-6] 직장 스트레스별 대응 방식

(단위: %)

	인간관계	급여 문제	거래처	부당 대우	해고 염려
나 자신에게 화를 냈다	29.1	41.6	29.8	43.8	35.7
남 탓을 했다	26.0	14.2	21.3	18.8	21.4
잊으려고 애썼다	70.8	60.2	70.2	62.6	71.4
어쩔 수 없다고 받아들였다	79.5	82.4	68.0	81.3	100.0
해결책을 찾으려고 노력했다	71.6	55.6	80.3	56.3	64.3

꼽히고 있었다. 연령대가 높아질수록 응답이 많아져서 60대에서는 8.7%가 해고 염려를 주요 스트레스로 꼽고 있었다.

직장 스트레스에 대한 대응 방식을 살펴보면 거래처 문제를 제외한 다른 스트레스에서는 '어쩔 수 없다고 받아들임'이 가장 흔한 대응 방식이었고 다음으로 '잊으려고 애썼다'와 '해결책 모색'이었다[표 2-6]. 거래처 문제의 경우에는 '해결책 모색'이 가장 많았고 다음으로 '잊으려고 애썼다'와 '어쩔 수 없다고 받아들였다' 순이었다. 자신을 탓하거나 남 탓을 하는 경우는 상대적으로 적었다. 그런데 개인적 스트레스의 경우와 비교할 때 자신 탓을 하는 경우가 상대적으로 적었다.

특히 인간관계나 거래처 문제 등에서는 내 탓과 남 탓이 거의 비슷한 수준을 보였다. 가족 관계에서는 내 탓을 많이 하지만 직장에서의 인적 갈등의 경우에는 내 탓 못지않게 남 탓을 하는 세태를 보여주고 있는 것으로 생각된다. 그렇지만 큰 틀에서는 직장 스트레스의 경우도 개인적 스트레스의 경우와 마찬가지로 해결책을 모색하려 하지만 잘되지 않으면 어쩔 수 없이 결과를 수용하거나 잊으려고 애쓰는 것이 기본 대응 방식이 되고 있었다.

6. 사회적 스트레스

다음으로 사회적 스트레스를 살펴보았다. 이 연구에서 사회적 스트레스는 사회 문제로 인한 스트레스를 의미한다. 사회적 스트레스에서는 경제 불황(45.7%)이 가장 큰 스트레스 원인이었고, 다음으로 대형 재난(32.9%), 흉악 범죄(30.2%), 부정부패(29.8%), 빈부 격차(24.5%), 정치적 대립과 갈등(23.1%) 등의 분포를 보였다.

개인이나 직장 스트레스에서는 한두 가지 스트레스에 그 원인이 집중되었으나 사회적 스트레스에서는 다양한 사안들이 다수의 사람들에게 스트레스로 경험되는 것으로 나타났다. 가장 심각한 사회적 스트레스로는 '경제 불황'이 꼽혔고 심각도도 6.37로 비교적 높았다. 다음으로 '대형 재난'이 꼽혔는데 대형 재난의 스트레스 심각도는 6.71로 가장 높았다. 이 연구의 설문 조사는 세월호 재난이 발생한 지 약 1년이 경과된 시점에 실시되었으므로 세월호에 대한 기억의 영향이 조사에 반영되었을 수도 있다.

'정치적 대립과 갈등'을 심각한 스트레스로 꼽은 사람은 소수였지만 스트레스는 6.47로 매우 높았다. 남북 관계나 주변국 위협은 극소수의 사람들에게만 주요 스트레스로 인식되고 있었다. 한국 사회가 이러한 사회적 스트레스에 얼마나 잘 대처하는지 10점 만점으로 질문한 결과 평균 2.3~3.9의 분포를 보였다.

앞서 개인적 스트레스나 직장 스트레스는 대처 능력이 10점 만점에 5~6점 정도였던 점을 생각할 때 응답자들이 우리 사회의 사회적 문제에 대한 대처 역량이 매우 미흡한 수준으로 인식하고 있음을 보여준다. 정치적 갈등이나 남북 관계 등 정치 외교 문제에 대한

[표 2-7] 연령대별 가장 심각한 사회적 스트레스

(단위: %)

	19~29세	30대	40대	50대	60세 이상	전체
경제 불황	23.6	41.5	49.0	42.4	27.0	37.5
대형 재난	20.2	18.9	16.1	19.7	27.7	20.6
흉악 범죄	23.6	10.4	12.6	13.6	10.6	13.6
부정부패	6.7	7.5	8.4	6.8	10.6	8.2
정치적 대립과 갈등	1.1	5.7	5.6	6.8	13.5	7.0
빈부 격차	11.2	8.5	4.2	4.5	1.4	5.4

대처 능력이 특히 뒤떨어진 것으로 인식하고 있었다. 주변국 위협에 대한 대처 능력이 비교적 높게 평가된 것은 사례 수가 1명에 불과해 예외적인 경우로 해석된다.

연령대별로 가장 심각한 스트레스를 나눠 살펴본 결과, 30~50대까지는 경제 불황을 꼽는 경우가 각각 41%에서 49%에 달했고 그 다음으로 대형 재난이 16~19%로 꼽히고 있었다[표 2-7]. 20대와 60대에서도 경제 불황을 가장 큰 사회적 스트레스로 꼽고 있기는 했지만 그 비중은 상대적으로 크게 낮았고, 2위의 스트레스와 비슷한 수준이었다. 20대는 경제 불황, 흉악 범죄, 대형 재난이 대체로 비슷한 수준으로 가장 심각한 사회적 스트레스가 되고 있었다. 60대에서는 대형 재난과 경제 불황이 가장 큰 사회적 스트레스가 되고 있었다. 다음 순위의 사회적 스트레스로는 부정부패와 정치적 대립과 갈등이 꼽히고 있었다.

그런데 다른 연령대에 비해 60대에서 이 2가지 사안에 대한 관심이 더 많았다. 20대는 빈부 격차를 주요 사회적 스트레스로 인식한 경우가 11.2%였으나 연령이 높아질수록 비중이 크게 낮아져 60대에

[표 2-8] 사회적 스트레스에 대한 대응 방식

(단위: %)

	경제 불황	대형 재난	흉악 범죄	부정부패	정치 갈등	빈부 격차
사람들과 의견을 나누었다	81.2	88.1	77.1	82.0	74.5	67.7
혼자 화를 냈다	36.3	65.9	55.4	60.0	69.8	27.3
관련 소식과 정보를 찾았다	55.9	58.8	60.3	54.0	48.8	72.7
무관심하려고 했다	38.5	26.2	28.9	34.0	39.5	42.5
해결책을 찾으려고 노력했다	30.5	27.0	24.1	24.0	25.6	39.4

서는 불과 1%만이 이를 중요하게 생각하고 있었다.

'사회적 스트레스에 대한 대응 방식'을 질문한 결과, 가장 흔한 대응 방식은 다른 사람들과 의견을 나누는 것이었다[표 2-8]. 모든 사회적 스트레스 사건에서 74~88%가 타인과 의견을 나누는 것으로 나타났다. 다음으로는 혼자 화를 내는 것이다. 특히 대형 재난과 부정부패 및 정치 갈등 같은 사안에서 두드러진 반응이었다. 다음으로 관련 소식과 정보를 찾아보는 것이었다. 모든 사회적 스트레스 사안에서 과반수의 사람들이 정보 찾기를 하고 있었다.

빈부 격차의 경우에는 72%의 사람이 정보 찾기를 하고 있어 다른 사안과 달리 불평등의 원인과 현상에 대해 보다 깊이 있게 파악하려는 모습이 보인다. 사회적 스트레스에 무관심하려고 하는 사람들도 대략 26~42%가 되었다. 사안이 중대하더라도 본인이 감당하기 어려운 사안에 대한 무관심은 자신의 자아를 보호하는 기재가 된다. 그리고 정치 갈등이나 빈부 격차에서 무관심하려는 경우가 더 많았다. 해결책을 찾아보려는 적극적인 노력도 모든 사회적 스트

[표 2-9] 지난 한 달간의 슬픔: 절망감 여부

슬픔-절망감	주관적 건강 상태			계
	좋음	보통	나쁨	
느꼈다	8.9%	21.4%	40.7%	15.0%
못 느꼈다	91.1%	78.6%	59.3%	85.0%
계(N)	100.0%(643)	100.0%(276)	100.0%(86)	100.0%(1005)

레스 사안에서 24~39%가 되었다. 특히 빈부 격차의 경우에 해결책을 모색하려는 반응이 많았다. 앞서 한국인의 사회적 웰빙 조사의 응답자들은 사회적 스트레스에 대한 우리 사회의 대응 능력이 낮은 것으로 평가하고 있었지만 정작 자신들의 대응 방식을 보면 정보를 찾고 해결책을 모색하는 노력도 보이지만 동시에 이를 잊으려고 하는 회피적 모습도 보여주고 있다.

7. 신체 건강과 정신건강의 관계

사회학에서 신체와 정신이 연관되어 있다고 보는 점을 고려해 신체 건강과 정신건강이 얼마나 상관되어 있는지 확인했다. 우선 주관적 건강 상태 변수와 '지난 한 달간의 슬픔: 절망감 여부' 변수를 교차 분석했다[표 2-9]. 그 결과 주관적 건강이 좋은 그룹에서는 슬픔과 절망감을 느낀 경우가 8.9%였으나 주관적 건강이 나쁜 그룹에서는 슬픔과 절망감을 느낀 경우가 40.7%에 달했다. 즉 자신이 건강하다고 생각하는 사람은 슬픔이나 절망감도 별로 없지만 자신이 건강하지 않다고 생각하는 사람은 슬픔이나 절망감이 큰 것으로 나타났다. 따라서 주관적으로 인지한 신체 건강 상태와 정신건강 상태

[표 2-10] 건강 상태별 스트레스의 심각도와 대처 역량

	주관적 건강 상태				범주별 차이
	매우 좋음	좋음	보통	나쁨	
개인적 스트레스 심각도	6.01	6.09	6.24	7.41	유의함
직장 스트레스 심각도	5.98	5.91	6.01	7.29	유의함
사회적 스트레스 심각도	6.81	6.14	6.1	6.84	유의함
개인적 스트레스 대처 역량	6.06	5.78	5.41	5.38	유의함
직장 스트레스 대처 역량	6.07	6.04	5.55	5.62	차이 없음
사회적 스트레스 대처 역량	3.76	3.47	3.35	3.53	차이 없음

는 서로 밀접하게 관련되어 있음을 알 수 있다.

스트레스가 정신건강의 한 부분이라고 할 때 스트레스의 양상과 대응은 (신체적) 건강 상태와 관련이 있을 것으로 추론해볼 수 있다. 즉 건강 상태가 양호하면 스트레스에 더 잘 대처할 수 있으므로 주어진 스트레스를 더 작게 평가할 수 있지만 건강 상태가 나쁘면 스트레스에 대한 걱정이 더 커질 수 있을 것이다. 이 가정을 확인하기 위해 '주관적 건강 상태와 스트레스 심각도와 대처 역량'을 교차 분석해 살펴보았다[표 2-10].

스트레스의 심각도에서는 건강이 나쁠수록 더 심각하다고 생각하는 경향이 있었다. 개인적 스트레스의 심각도의 경우 주관적 건강이 매우 좋은 그룹의 심각도는 6.01인데 주관적 건강이 좋음, 보통, 나쁨으로 갈수록 심각도가 6.09, 6.24, 7.41로 뚜렷하게 증가했다. 심각도의 점수가 클수록 스트레스를 더 심각하게 생각함을 의미한다. 이러한 경향은 직장 스트레스에서도 동일하게 나타난다. 그런데 사회적 스트레스는 이와 다른 경향이었다. 주관적 건강 상태가 매우 좋음일 때 심각도는 6.81이다가 이후 좋음 6.14, 보통 6.1로

[표 2-11] 건강 상태별 개인적 스트레스 대처 방식

	주관적 건강 상태				범주별 차이
	매우 좋음	좋음	보통	나쁨	
나 자신에게 화를 냈다	2.95	2.65	2.54	2.3	유의함
남 탓을 했다	3.4	3.16	3.07	3.09	유의함
잊으려고 애썼다	2.56	2.36	2.26	2.23	유의함
어쩔 수 없다고 받아들였다	2.2	2.1	2.13	1.97	차이 없음
해결책을 찾으려고 노력했다	2.14	2.13	2.06	2.12	차이 없음

감소하다가 나쁨에서는 6.84로 다시 커졌다. 즉 건강 상태가 보통일 때가 사회적 스트레스가 가장 덜 심각한 것으로 인식되고 있었고, 건강 상태가 매우 양호하거나 나쁠 때는 더 심각하게 인식되고 있었다. 스트레스 대처 역량에서는 건강 상태가 양호하면 대처 역량이 높고, 건강 상태가 나쁘면 대처 역량도 감소되는 경향이 보였다. 직장 스트레스와 사회적 스트레스에서도 건강 상태가 좋을 때 대처 역량도 높고 건강 상태가 나쁘면 대처 역량도 낮은 경향을 보이기는 하지만 통계적으로 유의한 차이를 보이지는 않았다. 종합하면 스트레스에 대한 대응에서 주관적 건강 상태가 양호하면 스트레스를 덜 심각하게 인식하며, 스트레스에 대한 대응 역량은 더 높게 평가하고, 대응 방식에서 자신을 탓하거나 특정한 타인을 괴롭히는 방식의 부정적 대응을 덜하는 것으로 나타났다.

건강 상태에 따라 스트레스의 대처 방식에서도 유의한 차이가 발견되었다[표 2-11]. 스트레스에 대한 대응 방식을 '매우 그랬다(1)', '다소 그랬다(2)', '별로 그러지 않았다(3)', '전혀 그러지 않았다(4)'의 4점 척도로 측정했다. 대응 방식의 측정 결과를 주관적 건강 상태별로 나눠 척도의 평균을 계산했다. 개인적 스트레스에 대한 대응

에서 “나 자신에게 화를 냈다”는 대응 방식에 대한 응답을 건강 상태별로 나눠본 결과 건강이 ‘매우 좋음’ 그룹의 응답 평균은 2.95였고, ‘좋음’ 그룹 2.65, ‘보통’ 그룹 2.54, ‘나쁨’ 그룹 2.3으로 그 값이 일관되게 감소했다. 여기서 값의 감소는 ‘그랬다’는 응답이 많아지는 것이므로 건강 상태가 좋으면 스트레스에 대한 대응으로 자신에게 화를 내는 경우가 상대적으로 적고, 건강 상태가 나쁘면 자신에게 화를 내는 경우가 더 많음을 알 수 있다.

스트레스에 대한 대응으로 남에게 화를 내거나 문제를 잊으려고 하는 대응 방식의 경우에도 동일한 경향이 발견되었다. 반면 “어쩔 수 없다고 받아들였다”와 “해결책을 찾으려고 노력”하는 경우에는 건강 상태별 차이가 통계적으로 유의하지 않았다. 직장 스트레스와 사회적 스트레스에 대한 대응 방식에서도 주관적 건강이 좋으면 자신 또는 남에게 화를 내는 대응 방식이 더 적게 나타나는 경향이 있었으나 건강 상태별 차이가 개인적 스트레스의 경우처럼 아주 뚜렷하지는 않았다.

2장

다른 나라보다 건강한가?

1. 수명과 건강 인식의 괴리

한 사회의 구성원이 어느 정도 건강한지를 판단할 수 있는 기준은 명확하지 않다. 이를 우회적으로 확인할 수 있는 방법은 비슷한 수준에 있는 국가들과 비교해보는 것이다. 2장에서는 몸과 마음, 관계와 집합 의식 면에서 한국인의 사회적 웰빙 수준을 다른 국가들과 비교해볼 것이다.[10] 이 작업은 한국인의 사회적 웰빙이 상대적으로 높은지 아니면 낮은지, 사회적 웰빙을 구성하는 여러 차원 중에서 어떤 영역이 특히 취약한지를 알아보는 데 도움이 된다.

먼저 신체 건강 상태를 비교해보자. 인구의 신체 건강 상태를 가장 직관적으로 보여주는 지표는 기대 수명life expectancy이다. 기대 수명이란 해당 시점에 태어난 아이가 생존할 것으로 기대되는 기간을 말한다. 평균 수명이라고도 한다. 2010년의 기대 수명이 80세라면 2010년에 태어난 아이가 평균적으로 80년을 생존할 것으로 기대된다는 의미다. 앞에서도 살펴보았듯이 한국인의 기대 수명은 1970년 62.3세에서 2015년 82.1세로 45년간 20년이 늘어났다.[11] 2015년에 OECD 26개국의 기대 수명의 평균값은 81.4세다. 1970년에 이들의 평균 기대 수명은 71.2세로 같은 기간 동안 10년이 늘어난 것과 비교하면, 한국인의 신체 건강 상태는 놀라운 속도로 좋아졌다. 1970년에 한국인은 OECD 국가 평균보다 9년을 적게 살았지만 지금은 0.7년을 더 산다.

한국의 기대 수명은 OECD 국가들 중 상위권에 속한다[그림 2-3].[12] 한국보다 평균 수명이 더 긴 나라는 일본(83.9세), 스페인과 스위스(83.0세), 이탈리아(82.6세) 정도고 프랑스와 노르웨이(82.4세), 스웨덴(82.3세), 이스라엘(82.2세) 등이 한국과 비슷한 수준이다. 미국(78.8세)과 비교하면 한국인은 3년 이상을 더 산다. 기대 수명은 성별로 차이 나는데 대체로 여성이 남성보다 오래 산다. 한국에서 2015년 여성의 기대 수명은 85.2세이고 남성은 79세로 여성이 남성보다 6.2년을 더 산다. OECD 국가 평균은 여성이 83.8세, 남성이 78.9세다. 성별로 나눠 살펴볼 때 한국은 특히 여성의 기대 수명이 상대적으로 높고 남성은 OECD 국가들의 평균과 비슷하다.

기대 수명이 양적인 면에서 건강 수준을 보여주는 것이라면 건강 수명Healthy Life Expectancy은 질적인 측면에서 건강 수준을 보여준다. 건강 수명은 기대 수명에서 질병이나 사고 등으로 인해 건강한 상태로 생활하지 못할 것으로 추정되는 기간을 제한 수명이다. 즉 건강한 상태로 살 수 있는 기간을 말한다. 건강 수명을 보더라도 한국은 다

[그림 2-3] OECD 국가의 기대 수명과 주관적 건강 상태(2014)

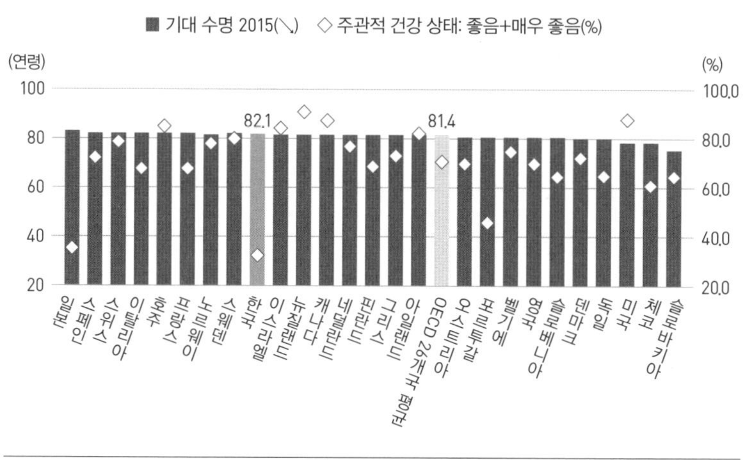

른 OECD 국가들보다 건강하게 오래 산다. 2015년 한국인의 건강 수명은 73.2세로 2000년 68.1세에 비해 5년 이상 증가했다.[13] OECD 국가의 2015년 건강 수명은 71세로 한국인은 OECD 국가들보다 2년 정도를 더 건강하게 산다. 이렇게 보면 한국은 비슷한 수준에 있는 나라보다 건강하게 오래 산다고 할 수 있다.

그런데 한국인 스스로는 그렇게 건강하다고 생각하지 않는다. 건강 상태를 가늠해볼 수 있는 또 다른 지표로 '주관적 건강 인식'이 있다. 주관적 건강 인식은 객관적인 건강 상태와 무관하게 본인 스스로 느끼는 건강 상태를 나타낸다. 흔히 주관적 건강 인식은 조사 시점에서 본인의 건강 상태가 '매우 좋다' 또는 '좋은 편'이라고 응답한 경우의 합을 지수화해 사용한다. 본인의 건강 상태에 대한 주관적인 평가는 정신건강이나 건강 행태와 밀접하게 관련되어 있기 때문에 건강 수준을 판단하는 의미 있는 지표로 간주된다.

OECD 국가들의 주관적 건강 인식을 비교해보면 뉴질랜드와 호주, 캐나다, 미국 등이 양호하다[그림 2-3]. 이들 국가에서는 스스로 건강하다고 생각하는 사람이 85%가 넘는다. 흥미로운 것은 객관적 건강 상태와 주관적 건강 인식이 반드시 일치하는 것은 아니라는 점이다. [그림 2-3]에 표시되어 있는 두 지표의 절댓값의 차이를 국가별로 살펴보면 미국은 기대 수명이 상대적으로 낮지만 주관적 건강 인식은 매우 양호하다. 반면 영국, 프랑스, 독일, 이탈리아 등은 객관적 건강 상태와 비교해 주관적 건강 인식이 상대적으로 낮다. 슬로바키아, 체코, 슬로베니아 등 동구권 국가들은 기대 수명도 낮고 주관적 건강 인식도 낮다.

그런데 한국과 일본은 유독 기대 수명에 비해 주관적 건강 상태의 지수가 낮다. 30%를 조금 넘는 사람들만 스스로 건강하다고 생각한다. 수명은 선진국 그룹에서도 상위권에 속하지만 한국인 스스로는 그만큼 건강하다고 생각하지 않는 것이다. 이는 한국이나 일본이 객관적으로는 건강함에도 주관적으로는 자신의 건강에 대해 매우 불안하게 느끼고 있는 것으로 이해할 수 있다.

2. 우울감과 정서적 불균형

정신건강은 신체 건강뿐 아니라 스트레스를 조절하고 사회적으로 원만한 관계를 맺고 살아가도록 하며, 궁극적으로 삶의 질을 향상시키는 데 중요한 요인이다. 최근 선진국에서는 정신 질환으로 인한 사회적·경제적 부담이 증가하고 있다는 점에 주목하고 정신건강을 증진시키기 위한 방안을 적극 모색하고 있다.

2014년에 발행된 정신건강mental health에 대한 OECD 보고서[14]에 의하면 대체로 한 국가 내에서 경제 활동 인구의 15%가 경미한 수준의 정신적인 어려움을 겪고 있으며, 심각한 정신건강 상태에 있는 사람들도 5%나 된다. 그런데 정신건강에 심각한 문제가 있는 사람은 그렇지 않은 사람보다 20년을 덜 사는 것으로 나타났다.

정신건강 문제로 인한 사회적·경제적 부담도 만만치 않아서 WHO는 우울증 같은 정신 질환이 앞으로 가장 큰 사회 경제적 부담 요인이 될 것으로 추정하고 있다.[15] 그래서 정신건강은 21세기에 해결해야 할 핵심적인 건강 문제로 꼽힌다.

의학적인 관점에서 정신건강 상태는 정신 질환자의 분포, 즉 정신병 유병률을 중심으로 파악해왔다. 그러나 정신병 유병률은 조사하기가 까다로울 뿐 아니라 여러 나라를 비교할 수 있는 자료가 아주 귀하다. 대신 일반인을 대상으로 스트레스나 우울의 정도를 조사해 일반인의 우울 경향이 어느 정도인지를 파악하는 방법으로 가늠해 볼 수 있다.

유럽 국가들은 2년마다 다양한 사회적·정치적 주제에 대해 유럽인들의 인식과 태도를 조사하는 ESS를 실시한다. 2012년 웰빙을 주제로 한 조사에서는 일반인의 CES-D8 척도[16]를 적용해 조사한 바 있다. 이 조사는 우울, 외로움, 슬픔, 행복감, 즐거움, 힘듦, 의욕 상실, 불면 등 8가지 사항에 대해 '지난 한 주간' 각각의 감정을 얼마나 자주 느꼈는지를 4개의 범주(거의 느끼지 않았다; 가끔 느꼈다; 자주 느꼈다; 거의 항상 느꼈다)에서 선택하도록 했다. 이 문항들에 대한 응답 점수를 합하면 8점에서 32점 범위 내의 값이 도출되는데 이를 유럽 국가들의 우울증 정도를 나타내는 척도로 활용할 수 있다. 한국의 경우 한국인의 사회적 웰빙 조사에서 "어제 하루 얼마나 다음 같은 느낌을 받으셨습니까?"라 질문하면서 동일한 8개 문항의 경험 빈도를 질문했다. 이 문항을 동일한 방식으로 점수화하면 한국인의 우울증 점수를 얻을 수 있다. 유럽과 한국 조사에서 우울감을 경험한 시간의 기준점이 상이하다는 점에서 비교의 문제가 있기는 하지만 정신건강 상태를 국가 간에 비교할 만한 자료가 흔치 않으므로 부득이하게 두 자료를 이용해 비교해보았다.

두 자료의 분석 결과를 보면 유럽 국가들의 상대적인 우울감은 지역별로 차이가 있다. 대체로 노르웨이, 덴마크, 스웨덴 같은 북유럽의 복지 국가들이 낮고 영국, 프랑스 독일 등 서부 유럽 국가들이 중간 수준이었다. 체코, 슬로바키아 등 동유럽 국가와 이탈리아, 포르투갈, 스페인 등 최근 경제 위기를 심하게 겪은 남유럽 국가들이 높다. 한국의 우울증 점수는 13.9점으로 동유럽과 남부 유럽 국가들 다음으로 높았다[그림 2-4]. 한국의 우울증 점수가 어제 하루 동안 우울감을 경험한 정도를 질문한 것을 기반으로 만든 것이기 때문에 만일 유럽의 경우처럼 1주일을 준거로 질문하게 되면 현재 점수보다 더 높은 점수를 받을 가능성을 배제하기 어렵다. 이 점을 감안하면 한국인의 실제 우울감 정도는 동유럽이나 남유럽과 비슷한 수준일 것으로 생각된다.

개별 국가의 우울증 수준을 평균 점수로 비교하는 것도 의의가 있지만 각국에서 우울증 위험이 있는 사람이 어느 정도인지를 알아보는 것으로도 국민의 정신건강 상태를 가늠해볼 수 있다. 이는 정책적 개입의 대상을 명확히 한다는 점에서 필요한 작업이기도 하다. 우울증 위험군을 확인하는 방법 중 하나는 우울 점수가 일정 수준

[그림 2-4] 국가 간 우울증 평균 점수 및 우울증 위험군 규모

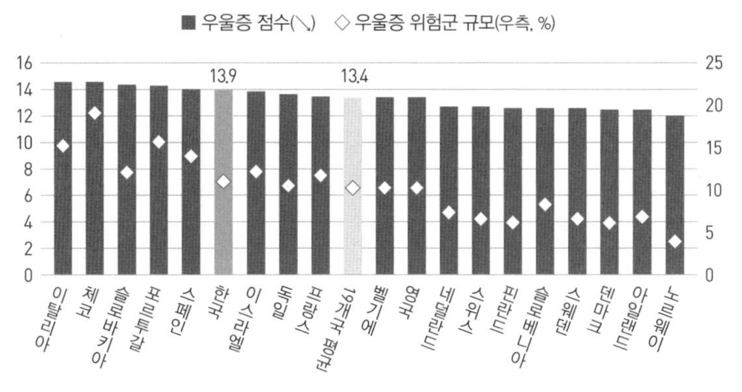

이상 높은 사람을 잠재적인 우울증 위험군으로 구분해내는 것이다. 여기서는 비교 대상 국가 전체의 평균 점수를 기준으로 평균보다 1표준 편차 이상 높은 집단을 우울증 위험 집단으로 간주했다.

[그림 2-4]에 그 결과를 나타냈는데 이를 보면 우울증 위험군의 규모에 있어서 국가 간 편차가 상당히 크다는 것을 알 수 있다. 규모가 가장 큰 체코의 경우 19.1%로 국민 5명 중 1명이 우울증 위험군으로 분류된다. 반면 노르웨이는 3.7%에 불과하다. 한국은 약 10.9%로 10명 중 1명이 우울증 위험군에 속한다. 이는 19개 유럽 국가들의 우울증 위험군 규모의 평균치인 10.2%보다 약간 높다. 우울증 위험군의 규모는 우울증 평균 점수와 유사한 패턴을 보인다. 즉 동구권 국가와 포르투갈, 이탈리아, 스페인 등 남유럽 국가들이 크고 노르웨이, 덴마크, 핀란드 등 북유럽 국가들이 작다.

한국인의 정신건강 상태를 우울증과 같이 증상을 동반하는 질병 관점에서 측정해 비교해볼 수도 있지만 일반인의 긍정적인 정서 상태를 측정해 비교해볼 수도 있다. 이는 건강하다는 것이 단순히 질병이 없음이 아니라 보다 적극적인 의미에서 긍정적인 심리 상태를 달성하는 것이라는 인식에 기반한다. 이러한 인식은 긍정 심리학의 토대가 되는데, 긍정 심리학은 개인의 정신 문제 또는 증상을 완화하는 것만큼이나 개인과 삶의 긍정적인 속성들을 강화해나가는 것이 정신건강에 중요하다고 주장한다. 그래서 정신건강을 측정하는 요소로 일상생활에서 긍정 정서를 얼마나 경험하는지에 주목한다.

긍정 정서 상태는 즐거움, 기쁨, 행복감 등의 긍정 정서를 자주 느끼는 것뿐 아니라 우울, 슬픔, 외로움 등의 부정 정서를 느끼지 않는 상태를 말한다. 긍정 정서와 부정 정서는 서로 연결되어 있지만 각기 독립적인 정서로 간주된다. 우울하지 않다고 해서 즐거운 것은 아니고 행복하다고 해서 힘들지 않은 것은 아니다. 때로 힘들지만 행복감을 경험할 수도 있다. 기존의 연구들 또한 긍정 정서와 부정 정서를 유발하는 요인들이 서로 다르고 각각의 정서가 건강에 대해 가져오는 효과도 다르다고 말한다.[17] 예를 들어 장애나 사회적 역할의 부재, 공동체 소속감은 부정 정서에 중요한 영향을 주지만 긍정 정서에는 아무런 영향을 주지 않는다. 반면 실업은 긍정 정서에만 유의미한 영향을 준다. 그래서 긍정 정서와 부정 정서를 분리해서 살펴볼 필요가 있다. 앞서 우울증 측정 항목에서 우울감, 힘듦, 슬픔, 의욕 상실, 외로움, 불면, 불안 등은 부정 정서 상태를, 즐거움과 행복감은 긍정 정서 상태를 나타내는 것으로 구분해서 비교해보면 일반인의 정서적 균형 상태를 파악할 수 있다.

두 차원의 정서를 ESS에 참여한 국가와 비교해보면, 한국은 부정 정서 면에서는 다른 국가들과 비교해 그다지 나쁘지 않다. 부정 정

[그림 2-5] 긍정 정서와 부정 정서 경험 비교

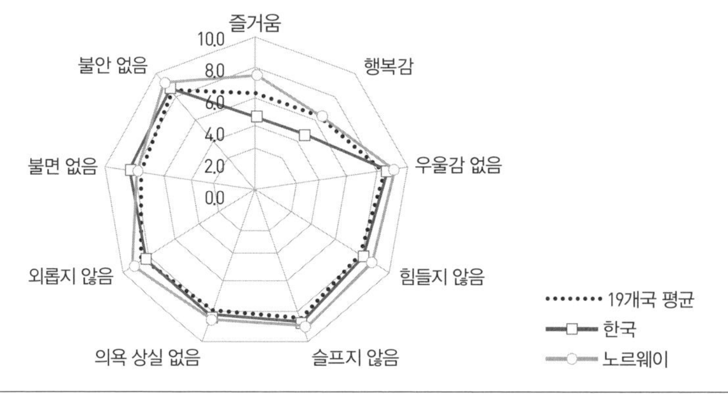

서를 느끼는 정도가 노르웨이나 덴마크, 핀란드, 스웨덴 등 북유럽 국가 다음으로 한국이 적어 오히려 좋은 편이다. 그러나 다른 유럽 국가들에 비해 긍정 정서를 느끼는 정도는 매우 낮다. 긍정 정서 경험을 0(거의 느끼지 않았다)~10점(거의 항상 느꼈다)으로 점수화하면 한국은 4.85점으로 19개국 중 가장 낮다. 19개국 평균은 6.44점이고 긍정 정서 경험이 가장 많은 네덜란드는 7.16점으로 한국과 차이가 크다. 한마디로 한국은 정서적으로 불균형적인 모습을 보인다.

구체적으로 어떤 정서적 경험에서 차이가 나는지를 확인하기 위해 정서 상태를 측정한 개별 항목들의 점수를 비교해보았다. [그림 2-5]를 보면 한국인은 즐거움이나 행복감을 경험하는 정도가 유럽인들의 평균보다 많이 낮다.[18] 한국인은 비교 대상 국가들보다 일상이 즐겁지 않고 행복하지 않은 것이다. 유럽인들이 평균적으로 10명 중 7명(즐거움 71.5%; 행복감 74.1%)이 즐거움과 행복감을 자주 경험하는 것과 대조적으로 한국은 절반이 채 되지 않는 사람만이(즐거움 46.4%; 행복감 46.7%) 일상에서 즐거움과 행복감을 자주 경험한다. 부정 정서 면에서 한국은 대부분의 부정 정서 항목에서 유럽 국가들의 평균보다 높은 점수를 받아 부정 정서를 경험하는 정도가 상대적으로 높지 않음을 알 수 있다. 그러나 정서 상태가 가장 양호한 모습을 보이는 노르웨이와 비교해보면, 한국은 상대적으로 힘듦과 외로운 감정을 더 많이 경험한다. 한국인은 노르웨이 사람들에 비해 즐겁지도 않고 행복하지도 않고 하는 일마다 힘들고 외롭다고 느끼는 것이다.

3. 높은 자존감과 낮은 회복 탄력성

WHO는 정신건강을 질병이 없는 상태가 아니라 개인이 자신의 가능성을 실현하고, 스트레스에 적절히 대처할 수 있으며, 생산적으로 일하면서 공동체에 기여할 수 있는 상태로 이해할 것을 권고하고 있다.[19] 이런 면에서 본다면 정신건강은 공동체에 긍정적인 영향을 줄 수 있는 방향으로 자신의 잠재력을 발휘할 수 있는 심리적·정신적 역량을 포괄하는 것으로 볼 수 있다. '심리적 번영'은 이러한 긍정적인 심리적 역량을 나타내는 개념이다. 심리적 번영은 정신건강을 행복감이나 만족감 같은 단순히 긍정적인 감정이 충만한 상태로 보는 것과 구분된다. 심리적 번영은 개인이 삶의 의미나 즐거움, 가치를 추구할 수 있도록 하는 기능 또는 잠재력 실현 같은 행동의 차원을 포괄하는 개념이다. 심리적 번영이 높은 사람은 신체적으로, 정신적으로 건강할 뿐만 아니라 사회적으로도 충만한 삶을 영위하는 것으로 알려져 있다. 반대로 심리적 번영이 낮은 사람은 자신과 자

'심리적 번영'은 어떻게 측정할 수 있나?

심리적 번영은 연구자에 따라 조금씩 다르게 정의되고 측정된다.[20]

심리적 번영 상태에 가장 먼저 주목한 키스Keyes는 심리적 번영을 일상생활에서 부딪치는 스트레스나 난관에 적절히 대처할 수 있는 역량이나 기능으로 정의하고 긍정 정서 상태와 함께 자아 수용, 긍정 관계, 자율성, 삶의 목적성, 사회 통합 등 심리적·사회적 상태 등을 심리적 번영 측정에 포함시킨다.

디너Diener와 동료들은 삶에 대한 인지적·정서적 경험에 더해 자기 통제, 미래에 대한 낙관, 사회관계, 삶의 의미, 공동체와의 관계 등을 포함하는 긍정적인 심리 상태를 심리적 번영을 구성하는 요소로 보았다.

셀리그만Martin E. P. Seligman은 저서 『Flourish』에서 웰빙이란 곧 심리적 번영 상태라고 규정하고 긍정 정서, 참여, 관계, 삶의 의미, 성취감 등 5개 요소로 심리적 번영을 측정한 바 있다.

한편 후퍼트와 소Huppert and So는 정신적 문제를 진단하는 척도의 반대 성향들을 중심으로 긍정 관계, 자율성, 삶의 의미, 자존감, 긍정 정서, 성취감, 낙관적 태도, 심리적 안정감, 활력, 회복 탄력성 등 10개의 심리적 번영을 구성하는 척도를 체계화했다.

신의 삶에 대해 무기력하게languishing 느낌으로써 정서적으로 취약하고 일상생활이나 일을 하는 데 어려움을 겪는다.[21]

심리적 번영은 여러 방식으로 측정할 수 있다. 여기서는 후퍼트와 소가 구성한 척도를 활용했다.[22] 이유는 국가 간에 비교가 가능한 자료가 있기 때문이다. 후퍼트와 소는 심리적 번영을 심리적 안정감, 활력, 긍정 정서, 긍정 관계, 자율성, 자존감, 낙관적 태도, 삶의 의미, 성취감, 회복 탄력성 등 10개 항목을 종합해 측정했다. 한

[그림 2-6] 국가 간 심리적 번영 수준과 무기력 집단 규모 비교

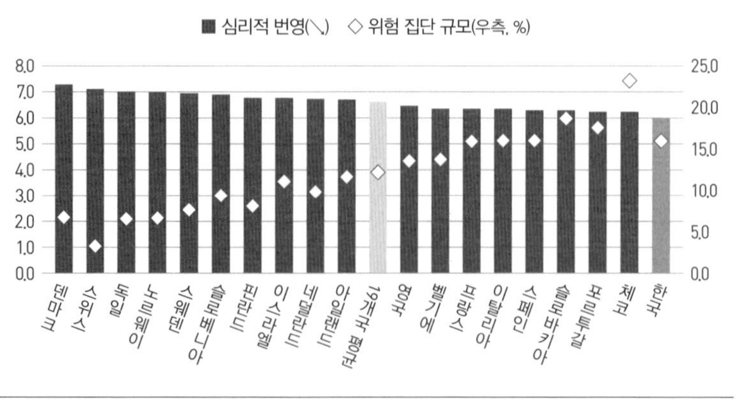

국인의 사회적 웰빙 조사에는 긍정 관계와 자율성을 측정할 문항이 없으므로 이 두 척도를 제외하고 남은 8개 항목을 사용해 심리적 번영 점수를 구한 다음 이를 유럽 국가들과 비교해보았다. 그 결과는 다소 암울하다. 심리적 번영은 덴마크, 스위스, 독일, 노르웨이, 스웨덴이 높고 체코와 슬로바키아 등 동구권 국가들과 포르투갈, 스페인, 이탈리아 등 남유럽 국가들이 낮다[그림 2-6]. 한국은 심리적 번영 수준이 가장 낮다. 이는 한국이 다른 유럽 국가들에 비해 상대적으로 더 무기력한 상태에 있음을 의미한다.

우리가 우울증 위험 집단을 구분해낸 것과 같은 방법으로 심리적 번영 점수가 평균보다 일정 수준(1표준 편차) 낮은 사람들을 심리적 번영 면에서 위험 집단(무기력군)으로 볼 수 있다. 이들 집단의 규모가 어느 정도인지를 파악한다면 그 사회의 정신건강의 또 다른 측면의 수준을 가늠해볼 수 있다. 무기력한 사람들이 많을수록 그 사회는 건강하지 못한 사회다.

[그림 2-7] 심리적 번영의 하위 차원 비교

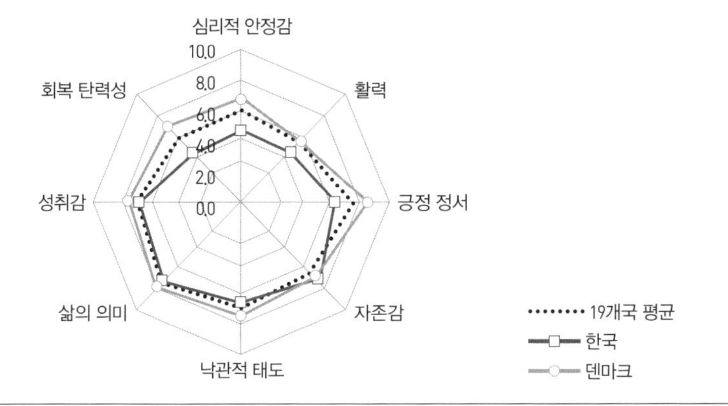

[그림 2-6]은 국가별로 무기력 집단의 규모를 추정해 제시한 것이다.[23] 한국은 심리적으로 무기력한 사람의 규모가 약 16%다. 앞서 우울증 위험군의 규모가 10% 정도였다는 점을 상기하면, 한국은 심각하게 우울한 사람들보다 심리적으로 무기력한 사람들이 더 많은 것이다. 한국의 무기력군 규모는 19개국 중 큰 편으로 유럽 국가들의 평균인 12%보다 많다. 19개국 중 심리적 무기력 집단의 규모가 가장 큰 국가는 체코로 그 규모가 20%를 웃돌았다. 반면 무기력 집단의 규모가 가장 작은 나라는 스위스로 3.4%에 불과했다. 스위스와 비교하면 한국은 무기력한 사람이 4배가 넘게 많은 셈이다.

구체적으로 심리적 번영을 구성하는 8개 요소 중 어느 부분에서 한국인이 문제가 있는가를 살펴보기 위해 심리적 번영 하위 항목들을 비교해보았다. [그림 2-7]을 보면 한국인은 자기 자신에 대해서 긍정적으로 생각하는 경향, 즉 자존감은 평균보다 높다. 하지만 긍정 정서, 심리적 안정감, 활력, 회복 탄력성 면에서는 평균보다 낮다.

특히 회복 탄력성과 심리적 안정감은 비교 국가들 중 가장 낮고, 평균과의 차이도 크다. 심리적 번영 점수가 가장 높은 국가는 덴마크인데, 심리적 번영을 구성하는 모든 요소에서 평균을 상회하는 균형적인 모습을 보인다. 반면 한국은 요소들 간의 불균형이 크다.

4. 사회적 지지의 결핍

기존 연구들을 보면 심리적 번영이 높은 사람들은 타인과 긍정적인 관계를 맺고 공동체에 적극 참여하는 경향이 있다. 그렇다면 한국인의 심리적 번영이 낮은 것이 한국인의 관계 건강과 연관이 있는 것은 아닐까? 타인에 대한 신뢰, 서로 도움을 주고받는 상호 호혜적 관계, 견고한 사회적 지원망과 활발한 공동체 참여는 개인의 신체 및 정신건강뿐 아니라 사회의 건강성을 보여준다. 사회관계망이 건강에 영향을 주는 다양한 경로를 탐색한 버크만Berkman과 동료들[24]에 따르면 개인들이 맺는 건강한 사회관계는 생리적 기전을 완화시키거나 자기 효능감을 높여 건강 행동을 하도록 이끈다. 또한 정서적·도구적·정보적 지원을 제공하는 사회 자본으로 기능함으로써 건강에 직간접적으로 영향을 끼친다. 그래서 건강한 사회관계는 삶의 질과 사회적 웰빙의 중추적인 역할을 한다.

사회관계의 질은 상호 도움이 필요한 상황에서 서로 도움을 주고받을 수 있는지를 통해 어느 정도 확인해볼 수 있다. 내가 도움이 필요한 상황에 처했을 때 도움을 청할 사람이 있는지, 타인이 도움이 필요할 때 내가 도움을 준 적이 있는지에 대한 일반인들의 응답은 이를 잘 드러내줄 수 있는 척도다. 전자는 개인의 사회 지원망의

[그림 2-8] 사회관계의 질

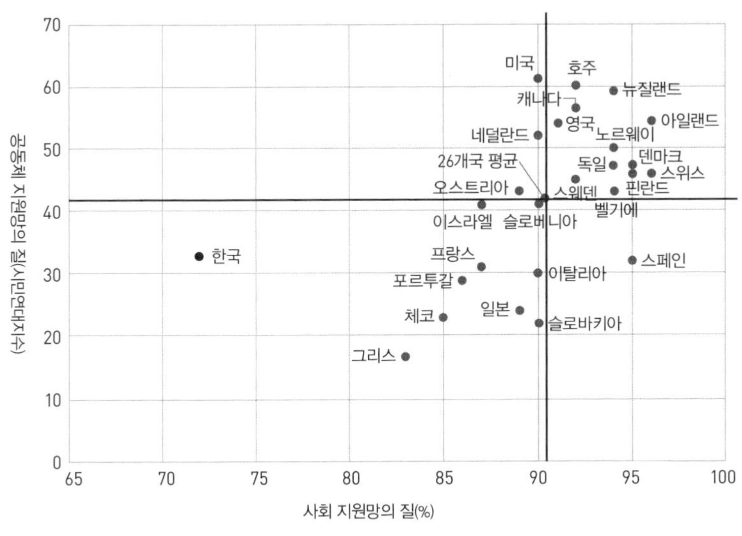

질을, 후자는 공동체 내 지원망의 질을 보여준다.

갤럽은 세계 100여 개국을 대상으로 여론 조사를 통해 주기적으로 이 2가지 지수를 산출해왔다. 사회 지원망의 질은 '도움이 필요할 때 도움을 청할 사람이 있는가'에 있다고 응답한 사람들의 %로, 공동체 지원망의 질은 기부나 자원봉사를 한다거나 모르는 사람에게 도움을 준 적이 있는지 등의 질문을 종합해 시민연대지수civic engagement index라는 지표로 제시한다.

이 두 지표를 이용하면 한국이 다른 국가들과 비교해 사회관계의 질이 어느 정도인지를 알 수 있다. [그림 2-8]은 사회 지원망 점수와 시민연대지수를 축으로 해 OECD 26개국의 좌표를 표시한 것이다.[25] [그림 2-8]을 보면 한국은 사회 지원망의 질이 가장 낮고 시민

연대지수도 OECD 26개국의 평균보다 낮다. 도움이 필요한 상황에서 도움을 청할 사람이 있는가에 대한 질문에 대해 있다고 응답한 사람이 OECD 26개국의 평균은 90.3%인 데 비해 한국은 72%에 불과하다. 10명 중에 3명은 주변에 아무도 자신을 도와줄 사람이 없다고 생각하고 있는 것이다. 기부나 자원봉사, 모르는 사람을 돕는 등 공동체의 연대감을 강화하는 행위는 미국, 호주, 뉴질랜드, 캐나다, 영국 등 영미권 국가들에서 많고 그리스, 체코, 슬로바키아, 일본 등에서 적다. 한국의 시민연대지수는 33점으로 OECD 비교 대상 26개국 평균 42점과 비교해 낮다. 이 결과는 다른 국가들과 비교해보았을 때 한국은 개인 수준에서 그리고 공동체 수준에서 사회관계의 질이 좋지 않음을 보여준다. 사회관계의 질이 낮다는 것은 사회적으로 고립되고 공동체로부터 배제되는 사람들을 받아낼 수 있는 기반이 허약하다는 것을 의미한다.

5. 낮은 공동체 소속감

공동체로부터 배제되고 고립되는 경험은 정서적으로도, 심리적으로도 웰빙을 낮춘다. 특히 공동체 내에서 안전망이 든든하게 마련되지 않은 상황이라면 사회적 고립은 생존의 문제로까지 확대된다. 그래서 개인과 공동체와의 관계가 어떻게 설정되어 있는가는 개인과 사회의 웰빙의 중요한 척도가 된다. 스스로 공동체의 일부라고 느끼고 소속감을 갖는 것 그리고 소속감을 갖는 공동체에 적극 기여하는 것은 개인 수준에서뿐 아니라 사회 수준에서의 웰빙을 증진시키기 때문이다. 영국의 '연결된 공동체 프로그램Connected Communities

[그림 2-9] 공동체 소속감(매우 동의 %)

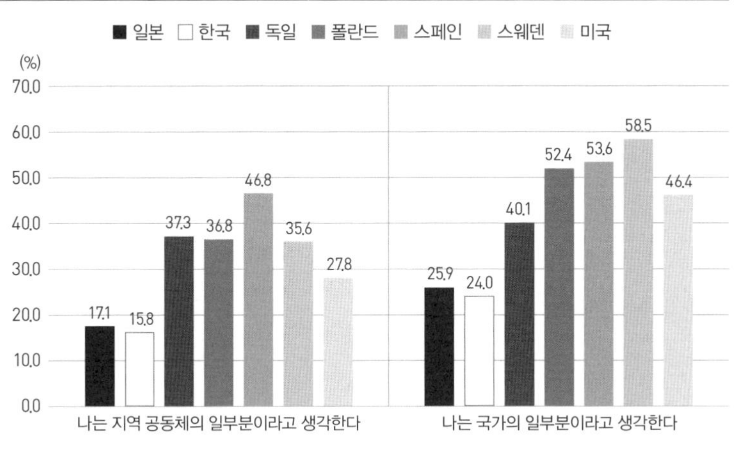

programme'에 참여한 연구자들은 5년간 진행된 조사와 실험을 통해 공동체의 일부라고 느끼는 사람들의 웰빙이 그렇지 않은 사람에 비해 높다는 것을 확인한 바 있다.[26]

2010~2014년 실시된 세계가치관조사에는 '나는 내가 지역 공동체의 일부분이라고 생각한다'와 '나는 내가 국가의 일부분이라고 생각한다'에 대해 어느 정도 동의하는지를 묻는 문항이 있다. 이 조사에 참여한 OECD 국가가 제한적이기는 하지만 이 두 질문에 대해 한국이 어떻게 대답하고 있는지를 다른 나라와 비교해봄으로써 한국의 공동체의 질과 집합 의식 수준을 짐작해볼 수 있다.

대체로 한국을 포함해 비교 대상 국가들은 이 두 질문에 대해 80~90% 이상 동의(매우 동의+동의)한다. 그러나 '매우 동의한다'라는 응답만 놓고 비교해보면, 국가 간에 적지 않은 차이가 발견된다. [그림 2-9]에서 확인할 수 있는 바와 같이 한국은 일본과 함께 지역 사회와 국가에 대한 소속감이 상대적으로 낮은 국가다.[27] 한국은 지역 공동체와 대한민국의 일부라는 데 강하게 동의하는 사람이 각각 15.8%와 24%에 불과하다. 스웨덴은 35.6%, 58.5%, 미국은 27.8%, 46.4%다. 소속감이 낮을수록 행복감이나 삶에 대한 만족감이 떨어진다는 경험적 연구 결과들을 상기할 때 한국에서 공동체 내 헐거운 연결 고리를 복원하는 것이 웰빙 증진에 필수적이라는 것을 말해주는 대목이다.

6. 세대 간 계층 간 격차

이처럼 한국은 신체, 마음, 관계, 집합 의식의 건강 수준을 보여주는 여러 측면에서 다른 국가들과 비교해 건강하지 않다. 그런데 그것만큼이나 문제인 것이 또 있다. 바로 건강의 불균등한 분포다. 즉 건강한 정도가 소득 수준이나 교육 수준, 세대에 따라 체계적으로 차이가 난다는 것이다. 전 세계적으로 불평등과 양극화가 심화되면서 건강에 있어서도 불평등과 격차가 점점 확대되고 있다는 우려의 목소리가 높아지고 있는데, 한국도 이러한 문제에서 자유롭지 못하다. 오히려 더 심각한 수준이다.

2017년 발간된 OECD 유럽 보고서[28]의 모든 유럽 국가에서 교육 수준과 소득 수준이 낮은 사람들은 건강이 좋지 않고 수명도 짧다고 보고했다. 특히 슬로바키아, 라트비아, 헝가리, 체코 등 동구권 국가들에서는 교육 수준이 낮은 사람들은 교육 수준이 높은 사람에 비해 65세 이후 기대 수명이 4년 이상 짧은 것으로 나타났다.

한국에서도 2009~2010년 국민건강보험공단 자료를 이용해 소득

[그림 2-10] 사회적 웰빙의 집단 간 격차

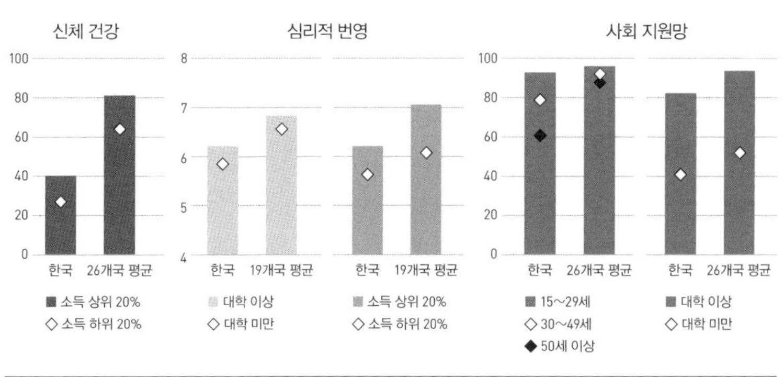

수준별 기대 수명 격차를 산출한 바 있다.[29] 그 결과에 따르면 한국인의 평균 기대 수명은 81.4세인데 소득 하위 20% 계층의 기대 수명은 77.6세, 상위 20%의 기대 수명은 83.1세로 소득 수준에 따라 5년 이상 차이가 났다. 이 격차는 남성인 경우 더 벌어져서 소득 하위 20% 남성의 기대 수명은 73.6세, 상위 20% 남성의 기대 수명은 81.1세로 소득이 높은 계층의 남성이 평균 7.5년을 더 사는 것으로 나타났다.

주관적 건강 인식 면에서도 소득에 따른 차이가 드러난다[그림 2-10].[30] OECD 국가를 대상으로 15세 이상 인구의 주관적 건강 상태에 대한 인식을 소득 수준별로 비교해보았을 때 모든 국가에서 소득이 낮은 집단이 소득이 높은 집단에 비해 자신의 건강 상태를 좋게 인식하는 비율이 낮다.[31] 그러나 그 격차의 크기는 국가별로 편차가 매우 크다. 소득 수준 간 격차가 가장 큰 체코는 그 차이가 31%p나 된다. 반면 격차가 가장 작은 뉴질랜드는 4%p에 불과하다. 26개 비교 대상 국가의 평균 격차는 18.2%p로 한국(12.8%p)은 그보다는 격차가 작다. 그러나 한국은 워낙 주관적 건강 상태에 대한 인식이 낮은데다가 소득 하위 20% 집단은 더욱 낮아서 26.6%만이 자신의 건강 상태가 양호하다고 인식한다. 한국의 소득 상위 20%의 주관적 건강 상태는 39.4%로 한국을 제외한 25개국의 소득 하위 20%의 평균적인 주관적 건강 상태 64.9%에도 훨씬 미치지 못한다.

심리적 번영 면에서도 집단 간에 격차가 뚜렷하다. 대학 이상의 교육을 받은 사람은 그렇지 않은 사람보다, 소득 수준이 높은 사람은 소득 수준이 낮은 사람보다 심리적 번영 수준이 높다. 한국은 19개국 평균 격차와 비교해 소득 수준에 따른 격차는 상대적으로 크지 않으나 교육 수준에 따른 격차는 다소 크다.

집단 간의 격차는 사회관계 측면에서 두드러진다. 2006~2014년까지 의지할 만한 사람이 있다는 응답을 모두 모아서 연령별로 평균이 어느 정도 차이가 나는지를 보면[그림 2-10], 청년층과 30~40대, 50대 이상 간의 격차가 다른 OECD 국가들보다 크다는 것을 알 수 있다. 특히 50대 이상은 60% 정도만이 의지할 사람이 있는 것으로 나타나는데 이는 OECD 비교 대상 국가들 중 가장 낮은 수치다. 청년층과의 격차도 32%p가 넘게 나 비교 대상 국가들 중 가장 격차가 크다. 비교 대상 국가들의 청년층과 50대 이상의 사회 지원망 격차 평균이 약 8%p인 것과 비교하면 한국에서 세대 간 격차가 어느 정도 심각한지를 알 수 있다.

대학 교육을 받은 사람과 그렇지 않은 사람 간에 지원망의 차이도 한국이 가장 크다. 대학 교육을 받은 사람은 82%가 의지할 사람이 있는 반면 대학 교육을 받지 않은 사람은 의지할 사람이 있다는 사람이 절반인 42%에 불과하다. 40%p 이상 차이가 나는 것이다.

한국 다음으로 격차가 큰 국가는 이스라엘인데 차이는 24%p로 한국의 절반에 불과하다. OECD 평균인 8.3%p와 비교하면 격차의 크기가 5배에 달한다.

7. 높은 격차 낮은 삶의 만족도

소득 수준이나 교육 수준에 따라 신체, 마음, 관계 차원의 사회적 웰빙의 수준이 크게 달라진다는 것은 그만큼 사회적 웰빙에 사회 불평등이 끼치는 영향이 크다는 것을 의미한다. 『건강 격차The Health gap』의 저자 마이클 마멋Michael Marmot은 건강 격차는 개인적인 문제라기보다는 사회적인 문제라는 점을 지적한다.[32] 특히 빈부 격차의 확대와 사회적 배제 같은 사회 불평등은 건강 격차를 확대시키는 중요한 사회적 요인으로 꼽힌다.

보건사회학자로 사회 불평등과 건강과의 관계를 탐구해온 윌킨슨과 피케트Wilkinson and Pickett는 불평등한 사회일수록 개인의 건강이 더 나쁘다는 것을 여러 지표를 사용해 밝힌 바 있다.[33] 사회적 지위와 소득에 따른 격차, 이로 인한 사회관계의 왜곡은 스트레스를 유발하고 이는 생리적·심리적 기제를 통해 건강에 악영향을 준다. 반대로 좋지 않은 건강은 교육 성취도나 노동 생산성을 낮추고 사회적 고립을 초래해 소득 등의 물질적 자원에 접근하는 것을 제한함으로써 불평등을 더욱 심화시키는 악순환이 반복된다.[34] 이처럼 물질적·사회적 격차와 건강 격차는 상호 악화의 순환 고리를 형성하며 삶의 만족감과 웰빙을 현저히 떨어뜨린다.

교육 수준이나 소득 수준과 건강 인식 간 상관관계 강도는 건강

[그림 2-11] 교육 수준 및 소득 수준과 건강 간의 상관관계 강도와 삶의 만족도 간 관계

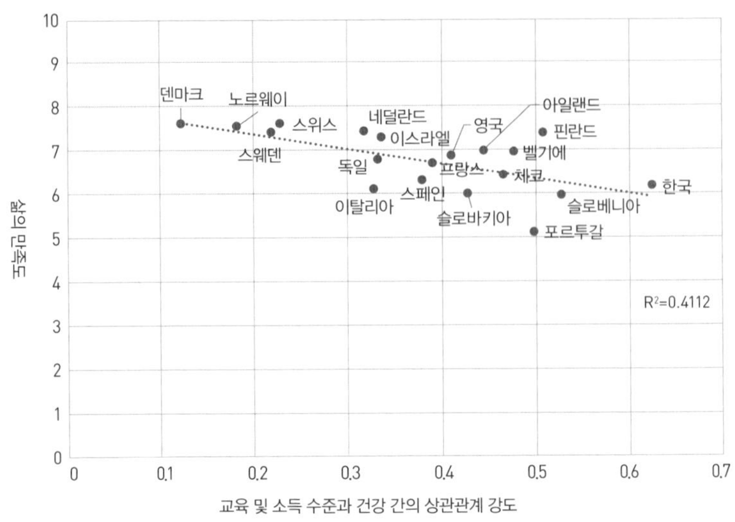

불평등을 나타내는 유용한 지표다. 최근 OECD 보고서에 의하면 선진국에서도 주관적 건강 인식과 소득, 교육 수준은 밀접한 상관관계가 있다.[35] 특히 교육 수준에 따른 건강 인식의 차이가 두드러진다. 그런데 한국은 둘 간의 상관 계수 값이 0.424로 선진국 중에서도 관계의 정도가 가장 크다(OECD 28개국 상관 계수 평균=0.215). 상관 계수는 0에서 1 사이의 값을 가지는데, 1에 가까울수록 밀접한 상관관계가 있음을 나타낸다. 스위스는 관계의 강도가 0.14로 한국의 3분의 1 수준이다. OECD의 추정에 의하면 한국은 자신의 건강이 매우 좋다고 생각하는 사람은 매우 나쁘다고 생각하는 사람보다 6년 정도 교육을 더 받은 사람들이다. OECD 국가들은 평균적으로 4년의 차이가 나고, 스위스는 2년에 불과하다. 이같이 교육 수준의

차이가 주관적 건강 인식에 끼치는 차이가 한국은 유럽 국가들보다 훨씬 크다. 즉 교육 수준의 차이라는 사회적 불평등이 건강 수준의 차이라는 건강 불평등으로까지 영향을 끼치는 것이다.

건강 불평등은 삶의 질에 어떤 영향을 주는가? 사회적 불평등에 따른 건강 불평등 지표를 구성하고 이것과 삶의 만족도 간의 관계, 즉 건강 불평등이 삶의 질과 어떠한 관계가 있는지를 살펴봄으로써 이를 확인해보자. [그림 2-11]은 그 관계를 표시한 것으로, 그 관계는 부적負的이다.[36] 즉 건강 불평등이 높은 국가에서는 삶의 만족도가 낮고, 건강 불평등이 낮은 국가에서는 삶의 만족도가 높다는 말이다.

지금까지의 결과들을 종합해보면 한국인은 선진국들과 비교해 신체 건강, 마음 건강, 관계 건강, 집합 의식까지 상대적으로 좋지 않다. 오래 살지만 신체 건강에 대한 불안감이 크고, 마음 건강 면에서 정서적 불균형이 심하며, 심리적인 역량도 매우 낮다. 구체적으로는 하는 일마다 힘들고 외로움을 많이 느끼며, 심리적으로 안정감을 많이 느끼지 못한다. 또한 어려운 일이 생겼을 때 원 상태로 돌아오기까지 오랜 시간이 걸린다.

사회관계의 질도 다른 국가들과 비교해 매우 나쁜 상태다. 낮은 사회관계의 질은 힘들고 외롭고, 심리적으로 불안하며 회복 탄력성이 떨어지는 마음의 상태와 밀접한 연관이 있다. 한국의 낮은 사회적 웰빙은 상대적으로 큰 세대 간, 계층 간 격차로 인해 그 심각성이 더욱 심화된다. 따라서 사회적 웰빙을 높이려면 개별적인 영역에서 문제가 되는 부분을 어떻게 끌어올리는가에 대한 정책적 개입뿐 아니라 개별 영역에서의 웰빙 불평등을 해소할 수 있는 방안을 함께 모색하는 것이 절실하다.

3장
사회적 웰빙의 핵심 조건들

1. 삶의 질과 행복

반세기 동안 한국 사회는 발전과 성공의 패러다임 속에서 살아왔다. 1960년대에 세계 최빈국에 속했던 한국은 '생존을 위해' 경제 성장의 패러다임을 받아들였다. 개인들도 이러한 국가 목표에 적극 호응했고, 개인적 성공과 부를 얻기 위한 치열한 노력을 했다. 다행히 한국은 경제 성장에 성공했고, 대다수 국민들은 빈곤에서 벗어나 물질적 풍요로움을 누리며 살게 되었다. 물질적 풍요는 행복의 토대가 될 것으로 기대되었지만 현실은 기대와 다르게 진행되었다. 3장[37]에서 다뤄볼 주제와 관련하여, 최근 한국인이 그다지 행복하지 않다는 보고서들이 잇달아 발표되고 있다.[38]

과거 경제 성장의 패러다임에서는 '경제 성장(성취)=삶의 질의 향상=행복'이라는 도식이 성립했다. 빈곤에서 벗어나 경제적으로 성공하면 더 좋은 집과 더 나은 교육, 더 좋은 직장도 얻을 수 있었고, 그것은 곧 삶의 만족과 행복의 증대를 의미했다. 그런데 최근에 이러한 도식이 더는 통하지 않게 되었다. 즉 경제 성장이 곧바로 삶의 질의 향상은 아닐 수 있다는 것이다. 그럴수록 행복감의 향상도 기대하기 어려워진다.

이러한 문제는 비단 한국만이 겪는 것은 아니다. 2008년에 프랑스의 사르코지Nicholas Sarkozy 대통령은 신년 기자 회견에서 국내총생산 지표인 GDP가 경제적 성취와 사회 발전을 제대로 측정하지 못한다고 불만을 표시했고, 새로운 지표 개발의 필요성을 역설했다. 그 결과 노벨 경제학상 수상자인 스티글리츠Joseph Stiglitz 등에게 새로운 지표 개발을 위임했다. 그리고 이 연구진에 의해 지표 개발에 대한 보고서가 제출되었다.[39]

그런데 왜 GDP가 문제인가? GDP는 공식적인 경제 활동의 총량을 의미하는데 그 활동이 바람직한 것인지, 또 효율적인 것인지를 따지지 않는다. 그러다 보니 메르스 같은 전염병이 돌아서 병원 치료 수요가 증가하면 결과적으로 GDP도 증가한다. 공장이나 발전소가 가동을 많이 하면 GDP는 증가하지만 그로 인한 미세 먼지의 발생으로 국민 건강이 나빠지는 것은 GDP 통계에 고려되지 않는다.

사르코지 보고서에서는 프랑스와 미국의 의료 제도의 성과를 비교하면서 문제를 제기한다. 1960년대 이후 프랑스에서는 GDP 대비 의료비 지출이 4% 수준에서 11% 수준으로 완만하게 상승했으나 같은 기간 미국은 5%대에서 15% 수준으로 급격하게 상승했다. 그렇지만 프랑스 국민의 기대 수명이 내내 미국인의 기대 수명을 크게 앞질렀다. 2014년에 프랑스인의 기대 수명은 82.3세이고 미국인은 78.8세로 크게 차이가 난다.

미국이 1인당 의료비를 프랑스보다 더 많이 쓰면서도 그 성과물인 국민의 건강 상태가 좋지 않은 것은 한마디로 의료 체계의 효율성이 떨어진다는 것을 의미한다. 이것은 미국의 의료 제도의 운영에 있어서 민간 보험 회사들의 영향력이 크고 그에 따라 행정 비용이나 이윤으로 빠져나가는 비용이 크기 때문에 발생하는 현상이다. 더 많은 자본과 인력이 의료 산업에 투입되고 있지만 국민의 건강 상태를 높이는 데는 오히려 부족하고 의료비는 더 많이 지출될 수밖에 없다는 것을 뜻한다. 즉 의료 산업이 비효율적일수록 의료 산업이 산출하는 GDP는 증가하는 역설에 직면하는 것이다. 가사 노동과 자원봉사 활동이나 이웃 간의 돌봄 제공은 가족 생활과 지역 사회의 응집력을 유지하는 데 반드시 필요한 필수 요소이지만 이러한 비공식적·비시장적 활동은 GDP 산출에 포함되지 않는다. 또한 소득과 소비의 불평등이 크면 우리의 삶의 질이 크게 낙후될 수 있지만 이 역시 GDP 지표에서 고려되지 않는다는 점도 GDP 지표의 한계가 되고 있다.

이러한 한계를 넘어서기 위해 스티글리츠 등은 상품 가치의 생산 여부를 측정하는 방식에서 벗어나 개인의 소득과 소비 활동을 측정하는 방식으로 변경할 것을 제안한다. 즉 개인이 자신의 삶의 향상을 위해 지출할 수 있는 가처분 소득과 어디에 얼마나 쓰고 사는지를 파악하는 것이 중요하다는 것이다. 또 각국마다 물가 수준에 따른 구매력의 격차를 보완하기 위한 단순 소득보다는 구매력지수 Purchasing Power Parities, PPP의 사용을 제안했다. 안전과 안보, 레저, 가사 노동 같은 비시장 경제 활동, 사회적 웰빙, 행복과 삶의 질 등을 측정할 것을 제안했다. 특히 삶의 질에는 건강, 교육, 일과 여가의 균형 등이 제안되었다. 이외에도 정치적 참여, 사회적 연결망, 환경 보전, 개인적 위험(범죄 등), 경제적 위험(실직 등) 등이 제안되었다. 이러한 새로운 지표들을 관통하는 새로운 철학으로 지속 가능성이 강조되었다.

스티글리츠 교수의 제안이 공감을 얻으면서 OECD는 2011년에 '더 나은 삶의 지표Better life index'[40]를 개발했다. 여기에는 주거(주거 조건 및 주거비), 소득(가구 소득 및 재산), 직업(직업 안정성, 실업), 공동체(사회적 지지 네트워크), 교육, 환경(환경의 질, 환경 보건), 거버넌스(민주주의 참여), 건강, 삶의 만족도(행복도), 안전(살인 및 폭력), 일과 삶의 균형 등 11개 영역이 포함되었다. 각 영역의 지수index는 1~4개의 세부 지표indicators들을 측정해 합산한 것이다.

예를 들어 건강 영역의 지수는 주관적 건강 지표와 기대 수명 지표로 구성되었다. 주관적 건강은 자신의 건강 상태가 '매우 좋음' 또는 '좋음'으로 응답한 사람의 백분율로 측정된다. 기대 수명은 인구학적 생명표Life table에 의해 계산되는 데 연령으로 측정된다. 이 2가지 지표는 측정 단위가 다르므로 각각 0에서 1 사이의 척도로 변환(표준화)한 뒤에 이를 합해 건강 영역 지수로 사용하게 된다.

OECD는 회원국들의 관련 데이터를 수합해 각국의 삶의 질 수준을 비교할 수 있도록 하고 있다.[41] 2016년 결과를 살펴보자.

OECD 평균이 10점 만점에 6.5인데 한국은 5.8을 얻어서 비교적 낮은 수준을 보였다[표 2-12]. 교육과 시민 참여 영역에서는 비교적 좋은 점수를 받았고 안전, 직업, 주거 영역은 중간 수준을 유지했으

[표 2-12] OECD 삶의 질 지표 한국과 OECD 평균 비교(2016)

지표[42]	한국	OECD	38개국 중 순위
가구 수입	19,372달러	29,016달러	24위
가구 수입 중 주거비 비중	15.9%	21%	2위
취업률	65%	66%	23위
고교 졸업률	85%	76%	15위
국제학업성취도평가PISA	542점	497점	1위
기대 수명	82세	80세	12위
주관적 건강 양호	35.1%	69%	38위
미세 먼지 분포	29.1μg	14.05μg	38위
수질 만족도	78%	81%	26위
사회적 지지 보유	76%	88%	37위
투표율	76%	68%	12위
삶의 만족도(10점 척도)	5.8	6.5	31위
야간 보행 안전도	67.7%	68.3%	22위

나 공동체, 건강, 일과 삶의 균형, 삶의 만족도 등에서는 매우 낮은 수준을 기록했다.

낮은 점수를 받은 영역을 살펴보면 우선 사회적 지지가 낮다. 필요할 때 누군가 도와줄 사람이 있는 경우가 76%였는데, 이 수치는 OECD 38개 회원국 중 가장 낮은 수치였다. 달리 말하면 한국인의 4분의 1은 어려울 때 도움받을 사람이 전혀 없다는 것이다. 공동체의 응집력 측면에서 매우 심각한 위기 상태라고 볼 수 있다. 대개의 국가들이 90% 이상의 응답을 했고, 이웃 나라 일본의 경우도 91%에 달했다. 건강 영역에서는 기대 수명은 높은 편이지만 주관적 건강이 양호한 응답자가 35%에 불과했다. 이 역시 OECD 최하위 수준이고, 이 점이 작용해 건강 지수가 좋지 못했다. 실제 건강 상태가 나쁜 것이 아니라 건강 불안감을 갖고 있는 사람이 많다는 것을 의미한다. 이것은 아마도 신체적 요인보다는 사회적 원인에 의한 결과로 해석된다. 현실의 삶의 불안정함이나 미래에 대한 우려가 건강 불안을 초래하는 것처럼 보인다. 미세 먼지 농도는 38개국 중 가장 나쁘고, 수질도 좋은 편이 못 된다. 노동 시간은 38개국 중 가장 길어서 일과 삶의 균형을 이루지 못하는 점도 삶의 만족을 떨어뜨리는 요인이 되고 있다.

[표 2-12]의 OECD의 삶의 질 지수의 분포를 살펴보면, 우리나라 사람들의 삶의 방식이 잘 나타나 있다. 그동안 우리는 개인적으로 교육을 잘 받고, 직업을 찾아서 열심히 일하고 좋은 집을 마련해 사는 데 성공했다. 그렇지만 불평등 개선, 환경 안전, 사회적 연결망 확립, 건강 불안감 해소, 일과 삶의 균형 등의 분야는 제대로 발전시키지 못했다.

불평등 개선이나 사회적 연결망 확립은 공동체적 가치에 기반한 공존의 삶을 발전시켜야 얻을 수 있다. 환경 안전과 건강 불안감 해소 및 일과 삶의 균형은 경쟁지상주의 삶의 방식에 지속 가능성과 탈물질적 가치관이 보완될 때 얻어질 수 있을 것이다. 이러한 과업은 사회 발전의 영역에 해당된다. 그런데 경제 발전이 곧 사회 발전을 추동하는 것이 아니므로 우리는 경제 발전에도 불구하고 사회 발전은 여전히 뒤처져 있고, 그 결과 삶의 만족이 높아지지 못하는 형국에 처해 있는 것이다.

삶의 만족 또는 행복 지수의 역사는 길지 않다. 행복 지수는 부탄의 왕이 1970년대에 "물질적 삶Gross National Product, GNP보다는 행복한 삶Gross National Happiness이 더 중요하다"고 언급한 데서 시작되었다.[43] 그런데 행복이 세계인의 화두가 되기까지에는 상당한 시간이 걸렸다.

[표 2-13] 세계 행복 보고서 주요 국가별 순위

순위	2015	순위	2017
1	스위스(7.58)	1	노르웨이(7.53)
2	아이슬란드(7.56)	2	덴마크(7.52)
3	덴마크(7.52)	3	아이슬란드(7.50)
4	노르웨이(7.52)	4	스위스(7.49)
5	캐나다(7.42)	5	핀란드(7.46)
6	핀란드(7.40)	6	네덜란드(7.37)
7	네덜란드(7.37)	7	캐나다(7.31)
8	스웨덴(7.36)	8	뉴질랜드(7.31)
9	뉴질랜드(7.28)	9	스웨덴(7.28)
10	호주(7.28)	10	이스라엘(7.12)
11	이스라엘(7.27)	11	코스타리카(7.07)
12	코스타리카(7.22)	12	오스트리아(7.00)
13	오스트리아(7.20)	13	미국(6.99)
14	멕시코(7.18)	14	아일랜드(6.97)
15	미국(7.11)	15	독일(6.95)
16	브라질(6.98)	16	벨기에(6.89)
17	룩셈부르크(6.94)	17	룩셈부르크(6.86)
18	아일랜드(6.94)	18	영국(6.71)
19	벨기에(6.93)	19	칠레(6.65)
20	UAE(6.90)	20	UAE(6.64)
21	영국(6.87)	21	브라질(6.63)
22	오만(6.85)	22	체코(6.60)
23	베네수엘라(6.81)	23	아르헨티나(6.59)
24	싱가포르(6.79)	24	멕시코(6.57)
25	파나마(6.78)	25	싱가포르(6.57)
26	독일(6.75)	26	몰타(6.52)
27	칠레(6.67)	27	우르과이(6.45)
28	카타르(6.61)	28	과테말라(6.45)
29	프랑스(6.57)	29	파나마(6.45)
30	아르헨티나(6.57)	30	프랑스(6.44)
34	태국(6.45)	32	태국(6.42)
38	대만(6.29)	33	대만(6.42)
46	일본(5.98)	51	일본(5.92)
47	한국(5.98)	55	한국(5.83)

2000년대 이후 삶의 질 관련 지표들이 사회 조사에 등장하게 되었고, 미국 사회 조사 회사인 갤럽은 2009년부터 국가 수준의 행복지수 조사를 시작했다.

2011년에 UN은 세계 행복 보고서를 처음 펴냈다. 2012년 4월에 UN이 주관하는 행복과 웰빙을 위한 고위급 회담이 개최되어 지속가능한 발전, 사회 경제적·환경적 웰빙 및 행복이 새로운 경제 패러다임이 되어야 한다고 결론지었다. 같은 해 6월에 개최된 UN총회에서는 '세계 행복의 날'을 제정하기로 결정했고 이후 2013년부터 매년 3월 20일에 행복의 날을 기념한다.[44] 행복의 날은 행복의 중요성을 인식하기 위한 방안으로 만들어졌다. UN은 2015년에 지속 가능 발전 17대 목표를 발표했다. 이것은 빈곤을 종식시키고 불평등을 완화하며 지구를 보호하는 것이 핵심인데, 이 세 요소가 지구인의 웰빙과 행복을 이끌어줄 것으로 기대되고 있다.

미국의 여론 조사 회사 갤럽은 2015년 3월 20일 세계 행복의 날을 기념하면서 전 세계 143국에서 행복도 조사를 실시했다. 이 조사는 응답자들에게 하루 전날 잘 쉬었는지, 존중받았는지, 많이 웃었는지, 재미있게 배우거나 일했는지, 즐거웠는지 등 5개 문항에 긍정적 응답을 한 사람의 비율을 점수화해 '긍정경험지수positive experience index'를 계산했다. 최고점은 파라과이가 89점이었고 콜롬비아, 에콰도르, 과테말라 등이 84점, 온두라스와 파나마 82점 등 남미 국가들이 상위권을 차지했다. 전체 평균은 72점인데 한국은 59점에 불과해 118위로 최하위권이었다.

UN지속가능위원회에서 발표하는 세계 행복 보고서는 한국인의 행복 수준을 파악할 수 있는 또 다른 보고서다.[45] 2015년에 158개국을 대상으로 행복감을 측정했고, 영향 요인들을 분석해 국가별 순위와 영향 요인의 구성 분포를 제시했다. 행복감은 가장 낮을 때 0점, 최고로 높을 때 10점을 매기는 방식으로 측정했고 국가별 응답자들 점수의 평균을 계산해 해당 국가의 행복 지수를 산출했다. 그 결과 스위스가 7.58로 가장 높았고 덴마크, 노르웨이, 네덜란드 등 북구 유럽 및 서부 유럽 국가들이 상위권을 차지했다[표 2-13].[46] 다음으로 멕시코, 브라질, 베네수엘라 등 남미 국가들이 20위 전후의 순위를 차지했다. 우리나라는 행복 지수가 5.98로 나타났는데 47위에 해당되었다.

그런데 2017년 세계 행복 보고서의 결과를 보면, 우리나라는 그 순위가 55위로 나타나서 2년 전보다 상당히 하락했다.[47] 태국(32위), 대만(33위), 말레이시아(42위), 일본(51위) 등 주요 아시아 국가들이 우리나라보다 앞서 있었다. 2015년의 순위를 살펴보면, 태국(34위), 대만(38위), 말레이시아(61위)로 이들 국가들은 2017년에 순위가 상승했다. 일본은 2015년에 46위로 우리나라 바로 앞에 있다가 2017년에 51위로 하락했는데 우리보다는 순위 하락의 폭이 작다. 우리나라는 2007년보다는 약간 상승(+0.299)했으나 2015년보다는 하락한 것으로 나타났다.

UN의 세계 행복 보고서는 왜 우리가 행복하지 못한지에 대한 단서를 제공해준다. 이 보고서는 기존의 많은 연구 결과를 바탕으로 행복 지수의 영향 요인을 선별했다. 여기에는 1인당 GDP, 사회적 지지, 건강 수명, 생애 선택 자유, 기부 실천, 부패 인식 등의 요인들이 포함되었다. 물론 행복에 영향을 줄 수 있는 요인들이 이외에도 많을 것이다. 그렇지만 오랜 연구 끝에 제시한 결론은 이 6가지 요인만으로도 국가 간 행복 수준의 차이를 대부분 설명할 수 있었다는 것이다. 달리 말하면 이 6가지 요인이 어떻게 구성되는가에 따라서 한 사회의 행복 수준이 달라질 수 있다는 것이다.

그러니까 6가지 요인들 중에서, 1인당 GDP는 구매력지수 기준으로 계산된 값으로 전통적인 경제력 또는 부유함의 지표로 생각할 수 있다. 그런데 세계 행복 보고서에서도 GDP 외에 OECD의 삶의 질 지수에서 사용된 사회 발전 관련 지표들이 사용되고, 이 지표들에서 좋은 값을 받기 어려운 요인들이 행복 지수를 낮추는 역할을 했을 것으로 짐작할 수 있다.

사회적 지지는 갤럽 조사에서 "당신이 어려움에 처했을 때 당신을 도와줄 수 있는 친척이나 친지가 있는가?" 하는 질문에 대한 긍정 응답 비율을 의미한다. 이것은 개인의 사회적 연결망을 파악하는 것이다. 많은 사람들과 연결되어 교류를 맺고 살아갈수록 필요할 때 물질적으로나 정서적으로 도움을 얻을 수 있기 때문에 삶의 든든한 뒷받침이 될 수 있다. 사회적 지지는 사회적 자본의 한 측면으로 생각할 수도 있다.

건강 수명은 평균 수명에서 질병이나 사고로 인해 와병 상태에 있거나 정상적인 생활을 할 수 없는 기간을 제외한 값을 의미한다. 인구의 노령화로 수명은 길어졌으나 만성 질환이나 신체적·정신적 장애 때문에 제대로 생활을 유지하기 어려운 경우가 많아졌다. 이 경우는 삶의 질을 낮추므로 수명 본래의 의미를 살리기 어렵다. 따라서 이같이 기존의 평균 수명 또는 기대 수명에서 무능력해진 기간을 제외해 건강하게 생활을 유지할 수 있는 기간을 건강 수명이라고 부른다.

생애 선택 자유freedom to make life choice는 갤럽 조사에서 '당신은 생애에 무슨 일을 할지 얼마나 자유롭게 선택했는지에 대한 만족 여부'를 의미한다. 문장의 의미 그대로 본인의 적성을 잘 파악하고 적합한 일을 하게 될 때 성취감과 삶의 만족이 높아진다고 볼 수 있다. 한국의 경우 적성보다는 물질적 성공을 지향하는 생애 선택을 하는 경우들이 적지 않은데, 그럴수록 삶의 만족도를 떨어뜨릴 수 있다.

기부 실천은 '지난달에 자선을 위해 돈을 기부했는지의 여부'를 의미한다. 시장 경쟁이 기본 원리가 되는 사회일 경우에도 경쟁에서 탈락한 사람들을 보살피고 최소한의 인간적 삶을 살 수 있는 기회를 만들어주는 것이 궁극적으로 사회를 안정시키고 시장 경쟁 자체를 안정적이게 만들어준다.

부패 인식은 '부패가 정부에 만연했는지의 여부'와 '부패가 기업에 만연했는지의 여부'를 합한 값을 의미한다. 부패는 특정인에게 부당하게 기회를 몰아주어 공정한 경쟁의 원칙을 뿌리째 무너뜨리고 제도에 대한 불신을 조장해 민주주의와 권력의 정당성을 위협하게 한다. 특히 정부와 기업의 부패는 삶의 근간을 위협하는 중대한 위협 요소이고 사회 발전을 낙후하게 만드는 요인이 된다.

이러한 요인들을 살펴보면 경제 성장과 물질적 성취에 몰두해온 우리들이 왜 행복하지 못한지를 깨닫게 해준다. 행복을 얻으려면 수입이나 재산 외에도 건강, 사회적 지지 관계, 적성에 의한 성취, 기부 행위, 투명한 사회 등 여러 요소가 작용한다는 것이다. 개인의 노력으로 얻어지는 부분도 있지만 사회적으로 달성해야 될 부분도 있는 것이다. UN의 세계 행복 보고서는 개인의 노력, 주변 사람들과의 협력과 나눔 그리고 사회적인 뒷받침이 어우러질 때 행복한 사회가 될 수 있음을 말하고 있다.

다음으로 행복의 영향 요인들이 행복감을 형성하는 데 각기 얼마나 중요하게 작용하는지를 계산하는 방법에 대해 알아보자. [표 2-14]를 보면 각국별로 행복 지수와 함께 1인당 GDP 등 6개 영향 요인의 값이 표시되어 있다. 이 값을 얻으려면 먼저 회귀 분석이라는 통계적 처리 과정을 거쳐야 한다. 간단히 설명하면 회귀 분석은 X(영향 요인)와 Y(행복 지수)의 관계를 일종의 방정식으로 가정하고 최적의 관계를 계산해내는 통계 기법이다. 각국별로 사회 조사를 실시해 국민들의 행복 지수, 사회적 지지 여부, 건강 수명, 생애 선택 여부, 기부 실천 여부, 부패 인식 정도 등을 파악하고 세계은행World Bank, WB의 경제 통계에서 1인당 GDP를 계산한 다음 WHO의 보건 통계에서 건강 수명을 계산하게 된다. 155개국의 원 자료가 모아지면 이 자료를 바탕으로 회귀 방정식을 풀어서 각 영향 요인의 계수값(X)을 계산한다. 예를 들면 다음의 회귀 방정식이 만들어진다.

Y(행복 지수)=0.341(1인당 GDP)+2.332(사회적 지지)+0.029(건강 수명)+1.098(생애 선택 자유)+0.842(기부 실천)−0.533(부패 인식)

각국의 행복 지수는 각국별로 실시된 사회 조사에서 국민들의 행복감 문항에 대한 응답의 평균값이 사용된다. 다음으로 각국별 영향 요인의 지수는 행복감이 가장 낮은 가상적인 국가의 사례와의 차이로 계산한다. '불행Dytopia'이란 이름의 가상적인 나라를 만들고 그 나라의 행복감은 1.85로 155개국 중 가장 낮은 수준의 행복감 수

[표 2-14] 주요 국가의 행복 지수와 구성 요인

국가	순위	행복 지수	1인당 GDP	사회적 지지	건강 수명	생애 선택 자유	기부 실천	부패 인식
노르웨이	1	7.54	1.62	1.53	0.80	0.64	0.36	0.32
덴마크	2	7.52	1.48	1.55	0.79	0.63	0.36	0.40
스위스	4	7.49	1.56	1.52	0.86	0.62	0.29	0.37
네덜란드	6	7.38	1.50	1.43	0.81	0.59	0.47	0.28
미국	15	6.99	1.55	1.42	0.77	0.51	0.39	0.14
칠레	20	6.65	1.25	1.28	0.82	0.38	0.33	0.08
아랍에미리트	21	6.65	1.63	1.27	0.73	0.61	0.36	0.32
브라질	22	6.63	1.10	1.43	0.61	0.43	0.16	0.11
멕시코	25	6.58	1.15	1.21	0.71	0.41	0.12	0.13
한국	55	5.84	1.40	1.13	0.90	0.26	0.21	0.06

치를 가져다 사용한다. 그러므로 어떤 다른 나라도 불행 나라보다는 높은 수준에 있게 된다. 같은 방식으로 각 영향 요인별로 가장 낮은 값을 찾아서 불행 나라의 영향 요인들의 값으로 정한다. 특정국의 영향 요인 지수는 해당국의 값과 불행 나라의 값의 차이를 계산한 다음 회귀 계수를 곱해 산출된다. 이 값이 [표 2-14]에 표시되어 있다.[48] 통계적으로는 영향 요인의 지수값은 행복 지수를 설명하는 크기를 의미한다.

행복 지수 1위를 기록한 노르웨이의 사례를 살펴보자. 노르웨이의 행복 지수는 7.54인데 그중 1.62만큼이 GDP에 의한 영향이고 1.53이 사회적 지지에 의해 얻어진 결과다. 건강 수명, 생애 선택 자유, 기부 실천, 부패 인식 등의 요인도 각각 지수값만큼 행복 지수에 영향을 끼친다. 이 표에 표시되지 않은 기타 요인의 영향이 2.27이다. 각 영향 요인의 지수값들을 더하고 여기에 기타 요인의 값을 합치면 행복 지수값과 같아진다.

1인당 GDP는 가장 영향력이 큰 요인이지만 행복 지수의 21.4%[49] 정도의 영향력을 갖고 있을 뿐이다. 사회적 지지가 GDP 못지않은 영향력을 끼치고 있는 점이 주목된다. 경제 성장에 의해 잘사는 나라 만들기에 집중적 노력을 해온 우리나라에서는 그동안 GDP 성장이 절대적으로 중요한 목표였다. 최근까지도 GDP 7% 달성이 대통령 선거 공약이 되기도 했다.[50] 그런데 GDP로 표현되는 물질적 부의 창조가 행복감을 만드는 데는 불과 20% 기여하는 데 그치고 있다. 사회적 지지나 투명성, 기부 실천 등 탈물질적 요소들이 더 많은 기여를 한다는 사실은 우리 사회의 발전 목표가 어디를 지향해야 하는지를 잘 보여준다.

[표 2-14]의 영향 요인의 크기를 행복 지수에서 차지하는 백분율로 다시 계산해보자. 노르웨이의 행복 지수에서 1인당 GDP 영향이 21.4%이고, 주변 사람과의 사회적 지지 관계 20.3%, 건강 수명 10.6%였다. 한국은 1인당 GDP 24.0%, 사회적 지지 19.3%, 건강 수명 15.4%였다. 노르웨이와 비교할 때 한국은 행복감 구성에서 GDP와 건강 수명의 영향이 상대적으로 크다는 것을 알 수 있다. 달리 말하면 생애 선택 자유나 기부 실천 등 사회적 요인에 의한 행복감 형성이 약하고, GDP와 수명에 의한 행복감 형성의 비중이 과중한 것으로 나타나고 있다.

행복 지수 상위국일수록 생애 선택 자유, 기부 실천, 부패 인식 등의 영향 요인의 값이 크다. 한국도 개인의 개성과 장점에 기인한 생애 선택이 보장되는 활력 사회와 서로 돕는 협력 사회, 투명하고 청렴한 사회를 만들어야 행복감이 높아질 수 있음을 알 수 있다.

즉 한국인들이 행복하지 못한 것은 돈이 없어서가 아니라 탈물질적 가치와 제도의 미비로 인한 것이므로 개인적으로나 국가 정책적으로 물질적 성공으로부터 탈물질적 가치로의 전환이 필요한 것으로 보인다. 소득 향상이나 수명 향상으로 얻을 수 있는 행복감의 증가는 거의 한계에 달했으므로 사회관계를 개선하고 활력 사회를 형성하지 않으면 행복감이 증가되기 어려운 것으로 생각된다.

여기서 제시된 6가지 행복 영향 요인들은 통계학적으로는 행복감을 거의 완전하게 설명하는 것으로 보인다. 통계학적으로 보면 6개 영향 요인들이 행복 지수의 변량variance의 약 75%를 설명하는 것으로 나타났다. 이 정도 수준이면 행복감은 이 6가지 요인에 의해 거의 대부분이 만들어진다는 것을 의미하며, 다른 영향 요인들은 사실상 무시해도 될 정도다.

노르웨이, 덴마크, 스위스, 네덜란드 등 유럽의 복지 국가들은 대부분의 영향 요인에서 한국보다 높은 수준을 보여주었다. 그런데 멕시코, 칠레, 브라질 등 남미 국가들은 우리나라보다 GDP나 건강 상태 등에서는 뒤처졌지만 사회적 지지, 생애 선택 자유, 부패 인식 등 사회적 측면에서 우리보다 수준이 높았다. 즉 우리나라는 남미 국가들보다 GDP 수준도 높고 수명도 길지만 사회적 지지, 생애 선택 자유, 부패 인식 등 사회적 요인에서 뒤처져 있고 그것이 행복 지수를 낮추는 원인이 되고 있었다. 즉 사회 자본이 취약한 것이 낮은 행복감을 가져온 원인이다. 경제 발전과 경제적 성취는 치열한 경쟁을 기반으로 달성되어왔는데 그 결과 상호 협력과 관용, 정직과 신뢰 같은 공동체 결속을 유지하는 가치들이 저발전된 것으로 생각된다. 행복하려면 1차적으로 경제적 요인과 건강 요인 등이 달성되어야 하지만 이것으로만 충분히 행복해질 수는 없고 사회적 지지 등 공동체적 가치가 실현될 때 살만 한 세상을 느낄 수 있는 것인데 사회적 자본이 빈약한 관계로 행복감 향상이 가로막혀 있는 형국으로 생각된다.

2. 행복의 구성 요인들

이 글은 UN의 세계 행복 보고서에서 제시한 행복 지수 모형에다가 한국인의 사회적 웰빙 조사 자료를 적용해 유사한 분석을 시도했다. UN의 세계 행복 보고서는 주관적 행복감을 질문해 행복 지수를 산출했고, 6개 영향 요인이 행복 지수에 어떻게 영향을 끼치는지를 파악한 바 있다.

그런데 UN의 세계 행복 보고서는 국가를 측정 단위로 하는 연구이고 한국인의 사회적 웰빙 조사는 개인을 측정 단위로 하는 연구로 서로 측정 수준이 달라서 완전히 동일한 방식으로 분석을 하기는 어렵다. 일례로 UN의 세계 행복 보고서에서 사용한 GDP나 건강 수명은 전 국민의 상태가 고려된 국가 차원의 통계이므로 개인 수준의 연구에서는 이를 그대로 활용하기가 어렵다. 개인 수준 분석을 하려면 GDP는 개인의 소득으로, 건강 수명은 개인의 건강 상태로 대체해 사용해야 한다.

그러나 국가 통계가 개인을 대상으로 한 설문 조사의 응답 결과를 평균치를 계산해 사용한 경우에는 개인들의 응답을 그대로 개인 분석에서 사용해도 된다. 예를 들어 UN의 세계 행복 보고서에서 사용한 사회적 지지의 변수값은 해당 국가 국민 1,000명을 대상으로 설문 조사해 얻은 응답 1,000개의 평균값이다. 이 경우에는 개인별 응답을 그대로 개인 수준 분석에 사용하면 된다. 행복감, 생애 선택 자유, 기부 실천, 부패 인식 등이 여기에 해당한다. 구체적으로 요인별 특성을 살펴보자.

한국인의 사회적 웰빙 조사에서 주관적 행복감은 "귀하는 전반적으로 얼마나 행복하십니까?"라는 문항에 11점 척도(0: 가장 불행, 10: 가장 행복)로 응답하게 되어 있다.

사회적 지지는 집안일, 금전적 채무, 정서적 지지 등 3개 문항에서 각각 도움을 줄 사람이 있는지 여부(예/아니오)를 파악하고 최종 합산해 변수로 만들었다. 건강 상태는 주관적 건강 상태와(매우 좋다=1점, 매우 나쁘다=5점)와 일상생활 지장 여부(자주 있었다=1점, 전혀 없었다=4점)의 2개 문항을 합해 사용했다.

생애 선택 자유는 "나는 내 삶의 방식을 자유롭게 선택할 수 있다"는 문항으로 측정된 값(매우 동의=1점, 전혀 동의하지 않음=4점)을 사용했다. 기부 실천은 "귀하는 지난 1년간 기부 활동에 참여한 적이 있습니까?"란 문항에 대한 응답(있다=1, 없다=2)을 사용했다. UN의 세계 행복 보고서에서는 1개월 사이에 기부했는지를 질문했으나 기부 행위가 많지 않은 국내 현실을 감안해 한국인의 사회적 웰빙 조사에서는 1년 기부 경험을 질문했다.

부패 인식은 "귀하는 다음 기관들이 어느 정도 청렴하다고 생각하십니까?"라는 질문에 행정부, 사법부, 국회, 언론, 병원 등에 대해 각각 5점 척도로 응답(아주 청렴하지 않다=1점, 매우 청렴하다=5점)해 나온 값들을 합산한 다음 사용했다. 각 변수들의 측정 단위가 다를 경우에는 먼저 0에서 1 사이의 값을 갖도록 변환(표준화)시켜서 사용했다.

UN의 세계 행복 보고서에서 행복감은 비교적 장기적인 정서 상태를 나타내는 변수로 고안되었다. 그런데 조사 시점의 기분 상태의 영향을 받을 수 있다. 예를 들어 몇 주간 회사 업무에 시달려서 힘든 상황임에도 불구하고 조사 직전 주말에 즐겁게 보낼 경우 최종적인 행복감이 평소 정서 상태와 다르지 않겠는가 하는 점이다. 이런 점을 생각해 조사 전날의 정서 상태도 측정한 후에 전체 행복감에서 조사 전날 정서 상태 영향을 제외하고 행복감과 영향 요인들의 관계를 살펴보았다.

통계 분석은 이상의 변수들을 회귀 분석하는 방식으로 진행했다. UN의 세계 행복 보고서의 경우와 마찬가지로 행복 지수와 영향 요인의 관계를 회귀 방정식으로 만들었다. 즉 행복감은 가구 소득, 사회적 지지, 신체 건강, 생애 선택 자유, 기부 실천, 부패 인식 등의 변수들의 조합에 의해 만들어진 결과로 가정했다.

Y(행복감)=A(가구 소득)+B(사회적 지지)+C(신체 건강)+D(생애 선택 자유)+E(기부 실천)+F(부패 인식)

우리가 수학 시간에 X와 Y의 관계를 고차 방정식의 형태로 표현하고 그 답을 구하는 것처럼 통계 프로그램을 사용하면 응답자 1,005명의 자료를 사용해 고차 방정식의 해법을 구하듯이 A, B, C, D, E, F의 계수를 추정해 제시해준다. 그런데 각 요인들은 측정 단위가 다르므로 이를 표준화해야 영향력의 크기가 비교 가능해진다.

[그림 2-12] 행복감 구성 요인들의 영향력 크기

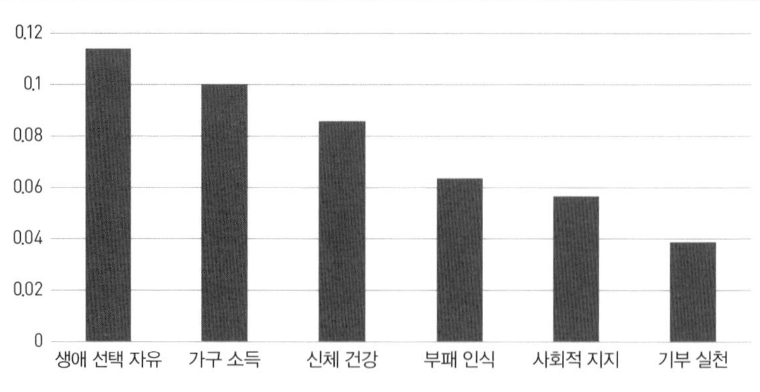

이 과정을 거쳐 요인별 영향력의 크기를 나타낸 것이 [그림 2-12]이다. 이 그림에서 막대그래프의 높이가 높을수록 영향력이 크다고 해석하면 된다.

6개의 영향 요인 중 생애 선택의 자유가 가장 영향력이 크고 가구 소득, 신체 건강, 부패 인식, 사회적 지지, 기부 실천 순으로 영향을 주었다. UN의 세계 행복 보고서는 영향력이 GDP, 사회적 지지, 건강 수명, 생애 선택 자유, 기부 실천, 부패 인식 순이었다.

순위상으로 볼 때 UN의 세계 행복 보고서에 비해 사회적 지지의 영향력이 작은 점과 생애 선택 자유의 영향력이 큰 점이 크게 대비된다. 생애 선택의 자유의 영향력이 크게 나타난 것은 1차적으로 자료의 속성 탓인 것으로 생각된다. UN의 세계 행복 보고서에서 사용한 조사 자료에서 생애 선택 자유의 긍정 응답은 약 60%였다. 서부 유럽 국가들은 약 90% 수준이었다. 반면 한국인의 사회적 웰빙 조사에서 생애 선택 자유 긍정 응답은 약 80%(매우 동의 25.4%, 동의

55.8%)에 달했다. 이 조사의 특성상 생애 선택을 중시하는 사람들이 더 많이 포함되었고, 그런 사람들일수록 행복감이 높은 경향이 있으므로 생애 선택 자유의 영향력이 상대적으로 높게 추산된 것으로 보인다.

그런데 다른 한편 생각하면 생애 선택 자유가 중요시되는 것은 어려서부터 개인 역량 강화를 하는 데 노력하는 사회적 분위기의 영향이 작용한 것으로 생각된다. 초등학교부터 대학까지 학력 경쟁이 극심할 뿐 아니라 학교를 떠나 사회인이 된 후에도 외국어나 기타 기술 능력이나 교양 수준을 높이기 위한 개인적 노력은 매우 치열하다. 이러한 생애 발전 전략이 성공할 경우 더 큰 행복감을 얻게 되는 것처럼 보인다. 생애 선택 자유와 함께 가구 소득 및 신체 건강이 행복감의 3대 영향 요인인 것으로 나타났다. 이 요소들은 개인의 노력으로 얻어지는 것이고 다분히 전통적인 경제 성장 모델에서 개인의 인적 자원 개발과 역능성 제고를 중시하던 것과 경향과 부합되는 것으로 볼 수 있다.

반면 사회적 지지의 영향력은 UN의 세계 행복 보고서의 경우보다 상대적으로 위축되어 있는 것처럼 보인다. 개인의 역능성을 발휘해서 생활 문제가 1차적으로 해결되는 상황에서 사회적 지지는 그 중요성이 낮아진 것처럼 보인다. 개인의 부족함이 공동체의 유대와 협력으로 보완되는 방식이 아니라 개인의 역량을 발휘하는 데 1차적으로 의존하는 방식으로 사회가 구성되어 있는 것처럼 생각된다. 기부 실천의 영향력이 매우 작고 통계적 유의성이 없는 수준까지 떨어져 있는 점도 특기할 만하다. 이 점도 사회적 지지가 위축되는 현실과 무관하지 않은 것처럼 보인다. 남에게 인정을 베풀 마음의 여유가 없이 사는 우리의 현실을 보여주는 것 같다.

그에 비해 부패 인식은 UN의 세계 행복 보고서의 경우보다 상대적으로 큰 영향력을 갖고 있었다. 이것은 사회가 공정하지 않다는 인식이 높음을 의미하며 그럴수록 행복감이 낮아진다. 이 역시 개인적으로 역량을 키우면서 성취를 위해 노력하는 데 공정하지 못한 정부와 기업의 관행이 장애물로 나타나는 현실을 경험하고 좌절하거나 스트레스를 받는 경우가 적지 않은 우리 사회의 단면이 반영된 결과로 해석된다.

UN의 세계 행복 보고서와 비교할 때 이 연구에서 나타난 또 다른 특징은 연구 모형 자체의 견고함의 차이다. UN의 세계 행복 보고서의 경우 행복감을 설명하는 데 GDP 등 6개 변수의 설명력의 총합이 74.6%에 달했다. 즉 세계적 수준에서는 국가 간의 행복감 차이를 설명하는 데 6개 변수를 사용하면 거의 대부분을 설명할 수 있다는 말이다.

그런데 이 연구에서는 주요 변수들의 설명력 합계가 15.7%에 불과했다. 이것은 한국 사회에서 행복감을 설명하는 데 앞서 살펴본 6개 변수 외에 다른 요인의 영향이 더 클 수 있음을 의미한다. 아울러 행복감을 통제하기 위한 긍정 정서와 부정 정서 요인을 추가할 경우 설명력이 총 30.4%로 증가했다. 즉 긍정 정서와 부정 정서의 영향력이 앞서 투입되었던 모든 변수들의 영향력과 비슷한 수준인 것이다. 이것은 한국인에게 행복감은 상당 부분 하루하루의 정서에 크게 영향받고 있음을 말해준다. UN의 세계 행복 보고서는 긍정 정서와 부정 정서의 추가적 영향력은 2.1%에 불과했다. 즉 세계적으로는 소득, 건강, 사회적 지지 등에 의해 행복감이 매우 안정적인 구조로 형성되어 있고 하루하루의 기분 상태에 따라서 크게 좌우되지 않는다. 반면 우리나라 사람들에게는 행복감 자체가 높지 않을 뿐만 아니라 동시에 안정된 상태가 아니어서 하루하루의 기분에 크게 좌우되는 모습을 보이는 것으로 생각된다.

3. 행복한 사람과 불행한 사람

행복감이 높은 사람과 낮은 사람 간에 어떤 사회적 특성의 차이가 있는지를 파악하기 위해 행복감 척도에서 최하위 점수(0~3점)를 받은 그룹 59명과 최상위 점수(9~10점)를 받은 그룹 70명을 나눠서 주요 변수에서 차이를 보이는지 살펴보았다[표 2-15].

우선 인구학적 특성을 살펴보면 성별에서는 불행 그룹에 남성이 더 많았고, 연령 차이나 학력 차이는 없었다. 그렇지만 불행 그룹은 가구 소득이 유의하게 낮았고, 전문 관리직-사무직 종사자가 더 적었다. 거주지는 서울 거주자의 비율은 차이가 없었으나 불행 그룹은

[표 2-15] 불행 그룹과 행복 그룹 간의 사회적 특성의 차이

변수	측정 방식	불행 그룹	행복 그룹
성별	남성의 %	61.0%	45.7%
연령	실수	43.3세	45.2세
가구 소득	1=120만 원 이하, 7=541만 원 이상	3.13	4.60
학력	1=중졸 이하, 2=고졸, 3=대학 재학 이상	2.28	2.35
거주지	인천·경기와 호남 거주자의 비율	57.8%	34.3%
직업	전문 관리직, 사무직 종사자의 비율	18.7%	27.2%
신체 건강(몸 불편)	1=자주 있다, 4=전혀 없다	2.85	3.53
정신건강(슬픔)	1=자주 있다, 4=전혀 없다	2.59	3.60

[표 2-16] 불행 그룹과 행복 그룹 간 사회적 자본의 차이

변수	측정 방식	불행 그룹	행복 그룹
기부 실천	1=있다, 2=없다	1.66	1.57
자원봉사	1=있다, 2=없다	1.85	1.64
사회적 지원망 수	0=없다, 3=3개	2.61	2.83
연줄망 크기	0~9개	1.35	1.14
연고 집단 참여	0=참여하지 않음, 1=참여함	0.44	0.68
결사체 참여	0=참여하지 않음, 1=참여함	0.27	0.60

인천·경기와 호남 거주자가 더 많았고, 행복 그룹은 대전·충청과 부산·경상도 거주자가 더 많았다. 건강 상태는 "지난 한 달간 일하는 데 지장이 있을 정도로 몸이 불편했는가"라는 질문에서 불행 그룹은 신체 건강 상태가 더 나빴다. "지난 한 달간 일하는 데 지장이 있을 정도로 슬프거나 절망감을 느낀 적이 있었는가"라는 질문에 대해 불행 그룹은 정신건강 상태가 더 나빴다. 즉 불행 그룹은 행복 그룹에 비해 신체적으로나 정신적으로 건강 상태가 더 나빴다.

기부 행위와 자원봉사 참여 여부를 질문한 결과, 기부 행위에서는 두 그룹 간 유의한 차이가 없었고, 자원봉사에서는 행복 그룹이 더 많은 경험을 갖고 있었다[표 2-16]. 사회적 네트워크를 살펴보면 사회적 지원망이 불행 그룹은 2.61개, 행복 그룹은 2.83개로 행복 그룹이 더 많았다. 고위 공직자 등 연줄이 되어줄 수 있는 사람을 얼마나 알고 있는지에 대해 불행 그룹은 1.35개, 행복 그룹은 1.14개로 유의한 차이가 없었다. 종친회 등 연고 집단 모임에 참여하는지에 대해 행복 그룹이 더 많이 참여하고 있었다. 자선 단체 등 결사체 모임 참여 여부는 행복 그룹이 더 많이 참여하고 있었다. 사회적 지원망과 연고 집단 및 결사체 등 사회적 네트워크에서 행복 그룹이 유

[표 2-17] 불행 그룹과 행복 그룹 간 정치 성향과 신뢰 정도 차이

변수	측정 방식	불행 그룹	행복 그룹
정치 성향	1=매우 보수, 5=매우 진보	2.69	2.89
신뢰(공정-이용)	1=공정하게 대함, 2=이용함	1.58	1.36
신뢰(가족)	1=완전 신뢰, 4=전혀 신뢰하지 못함	1.51	1.26
신뢰(행정부)	1=완전 신뢰, 4=전혀 신뢰하지 못함	3.05	2.69
미디어 이용(신문)	1=전혀 이용하지 않음, 4=항상 이용	1.63	1.84

의하게 더 탄탄한 관계를 구축하고 있었다.

정치 성향에서는 불행 그룹과 행복 그룹 간에 유의한 차이가 없었다[표 2-17]. 사회적 신뢰에서는 '사람들이 나를 공정하게 대하는지, 아니면 이용하려 든다고 생각하는지'에 대해 불행 그룹은 사람들이 자신을 이용하려 든다고 생각하는 경향이 더 많았다. 가족에 대한 신뢰 여부에 대해서도 불행 그룹에서는 신뢰도가 더 낮았다. 정부에 대한 신뢰도 역시 불행 그룹에서 더 낮았다. 즉 행복 그룹은 사회 일반, 가족, 행정부 등 국가 기관들에 대한 신뢰도가 상대적으로 더 높았고 불행 그룹은 신뢰도가 낮은 특징을 보였다. 신문, TV, 인터넷 등의 활용 정도에서는 두 그룹 간 차이가 크지 않았다.

돈과 행복, 현재 지향 대 미래 지향, 능력과 연줄, 탈물질주의 성향 등에서도 두 그룹 간에 차이가 없었다[표 2-18]. 경쟁 스트레스는 불행 그룹이 더 많이 받고 있는 것으로 나타났다. 본인이 사회에서 강자인지 약자인지에 대해 불행 집단은 약자라는 응답이 더 많았다.

응답자 본인의 사회적 정체성과 관련해 '내 삶의 방식을 자유롭게 선택할 수 있는지', '사회 구성원으로 소속감이 있는지', '나의 미래에 낙관적인지', '나 자신을 좋게 생각하는지', '나를 걱정해주는 사람이

[표 2-18] 불행 그룹과 행복 그룹 간 사회적 태도의 차이

변수	측정 방식	불행 그룹	행복 그룹
현재-미래 안락	1=현재 안락 더 중요, 5=미래 안락 더 중요	2.98	2.91
능력과 연줄	1=능력이 더 중요, 5=연줄이 더 중요	2.90	2.59
돈과 행복	1=절대 조건, 5=전혀 무관	2.07	2.30
탈물질주의	0~6점(높을수록 탈물질 성향 높음)	2.47	2.51
경쟁 스트레스	1=많이 받는다, 4=전혀 받지 않는다	2.32	2.99
강자-약자	1=매우 강자, 4=매우 약자	3.42	2.56

[표 2-19] 불행 그룹과 행복 그룹 간 사회적 정체성 차이

변수	측정 방식	불행 그룹	행복 그룹
생애 선택 자유	1=매우 동의, 4=전혀 동의하지 않음	2.51	1.60
나를 좋게 생각	1=매우 동의 4=전혀 동의하지 않음	2.44	1.54
나의 미래 낙관	1=매우 동의, 4=전혀 동의하지 않음	2.78	1.69
사회에 소속감	1=매우 동의, 4=전혀 동의하지 않음	2.54	1.77
나를 걱정해줌	1=매우 동의, 4=전혀 동의하지 않음	2.05	1.36

많은지' 등의 질문에 대해 행복 그룹은 동의 경향이 강했고, 불행 그룹은 약했다[표 2-19].

국가 사회의 정체성과 관련해 '대부분의 삶이 나빠지고 있다', '우리 사회가 상식적으로 돌아간다', '우리 사회 미래에 대한 희망을 가질 수 없다', '살기 좋은 곳이 되고 있다' 등의 질문에 대해 행복 그룹은 좀 더 긍정적인 대답을 한 반면 불행 그룹은 부정적인 응답이 더 많았다[표 2-20]. 정부 기관들의 부패 또는 청렴도에 대해서 행복 그룹은 부패가 많다는 응답이 더 많았다. 행복 그룹은 개인 현재와 미래에 대한 견해도 긍정적이고 사회에 대해서도 상대적으로 더 긍정적이었다. 반면 불행 그룹은 개인적으로나 사회적으로 부정적인

[표 2-20] 불행 그룹과 행복 그룹 간 국가 사회 정체성의 차이

변수	측정 방식	불행 그룹	행복 그룹
국민 삶이 나빠짐	1=매우 동의, 4=전혀 동의하지 않음	1.95	2.61
사회는 상식적임	1=매우 동의, 4=전혀 동의하지 않음	2.90	2.50
사회는 희망 없음	1=매우 동의, 4=전혀 동의하지 않음	2.15	2.80
살기 좋은 나라	1=매우 동의, 4=전혀 동의하지 않음	2.92	2.34
정부 부패 인식	1=매우 청렴, 5=매우 부패	2.23	2.83

성향이 상대적으로 강했다.

이러한 특성을 종합해보면 행복 그룹은 전문-관리-사무직 종사자로 수입이 많고 건강 상태가 양호하며 사회적 네트워크가 탄탄했다. 가족과 사회에 대한 신뢰도가 높고, 개인과 사회의 전망에 대해서도 긍정적이었다.

반면 불행 그룹은 경인 지역과 호남 거주자와 서비스직 종사자에서 많았으며, 수입이 상대적으로 낮았다. 신체적으로나 정신적으로 아픈 경우가 많았다. 사회적 지원망도 적었고 사회적 네트워크도 약했다. 사회에 대한 신뢰, 가족에 대한 신뢰, 정부에 대한 신뢰도 상대적으로 약했다. 개인의 미래 전망이나 사회에 대한 소속감도 약했고, 한국 사회의 발전 전망에 대해서도 더욱 부정적인 견해를 갖고 있었다. 사회적 네트워크, 사회적 신뢰, 사회적 소속감 등은 포괄적으로 사회적 자본이 탄탄해야 행복감을 얻을 수 있음을 말한다.

이 결과를 고려할 때 국민의 행복감을 높이려면 어떻게 해야 할까? 세계적으로 유명한 의학 잡지인 《Lancet》은 2016년 UN의 세계 행복 보고서와 관련해 행복감을 높이려면 정치적·사회 경제적 요인에 의한 조기 사망을 줄여야 하고, 국가 간 건강 불평등을 축소시켜

야 한다고 제안했다.[51] 이 제안은 우리나라의 경우에도 충분히 의미 있는 제안으로 받아들일 수 있다.

소득과 관련해서는 후진국이라면 절대 빈곤층을 줄이기 위한 사회 정책이 필요하겠지만 우리는 그보다는 소득의 불평등 구조를 개선하는 것이 중요하다. 국민들 간에 소득 격차가 커지면 사회적 응집성과 소속감을 약화시키고, 정치 경제 제도에 대한 불만이 팽배하며, 과도한 경쟁과 정신적 스트레스를 높이게 된다.

건강은 행복감의 주요 구성 요소다. 후진국이라면 임신 출산과 관련해 모성과 영아의 사망률이 높으므로 모자 보건 사업을 강화하는 것이 필요할 것이다. 우리나라는 그보다는 음주와 흡연 및 운동 부족 등 불건강 습관으로 인한 조기 사망이나 대사 증후군 같은 불건강 요인에 대한 건강 관리 미흡으로 인한 조기 사망 등에 대해 체계적으로 대응해 건강한 국민을 만드는 것이 중요한 과제다.

관계 건강과 관련해, 사회 자본의 증진을 위해 사회적 네트워크에서 소외된 사람들에 대한 체계적 대응이 필요해 보인다. 개인적으로 도움을 얻을 수 있는 사람이 약 80%에 불과하므로 나머지 20%의 사람들에 대해서는 정부와 지역 사회가 공동으로 여러 사회적 돌봄망을 만들어 사회적으로 소외되지 않도록 해야 한다.

우리나라가 경제 수준에 비해 행복감이 뒤처진 것은 경제 발전이 과도하게 개인 간 경쟁과 개인적 성취를 강조하면서 공동체적 결속과 유대가 약화되었고, 가족의 유대와 지원은 약화되었지만 국가에 의한 사회 보장과 공적 부조는 충분하지 못한 현실에서 개인이 경제적으로나 사회적으로 소외되기 쉬운 상태에 처해 있기 때문이다. 즉 내적 가치 영역이 물질적 성취 지향에 치중되면서 관계적 건강의 토대가 약화되었고, 그럴수록 심리적 건강이 위축되고 신체적 건강에 대한 불안감이 커지는 결과를 가져온 것이다.

이제 우리가 행복감을 높이려면 각 개인이 건강 관리를 더 잘해서 건강 불안감을 낮추고, 적성을 잘 찾아서 보람 있는 일을 수행하도록 노력해야 하고, 이웃과 교류하면서 어울리며 살도록 해야 한다. 그렇지만 구조적 제한이 큰 현실에서 개인의 노력으로 얻을 수 있는 행복감이 제한적이므로 정부의 정책적 대응이 필요해 보인다.

UAE가 중앙 정부에 행복부와 관용부를 설치해 국민의 행복과 관용을 정책적으로 진흥하고자 노력한 것은 시사하는 바가 크다. "정부의 역할이 국민이 정신적 활력을 찾고, 잠재력을 실현하며, 행복해질 수 있는 환경을 만드는 것"[52]이라는 행복부 장관의 설명은 행복이 GDP를 대신해 국정의 핵심 과제가 되어야 함을 잘 보여준다.

미주

1장 누가 건강한가?

1 Parsons, T., *The Social System*, New York: Free Press, 1951.
2 조병희, 2015a.
3 질병관리본부, 2016a, 2016b.
4 통계청, 2016.
5 Riesman, 1999.
6 부데, 2015; 김태형, 2010.
7 보건복지부, 2017.
8 질병관리본부, 2016b.
9 조병희, 2015b.

2장 다른 나라보다 건강한가?

10 비교는 분석과 자료 가용성 면에서의 편의상 OECD 국가들 중 인구 규모와 경제 수준이 크게 차이나지 않는 국가들을 대상으로 했다. 즉 인구가 200만 명 이상이고 1인당 국민소득이 1만 5,000달러 이상인 국가들을 선별했다. 이 기준에 따라 35개의 OECD 국가 중 아이슬란드, 룩셈부르크, 에스토니아, 라트비아(이상 인구 200만 명 미만), 멕시코, 터키, 폴란드, 헝가리, 칠레(1인당 GDP 1만 5,000달러 이하) 등 9개국이 분석에서 제외되었다. 마음 건강의 경우에는 이들 중 마음 건강을 비교해볼 수 있는 자료가 있는 19개국을 대상으로 했다.
11 OECD, 2017a.
12 OECD, 2017a.
13 KOSIS, e-나라 지표.
14 OECD, 2014.
15 WHO, 2008.
16 'CES-DCenter for Epidemiologic Studies Depression Scale 척도'는 임상적 우울증 진단을 위해 개발된 도구는 아니지만 문항이 간결해 응답하기 쉬운 자기 보고형 척도라서 일반 인구 집단의 우울 증상의 정도를 알아보는 데 폭넓게 사용된다. 측정 항목의 개수에 따라 CES-D11, CES-D8 등의 축소된 형태로 조사되기도 한다. ESS와 한국인의 사회적 웰빙 조사에서는 우울, 외로움, 슬픔, 행복감, 즐거움, 힘듦, 의욕 상실, 불면 등 8개 문항으로 구성된 CES-D 척도를 사용했다.
17 Huppert, F. A. and J. E. Whittington, 2003.
18 ESS, 2012; 한국인의 사회적 웰빙 조사, 2015. 긍정 정서는 자주 경험할수록 높

은 점수를, 부정 정서는 경험하지 않을수록 높은 점수를 받도록 조정해 나타낸 것이다.

19 WHO, 2003.

20 Keyes, 2005; Diener et al., 2010; Seligman, 2011; Huppert and So, 2013.

21 Keyes, 2002.

22 Huppert and So, 2013.

23 ESS, 2012; 한국인의 사회적 웰빙 조사, 2015.

24 Berkman, L. F., Glass, T. Brissette, I.&Seeman, T. E., 2000.

25 사회 지원망의 질은 2015년 갤럽세계여론조사Gallup World Poll에서, 시민연대지수는 갤럽이 조사한 '2016년 세계 시민 연대 보고서'에서 가져온 것이다.

26 Parsfield, Matthew, Morris, D., et al., 2015.

27 세계가치관조사 6차, 2010~2014.

28 OECD, 2017b.

29 강영호 외, 2015.

30 OECD, 2016; OECD, 2013. 신체 건강은 OECD(2016)에서, 심리적 번영은 유럽 국가의 경우 ESS(2012)에서, 한국은 한국인의 사회적 웰빙 조사(2015)에서, 사회적 지원망의 세대 간 격차는 OECD(2016)에서, 교육 수준 간 격차는 OECD(2013)에서 가져온 것이다. 신체 건강은 2015년, 심리적 번영은 유럽의 경우 2012년, 한국은 2015년, 사회 지원망의 세대 간 격차는 2005~2014년, 교육 수준 간 격차는 2012년을 기준으로 한 수치다.

31 OECD, 2016.

32 Michael Marmot, 2017.

33 Wilkinson, 2008; Wilkinson, R. G., and K. Pickett, 2010.

34 Friedli, 2009.

35 OECD, 2017a.

36 OECD, 2017a; 갤럽세계여론조사. 교육 수준 및 소득 수준과 건강 간의 상관관계 강도는 OECD Figure 2.13 Panel A에서, 삶의 만족도는 갤럽세계여론조사가 조사한 것을 '세계 행복 보고서World Happiness Report' 데이터 파일에서 가져온 것이다.

3장 사회적 웰빙의 핵심 조건들

37 2부 3장은 조병희(2016)의 글을 토대로 재구성한 것이다.

38 UN Sustainable Development Network, 2015, 2017.

39 Stiglitz et al., 2009.

40 www.oecdbetterlifeindex.org/#/11111111111

41 www.oecdbetterlifeindex.org/countries/korea/

42 www.oecdbetterlifeindex.org/countries/korea/

43 www.ophi.org.uk/policy/national-policy/gross-national-happiness-index/

44 www.un.org/en/events/happinessday/index.shtml

45 UN Sustainable Development Network, 2015.

46 UN Sustainable Development Network, 2015, 2017.

47 UN Sustainable Development Network, 2017.

48 UN Sustainable Development Network, 2017.

49 1.62/7.54*100%=21.48%

50 2002년 대통령 선거에서 이회창 후보는 6% 성장을, 노무현 후보는 7% 성장을 주장했다. 2007년 대통령 선거에서 이명박 후보는 매년 7%씩 경제 성장해 10년 후 국민소득 4만 달러, G7 국가 진입을 공약했다. 한국 같은 선진 경제 구조에서 7% 성장은 거의 불가능하다고 생각된다.

51 《Lancet》, 2016년 3월호 사설.

52 Amna Ehtesham Khaishgi, 2016년 3월 20일.

3부

왜 아픈가?

사회적 고통의 장애물 찾아내기

SUFFERING KOREA

1장
장애물 찾아내기

1. 사회적 웰빙을 가로막는 것들을 '어떤 방법'으로 알아볼까?

한국인의 사회적 웰빙이 어떤 현실인지를 알아보려면 우선 필요한 것이 '무엇을 통해 어떻게 들여다볼 것인가?'를 결정하는 일이다. 여기에는 다양한 선택지가 있어서 통계 수치를 통해 볼 수도 있고 외국과의 사례를 비교하면서 볼 수도 있다. 만일 이해의 목적이 사회적 웰빙의 객관적인 진단보다 문자 그대로 '탐색探索'에 있다면 앞의 방식보다는 주로 '말'과 '관찰'을 통해 현상을 바라보는 질적인 접근법이 더 적절할 것이다.

주로 참여자의 말을 통해 문제를 들여다보는 질적 접근법은 한편 '객관성 결여'나 '팩트 부재' 같은 지적에서 자유롭지 않을 수 있지만, 다른 한편 다루고 있는 문제를 보다 열린 상태로 이해하도록 하고 왜 이런 일이 벌어지고 어떻게 전개되는지 맥락을 그려볼 수 있게 한다는 점에서 뚜렷한 장점이 있다.[1] 특히 집단의 평균치 확인이 아니라 알고 싶은 현상이나 문제가 당사자들에게 어떤 의미를 갖고 어떻게 경험되는지를 이해하는 것에 목적이 있을 때 이러한 질적 접근법은 효과적이다.

현재 다양한 방식의 질적 접근법이 있는데, 사회적 웰빙의 장애물을 알아보기 위해 활용된 방법은 초점집단토의Focus Group Discussion, FGD다. 초점집단토의는 특정 주제에 관해 공통 특징을 갖는 사람들이 몇 명씩 집단을 이뤄 논의를 편다. 1명씩 인터뷰할 때와는 달리 참여자들 사이에 생각과 경험이 공유되고 상호 작용 또한 자연스럽게 생겨서 반영된다는 장점이 있다. 이런 점에서 성 행동sexual behavior이나 약물 남용substance abuse처럼 혼자서는 말문을 열거나 이어가기 어려운 다소 민감한 주제를 다룰 때 이 방법의 장점이 아주 잘 발휘된다.[2]

2. '누구를 통해' 사회적 웰빙을 가로막는 것들에 관해 알아볼까?

초점집단토의는 수많은 참석자가 있거나 수없이 의견을 조사하는 방식이 아니므로, 열린 대화 환경을 마련하는 것만큼 참석하는 사람들을 서로 간에 공유점이 많으면서도 충분히 다양한 말들이 오가도록 균형을 맞추는 것이 중요하다.

사회적 웰빙의 장애물을 알아보기 위한 초점집단토의에 '누가

[그림 3-1] 사회적 웰빙 초점집단토의 참여자 선발을 위한 고려 조건

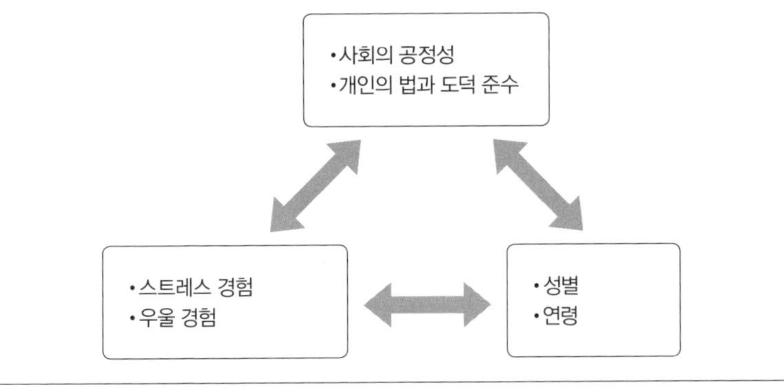

참여하는가?'를 결정할 때는 다음의 3가지 내용을 고려했다[그림 3-1]. 첫째, 사회적 웰빙이 개인의 웰빙만이 아니라 한국 사회의 웰빙을 함께 다룬다는 점에서 '개인이 생각하는 사회의 공정성'과 '개인이 생각하는 자기 자신의 도덕성'을 교차시켜서 고려했다. 둘째, 사회적 웰빙 중 개인 측면에서 '개인의 스트레스/우울감'을 고려했다. 셋째, '성과 연령' 같은 인구학적인 객관적 조건들을 고려했다.

설명을 덧붙여본다면 다음과 같다. 첫 조건은 전문 리서치 기관을 통해 설문을 진행했는데, 사회 공정성에 대한 인식을 알아보는 2개 문항을 물어보았다. 즉 "우리 사회는 공정하다", "우리 사회는 법대로 해도 손해보지 않는 사회다." 자신이 평가하는 개인 도덕성 2개 문항은 이렇다. "신뢰나 도덕을 준수하기보다 개인 성공이 내 인생에 더 중요하다", "나는 성공을 위해 (법을 어겨서라도) 뭐든 할 수 있다." 이렇게 총 4개 문항을 제시하고 동의 여부를 질문했다.

설문 응답 결과는 4가지 유형 중 하나로 분류되었다. 4가지 유형을 간단히 설명하면 이렇다. A유형은 우리 사회가 공정하다고 생각

[표 3-1] 초점집단토의 참여자들의 구성

	남성	여성
1958~1968년생	1집단(9명)	2집단(9명)
1978~1988년생	3집단(8명)	4집단(8명)

하고 스스로도 도덕성을 중요하게 여기는 사람들이다. B유형은 비록 우리 사회는 공정하지 않지만 자기 자신만큼은 신뢰나 도덕을 중요하게 여기는 사람들이다. D유형은 우리 사회는 법치가 지켜지고 공정하게 작동하지만 실제로 나는 나 자신의 성공을 위해 법 위반이나 도덕 준수를 어길 수 있다고 생각하는 사람들이다. C유형은 우리 사회는 공정하게 작동하고 있지 않고 나 또한 신뢰나 도덕 준수보다는 이기고 성공하는 것이 더 중요하다고 생각하는 사람들이다.

같은 방식으로 개인이 느끼는 스트레스와 우울 상태는 "당신은 최근 6개월간 스트레스를 심하게 받은 적이 있는가?", "당신은 최근 6개월간 우울감이 심해 삶의 의욕을 잃은 적이 있는가" 같은 설문을 통해 응답하게 했다. 마지막으로 성별은 생물학적 구분보다는 젠더 역할의 측면에서 고려했고, 연령도 구체적인 숫자의 의미보다는 세대 차원에서 고려했다.

위의 모든 조건을 고려한 끝에 총 34명의 초점집단토의 참여자가 모집되어 4개 집단을 구성하게 되었다[표 3-1].

사전에 고려한 조건들 외에도 토론자들의 직업 배경은 다양했다. 중소기업 임원, 영업 부서 직원, IT 분야 종사자 등의 직장인도 있었고 교사나 시립 도서관 사서 같은 공공 분야 종사자도 있었다. 복권방이나 온라인 쇼핑몰 같은 자영업자도 있었고 취업 준비생이나 대학생 등 구직자들도 있었다. 전업주부도 짧게는 3년부터 길게는

20년 이상으로 경력이 단일하지 않았다. 이들의 거주지도 다양했고 종교관이나 정치적 성향들도 고른 편이었다.

3. 사회적 웰빙을 가로막는 것들에 관한 토의 내용을 어떻게 분석할까?

기본적으로 토의는 집단별 방식으로 진행했는데 매번 2시간을 넘지 않도록 했다. 주관적 개입을 최소화하기 위해 기획을 맡은 연구자들은 직접 참여하지 않고 전문성을 갖춘 숙련된 진행자modulator가 사회와 진행을 맡았다. 대신 연구자들은 안이 들여다보이고 대화를 들을 수 있는 자리에서 토의를 청취하며 현장 노트를 작성했다. 매번 속기사가 토의 내용을 타이핑해 기록물을 만들었고 이 모든 상황을 사전에 그리고 토의 현장에서 재차 참여자들에게 설명하고 녹음과 녹취 및 관찰 전 과정과 활동에 대한 동의서를 받았다.

개별 인터뷰가 아니라는 점도 있지만 집단별로 토의 내용의 일관성을 유지하는 일이 중요하기에, 사전에 질문을 만들고 진행자에게 제공하는 '반구조화semi structured'된 방식으로 토의를 진행했다. [표 3-2]는 실제 초점집단토의를 위해 개발하고 제공한 질문의 예시들이다.

토의에서 나온 내용들은 녹취록 형태로 기록되었고 이 내용을 엔비보Nvivo(10.0 ver) 소프트웨어로 옮겨 분석했다. Nvivo 10은 컴퓨터를 활용한 질적 연구 분석 프로그램 중 하나인데 말을 텍스트로 옮겨 기록한 자료를 하나하나의 의미 단위, 노드Nodes로 코딩하고 이것들 사이에서 점차 상위 개념으로 구조를 만들어가는 과정을 보다 체계적이고 투명하게 보여줄 수 있어서 최근 들어 활발히 사용되고 있다.[3]

[표 3-2] 집단별 토의 일관성을 위한 질문 예시

1	한국 사회는 경제적으로 성공하였으나 국민들은 그다지 행복하지 못하다는 견해가 있습니다. 당신은 이 견해에 동의합니까? 행복하지 못하다면 왜 행복하지 못합니까?
1-1	과거에 비해 경제적으로 더 잘살게 되었고 민주화도 되었으나 한국 사회는 집단 갈등도 극심하고, 하루하루 살기도 더 팍팍해졌다는 견해가 있습니다. 이 견해에 당신은 동의합니까?
1-2	과거에는 지금보다 못살아도 자살하는 사람이 별로 없었습니다. 그런데 지금은 더 잘살게 되었는데도 불구하고 자살자가 많아서 세계 최고 수준의 자살률을 보이고 있습니다. 사람들은 왜 자살을 많이 한다고 생각합니까?
2	한국 사회에서 성공하려면 개인적으로 공부도 많이 하고, 노력도 많이 해야 합니다. 그런데 다른 한편 우리나라에서는 제도가 공정하지 못해 노력하는 사람이 오히려 손해를 본다는 의견도 있습니다. 당신은 한국 사회가 공정하다고 생각합니까? 만일 공정하다면 어떤 점에서 그러합니까? 만일 불공정하다면 어떤 점에서 그러합니까?
2-1	우리나라에서는 원칙대로 하다가 손해를 본다고 생각합니까?
2-2	우리나라에서는 성공을 위해서라면 원칙에 어긋나더라도 무슨 일이든 하는 사람이 많다고 생각합니까?
2-3	개인사나 세상사에 분노하거나 '열을 받는' 사람들이 많습니다. 최근에 와서 그런 사람들이 부쩍 많아진 것처럼 보입니다. 이에 대해 당신은 어떻게 생각합니까?
3	세월호 참사의 발생은 누구의 책임이라고 생각합니까? 그리고 참사 이후의 수습 과정과 제도 개선 과정이 지지부진한 원인은 무엇이라고 생각합니까?
3-1	혹시 이러한 재난이 계속 발생하고 이 사건에 제대로 대응하지 못하는 한국의 현실 때문에 당신의 삶의 질과 행복감이 떨어지는 것 같습니까? 아니면 별 영향이 없습니까?

질적인 자료를 분석할 때 늘 문제되는 것이 분석의 객관성 확보인데 이것을 최대한 줄이고 자료 분석을 신뢰성을 높이기 위해 4명이 코드 풀기 작업에 참여했다. 모두가 동일한 컴퓨터 프로그램을 사용했고 코더 간 일관성 있고 통일성 있는 노드 추출과 용어를 사용하기 위해 본격적인 코딩 돌입 전에 한 집단을 대상으로 예비 분석을 실시해서 코더 간에 차이가 나거나 상충하는 결과에 발생할 때 합의에 이르기까지 논의를 거듭해 코더들이 코딩 유목(카테고리)을

숙지하도록 절차를 거쳤다.

4. 사회적 웰빙을 구성하는 서로 다른 키워드들

최근 뉴스 기사를 비롯한 대국민 정보 제공 성격의 글에 빅 데이터Big Data를 활용해 구성 키워드를 찾고 제시하는 경우가 늘어나서 그 자체는 아주 낯설지 않다. 하지만 불필요하거나 관련 없는 단어를 거르는 작업을 충분히 하지 않으면 차라리 하지 않느니만 못한 무의미한 결과로 끝나는 경우가 많다. 이 점을 유념하면서 사회자의 말, 인사말, 조사와 접속사, 관련 없는 말들을 녹음을 거듭해서 듣고 녹취와 비교하면서 최대한 걸러낸 뒤 키워드 분석을 시도했다.

여기서 총 3만 3,010개의 단어를 확인했다. 중년 남성 집단이 가장 말수가 적었고 반대로 중년 여성 집단이 가장 많은 단어를 사용했다(1집단=6,938개, 2집단=8,746개, 3집단= 8,614개, 4집단=8,712개).

다음으로는 Nvivo 10 소프트웨어 내 '다빈도 언어 찾기 기능'을 활용하여, 집단별로 다빈도 키워드를 100개씩 뽑아서 목록을 만들었다. 이 과정에서도 다시 한 번 대명사/대동사(예: 그게, 그런), 접속사(예: 그런데, 물론), 접미어(예: 때문에, 같아요), 부사(예: 상당히, 많은) 등을 걸러냈다.

그 결과가 [표 3-3]으로 집단에 따라 동원하는 언어가 확연히 다르다는 것을 확인시켜준다. 예컨대 중년 남성의 경우는 웰빙을 어렵게 한다는 요소로 '한국 사회'를, 중년 여성은 '(신체) 건강'과 '돈' 문제를 집중 사용하고 있었다.

반면 청년층 남성과 여성은 계속 '스트레스'를 설명하고 특히 청년

[표 3-3] 세대별로 상이한 사회적 웰빙의 장애물 키워드

1집단	1958~1968년 중년 남성	한국 사회, 건강, 친구, 우울, 경쟁, 중압감, 양극화
2집단	1958~1968년 중년 여성	신체 건강, 돈, 섭섭함, 부패, 슬픔
3집단	1978~1988년 청년 남성	일, 스트레스, 어차피, 아버지, 경쟁, 불안
4집단	1978~1988년 청년 여성	스트레스, 비교, 일-가정 양립

층 남성에게 그것은 '일'이란 한 단어의 의미로 집중되어 있었다. 청년 여성은 더욱 다양한 이유에서 자신들의 '스트레스' 상태를 설명하고 있었다.

5. 스트레스를 중심에 놓고 살펴본 사회적 웰빙의 장애물

앞의 과정을 통해 어떤 말들이 집단별로 많이 사용되었는지를 알 수는 있지만 다빈도어 비교만으로는 사회적 웰빙을 가로막는 경험을 파악하기 어렵다. 그래서 다음 단계로는 언급한 말과 그것에 관련지어진 경험 사이를 연관짓는 작업을 했다.

총동원 언어 중에서 가장 많이 언급된 말이 '스트레스'였다. 녹취록에서 이 말을 찾고 그 말을 일으킨 경험이 언급된 경우, 하나의 단위로 취급해 추출하고 같은 과정을 반복하면서 총 66개의 단위를 찾아내 [그림 3-2]처럼 범주를 만들어 시각화했다.

[그림 3-2]는 같은 스트레스 경험이라도 장년층에 비해 청년층, 특히 청년층 여성들은 더 많은 경험 출처 때문에 스트레스를 받고 있다는 것을 알 수 있게 해준다. 이에 비해 중년 여성의 스트레스 유발 지점은 집중되어 있고 선명하다. 또한 청년 여성은 일과 육아

[그림 3-2] 집단별로 많이 포착된 단어들

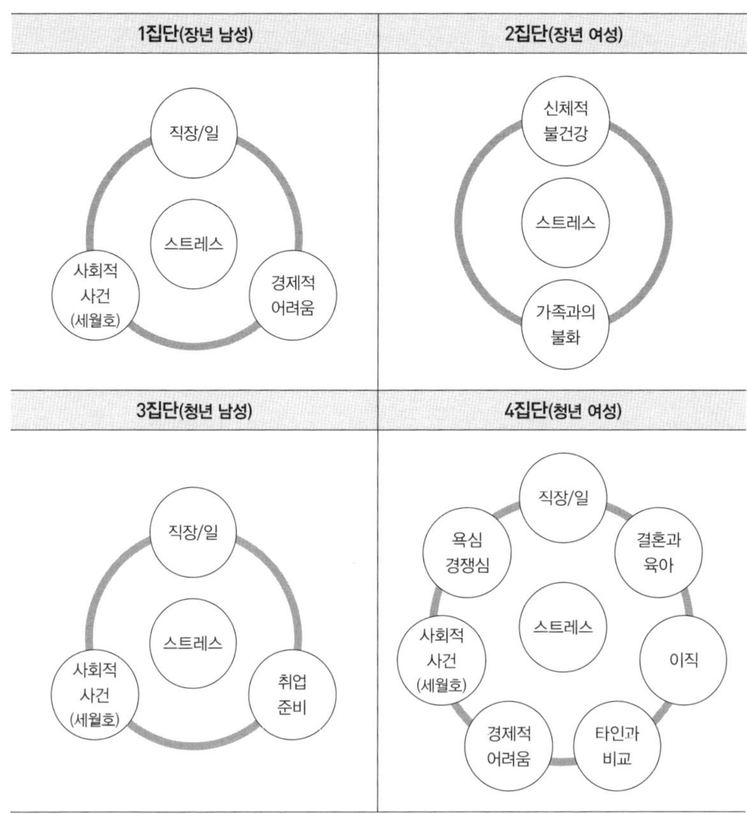

및 살림 책임 사이의 균형 잡기의 어려움에서 스트레스를 받고 있는데 이런 문제는 중년 남성과 여성 집단에게는 문제를 일으키지 않는 것으로 보인다.

반면 같은 여성도 중년 여성은 나이가 들어가면서 하루하루 변화를 체감하는 육체의 건강과 관련해 스트레스를 받는 동시에 가족관계에서 오는 갈등, 불화 같은 일에서 스트레스를 받는다. 이에 비해 중년 남성 집단은 청년 남성과 마찬가지로 직장 생활이 커다란 스트레스 출처였고 특히나 중년 가장으로서 받는 경제적 불확실성과 여기서 오는 중압감이 중요한 스트레스 출처로 자리하고 있다.

지금까지의 분석을 통해 확인한 것은 개인이 받는 스트레스는 결코 개인이 드러내는 상황적 반응이 아니며 보다 사회 구조적인 조건들에서 기인하는 결과 반응이란 점이다. 따라서 몸을 다스려 건강을 유지하고 정신건강을 증진하려면 개인 차원의 관리와 함께 사회적 관리, 즉 관계의 질과 사회의 질이 함께 나아져야 한다.

6. 집단별로 다르게 나타난 사회적 웰빙의 방해물

앞의 과정을 거치면서 세대별·성별로 사회적 웰빙의 키워드와 관련 경험이 다르다는 것을 안 이상, '그렇다면 각 집단에서는 이런 키워드와 경험들이 어떤 식으로 웰빙을 저해하거나 돕게 되는가?'를 의문하게 되는 것은 자연스러운 수순이었다.

많은 질적 자료 분석법에서 적용하는 근거 이론 기법을 활용해 이 질문의 답을 찾고자 했다. 근거 이론 기법은 사람이 말을 통해 드러내는 감정, 기억, 경험을 개방 코딩(개념 찾기), 축 코딩(범주 간 관계 찾기), 선택 코딩(핵심 구성) 등의 절차를 따라가면서 인과적 조건과 상황적 조건을 파악하는 것이다.

아래는 그 과정을 거쳐 구성한 결과물이다.

(1) 공유 가치가 사라지고 사회적 감수성이 실종된 것 같은 정신적 공백: 중년 남성의 사회적 웰빙을 가로막는 것들

흔히 베이비 붐 세대로 일컬어지는 장년 남성 집단은 말 속에 스

1집단(장년층 남성)

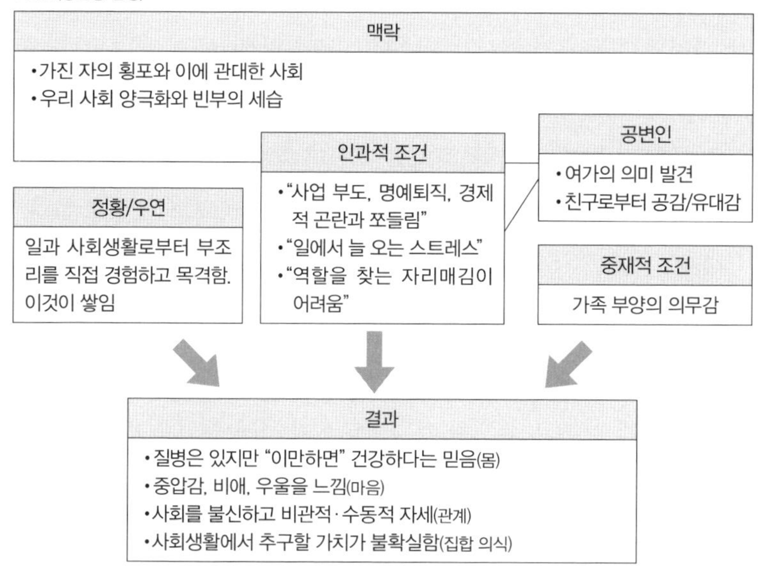

트레스를 언급하면서 '앞이 잘 보이지 않는' 상황이나 상태를 자주 결부짓고 있었다.

이들에게 미래가 보이지 않는다는 것은 청년층처럼 어떤 직업을 가질 것인지 어떤 가정을 꾸릴 것인지 알 수 없다는 두려움이라는 것이 아니라 한국 사람으로 나고 자라 나이 들어가는 동안 한국 사회가 힘 가진 집단에 관대하고 부의 양극화가 고질화를 넘어 체질화 수준에 이르게 되는 것을 나이 든 만큼이나 길고 오래 지켜보면서, 우리는 서로 무엇을 지키고 추구해야 하는 것인지, 그런 방향성 공유에 실패하고 무엇이 중요한 것인지 사회적 감수성을 실종한 것 같다는 정신적 실종 상태로서 느끼는 것에 가까웠다.

이런 맥락에서 이들은 살면서 경험하고 목격한 부조리 앞에서 공정함을 요구하고 시위하기보다 차라리 세습을 인정하는 편이 덜 스트레스 받는 법이라는 일종의 요령을 체득한다. 무엇이든 '집합' 의식에 관련된 것들에 대해서는 냉소나 비관주의적 태도를 취하기도 한다. 그러나 만일 부당한 일로 경제적 곤란을 겪게 되면 이렇게 구축한 합리화 기전은 곧 무용해지고 배신과 부당함이 주는 극심한 스트레스는 심신의 '쪼들림', 나아가 산다는 것의 '비애'를 맛보게 한다.

이때 이들의 중압감 그리고 한국에서 산다는 것에 대한 비애감에 우정이 갖는 의미가 커진다. 일부는 젊은 시절에는 몰랐던 가족과의 시간의 치유의 힘을 이 나이에 들어서 실감한다고 했지만 더 많은 이들에게 가족은 여전히 가장으로서의 부양 책임을 안기는 출처이기에 우정은 그보다 자유롭고, 집합 의식에 비하면 비관할 이유도 적기에 힐링의 의미가 더욱더 커진다.

젊은 시절부터 건강 증진의 원리나 원칙을 체득한 사람들은 적어서, 대체로 병원 신세를 길게 지지 않거나 또래 다른 사람들만큼 심하지만 않다면 이들에게 신체적 건강은 이만하면 괜찮은 것이라는 비교적이고 상대적 차원으로서 의미를 갖는다. 왜, 무엇을 위해 건강해야 하고 스트레스를 '관리'해야 하는가의 문제는 별다른 의미를 갖지 않는 것이다.

(2) 돈이 제일인 사회에서 살면서 헌신했던 가족 때문에 마음과 몸이 아픈 나: 중년 여성의 사회적 웰빙을 가로막는 것

같은 장년층이어도 여성 집단은 남성 집단과 사회적 웰빙의 장애물을 여러모로 다르게 말하고 있었다. 남성 집단이 일-사회 같은 외부로부터 커지는 경제적 불안정에서 오는 중압으로 생기는 스트레스를 크게 말하고 있다면, 장년층 여성에게는 몸-가족-돈 중심

2집단(장년층 여성)

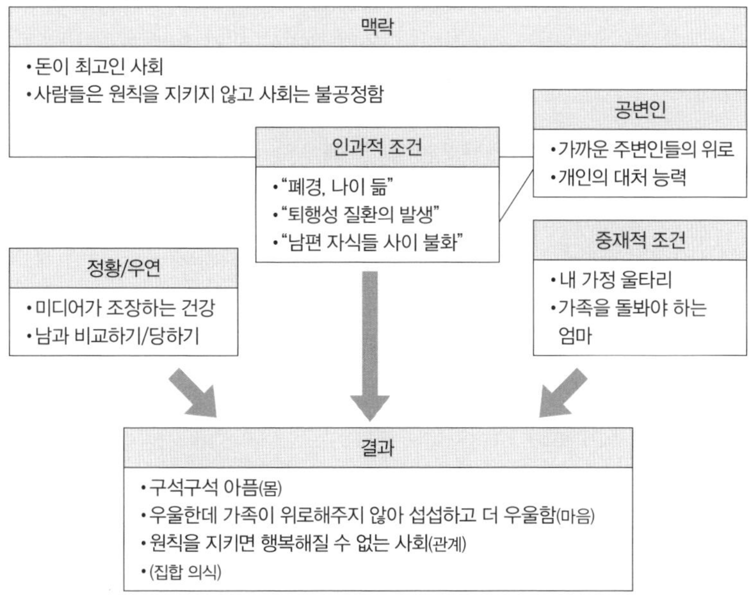

의 한국 사회를 부딪치며 사는 관계 갈등 경험이 보다 직접 스트레스의 위험 징후들이다.

이들에게 한국 사회는 돈이면 다 되는 사회, 돈이 제일인 사회다. 그런데 자신을 포함해 대부분은 돈을 실컷 누리는 처지가 아니기에, 돈을 기준으로 나와 너를 비교하고 미디어가 쏟아내는 내용들도 이런 남과의 비교를 강요하다시피 한다. 이들에게 미디어는 늘 건강을 중시하라는 메시지를 쏟아내는 출처이기도 하지만 얄궂게도 정신건강에 해로운 비교 심리를 일으키고 지속하게 하는 강력한 출처이기도 하다.

이 와중에 이들이 겪는 '나이 들어간다는 것'의 의미는 특별하다. 노화는 누구도 피할 수 없다지만 실제로 체감하는 노화, 특히나 폐경 경험은 현재를 젊었을 때와 시시때때로 비교하게 한다. 이때 자신이 지켜온 가정이라는 절대적 울타리에서 생겨나는 여러 변화들은 몸의 호르몬 수치만큼이나 큰 정신적 혼동과 혼란을 안긴다. 열렬했던 마음의 자리에 남의 편 같은 배우자, 뜻대로 되지 않는 자식이 상황을 악화시키니 스트레스가 쉽게 올라가는 것이다.

중년 남성에게 동창, ㅇㅇ년 지기 같은 우정이 웰빙의 완충재로 작동한다면 중년 여성에게는 여전히 가족과 가까운 사람들의 '따뜻한 말 한마디'의 힘이 크다. 자유로운 외출이나 자유 일정이 모든 중년 여성에게 가능한 일이 아니기에, 그보다는 나는 내가 지킬 수밖에 없다는 각인 속에서 체득한 자신만의 대처 기술과 믿고 의지하는 이들의 응원을 통해 웰빙의 방해물을 지키고 막아낸다.

(3) 질병이 아니라 사회가 나를 대우하는 것으로 인해 심신이 힘겹다: 청년 남성의 사회적 웰빙을 가로막는 것

이들은 한창 일하는 세대이며 젊은 세대다. 따라서 이 집단 남성에게 스트레스는 노화 같은 생애 주기에 뒤따르는 신체적 변화 탓이 아니다.

그러나 놀랍게도 초점집단토의를 통해 알게 된 것은 젊은 연령인데도 불구하고 참여자들이 탈모, 체중 변화, 대사 증후군부터 수면장애까지 갖가지 증상과 진단을 경험했거나 경험 중인 사실이었다. 이들은 그 모두가 현재 '겪고 있는' 심각한 수준의 스트레스와 관련된 것들이라고 자체 진단을 내린다. 왜 이렇게 고도의 스트레스 속에서 살아가는가?

자신들보다 앞 세대인 장년층 남성이 과거를 회고하며 관조를 통

3집단(청년층 남성)

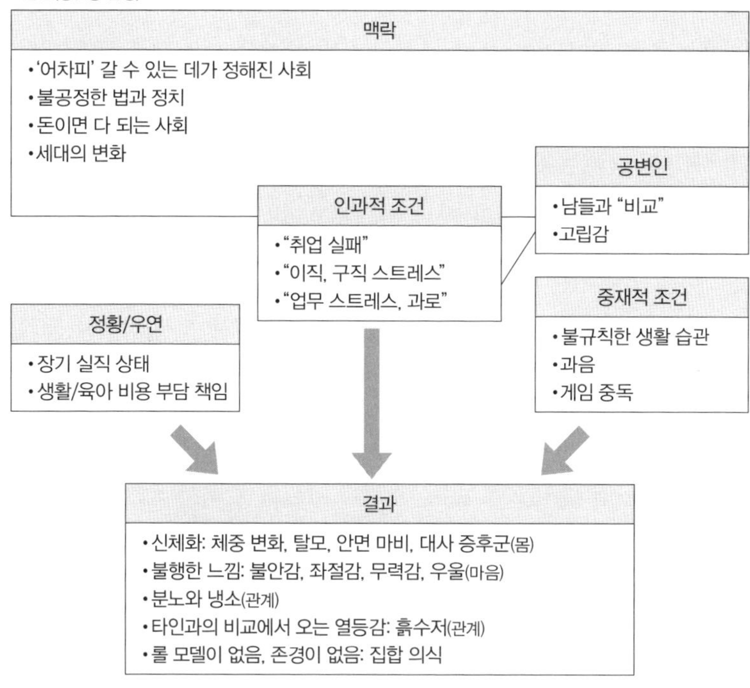

해 한국을 설명하려는 (일명 "겪어보니") 세대인 것과 달리, 이들 청년 세대에게 한국 사회는 '나를 어떻게 대우하는가?', '나는 어디까지 갈 수 있는가?'를 통해 투사되는 미래였다. 따라서 이들이 전망하는 한국 사회는 '어차피 갈 곳이 정해진 사회', '흙수저, 금수저의 급이 정해진 사회'다.

이미 정해진 천장의 높이가 바뀌지 않는 한 그 안에서 애쓰고 노력한들 그러면 그럴수록 아플 뿐이다. 더 좋고 나은 삶과 안정을 추구하면 할수록 바깥을 싸고 있는 강고한 조건들은 더 큰 하중으로 자기를 눌러올 것이기에 힘들 뿐이다. 이런 신념이 형성되면 대개 이 시기 가정을 꾸리고 부부에서 부모 자녀 관계로 이동하므로, 이 연령대 남성은 자기 하나를 넘어서 배우자와 자녀에 대한 책임이라는 가중치가 더해져 강도 높은 스트레스에 자신을 노출하게 한다.

한편 이들이 전체 집단 중에서 건강 습관의 중요성을 가장 많이 강조했다는 점은 흥미롭다. 같은 처지에 있어도 운동, 흡연, 음주 등 건강 습관에 따라 신체와 정신건강 '보호막'이 생기거나 없는 유의미한 차이가 난다는 의견들이었다. 예컨대 같은 일을 하고 난 뒤 휴가를 얻었을 때, 게임을 하면서 소진할 때, 운동이나 체력 단련을 할 때 보호막의 수준이 달라진다는 것이다.

(4) 분열 수준의 역할에 갇혀 내 몸과 마음을 돌보지 못한다: 청년 여성의 웰빙을 가로막는 것

마지막은 청년층 여성이다. 이들의 사회적·개인적 웰빙 장애물은 다른 집단에서 지적되지 않았거나 크게 지적되지 않은 것들이 두드러진다는 점에서 흥미롭다. 가장 먼저 성 역할과의 싸움이 그것이다. 토의 내내 이 집단 참여자들은 기혼 여성의 경우 일-육아-살림의 양립을, 미혼 여성의 경우는 일자리 안정과 직장에서의 성취를 둘러싼 성 역할 문제를 활발히 토로했다.

이들에게 한국 사회는 무한 경쟁을 강조하는 곳이다. 반면 '나를 받쳐주는 복지'는 턱없이 부족하다. 일터와 가정에서 기대만큼 지지나 이해, 배려가 없어서 일하거나 살림하는 젊은 여자인 나는 외롭다. 남편이 있어도 애인이 있더라도 혼자인 상태로 사회적 성공을 위해 내가 처음 꾸린 가정의 안녕을 위해 성취하려고 버티면서 체력을 소진하고 이때 쌓이는 스트레스가 몸 구석구석에 나타난다.

또 하나, 장년 여성과 마찬가지로 청년 여성도 타인과 내 삶을 비

4집단(청년층 여성)

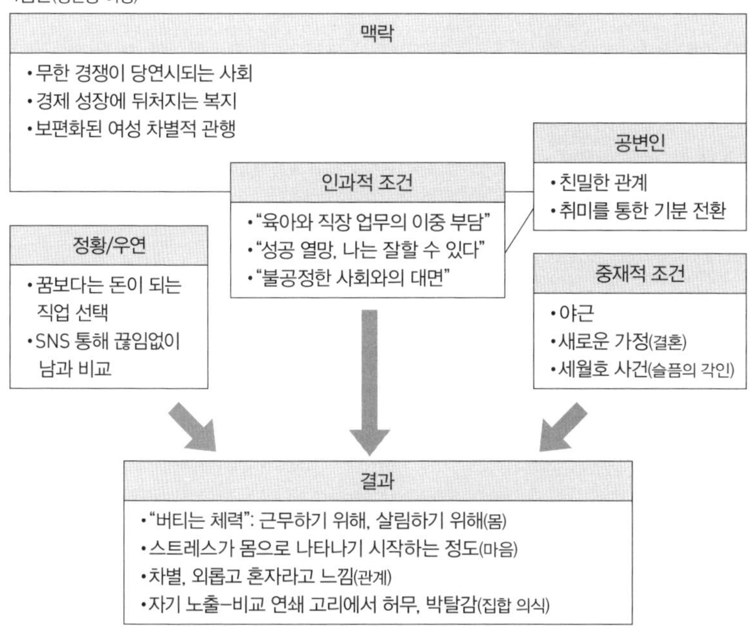

교하는 문제를 전면적으로 말하고 있다. 특히, 청년 여성에게 이런 비교는 SNS를 통해 시작되고 지속되고 증폭되고 있다. 나 혼자인 고독감을 벗어나고 싶어서, 유대감을 추구하며 찾아든 SNS는 이내 끊임없이 타인과 비교를 하게 만드는 플랫폼이다. 기혼 여성도 육아에 매몰되지 않기 위해 혹은 사회적 친밀감을 잃지 않기 위해 SNS를 시작하지만 거기서 나도 모르게 금전적인 기준이나 세속적 성공으로 화려한 타인의 삶에 영향을 받고 그것을 기준으로 자신을 판단하게 된다. 자기 노출과 상대적 박탈감 사이에서 어떡해야 하는지의 기준을 찾기 전에 스트레스가 자란다. 머리로는 끊어버리고 싶지만 그러기에는 내게 떨어진 많은 역할을 홀로 해낼 자신이 없어서 끊지 못한다고 말한다. 취미가 확고하거나 안정적인 친구 관계가 있는 청년 여성은 이 순환 고리를 비교적 쉽게 빠져나오거나 균형감을 챙긴다. 또한 꿈을 갖되 현실감을 갖춘 사람들은 꿈 때문에 꿈같은 수준의 과도한 기대로부터 자신을 보호할 줄 안다고 말한다. '성공해야만 한다'고 생각하게 되면서 '성공만이 사는 의미'가 되는 심리로 가지 않게 막거나, '성공해야 하기 때문에' 무조건 열심히 하면 나에게도 기적이 벌어질 수 있다는 과잉 수준의 효능감을 작동하지 않도록 제어할 수 있는 것이다.

7. '한국인의 사회적 웰빙을 가로막는 것들': 통합 주제 찾기

마지막 작업은 이 4개 집단을 가로지르는 사회적 웰빙의 장애물의 주제를 찾는 것이다. 주제 찾기는 앞과 마찬가지로 아래로부터 찾아가는 귀납적인 경로를 취했다. 즉 1차로 의미 단위인 노드를 추출하고 계속 상위 노드$_{\text{parent node}}$로 구조화를 시도하면서 2차로 묶음짓기

[그림 3-3] 분석 과정 흐름

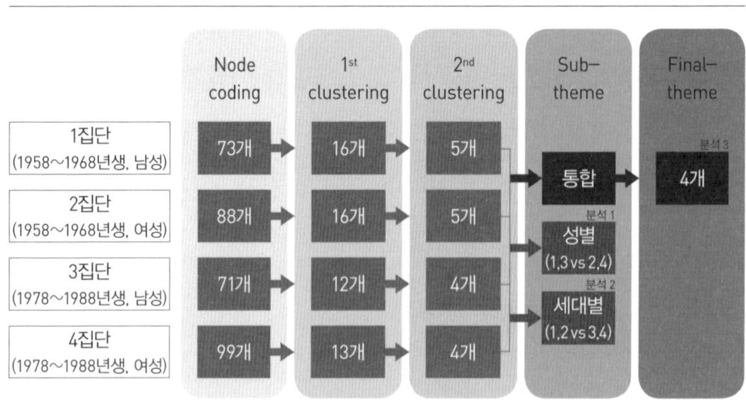

[그림 3-4] 최종 도출된 통합 주제

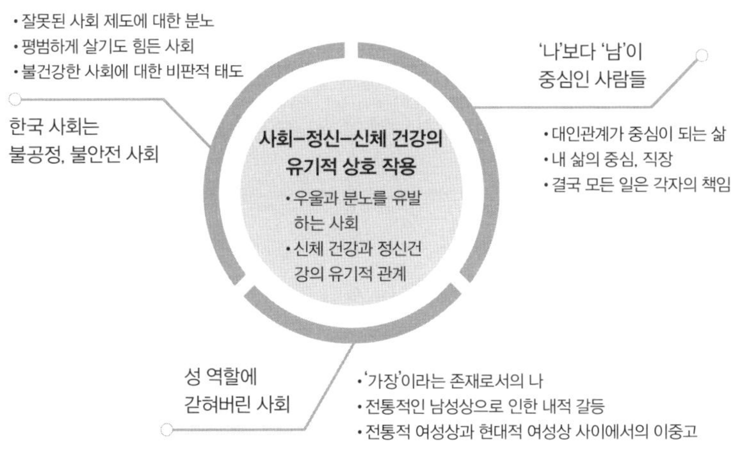

clustering를 통해 첫 하위 주제sub-theme를 발견하고, 다수의 하위 주제들을 비교하고 대조하면서 총 4개의 주제를 찾아냈다[그림 3-3].

확인된 문제점은 (1) 성 역할에 대한 고정 관념, (2) 타인을 과도하게 의식하는 문화, (3) 불공정하고 불안전한 사회적 장치들이고, 이것이 (4) 유기적으로 상호 작용하면서 나라는 개인의 사회적·정신적·신체적 웰빙을 낮추고 있다는 것이다. [그림 3-4]는 그 모습을 표현한 것이다.

(1) 첫 번째 주제: 성 역할의 압박에 불편하고 아픈 사람들

참여자들은 남녀노소를 불구하고 성 역할에 대한 고정 관념 때문에 크고 작은 스트레스를 겪고 있었다. 아들이자 남편 가장으로서 경제적 책임을 맡아야 하는 중압감, 여성의 경우 아내, 며느리, 딸로서 해야 할 도리와 성취를 위한 사회적 역할 사이의 균형이란 도전에서 오는 압박감이다.

특히 청년층 여성들은 급속도로 상승하는 여성의 사회 참여율에 비해 이를 뒷받침해줄 지지 장치의 부족과 부재를 경험하면서 기성 세대가 자기에게 던지는 편견들로부터 불편하고 아픈 경험을 하고 있었다.

> 여성이라고 결혼 때문에 피해받는 것도 있고, 저희 회사만 해도 여직원들이 결혼해서 임신했는데 직접적으로 나가라고 한 건 아니지만 그만둔 경우가 있었어요. 그걸 보면서 나도 결혼해서 임신하면 나가야겠구나 하는 생각이 들었거든요.

(2) 두 번째 주제: '나'보다 '남'이 중요한 사람들

비교가 문제였다. 4개 집단 모두 '남의 눈치를 보며 살아야 하는 삶'이 한국 사회를 살아가기 힘들게 만드는 큰 이유라고 꼽았다. 서로의 다름을 인정하지 못하고, 획일적인 기준선을 적용하며 거기에 들지 않으면 배척하는 세태, 비교에서 오는 박탈감과 자괴감의 시달림은 고질적이고도 심각한 웰빙의 저해 요인으로 인식되어 있었다.

> 교육 같은 것도 이걸 이렇게 해줘야 되나 저렇게 해줘야 되나 다른 사람들하고 비교하면서 내가 잘못하는 건 아닐까 이런 걱정을 하는 것 같고 그런 데서 오는 스트레스가 가장 큰 것 같아요.

> 그런데 상대적으로 비교를 하더라고요. 그 친구도 충분히 행복한 건데, 건강하고. 누가 봐도 그 정도면 됐다 싶은데, 우리나라 중간 정도 되는

데. 그런데 괜히 그 블로그 봐서 왜 스스로 힘들어하는지.

그래서 사람들은 차라리 모두가 똑같이 힘들게 산다고 느꼈던 과거가 더 행복했던 것 같다고 말하고 있다.

(3) 세 번째 주제: 불공정에 압도당한 불안의 사회

한국 사회는 정치, 경제, 언론, 교육 제도 등 전 분야에 예외 없이 불공정함이 만연하고 이것이 나와 우리를 분노하게 한다. 이 과정에서 순간순간 그리고 켜켜이 울분을 느끼지만 이것을 효과적으로 표출하는 방법을 모르고 게임의 룰이 지켜질 리 만무하다는 생각에 문제 제기보다는 삼킨 채 대신 다른 작은 자극에도 강한 분노를 표출하고 마는 앵그리 사회가 된 것 같다는 것이 우리 사회와 우리를 아프게 만드는 근본 이유라는 지적들이 있었다. 대표 기관들은 합당한 권위 대신 비합법적 권력으로 불신의 대상이 되고 지연 학연 위주로 작동하는 연줄망이 연결망의 미덕을 잠식하면서 너와 나는 공평한 사회 구성원이란 말은 공연한 염불이었다.

한국 사회에는 보이지 않는 신분은 있다고 생각하거든요. 태어나면서도 갈릴 수 있다고 생각하지만 내가 어느 학교를 나왔냐 어느 그룹에 속해 있느냐 어떤 멤버들을 지인으로 두고 있느냐 이런 것에 대해서 규격화해 놓지는 않았지만 암암리에 서로.

토의 1년 전인 2014년 4월 16일에 있었던 세월호 참사는 참여자들에게 이 사회에서 사는 것이 분노를 넘어서 무망함을 준 결정타였다. 세월호 참사는 특정 지역에서 벌어진 사고가 아니라 사회 전체에게, 즉 참여자 자신에게 안전에 대한 근본 불신이 자라나게 한 결정적 계기였고 '각자도생各自圖生'해야만 한다는 냉소를 심어주었다.

> 자신이랑 제 아이가 걱정이 되는 것 같아요. 저렇게 안 된다는 보장이 없겠다는 생각이 많이 들어요. 굉장히 불안해요. 길을 가다가도 죽을 수 있을 것 같고 그런 생각이 드는 것 같아요.

> 나는 내가 지켜야 한다는 걸 새긴 것 같아요. 아무도 믿을 수 없어요. 믿었다가 죽었잖아요. 그 아까운 어린 생명들이.

(4) 네 번째 주제: 사회–정신–신체 건강의 유기적 상호 작용

마지막 주제는 참여자들에게 건강이란 사회적 건강, 정신적 건강, 신체적 건강이 별개가 아니라 서로 강하게 상호 작용하며 지속적으로 영향을 주고받는 것으로 받아들여지고 있었다는 점이다.

과도한 스트레스는 신체적인 증상으로 나타나고 일시적인 근육통부터 갑상선암까지 질병의 증상들은 곧 심리적·정신적 문제들을 일으켰다.

> 무릎이 아파서. 움직이지를 못하니까 정형외과에 가면 급성관절염이라고만 하고 계속 반복되는 거예요. 원인을 정신과를 간 이후로 알게 됐는데 제가 정신적으로 너무 건강이 안 좋으니까 그럼 몸이 반응을 하는 거예요. 제가 실제로 관절에 이상이 있거나 실제로 위장에 이상이 있는 게 아니라 정신적 병 때문에 제가 위장에도 문제가 있고 관절에도 문제가

있고 여러 가지가.

사회적 재난 경험은 내가 그 현장에 있지 않았어도 우울과 불안을 심화시켰고 정신적인 황폐함을 겪게 했다. 사회적 약자를 저버렸다는 비애감, 국가에 대한 실망 그리고 양심과 도덕이 사라진 사회에 대한 수치감은 왜 사는가에 대한 무력감으로 이어져 이민을 비롯한 탈출 생각, 의지에까지 다다르게 했다.

내가 정신적으로 약해져 있는 상태에서 예를 들어 세월호. 그때도 매일 울었거든요. 그리고 분노가 막 올라와요. 그게 내 일인 것 같아요. 내 아이가 그렇게 된 것 같고, 말씀하신 것처럼 신해철 씨가 죽었다든지 저번에 김현 의원 사건 해서 시끌시끌하면 내가. 예전 같으면 저런 사건이 있었네 왜 저런대 하고 넘어갔을 거라면 지금은 내가 분노가 돼요. 내 상태가 안 좋은 상태에서 그런 뉴스를 하나하나 접하면 내 일 같고 내가 겪은 것 같고 내가 화나는 것 같아요.

8. 사회가 아프니 마음이 아프고, 마음이 아파서 몸도 아프다

지금까지 사회적 웰빙을 가로막는 것들을 비통계적인 방식으로 계량적 분석이 제시하기 어려운 문제의 윤곽story lines을 탐색하고 설명하고자 했다. 많은 한계점이 있었지만 이 분석을 통해 현재를 살아가는 한국인들이 유사한 정서feeling로 '마음이 아프다'고 표현하고 있음을 알 수 있었다.

한국인의 마음이 아픈 것은 2가지로 설명되는데, 하나는 몸이나 정신이 아픈 것이다. 이때의 불건강은 마음이 아픈 것이 원인 조건으로 작동한 결과로 아픔의 원인인 마음은 개인 심리로 환원될 성질의 것이 아니라 '배신', '경쟁', '타인과의 비교', '불화'처럼 불건강한 사회적 관계로부터 비롯된 것이다.

동시에 사람들은 이 사회가 부조리하고 비도덕적이라서 마음이 아프다고 했다. '세월호 참사'는 그 정점의 경험이다. 세월호를 통해 공공성이 실종된 이 사회 체제에 대한 분노는 극대화되었고 희망은 절망을 넘어 무망함이 되었다. 앞으로도 부조리하게 굴러갈 사회의 법과 제도 장치들을 알아서 하나하나 거론하며 '불행'이 터져나왔다. '우울', '무력감', '분노', '냉소' 등 부정적이면서 강한 감정 언어 또한 연결지어 토로되었다. 이 점에서 사람들의 아픈 마음은 '사회적인 마음social heart'의 불건강이다. '사회가 아프니 마음이 아프고, 마음이 아파서 몸도 아프다.'

이제 앞으로 무엇을 해야 하는가? 초점집단토의 내용을 분석하고 풀면서 2가지 제안을 하고 싶다. 하나는 개인 수준이 아닌 사회적 수준의 건강과 웰빙을 설명할 이론과 연구가 더 많이 필요하다는 것이다. 지금까지 한국 사회는 질병의 부재로서 건강을 설명했고, 건강의 유지나 증진을 개인의 책임으로 돌려왔다. 그러나 이번 분석은 사회적 웰빙이라는 크고 넓은 관점에서 본다면, 이런 의과학적 이해나 각자도생의 현실로는 결코 건강한 삶은 보장되거나 증진될 수 없다는 것을 여실히 보여주었다.

사실상 한국인의 신체와 정신의 건강 문제는 이번에 새롭게 다룬 것이 아니다. 예를 들어 자살을 사회적 문제로 보고 접근하거나 사회 불평등과 건강 결과 사이의 관련성을 보는 접근들이 있었다. 그러나 '건강의 사회성'에 주목하고 '사회의 질'을 고려하면서 개념 틀과 척도를 개발하는 노력은 국내에서 미미했다. 국제적으로도 과거 아주 오랜 동안 WHO의 건강 정의는 '신체적·정신적 질병의 부재 상태'를 뜻했고 21세기에 들어와 '영적', '사회적 웰빙'을 추가했다. 후자는 전체 영역 중에서 가장 의미 탐색이 빈약하다는 지적이 이어지고 있다. 따라서 향후에는 '사회의 질'과 '건강' 사이의 연결성을 찾고, 이를 토대로 해당 연결 고리들을 건강한 사회 구축을 위한 영역으로 현실화하는 노력이 필요하다. 정신에만 청진기를 대거나 몸에 의료 진단 기술을 드리우는 것만으로는 마음이 아픈 한국인과 한국 사회를 치유하기 힘들기 때문이다.

둘째는 청년 세대의 아픔에 대한 심층적인 설명과 이해의 필요성이다. 그림과 표로 제시한 것처럼 청년과 장년은 여성과 남성 이상의 차이점을 보여주었다. 같은 한국 사회를 살아도 세대에 따라 감수성과 적응력이 달랐고 사회적 웰빙의 위험 요소도 달랐다. 특히 스트레스의 출처가 많고 복잡한데 이 문제를 도울 사회적 지원과 복지는 이들로부터 먼 데, 혹은 다른 데 있었다. 이를 감안해서 다음 장을 통해 초점토론에 참여한 청년 세대의 속내를 조금 더 세밀하게 살펴볼 것이다.

2장

사회의 무게가 버겁다: 고뇌하는 청년 세대

1. 세월의 무게, 삶의 무게, 사회의 무게

'세월 앞에 장사 없다'는 말이 있다. 풍채 좋았던 사람도 살다 보면 수그러들기 마련이다. 나이가 들면 병들고 나약해지기 마련이라지만, 각자가 처한 상황에 따라 삶의 무게는 다르게 느껴질 수 있다. 살기 어려운 것이 어디 개인 탓만 있겠는가.

사람은 살아가면서 여러 도전에 직면한다. 태어나서부터 여러 병균과 싸우기 시작한다. 병에 걸리면 병을 잘 다스려 건강을 회복하려고 한다. 우리가 병과 싸우는 법, 걷는 법, 말하는 법을 배웠을 때 즈음 도전들은 다양한 모양새를 취하고 찾아온다. 보다 넓은 사회가 사람들 앞에 펼쳐지고 사람들은 그 사회 속으로 들어간다. 그 속에서 사람들은 학교와 직장, 결혼과 출산이라는 이정표를 마주한다. 그러나 학교에 들어가는 일부터 만만치 않다. 사람들은 학교의 문턱 앞에서 쓰디쓴 좌절감을 맛본다. 직장을 구하는 일은 또 어떤가. 요즘 세상에는 자기 소개서를 100번은 써야 직장을 잡을 수 있다는 말이 나돈다. 결혼과 출산은 겪어보고 싶지만 쉽게 다가서지 못하는 일이 되어버렸다.

청년들이 많은 것을 포기하고 산다고 한다. 좋은 학교를 갈 수 없고, 그러다 보니 좋은 직장을 가질 수 없고, 월급이 부족하고, 돈이 없으니 결혼과 출산도 어렵고, 사람들 만날 형편도 못 된다. 요즘 청년들이 못나고 나약해서 그렇다는 질책도 있다. 그렇지만 사회 구조를 고민하지 않고 청년 개개인들만 탓한다면 그건 좀 억울하다. 사회는 변했다. 어쩌면 청년들이 제아무리 열심히 해도 목표를 성취하기 어려운 사회를 살고 있는 것은 아닐까. 청년들이 경험하는 사회는 어떤 사회이며 그 속에서 어떤 도전들을 경험하는 것일까? 그 무게는 얼마나 버거운 것일까? 궁금하다.

답은 청년들이 포기하는 것을 문제로 여기는 현상과 사회 구조를 주목하지 않은 채 그 문제를 청년들 개개인 탓으로 돌리는 현상 속에 있지 않을까 싶다. 여기에서는 청년들이 이러한 현상들 속에서 겪는 부침을 사회의 무게로 읽어내고 그 버거움을 '아픔'이라 부르려고 한다.

이 아픔을 진단하는 방법으로 2가지를 제안한다. 하나는 건강을 설명하는 개념이고, 다른 하나는 사람이 사회 구성원으로 소속되었을 때 안정감을 얻고 잘 살 수 있다는 개념이다. 건강 개념부터 설명해보자. 1부에서도 설명했듯이, 건강 개념은 단순히 질병에 걸리지 않은 상태가 아니라 건강과 질병의 연속선상에서 이해해야 한다. 최

[그림 3-5] 건강과 질병, 역량과 도전으로 이해하기

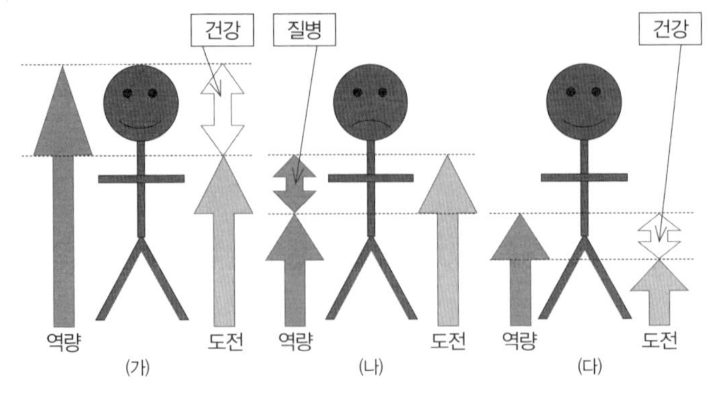

출처: 버셔(Bircher, 2005)의 그림을 재구성

근에는 개인이 갖고 있는 역량에 주목하는데, 역량이 많을수록 도전을 잘 극복하고 건강이라는 균형 상태로 돌아올 수 있기 때문이다. 도전이란 꼭 질병만을 뜻하는 것이 아니라, 살아가면서 직면하는 여러 어려움들이 모두 해당된다. 앞서 말한 진학, 인간관계, 취업, 결혼, 출산 등이 대표 예다. 이렇게 보면 건강은 매우 동적인 개념으로 개인의 생애 주기와 맥을 같이하며 사회 맥락 속에 있다.

버셔가 이러한 건강 특성들을 [그림 3-5]로 잘 표현했다.[4]

[그림 3-5]에 3명이 등장한다. 3명 중에 2명이 건강하고, 1명은 아프다. 건강한 사람은 왼쪽과 오른쪽에 있는 (가)와 (다)이고, 아픈 사람은 가운데 있는 (나)이다. 왜 그럴까? 역량을 비교해봤을 때 (나)와 (다)는 역량이 동일한데 (다)가 건강하다. 도전을 비교해봤을 때 (가)와 (나)는 동일한 도전에 직면했는데 (가)가 건강하다. 차이가 나는 이유는 건강한 사람들은 높은 역량을 갖고 있어서 삶에 직면하는 도전에 잘 대응할 수 있기 때문이다. (나)와 (다)는 동일한 역량을 갖

고 있지만, (다)가 건강한 이유는 도전이 더 적어서 그렇다.

예를 들어 노인들은 청년들에 비해 역량이 비슷할지라도 삶에서 직면하는 도전들이 그보다 적다면 상대적으로 건강할 수 있다. 또 성별과 계급에 따라 사회에서 직면하는 도전들이 다를 수도 있고, 이 도전에 대응하는 개인들의 역량이 다를 수도 있다. 도전과 역량을 무게에 비유해 역량이 도전보다 많으면 가벼운 마음이 들고 역량이 도전에 미치지 못하면 무거운 마음이 든다고 표현할 수 있다. 또 이것이 연령, 성별, 계급 등을 기준으로 사회 집단에 따라 다르므로 사회 집단에 따라 무게가 다르다고 비유적으로 이야기하려고 한다.

청년들이 사회에서 겪는 버거움을 읽어내려면 한 가지 방법이 더 필요하다. 사람은 사회 구성원으로 안정적으로 소속되었을 때 잘 살 수 있다는 개념이다. 사람은 사회로부터 따로 떨어져 살 수 없다. 사람으로 인정받는 공동체, 장소가 필요하다, 사람이 사회 성원으로 인정되려면 사회 안으로 들어가야 한다.[5] "사회가 그의 이름을 불러주어야 하며, 그에게 자리를 만들어주어야 한다."[6] 또 사회는 사람의 외부에만 존재하는 것이 아니라 사회 정체성으로 내재화된다. 긍정적인 의미와 목적, 소속감을 형성한다면 사람들은 건강하게 잘 살아간다.[7] 그러니까 사람이 사회 구성원이 되려면 요구받는 가치들이 있다. 이 요건들을 잘 수행해야 사회 구성원으로서 인정받을 텐데 쉽지 않을 수도 있다. 개인의 정체성과 사회 구성원으로서 요구되는 가치가 서로 충돌하면 개인은 혼란에 빠질 수 있기 때문이다.

사회 구성원으로 소속되기 위해 요구되는 가치들은 건강 개념의 도전들과 연결된다. 사회는 집이나 가족, 직장, 학교도 될 수 있고 이보다 더 큰 의미의 공동체나 국가도 포함될 수 있다. 이 속에서 사람들은 학생, 직장 동료, 부모, 산모, 군인 같은 역할들을 수행하도록 요구받으며, 그 역할에 알맞은 가치관이나 행동을 습득해야 한다. 이런 일들이 때때로 커다란 도전들이 되어 걱정을 키우고 마음을 무겁게 한다. 그리고 그 무게는 연령이나 성별, 계급에 따라 다르게 나타날 수 있다.

여기에서는 청년 세대들에 주목해볼 것이다. 청년들이 이 사회를 살아가며 겪는 버거움을 아픔으로 읽어본다는 말이다. 2장은 초점집단면담에 참여한 청년들이 들려준 이야기들을 분석했다.[8] 여성과 남성을 비교하면서 그 버거움의 양상이 어떻게 다른지 알아보고, 이 사회 속에서 마음을 어찌 가다듬으며 사는지도 들어볼 것이다.

이제부터 그 마음속을 들여다보자.

2. 왜 청년 세대는 괴로워하는가?

27~37세[9] 여성들과 남성들은 이 사회에서 구성원으로 자리를 잡으려면 어떤 사람이 되기를 요청받을까? 그 요청은 여성들과 남성들이 바라는 자기 자신의 정체성과 조화를 이루고 있을까? '사회 구성원 되기'와 '정체성 갖기'가 서로 충돌해 도전이 되고, 사회 구성원 되기나 자기 정체성을 유지하는 것이 어려운 상황은 아닐까?

먼저 여성들이 전달하는 이야기를 들어보자. 여성들이 사회 구성원으로서 직면하는 어려움을 요약하면 이렇다. 여성들은 결혼을 하고 아내, 며느리, 어머니가 되는 일 자체가 도전이다. 불안정한 직장을 견뎌내야 하는 삶도, 사회가 요구하는 획일화된 모습을 받아들여야 하는 과정도 난관이다. 또 사람과 관계 맺기도 늘 신경 쓰인다.

직장 동료나 주변 사람들에게 좋은 사람이고 싶고, 혼자가 되기는 싫다. 혼자 된다는 것은 스스로 필요에 따라 선택하는 모습일 때라야 맘이 놓인다.

결혼, 직장, 획일화된 모습, 사람 관계와 혼자 됨. 왜 청년 여성들은 이것들 때문에 괴로운가? 결혼해 가족을 이루는 과정부터 살펴보자. 한 살 한 살 나이를 먹어갈수록, 주변 사람들은 '나이를 먹었다'는 이유로 결혼하라고 한마디씩 한다. 본인은 정작 별 생각이 없었는데 "내가 벌써 나이를 먹었나?" 생각하며 결혼을 고민하게 된다. 여성 8은 "나이에 대한 압박"이라고 표현한다.[10]

그런데 결혼을 하고 나면 아내, 며느리와 어머니로 사는 것이 만만치 않다. 여성 3은 결혼할 때 친정과 시댁 양가를 조율하며 겪었던 어려움을 회상한다.

> (여러 스트레스 요인들의) 중심에 결혼 문제가 있는 것 같아요. 특히 한국에서 여자로 살고 누군가의 며느리로 산다는 게 괜히 나오는 얘기가 아니더라고요.
>
> […] 결혼이라는 게 본인들보다는 부모들 행사에 가까운 그런 게 많아서 준비 과정에서부터 계속 마찰 때문에 조율하는 데 힘이 들었고 […]
>
> — 여성 3, 29세

여성 1도 결혼 생활로 고민한다. "시댁 식구라든지 모르던 사람들과의 관계를 잘 해나가야 한다는 부담감"은 쌓인다. 잘하고 싶은데 처음 하는 것이라 그런지 "어떻게 해야 할지도 잘 모르겠고" 스트레스가 쌓인다.

결혼을 하게 되면서 주거 환경도 부모님과 함께 살 때보다는 더 열악해진다(여성 3). 통계를 보아도 신혼부부가 맞벌이를 해 번 돈을 모두 저축해도 전셋집을 구하는 데 8.2년이 걸린다.[11] 2016년 서울의 아파트 전세값은 평균 4억 2,051만 원이었다. 그런데 2인 이상 가구의 연평균 소득은 5,124만 원이다.

여성들은 결혼뿐 아니라 직장에서도 여러 도전에 직면한다. 취업 면접을 볼 때부터 성차별을 경험한다. 직장을 다니면서도 차별은 계속된다. 성차별을 피해 이직을 해도 마찬가지다(여성 3). 또 안정된 일자리는 제공되지 않는다. 여성 6은 서른이 넘었는데 이직을 고민하다 보니 "언제쯤이면 직장 걱정을 안 하고 살까"라는 생각을 한다.

그런데 여성이 결혼을 하거나 출산을 하면, 성차별과 일자리 불안정성은 더 심해진다. 일을 그만두어야 하거나 해고당한다.

> 여성 사회 진출이 많다고 하지만 여전히 결혼 때문에 피해보는 것도 있고 막상 다녀도 육아 휴직을 하면 그만둬야 하는 그런 경우를 저희 회사에서도 많이 봤기 때문에 그런 면에서 많이 불안정한 사회인 것 같아요.
>
> — 여성 6, 29세

이렇게 경력이 단절되고 나면 다시 경력을 인정받기 쉽지 않다. 그리고 안정적인 직장으로 연결되는 다리는 끊겨버린다. "직장에 나가고 싶다는 생각은 많이 하지만, 그것도 막연하다." 육아를 언제까지 하고 "밖으로 나가서" 경력을 인정받고 일할 수 있을지 걱정이다(여성 1). 한 번 끊긴 다리는 다시 놓기 힘들다. 여성은 다시 일하고 싶지만, 건너편에서 자리를 내주지 않아 건너갈 수가 없는 것이다.

"결혼했다"는 자체만 가지고 능력도 있고, 학교에서 충분히 공부도 했고, 스펙도 다양하게 쌓았고, 경력도 있는 여성들이 일할 수 있는 환경이 안 된다니 너무 화가 난다(여성 3).

'2017년 통계로 보는 여성의 삶'에서도 불안정한 일자리와 경력 단절 문제를 찾아볼 수 있다.[12] 2016년에 여성 고용률은 50.2%인데 여성 임금 근로자의 41%가 비정규직이었고, 그 비율이 전년보다 0.9% 늘었다. 반면 남성 고용률은 71.7%이고 비정규직 비율은 0.1% 감소했다. 20대 후반에 여성 고용률이 가장 높았고(69.5%) 결혼과 임신, 출산, 육아로 경력 단절이 주로 발생하는 30대 후반에 고용률이 떨어졌다가(56.5%) 40대에 다시 올라 M자형 패턴을 보였다(40대 후반 68.6%, 50대 전반 65.9%).

2016년과 비교해서 2017년에 기혼 여성이 경력 단절을 경험하는 비율이 0.6%p 줄어들었다고는 하나, 기혼 여성(15~54세) 5명 중 1명이 경력 단절을 겪었고(20.0%) 30대에서는 3명 중 1명이 경력 단절을 겪었다(33.8%).[13] 경력 단절 사유로 결혼(34.5%)이 가장 높았고 그 뒤로 육아(32.1%), 임신과 출산(24.9%), 가족 돌봄(4.4%)과 자녀 교육(4.1%) 순이었다. 이전과 비교했을 때, 결혼을 이유로 경력이 단절되는 추세는 감소세를 보이나 임신과 출산, 가족 구성원 돌봄, 미취학 자녀 양육, 취학 자녀 교육 등으로 인한 경력 단절은 증가세를 보였다.[14] 경력 단절 이후 재취업을 하더라도, 월급이 경력 단절 이전보다 26만 8,000원(15.5%) 감소했고 경력을 유지한 여성과는 월 76만 3,000원(31.5%)의 격차가 나타났다.[15]

육아도 문제다. 한 조사에 따르면, 가사와 육아에 남성 참여 저조가 양성평등을 위해 해결해야 할 최우선 과제로 꼽힐 정도였다.[16] 여성 1은 혼자서 육아를 도맡아 하는 '독박 육아'를 하는 사람의 입장을 들려준다. 여러 스트레스 중에서도 "육아를 홀로 담당하는 스트레스가 가장 큰 것 같다"고 했다. 남편이 도와주면 좋겠지만 육아를 위해 시간을 낼 수 없는 상황인 것을 알기 때문에 어쩔 수 없다. 그러나 자꾸 바라는 마음이 든다. 주위에서 아이를 봐줄 사람도 없는 상황이라 전적으로 홀로 담당해야 해서 더 부담스럽다.

여성들은 또 사회에서 요구하는 획일화된 모습을 받아들여야 사회 구성원이 될 수 있다고 이야기한다. 외모, 옷, 모습이나 행동조차 최대한 주변과 똑같이 할 수밖에 없다. 외국에 나가지 않은 다음에야 개인이 취향대로 선택할 수 있는 기회는 아주 적다.

> 내가 "몇 살쯤 되면 배 접히는 것도 당당하게 드러내고 쫄티를 입을 수 있을까?" 그랬더니 "언니 외국 나가. 그러면 돼" 하는 거예요. 진짜 외국 나가면 배 이만큼 나온 사람이 쫄티를 입어도 아무도 뭐라고 안 해요.
>
> — 여성 4, 31세

그러나 한국에 돌아오는 순간, "일반적인 사람들과 다른 양상이나 모습, 행동을 보였을 때 엄청난 질타와 비난"(여성 3)을 받는다.

> 일단 외모에서부터 지적이 들어와요. "옷이 왜 그래? 주변 사람들 눈은 생각 안 하니? 왜 쟤는 저렇게 튀는 거야?"
>
> — 여성 3, 29세

획일화는 외모뿐 아니라 직장을 선택하는 조건이나 표준적인 삶

속에도 있다. 여성 2와 여성 6은 사회가 성장하면서 기회가 많아졌지만, 그만큼 경쟁이 치열해졌다고 진단한다. 그 "선별 작업"(여성 2)은 이렇다. "똑같은 스펙에서 자격증 하나 없어서 떨어질 수도 있다." 능력이 더 많아도 "나이가 한두 살 더 많다"고 안 될 수도 있다(여성 6). 기준은 '누가 무엇이 없냐'가 되었다. 이렇다 보니 박탈감이 들고, 사회적으로 도태될까 봐 점점 더 불안해진다(여성 6). 여성 3은 "자기가 원하는 게 아니라 줄을 서서 레벨을 채워야 평균 이상의 삶을 살 수 있게 되었다"고 비판한다. 청년들이 무엇을 하고 싶은지 제대로 고민할 새도 없이 낙오될까 불안해하며 '평균 이상의 삶을 보장해준다'는 레벨을 쌓기에 열중하는 이유다.

사람들과 좋은 관계를 맺는 것도 신경 쓰이는 부분이다. 혼자되고 싶지 않은 것이다. 특히 직장에서 동료들에게 좋은 사람으로 인정받고 싶은데 그렇지 못하는 상황에 놓이자 갈등한다. 여성 3은 직장에서 동료들과 좋은 관계를 맺기 위해 노력한다. 그러나 헛수고였다. 대화를 시도해보았지만 소용없었고 1년이나 참았다. 참고 참았던 어느 날, 모니터를 보고 가만히 있는데 아무도 뭐라 하지 않았는데 갑자기 눈물이 뚝 떨어졌다.

여성 4는 "새로운 직원들한테 일을 알려줘야 되고 지시해야 되고 하다 보니까 인간관계에서 오는 게 많이 힘들었다"고 한다. 일을 알려줘야 하는 것이 당연한데도 계속 지적을 하다 보니, "저 사람들이 뒤에서 '왜 저렇게 사람을 쪼냐' 욕하는 게 아닐까라는, 사무실 안에서 저만 혼자인 기분이 들 때가 많다"고 한다.

실제로 통계 조사 결과, 청년 여성들이 대인 관계 스트레스로 고민했다. 기업정신건강연구소에서 성인 직장인 19만 5,666명을 대상으로 스트레스 설문 조사를 했다.[17] 그 결과, 여성이 남성보다 대인 관계 스트레스를 더 받았다. 20대 여성은 20.9%, 30대는 21.2%가 대인 관계 스트레스를 받았는데, 20대 남성은 14.7%, 30대 남성은 12.9%였다. 대인 관계 스트레스보다 직무 스트레스를 더 받기는 했는데(30대 남성 67.5%, 20대 남성 59.9%, 30대 여성 56.5%, 20대 여성 58.6%), 직급과 연령이 낮을수록 직무 스트레스의 여러 영역들 중 직장 문화, 관계 갈등, 조직 체계 등의 문제로 스트레스를 경험하고 있다는 응답이 높았다.

여성들은 사람들과 좋은 관계를 맺고 혼자 되고 싶지 않았지만, '혼자'라는 것은 2가지 모습이었다. 혼자 덩그러니 남겨진 모습과 자신이 필요에 따라 남과 거리를 두고 혼자 있기를 선택하는 모습이다. 혼자 남겨지는 것은 염려되지만, 자신이 필요에 따라서는 혼자 되기를 선택하기도 한다. 여성 5는 혼자 있는 시간을 즐기며 업무에서 오는 어려움을 줄이고, 여성 2는 혼자 일하는 시간을 즐긴다.

> 업무 자체가 […] (사람) 상대를 많이 해야 되잖아요. […] 원래 성격이 이렇지 않았는데 조금 더 까칠해지고 예민해지고 사람을 대하기가 싫어지더라고요. 그래서 어느 날부터인가 밥을 먹게 되더라도 웬만하면 혼자 있는 시간을 즐기고 싶어서 혼자 밥을 먹는다거나 업무가 끝나면 취미 생활 외에는 사람을 상대 안 하려고 하는 편인 것 같아요.
>
> — 여성 5, 36세

> 맨날 야근하니까 아침에 일어나는 게 피곤해서 그런 거지 주말에 일하는 건 전 좋아요. 주말엔 특히 사람이 없어서 혼자 일하고 있으면 11시,

12시까지 일하고 있어도 할 만해요.

— 여성 2, 34세

지금까지 여성들이 사회 구성원으로서 안정적으로 자리 잡기 위해 요구받는 조건들을 살펴보았다. 그렇다면 여성들은 어떤 정체성을 추구할까? 이 사회에서 구성원으로 자리 잡기 위해 요구되는 것과 여성들이 바라는 자기 자신의 정체성은 조화를 이룰 수 있을까?

사회 구성원 되기와 정체성 갖기는 서로 엇박자로 가고 있다. 여성들이 바라는 모습은 '가족으로서 주어진 역할과 조화를 이루는 나 자신'이다. 또 '획일화되지 않은 나, 하고 싶은 일을 하는 나 자신'과 '대인 관계에서 고립되지 않은 나'를 바란다.

가족으로서 주어진 역할과 조화를 이루기는 쉽지 않았다. 앞서 아내와 며느리, 어머니로서 역할이 주는 무게감을 살펴보았다. 이에 더 나아가 여성은 집 안의 가장이 되어야 할 때도 있다. 여성 6은 가장이 되어 부모님을 모시게 되면서 하고 싶었던 결혼을 단념하게 된다. 그러면서 우울해졌다.

저는 부모님하고 살고 있는데 [⋯] 제가 가장처럼 그렇게 된 거예요. [⋯] 나중에 결혼도 해야 되는데 계속 일해야 하는데 부모님 걱정이 되는 거예요. 그래서 '나는 결혼하지 말고 살아야겠다.' 생각을 하면서 아무렇지도 않을 줄 알았는데 그게 우울감이 온 거예요.

— 여성 6, 29세

여성 7 역시 장녀로서 겪는 부담감을 이야기한다. 장녀로서 부모님을 모시고 싶지만, 그 짐을 홀로 감당하기에 너무 버겁다.

저는 가족에서 오는 게 제일 큰 것 같아요. 올해 부모님이 딱 60이 되셨는데 원래는 강하고 긍정적이었던 엄마가 올해 확 변한 걸 느꼈거든요. 갱년기도 온 것 같고 너무 약해지셔서 제가 좀 부담도 되고 걱정도 되고, 집에 가면 우울한 것 같아요. (장녀이신가요?) 네. 남동생이 있는데 아직 학생이어서, 그게 가장 큰 것 같아요.

— 여성 7, 32세

여성들은 또 "획일화되지 않은 나, 하고 싶은 일을 하는 나 자신"이 되기를 원했지만, 이 또한 쉽지 않다. 외모를 품평하는 '타인의 시선'으로부터 자유롭고 싶지만, 시선은 너무 따갑다(여성 4).

[…] 스트레스가 얼마나 큰데요. 아침에 늦잠을 자서 지각하는 게 아니라 배 안 보이는 옷을 몇 번이나 갈아입다가 지각을 해요. […] (다른 사람들 신경을 덜 쓰게 되면 행복해질 수 있다는 건가요?) 네. 저도 그게 '몇 살쯤 되면 도를 트게 될까?'라고, 같은 직종에 있는 선배 언니들 보면 마흔이 넘어도 다이어트를 하세요. […]

— 여성 4, 31세

또 하고 싶은 일을 찾아나가며 획일화된 기준을 벗어나려 한다(여성 3·5·7). 삶의 중심에는 자기 자신이 있어야 한다(여성 3). 하고 싶은 일을 찾아 계속 면접을 보러 다니기는 하지만, 30대 들어서니 "계속 도전해도 되는 걸까, 안정성을 찾아야 되는 건 아닐까?"(여성

5) 고민된다. 그런데 "나이"를 먹어 현실적이 되어도, 꿈을 추구하기는 하지만 "자꾸 잘 안 풀리면서" 그 과정은 스트레스가 되기도 한다. 그래서 정신건강도 예전보다 약해지는 듯하다(여성 7).

또 여성들은 '대인 관계로부터 고립되고 싶지 않은 나'를 원했는데, 이 정체성은 여성들이 자기 스스로를 점검하도록 하고 관계로부터 겉돌게 만들기도 한다. 여성 6은 스트레스가 쌓이면 말을 안 하는 방식으로 표현하는데, 직장 동료들에게 안 좋게 보일까 봐 고민한다. 대인 관계로부터 고립되고 싶지 않은 까닭이다. 여성 3은 직장에서 동료들과의 관계 때문에 힘들어하면서 동료가 아닌 사람들에게 어려움을 토로하지만 그마저도 부정적인 결과를 초래할까 봐 걱정하며 말을 거둔다.

> 내가 도대체 왜 여기서 이러고 있나, 사람 같지가 않고 그런 생각이 들면서, 일을 열심히 하고 책임감을 갖고 했었는데 내려놓게 되더라고요. […] 부정적인 걸 안 하려고 해도 사람들 만나 얘기하다 그런 얘기가 나오잖아요. […] 오히려 부정적으로 나한테 돌아오겠다는 생각이 들어서 그 이후로는 얘길 하고 털어놓고 하는 걸 그만뒀어요.
>
> — 여성 3, 29세

지금까지 여성들의 '사회 구성원 되기'와 '정체성' 이야기를 들어보았다. 여성들은 결혼을 하고 싶어도 며느리, 아내, 어머니, 가장으로서 역할이 만만치 않다. 그렇지 않아도 직장에서 성차별을 당하고 일자리가 불안정한데 결혼과 출산, 육아는 해고나 권고사직으로 이어진다. 일을 하고 싶지만, 한번 경력이 단절되면 다시 원하는 일을 찾기 힘들다. 외모를 품평하는 타인의 시선으로부터 자유롭지 못하다. 안정적인 일을 갖기 위해 자신이 하고 싶은 일이나 꿈을 버리고 획일화된 모습을 선택해야 한다. 사람 관계도 고민이다. 좋은 사람이고 싶고, 사회관계로부터 고립되고 싶지 않다. 여성들이 사회 구성원이 되려면 자기 자신을 내주어야 할 것이 너무 많다. 하고 싶은 일, 안정적인 일자리, 건강, 외모까지.

이제, 남성들에게 귀를 기울어보자.

27~37세 남성들이 한국 사회에서 구성원으로 자리 잡으려면 '능력 있는 남자'라는 기대를 충족시켜야 한다. 또 취직 후에는 제아무리 힘들어도 버텨서 직장에 다녀야 한다. 결혼을 해서 아이가 생기면 아이가 클 때까지 가족을 부양해야 한다. 직장을 '더' 버터야만 하는 이유다.

> 전통적인 한국 사회에서 남자는 일하잖아요. […] 남자가 돈 잘 벌어오면 능력 좋은 거고 못 벌어오면 능력 없는 거고.
>
> — 남성 3, 34세

그런데 '직장'이란 이제 더는 평생직장도 아니어서 안정성이 없다(남성 1·2·3·5·7).

> 따로 하고 싶었던 것들을 포기하고 가는 건데 그게 평생직장이 되는 것도 아니고
>
> — 남성 2, 27세

업무는 오죽 많은가. 과도한 업무와 업무 외적인 일들로 내 생활과 삶이 없어진다(남성 2·3·5).

> (프로젝트를) 시작하면 아무것도 못해요. 개인 생활 아무것도 없고. 밥 먹고 일하고 밥 먹고 일하고 […]
>
> — 남성 3, 34세

그렇다고 직장이 자신의 이상과 꿈, 비전을 구현할 수 있는 곳도 아니다(남성 2·7). 내 생활과 삶도 없이 일만 하도록 요구받다 보면 건강이 나빠진다(남성 3·5). 휴식이 필요하다. 그러나 휴식마저 쉽지 않다. 휴식을 하려면 아예 일을 쉬어야 하고 재취업을 해야 하는 상황이다. 남성 5는 치료가 필요할 정도로 아프자 권고사직을 당했다. 남성 3은 사직서를 제출한 후에야 쉴 수 있었다.

> 몸도 약간 안 좋아서 회사에서 나가달라고 해서 […] 나와서 쉬면서 다시 일자리 알아보고 있습니다.
>
> — 남성 5, 28세

휴식을 석 달 정도 취할 때까지는 좋았지, "경제적 압박감"(남성 1)과 "취직이 안 되면 어쩌나" 정신적 스트레스가 이만저만이 아니다. 실제로 재취업이 너무 어렵고, 업종 전환도 어렵다(남성 1·3). 어쩌면 '직장 다닌다'는 것은 '버틴다'는 뜻일지도 모른다. 남성 1은 "회사를 버티고 버티다가 그만둔 건데" 10년 경력직인데 "나이가 차서 다른 데로 이직하기가 쉽지 않다"고 한다.

남성들이 직장을 버티는 이유에는 가족 부양도 있다. 남성 1은 "집에서 어머니를 혼자 모시고 있는데" 재취업이 안 되다 보니까 "어머니 눈치가 보인다." 버텼어야 했을까…. 남성들이 결혼을 해서 아이를 키우는 경우 직장을 버텨야 하는 이유가 더해진다. 남성 7은 마음 같아서는 일을 그만두고 싶지만 "결혼해서 아기가 생기고 하다 보니까 나갈 수가 없게 됐고" 아이를 생각하며 꾹 참았다.

남성 3이 일을 그만둘 수 있었던 것은, 아내도 일을 하니 가족 부양으로부터 잠시 벗어날 수 있은 덕분이다. 하지만 휴식을 취하는 순간에도 가족 부양을 고민한다. 재취업이 안 되자 죽으면 보험금이 나오니 이 보험금으로 아이들과 아내가 사는 것이 낫다는 생각까지 들었다. 그렇지만 보험금이 얼마 안 되자, "내가 평생 벌면 이것보다 더 나오지 않나" 생각한다.

남성들은 능력 있는 남자로서 직장에 다니고 가족을 부양할 수 있어야 이 사회에서 인정받고 구성원으로 자리 잡을 수 있었다. 그렇다면 남성들은 어떤 정체성을 추구할까? 사회 구성원 되기와 정체성 갖기는 조화를 이룰 수 있을까? 이 역시 서로 엇박자다.

남성들이 바라는 모습은 '직장 일이 아니라 하고 싶은 일을 하는 나 자신'이다. 또 '가족으로서 주어진 역할과 조화를 이루는 나 자신'과 '혼자가 아닌 나'다. 여성들과 비교하면 키워드는 비슷해 보일지 모르지만 내용은 좀 다르다.

남성 2는 직장 일과 하고 싶은 일 사이에서 갈등한다. 취업을 준비하는데 친구들은 취직을 해도 만족스러워하지 않는다. 어떤 친구는 회사 들어간 지 얼마 되지 않았는데 벌써 퇴사를 계획한다. 남성 2는 "과연 남들이랑 똑같이 가야 되는 건지" 고민이다. 성격도 회사와 안 맞다. 남성 2가 이런 고민을 할 수 있는 것은 아직 어리고 가족을 부양해야 하는 책임감으로부터 자유롭기 때문인지도 모른다.

> 다른 분들은 가정을 갖고 계시니까 책임감 때문에. 저는 아직 그런 건 아니니까 그래서 어릴 때 한번이라도 다른 걸 찾아볼까.
>
> — 남성 2, 27세

사람들은 재취업이나 이직을 할 때도 직장 일과 하고 싶은 일 사이에서 갈등한다. 전문성을 살리는 일을 하고 싶지만 기술이나 나이에 밀린다. 남성 1은 이직을 준비했다. 그런데 전공 학위 말고는 별다른 기술이 없다. 또 10년간 전문성을 쌓아온 직종은 나이가 많은 사람들보다는 어린 사람들을 선호해 경쟁에 밀린다. 남성 3은 재취업을 하려고 했는데 동종 업계로는 취직이 되지 않았다. 다른 업종으로 바꾸어 지원도 해보았다. 그런데 경력은 쳐주지 않고 초봉부터 시작해야 한다.

> "무경력에 전공이 다르시고, 이쪽 관련 자격증도 없으신데, 시작은 2300부터입니다" 하더라고요. 그럼 저는 벙찌는 거죠. '이걸 하느니 안 하는 게 낫겠어' 하고.
>
> — 남성 3, 34세

남성들이 '하고 싶은 일'과 직장 일 사이에서 갈등하는 모습은 '가족으로서 주어진 역할과 조화를 이루는 나 자신'과 연결된다. 미혼이든 기혼이든 '가족 부양을 잘하고 싶다 혹은 잘해야 한다'는 모습으로 나타난다. 미혼에 부모 부양을 하지 않는 사람에게는 '아직은 가족 부양으로부터 자유롭다'(남성 2)는 유예된 책임감이 드러난다. 미혼이고 부모를 부양하는 상황이면 '부모를 잘 모시고 싶은'(남성 1) 모습이 드러난다. 부모가 힘든 상황에 처하면 마땅히 몸과 마음을 다해 보살펴드리고 싶다(남성 6). 기혼이면 아무리 하고 싶은 일이 있어도 가족으로서 주어진 역할에 더 무게가 실린다. 남성 7은 가장으로서 가족을 위한 선택을 하지만 건강이 많이 나빠질 정도로 "제 젊음을 버리고 있는 게 아닌가" 고민한다.

> 제가 갖고 있었던 (제 직업)에 대한 이상적인 모습이 이 직장에 와서 많이 망가졌거든요. [...] 가정에서도 지금 제 직장을 버려버리면 가정적으로 경제적으로 문제가 생기다 보니까 이러지도 저러지도 못하고 '제 젊음을 버리고 있는 게 아닌가'라는 생각이 계속 들어서 (건강이) 많이 나빠졌죠.
>
> — 남성 7, 34세

남성 3은 과도한 업무에 시달린 까닭에 첫째의 신생아 때 얼굴을 기억하지 못한다고 한다. 좋은 아버지, 좋은 남편이 되려고 그렇게 열심히 일을 했던 것인데, 일에 얽매여서 아이를 보지 못했다.

> 애는 태어나고 [...] 저는 프로젝트팀 가고 딱 나왔더니 애가 이미 집 안을 막 기고 있는 거예요. 난 뭐 했나. 내 애가 기고, 이제 걸으려고 하고 있는데, 저는 애를 못 본 거예요. 사진만 봤어요.
>
> — 남성 3, 34세

남성 3은 아이가 백일 되기 전에 일을 그만두겠다고 결심하고 아내와 상의한다. 다행히 아내도 일을 하고 있었기에 부부는 남성 3에게 휴식을 주기로 한다. 그렇지만 취직은 쉽지 않고 집에서 혼자 애를 보면서 자괴감에 빠진다.

남성들도 여성들처럼 '혼자가 아닌 나'가 되고 싶다. 그런데 여성은 '혼자'를 대인 관계와 연결해 생각한다면, 남성은 '물리적으로 혼자 있음'에 대한 불안감이나 부담감으로 표현한다. 특히 직장을 구하지 못한 상태에서 '집에 혼자 있다'라는 것은 곧 '능력이 없다'는 의미로 여겨지기도 한다. 남성 1이 일자리가 없을 때, 경제적 압박감이 들었던 것은 아마도 남성 1이 일을 하지 않으면 어머니를 부양할 사람이 아무도 없기 때문이다. 남성 3은 6개월 넘게 취직이 되지 않아서 상심했다. 그 시간 동안 "집에서 일어나서 게임 하고 애 어린이집 보내고 게임 하다가 어린이집에서 받아오고" 그랬다. 자려고 누워 있으면 '나는 병신인가', '이렇게 살다가 죽나' 생각했단다.

정리하면, 남성들은 '능력 있는 남자'로서 직장에 다니며 가족을 잘 부양하기를 요구받는다. 그러나 직장 일과 하고 싶은 일 사이에는 상당한 괴리가 있다. 가족으로서 주어진 역할과도 조화를 이루고 싶은데, 그러려면 하고 싶은 일보다는 어쩔 수 없이 가족을 부양할 수 있는 일을 선택해야 한다. 그런데 그 일들은 업무량이 너무 많아서 좋은 남편이나 좋은 아빠 역할을 할 틈을 주지 않는다. 직장을 버티고 버티다가 건강을 잃기도 한다. 휴식은 사직서를 낸 후에야 주어진다. 그런데 취업이 너무 어렵고 혼자 있는 시간이 길어지면서 '능력 없는 남자'인 것은 아닌지 불안해한다. 남성들도 사회 구성원이 되기에는 자기 자신을 내주어야 할 것이 너무 많다. 하고 싶은 일, 가족 역할, 건강, 휴식 시간까지 말이다.

3. 과거 사회와는 무엇이 다른가?

지금까지 '사회 구성원 되기'와 '정체성 갖기', 이 2가지가 서로 엇박자로 가며 도전이 되는 상황들을 살펴보았다. 그렇다면 과거와 비교했을 때, 현재 사회에서 사는 것이 더 행복하다고 할 수 있을까? 부모 세대와 비교하면 한국이 현재 경제적으로 훨씬 더 잘산다고 할 수 있다. 그때와 비교했을 때 과연 청년들은 더 행복할까?

여성들은 "과거보다 물질적으로는 행복하지만 정신적으로는 불행하다"고 뜻을 모은다. 사회 구조적으로 보면 과거에는 "대학 졸업장과 토익만 있으면 취직"이 되었다. 그리고 근성으로 일을 했다. 보상도 따랐다.

그러나 현재는 '근성으로 하는 노력을 취업 전에 이미 시작했다'고 한다. 그렇지만 이에 대한 보상도 없다(여성 3). 오히려 '왜 취직이 안 되는 걸까?' 고민을 하다 보면 질문의 화살은 사회로 향해 있겠지만, 그 과녁은 자기 자신이 되기도 하다. 그리고 자신을 빼앗기기도 한다. "나랑 얘랑 비슷한 스펙을 가지고 있는데 '내가 얘보다 못하나?' 하는 상대적 박탈감이 더 커져서 우리 세대가 그때보다 기회가 더 적고 더 불행하다고 느끼는 것"(여성 2) 같다.

사회는 풍요로워졌을지 몰라도 삶은 풍요롭지 않다. 사람들은 각양각색이라 풍요로운 삶으로 향하는 길은 다양할 법도 한데 현실에서 그 길은 한정되어 있다. 그 길에 오르지 않으면 살길이 막막하다. "기회는 많아졌지만 개인의 선택 기회는 줄어든" 모순 속에서 살아야 하니 사람들은 서로 경쟁하고 끊임없이 자기를 계발하게 된다. 그런데 자기 계발에는 시간이 들지 않던가. 이 시간은 나이를 뜻하지 않던가. '나이 한 살'마저도 경쟁력인 세상이라 자격증을 하나 따면 나이가 들어 있을 텐데…. 이건 마치 밑 빠진 독에 물 붓기 같다.

기술 발달이 사람들에게 적지 않은 혜택을 주지만, "미디어가 발달된 게 우리가 보고 싶지 않은 것까지 보게 돼서"(여성 8) 상대적 박탈감도 따라온다.

또 사람들이 과거보다 달성하기 어려운 가치들을 추구해야 하는 것인지도 모른다. 과거에는 먹고사는 것이 모두의 목표고 그것만으로 동기가 부여되었다면 지금은 좀 더 복잡해졌다. 과거에는 배부르면 행복했지만 현재는 소속감, 목표나 동기 부여, 사람과 소통도 해야 한다(여성 3). 한편으로 소속감이나 연대 같은 가치들은 과거 공동체 내에서 주어졌거나 있었던 것인데, 현재는 공동체의 부재로 인해 힘들어진 것은 아닌지 묻게 된다.

사람들은 사회 구성원으로서 인정받고 소속감을 느끼기에는 안정성이 없다고 말한다. 언제든 밀려날 수 있고 도태될까 봐 불안하다. 안정적으로 사회 구성원이 되기 위해 요구받는 것들은 끊임없는 자기 계발과 고高스펙이다. 하고 싶은 일과 안정적인 일자리 간에는 괴리가 크기 때문에 하고 싶은 일을 하거나 자기 자신됨을 추구하기 어렵다. 여성들은 취직과 이직할 때 성차별과 연령 차별을 겪고 결혼과 육아를 하며 직장에서 떠밀려난다. 어떤 이유로든 사회로부터 떠밀려났을 때 개인을 품어주고 개인이 의지할 만한 사회가 있을까. 사람들은 그런 사회를 찾지 못한 듯 보인다. 자살을 많이 하는 이유이기도 하다.

관심이 너무 없는 거죠. 개인에게만 미루고 형식적으로만, 의지할 만하지 않다고 생각해요 사회가.

— 여성 7, 32세

사회가 그 사람의 문제를 해결할 수는 없지만 사회에서 괜찮다는 말 한마디만 해주고 작은 실마리라도 줬으면 과연 자살을 했을까 싶어요.

— 여성 4, 31세

사람들은 사회 구성원으로 소속되기도 어렵고, 소속되기 위해 갖춰야 할 조건들은 정체성과 조화롭지 못하고 때때로 자기 자신을 빼앗아가기도 한다.

남성들 역시 "현재가 과거보다 물질적으로 풍요롭더라도 정신적으로는 불행하다"고 뜻을 모은다.

현재에는 다양한 문화생활이 있어서, 문화가 풍족하고 향유할 것이 많다는 것은 행복일지 모른다(남성 2·4·8). 그러나 과거에는 "하면 된다! 해야겠다!"(남성 4)는 미래에 대한 확신이 있었다. 남성 8은 "미래에 대한 사회적인 롤 모델"이라고 표현한다.

아버지 세대 때는 미래에 대한 사회적인 롤 모델이 많잖아요. 발전해나가는 시점이니까, 서양, 유럽이라든가 미국, 서구권의 강국들을 모델로 삼아서 발전해나가면 미래라는 것에 대한 확신이 있었는데 지금 저희 같은 세대는 미래에 대한 확신감이 다소 떨어진다고 보거든요.

— 남성 8, 35세

남성 4는 과거 세대가 "튼튼하게 밟고 올라가는 세대"였다면, 현재는 "하면 살 수 있을까? 될까?" 의문을 가진 세대라고 표현한다. 과거에는 경제 성장 시기로 일자리도 많았다. 그러나 현재에는 "벽"이 있다. 세상은 외형적으로만 커졌지 그 안은 곪았다(남성 4).

남성 3은 사회적인 "삶의 기준선" 이상부터 정서적으로 행복하고 자기만족을 할 텐데, 이 기준선을 충족하기가 어렵다고 한다. 삶의 기준선이란 '적당한 수입으로 먹고살 수 있고 죽을 때까지 굶어 죽을 걱정 없고 자식들에게도 적당한 수준의 재산을 물려줄 수 있는 것'이다. 이 기준선에 다른 사람들도 동의한다. 개인이 욕심이 많아서가 아니라 한국 사회가 못살게, 자기만족을 하기 힘들게 몰아가고 있다(남성 1·4). 기술이 발달되었지만 SNS에서 주변 사람들, 부유한 사람들의 삶을 간접적으로 계속 보게 되고 비교를 하게 된다. 또 어릴 때부터 누리던 것들이 있어서 기준을 낮추기는 어려운데 일자리가 없는 것도 문제다(남성 2·8).

"삶의 기준선" 이상부터 행복해질 텐데, 남성 1은 '이 조건이 안 되거나 안 될 사람이 많다'고 말한다. 우리 사회는 "1년에 2,000만 원으로 살 수 없는 공간"이다. '2,000만 원 쓰고 남겨서 자식에게 줄 수 있겠나. 도리어 빚을 진다. 왜냐하면 물가가 너무 높아 대처할 수 없고, 일자리도 없다.'

"삶의 기준선"뿐 아니라 "사회적 분위기, 기대치(요구치)"가 있다(남성 3). 이것도 개인에게 큰 어려움이자 도전으로 작용한다. 사회적 분위기는 최소한 어떤 직업을 가져야 대우받을 수 있는 분위기인데, 남성 7은 이를 '직업 귀천 있게 만드는 사회'라고 표현한다. 천한 일을 하더라도 더 벌기라도 하면 좋겠는데, 힘든 일을 할수록 더 벌어야 하지만(남성 4), 돈을 버는 사람들은 따로 있다. 보수도 평등하지 않다(남성 1).

사회 기대치라는 것은 주변 사람들(회사, 가정 등 나를 아는 사람들)의 기대치다. 사회 제도가 꼭 그렇지 않아도 주변 사람들이 하는 기대들이 있다. 그래서 "해야 하는 일들, 것들"이 있다. 나로 하여금 그것들을 하게 만드는 기대들이다. 삶의 기준선이나 사회적 분위기도 결국에는 나로 하여금 무언가를 하게 만드는데, 사회 기대치는 내 주변에서 관계를 맺고 있는 사람들로부터 오기에 더 직접적이다. 예를 들어 어느 정도 되는 대학에 가기를 기대하고, 그 대학에 가면 어느 정도 되는 직장을 가기를 기대한다. 그렇지만 내가 할 수 있는 능력(역량)은 늘 사회 기대치보다 적다.

남성 5는 사회 기대치와 개인의 능력 사이의 격차가 있는데, 이 사회는 "항상 위만 바라보고 살고 있다"고 한다. 또 "빵 하나라도 나눠 먹으면 행복하던 시절이 있었다면, 빵 하나 나눠 먹으면 더 불행해진 세상"이 되어버렸다고 한다.

이런 사회 변화는 자살과도 관련 있다. 남성들 역시 자살은 개인보다 사회 구조에 원인이 있다고 말한다. 남성 5는 가장 절실한 것이 돈이 되어버린 이런 사회는 "개인이 자살하게끔 만드는 게 더 많은 것 같다"고 한다. 사람들은 '개인이 나약해서 자살을 선택한 것'이라는 시각을 비판한다.

> 그게 바로 문제인 것 같아요. 일률적인 잣대로 들이대는 거잖아요. 그 사람이 나약해서, 그 사람이 모자라서, "네가 부족해서 네가 죽었어. 네가 잘못된 거야." 저도 물론 그렇게 생각하고 살아왔었는데 그러기에는 지금

말씀하셨듯이 그 나약한 사람이 살기 힘든 세상이 되어버렸으니까.

— 남성 4, 36세

남성 5는 사회 기대치에 부응하는 것이 힘에 부쳤다. 사회 기대치라는 것은 설령 남성 5가 자살을 하더라도 평가로 따라붙는다.

사회 요구치가 있다 보니까 정말 이런저런 걸 해보다가 안 되면 결국 자살을 하게 되는 거고, [⋯] '내가 이 정도면 뭐는 되겠다'라고 생각해서 했는데 현실은 아니잖아요. 그런데 주위 사람들이나 사회에서는 '수석으로 졸업한 정도면 뭐는 할 수 있겠지'라고 생각했는데 실제적으로는 안 되는데 '여기에서 내 업적을 끝낼까, 자살하면 수석으로 졸업했지만, 현실적으로는 안됐다' 이런 걸로 끝나는 타이틀이 되어버리잖아요. 그런 생각도 하게 되더라고요.

— 남성 5, 28세

남성 7은 자살을 생각했던 이야기를 들려준다. 계속되는 실패로 좌절할 때 극복할 수 있게 도와주는 것이 자살을 예방하는 방법이다.

일단 저도 자살을 생각해본 적이 있었는데, 시험에 계속 떨어지고 제가 사회적으로 이루고 싶은 게 있는데, 그게 계속 안 돼서 좌절될 때, 그때 그게 많이 느껴지더라고요. 제 개인적으로는 좌절이라고 하는 것이 자살을 생각하는 가장 큰 원인이 아닌가 생각하고.

그걸 극복할 수 있게 도와주는 게 자살을 예방할 수 있는 방법 아닌가.

— 남성 7, 34세

4. 괴로움을 견디다 못해 아프다

청년 세대들은 무거운 마음을 어떻게 가다듬으며 살아갈까. 무거운 마음이야 남녀 할 것 없이 매한가지겠지만 여성들이 남자들보다 무거운 마음을 잘 가다듬는 듯하다.

여성들은 도전을 감당할 수 있을 때면 친구들을 만나 맛있는 것도 먹고 여행도 가고 춤도 춘다(여성 3·5). 때로는 아무도 만나지 않고 "혼자서 그 시간을 지켜낸다."(여성 7)

그렇지만 감당할 수 없는 도전이 있기 마련이다. 그럴 때면 아픔이 찾아온다. 육아와 직장의 병행으로 어깨나 허리가 꺾이는 듯이 아프고(여성 4), 이직으로 인한 극심한 스트레스로 갑상선 수술을 하고(여성 5), 몸이 시름시름 아프다(여성 3). 회사에서도 얘기를 안 하게 되고 가만히 있어도 눈물이 나고, '이대로 죽었으면 좋겠다'(여성 6) 이런 생각까지 든다.

감당할 수 없는 도전 앞에서 여성은 '선택적 침묵과 선택적 말하기'로 아픔을 보듬었다(여성 2·4·6). 말은 인정해주고 공감해주는 사람들에게만 전해지는데, 그 사람들은 가족이나 형식적인 관계는 아니다. 배우자나 친구 같은 친밀한 사람들에게만 이야기를 꺼낸다(여성 5·6). 단 1명이라도 "그래. 넌 나랑 다르니까, 그렇게 생각할 수 있지." 공감해주고 인정하는 게 중요하다(여성 3).

'자기실현'도 도전에 대응하는 방법이다. 여성 5는 하고 싶은 일을 찾아 이직을 하는데 그 과정이 견디기 어려운 스트레스로 다가오지만, 현재의 직장이 마음을 무겁게 하기에 이로부터 벗어날 수 있다는 생각만으로도 희망이다.

(이직은) 되든 안 되든 일종의 '동아줄' 같은 거예요. 서류가 통과돼서 면접을 보러 가고 떨어지더라도 "언젠가 여기를 탈출할 거다" 그런 심리적인 게 있어서….

— 여성 5, 36세

회피를 선택하기도 한다. 여성 2는 사람들을 만나기보다는 일에서 자기 자리를 찾지만 그때뿐이다.

작년에 안 좋았던 일이 생기고 나서는 아예 사람들을 안 만났어요. 친구고, 가족들도 명절 때 빼고는….

[…] 사람들은 다 '사람을 만나야 된다, 스트레스를 풀기 위해 취미 활동을 해야 된다' 하는데, 공부를 해서 시험을 하나 더 보거나 자격증을 따는 게 훨씬 마음이 편하고 그러다 보니까, 스트레스를 풀고 대처하는 방법이 없다 보니까 이대로 쭉 가고 있습니다.

— 여성 2, 34세

남성들은 어떨까. 남성들은 감당할 수 있는 도전보다 감당할 수 없는 도전들을 더 많이 언급했다. 남성 2는 취업과 하고 싶은 일 사이에서 고민하는데, 이 정도는 감당할 수 있는 도전이다. 그렇지만 "정신적 압박"이 오고, "자다가도 꿈꾸고" 생각보다 스트레스를 받고 있다.

감당할 수 없는 도전들은 남성들에게 이보다 큰 정신적·신체적 아픔을 남긴다. 남성 6은 최근 4년간 지인들이 연이어 떠났다. 할아버지와 할머니, 가장 친한 친구, 아버지가 눈을 감았다. 감당할 수 없었다. "죽는 것 자체에 대한 두려움보다 말로 설명할 수 없는 상실감, 뭔가 자꾸 옆에서 없어진다는 느낌. 그런 느낌 때문에 정신적으로 피폐"해졌고 공황 장애까지 겪었다.

남성 5는 "첫 직장에 있을 때 업무 자체가 혼자 하는 일"이다 보니, 모르는 것이 있어도 알려주는 사람이 없어 "혼자 머리를 쥐어짜고 있다 보니까 몇 달 뒤에 이발을 하는데 아주머니가 머리가 빠져 있다"고 하더란다. 병원에 가보니 치료를 받아야 하는 상황이었다. 그런데 "직장에서 계속 치료하려면 힘드니까 추스르고 나서 복직을 하든가 나가는 걸로 결정하라"고 해서, 퇴사를 결정했다고 한다.

남성 4는 회사를 그만두고 자영업을 시작하면서 "평생 살면서 이렇게 힘든 적은 처음"이라고 한다. 회사를 "언제 잘릴까, 언제 그만둘까라고 생각했던 그 압박감보다", "이 장사가 언제까지 될 수 있을까, 언제 무너질까" 매일 생각을 하다 보니 "안면 마비까지" 왔었다. "이런 걸 못 버티나…" 자신에게 실망도 했다. "낙천적으로 살자, 좋게 살자"라는 좌우명으로 살아왔는데 막상 회사와는 다른 "사회에 부딪히다 보니까 많이 힘든 것 같다."

남성 3은 과도한 업무로 집에도 가지 못한 채 회사에서 먹고 자고 씻으며 격무를 이어갔다. 그런데 "집에 제사가 있어서 가봐야 된다고 담당자한테 보고를 했더니 그쪽에서 하는 말이 '도망 간다'는 식"이었단다. 남성 3은 그때부터 "내가 이 일을 왜 하고 있나" 싫어졌다. 손이 떨리고 혼잣말 하는 횟수가 늘어났다. "그때 생각을 지금 해도 벌써 손이 부들부들 떨리면서 말이 막힌다." 스트레스가 극에 달하니까 아무것도 못하겠고 살도 많이 빠지고 탈모까지 왔었다.

소중한 사람들을 연이어 잃고 과도한 업무를 혼자 감당해야 하고, 감당했지만 회사는 오히려 적반하장일 때 누구든 외롭고 아플 수밖에 없다. 이것은 상식이다.

남성들은 도전에 어떻게 대응하며 스스로를 다잡을까. 감당할 만한 도전일 때 남성 4는 보통 술을 마셨다고 한다. 친구들과 만나서 이야기도 했는데, "내 현실로 다시 돌아오는 순간" 더 우울해진다고 한다. 그래서 아예 '아무것도 안 한다.'

> 그래서 생각한 게 '아무것도 하지 말자. 친구 만나서 놀면 뭐하냐. 나가서 돈만 쓰고 시간 버리고. 예전에 어렸을 때, 20대 때 친구들 만나서 아무 생각 없이 놀던 그때하고는 또 다른 상황이 오더라고요. […] 스트레스를 잊으려고 하는 쪽으로 많이 가는 것 같아요. 게임도 […] 요즘에는 1시간 정도 하면 "하기 싫다. 지겹다" 이런 느낌이 들고.
>
> — 남성 4, 36세

남성 7도 친구들과 만나 술을 마시며 스트레스를 풀고는 했다. 그런데 결혼을 하니 "그것도 제 마음대로 못해서" 집에 빨리 들어가는 것이 마음이 편하다고 한다. 집에 늦게 들어오면 아내가 잔소리를 하는데, 남성 7은 집안일을 얼른 하며 잔소리 듣는 스트레스라도 줄인다. 아내가 집에서 육아를 전담하다 보니 남성 7은 그 어려움을 헤아리는 것이다.

반면 도전들이 버거워 감당할 수 없을 때 사람들은 운동을 하거나 회피 또는 자포자기하거나 참는다. 이런 방법들은 도전들을 해결하는 방향은 아니었다.

남성 6은 운동을 시작했지만 "그걸 잊기 위해 운동을 시작했는데 아이러니하게도 신체적으로는 좋아지고 있고 정신적으로는 안 좋아지고 있는 상황"이다. 또 우울감을 건드리지 않고 회피한다. "굉장히 폭음하는 스타일"이었는데, "컨트롤할 수 있을 정도까지만 먹고 주변 사람한테도" 양해를 구한다. 남성 6도 우울감이 언젠가 '터질 것'이라고 한다. 아버지를 여의고 나서 눈물을 별로 흘리지 않았는데, 현실을 자꾸 회피하는 느낌이 들었다.

게임과 먹고 자는 일도 도전을 회피하는 방법이다(남성 3·5). 남성 3은 재취업을 준비하면서 집에서 혼자 아이를 돌보며, 자괴감을 잊기 위해 게임을 하는데 게임이 끝나면 "게임 폐인" 같은 스스로를 또 책망한다.

> "난 능력 없는 남자인가"라는 생각이 들기 시작하면서, 그때부터는 "몰라, 게임이나 하자." 게임하면 편하잖아요.
>
> — 남성 3, 34세

> 놀다가 게임도 해요. 나도 일자리 나가서 하고 싶고 친구도 만나고 싶은데, 여건이 안 되니까 집에만 있다가, 뭐 해야 되지 싶으면 배만 채우고 그대로 자면서 그날은 잊어버리고 이런 식으로 계속 반복되니까.
>
> — 남성 5, 28세

남성 1은 자포자기를 말한다. 이직을 하려 했지만 쉽지 않았고, 일은 하지 않은 지 7개월이 되고 어머니를 모셔야 하니 이런저런 상황들과 경제적인 압박이 들어오기 시작했다. "그러다 보니까 정신적으로 많이 힘들고, 스트레스를 많이 받다 보니까 어느새 자포자기를 할까라는 생각도 요즘에는 든다." 자포자기란 "아무것도 하고 싶지 않은 것", "지금 아무 생각이 없어지는 것"이다. 안정적인 직장을 가지면 이런 마음이 해소가 될 것 같다.

남성 7은 참는다. 부조리한 직장에서 일하는 까닭에 좌절감과 우울감까지 겪었지만 참았다. 직장이 바뀌기를 기다리는 것이 아니라 아기가 "돌도 안 지났기 때문에" 육아에도 신경을 써야 하는 상황이었다. 이제는 아기가 커서 다른 것을 해보려고 생각한다.

5. 여성들은 회복이 더 어렵고, 남성들은 더 불행하다

우리나라 청년들은 이렇게 무거운 마음으로 살아가고, 무거운 마음을 가다듬다 못해 아픈데, 마음은 안녕한가? 청년 세대의 마음 건강을 다른 국가들에 사는 청년들과 비교해봤다.[18]

그 결과 [그림 3-6]에서처럼 한국에 사는 청년들은 다른 국가들의 청년들보다 긍정 정서도 낮고 심리적 번영도 낮았다. 부정 정서가 적다는 면에서 반가울지 모르지만 긍정 정서와 심리적 번영과 불균형이 심했다. 청년 세대의 마음 건강은 30개국 중 29위로 뒤에서 두 번째였다. 긍정 정서와 심리적 번영은 한국이 최하위였다. 부정 정서가 적기는 하지만 이것도 평균보다 조금 높은 수준이었다.

청년들의 마음 건강을 구체적으로 살펴보니, [그림 3-7]에서처럼 청년들은 즐겁지도 행복하지도 않았다. 또 외로움을 많이 느꼈다. 여성과 남성을 비교해보니, 특히 남성들이 여성들보다 행복하지도 않고 외로웠다. 또 남성과 여성 모두 회복 탄력성이 약했지만 여성이 더 취약했다. 회복 탄력성이란 삶의 위기에 직면했을 때 무너지

[그림 3-6] 청년 세대(만 27~37세) 긍정 정서와 부정 정서 경험 비교

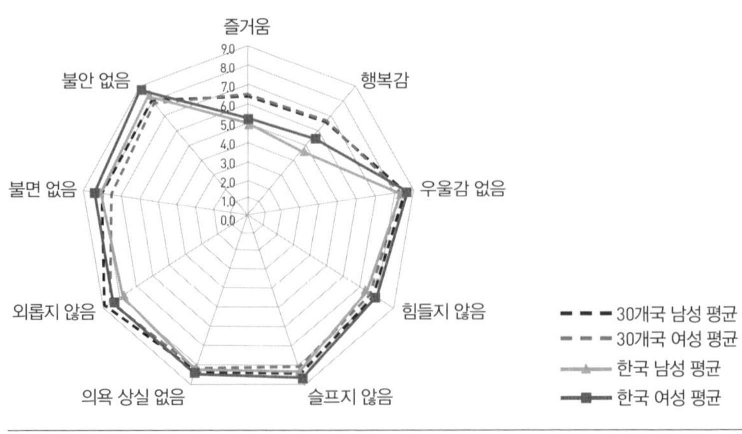

[그림 3-7] 청년 세대(만 27~37세) 심리적 번영의 하위 차원 비교

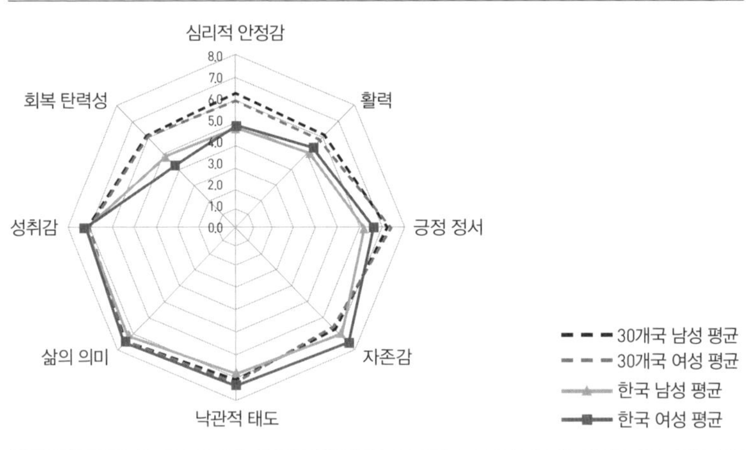

지 않고 다시 일어서는 능력이다.[19]

이런 특징을 한국 청년 여성과 남성이 느끼는 괴로움과 대입해보자. 과거와 현재 사회를 비교하면서 여성들은 불안정성과 소속감,

개인이 선택할 수 있는 기회의 부족을 더 언급했다. 이유는 여성의 취업과 결혼, 육아 문제가 여성의 직업 불안정성과 여성의 '도태'를 가중하는 까닭으로 해석된다. 여성들은 힘들 때 품어주는 사회가 없다고 말했는데, 그런 특징이 낮은 회복 탄력성에도 드러나는 것은 아닐까. 삶 속에서 부족함이나 어려움에 처하면 이를 극복해야 한다. 이를 위해 필요한 자원은 돈이 될 수도 있고 지식이나 정체성, 사회적 지지, 문화적 안정성이 될 수도 있다. 사람들은 이러한 자원들을 잘 활용하는 법을 배워 어려움을 극복한다. 강물에 빠진 상황이 어려움이라면, 강물에 빠져 있을 때 급류로부터 헤엄쳐 나와 다시 강기슭으로 올라가는 능력을 회복 탄력성에 비유할 수 있겠다. 회복 탄력성이 없다는 것은 이러한 자원이 없거나 자원이 있더라도 잘 작동하지 않는다는 뜻이다. 여성들은 강물 속에 빠져 허우적대지만 헤엄쳐 나오기 힘겨워 보인다. 급류가 너무 세기 때문이다.

반면 남성은 가족에 대한 부양 의무와 '삶의 기준선'을 맞춰야 하는 '능력'을 더 언급했다. 직장이 아무리 힘들고 괴로워도 버티고 버텨서 자식을 키운다. 자기 자신이 하고 싶은 일과 건강, 휴식도 반납한 채로 말이다. 남성들에게 일 없이 '혼자 집에 있다'는 것은 물리적인 혼자 됨뿐 아니라 직장에 나가지 않는 능력 없는 사람이라는 뜻이기도 했다. 남성들은 좌절감과 실패를 할 때 사회의 끄트머리까지 밀려난다는 느낌을 말한다. 마치 우리나라 사회에서 남성들은 강물 속에 홀로 빠져 허우적대는데, 허우적거리는 것을 들키면 큰일 나는 듯하다. 사람들이 강물 주변에 모여 '왜 강물에 빠졌나?' 평가하고 손가락질하는 듯한 인상을 준다.

사람들의 말은 어떤 그림을 머릿속에 그려주었다. 바다와 항구를 말이다. 항구에 정박해 있는 배들이 보인다. 바다와 항구는 사회와 같고, 배들은 개인의 정체성이나 추구하는 가치들 같다. 배들은 바다에 나가 큰 바람도 만나고 파도도 넘었다. 지칠 때면 항구에서 쉬어간다. 그렇지만 폭풍이나 어떤 기술상의 문제로 항구에 묶어둔 배의 밧줄도 팽팽해질 때가 있다. 그럴 때면 배들을 다른 배들과 서로 엮든지 해서 갈등을 줄일 수 있으면 좋고(역량을 꾸어오기), 항구에서 새로운 밧줄을 던져줘 메어놓으면 좋다. 믿고 의지할 만하다. 품속에서 안정감도 느낀다. 그렇지만 우리나라는 위기 상황에서 이러한 사회적 기능들이 없는 것은 아닐까. 그래서 청년들은 더 괴롭고 외롭고 불행한 것은 아닐까.

3장

고립되니 아프다

1. 우리는 더 외로워지고 있는가?

하루하루를 바쁘게 살다 보면 마음이 각박해진다.[20] 오늘 내가 누구와 진심 어린 대화를 나누었는지도 생각나지 않는다. 말 한마디가 그립다. 늦은 저녁, 누구에게 말이라도 걸어볼까 싶어 스마트폰의 전화 목록을 뒤져보아도, 누구에게 전화를 걸어야 할지 생각나지 않는다. 망설이며 애먼 스마트폰만 문지르다가 다시 주머니에 넣는다. 마음을 거두는 것이다. 누구나 이런 적이 한 번쯤은 있지 않을까 싶다.

사람은 일생 동안 수많은 관계 안에서 살아간다. 태어나서 말을 배우고 두 발로 일어서기까지 전적으로 부모나 양육자에게 의존한다. 이 시기에는 부모와 양육자, 가족이 관계의 전부다. 그러다가 동네와 학교로 생활 반경이 넓어지면 친구와 이웃이 새로운 관계망에 들어온다. 일을 하게 되면 동료들과 직장 상사와 맺는 관계가 중요해지고, 결혼과 출산을 하게 된다면 배우자와 자녀가 관계의 중심으로 자리 잡는다. 이후 자녀의 독립, 은퇴, 배우자와의 사별 등 삶을 살아가면서 겪는 여러 생애 사건들은 개인이 맺는 사회관계망의 모습을 변화시킨다.

이처럼 개인의 사회관계는 개인의 생애와 맞물려 변한다. 그런데 개인의 생애는 사회 변화의 영향을 받는다. 요즘 세대는 이전 세대와 비교해 더 오래 교육을 받고 더 늦게 결혼하고 아이를 적게 낳으며 더 오래 일하고 더 오래 산다.

지난 20년간 변화를 추적해보면 초혼 연령은 4~5년이 지연되었다. 1995년에 초혼 연령은 남성이 28.4세, 여성이 25.3세였지만 2016년에는 남성이 32.8세, 여성이 30.1세였다.[21] 혼인 연령에 가까워져도 혼인을 하지 않는 인구가 1966~1970년생은 남성이 27.4%, 여성이 10.5%였지만 최근 코호트인 1976~1980년생은 남성의 절반(50.2%), 여성의 3분의 1(29.1%)에 달한다. 혼인을 했다가 이혼이나 별거로 인해 가족이 해체되는 현상도 빈번해졌다.

최근에는 생활을 함께하는 가구원 수의 감소세가 뚜렷하다. 세월을 좀 더 거슬러 올라가 1970년에 평균 가구원 수는 5.2명이었지만 지금은 그 절반인 2.5명에 불과하다. 부부만 함께 사는 가구가 1970년에는 전체 가구의 5.4%에 불과했지만 2015년에는 21.8%로 증가했다. 생계를 혼자 책임지는 1인 가구는 1975년 4.2%에서 2016년 27.9%로 7배가 늘어났다. 1~2인이 거주하는 소규모 가구가 전체 가구의 절반을 넘어선 것이다.[22] 그러다 보니 가족으로 맺어지는 관계망의 모습이 예전과는 사뭇 달라졌다.

도시화와 산업화를 비롯한 사회 경제적 구조의 변화는 사람들 간의 관계를 변모시키는 데 일조했다. 우리나라가 지금처럼 도시화·산업화되기 전에는 친족이나 이웃과의 상호 유대감이 강했다. 이동성이 크지 않은 지역 공동체에서 생활이 이뤄지는 만큼 관계는 비교적 안정적으로 유지되었다. 그러나 70여 년간의 사회 변화는 이전과는 확연히 다른 모습으로 사회관계를 바꾸어놓았다. 도시화·산업화로 사회 이동이 활발해지고 이동 거리도 길어지면서 지역 사회 공동체의 영향력과 친족 간, 이웃 간 유대는 약화되었다.

이에 따라 가족, 친구, 이웃과 접촉하는 횟수도 점차 줄어들고 있다. 서울대 사회발전연구소가 2009년과 2012년에 수행한 조사 자료[23]에 의하면 최소한 1주일에 한두 번 이상 직접 만나거나 전화, 우편, 이메일 등으로 연락한다고 응답한 사람이 가족은 2009년 72.6%에서 2012년 67.9%로, 친구는 2009년 63.6%에서 2012년 62.5%로, 이웃은 2009년에 62.0%에서 2012년에 50.3%로 떨어졌다. 여가를 친구와 함께하는 사람이 2007년에 34.5%였는데, 2014년에는 8.3%로 26.2%p나 감소했고 혼자서 보낸다는 사람도 44.1%에서 56.8%로 12.7%p나 늘어났다.[24]

우리나라 사회에서 사람들 간의 사회관계에 영향을 주는 또 다른 요인은 탈산업화 이후 가속화된 구조적 불안정성과 불확실성의 증가다. 1997년 외환위기 이후 탈근대화, 탈산업화가 본격화되면서 경제, 노동 시장, 복지 제도 등 근대적 사회 제도들이 흔들리고 사회적 위험이 사회 전반으로 확산되었다.

과거와 같은 표준화된 삶의 서사와 장기적인 전망이 불가능해지고,[25] 사회적 위험에 대응해야 하는 책임은 온전히 개인과 가족에게 지워졌다. 불안정성과 불확실성이 구조적 수준에서 증가하다 보니, 개인들은 미시적 수준에서 불안과 공포를 일상적으로 경험한다. 사람들은 심리적으로 위축되고 가족, 이웃, 친구, 동료와의 관계는 점점 더 왜곡된다.

친밀한 관계에 들이는 시간과 노력은 '생산적'이지 않는 한 유예된다. 국가나 사회에서 제공하는 부실한 복지 서비스 때문에 사회적 위험을 책임져야 하는 상황에서 가족은 지원과 돌봄의 관계가 아니라 짐이 된다. 결혼, 출산 같은 안정적인 관계 형성의 기회는 쉽게 주어지지 않는다. 친구는 같은 세대의 경험과 고민을 나누는 동반자가 아니라 경쟁자이고 이웃은 나를 위협할 수도 있는 존재로 다가온다. 그러다 보니 지척에서 나의 삶을 함께하는 사람들은 많지 않고 혼자서 삶을 마감하는 사례도 적지 않아졌다. 최근 사회적으로 관심을 불러일으킨 고독사나 무연고 사망[26]은 친척, 친지, 이웃은 물론 가족과도 단절된 채 홀로 살다가 홀로 생을 마감하는, 사회 변화가 가져온 씁쓸한 관계 변화의 한 단면이다.

그래서 사람들은 외롭다. 한국인의 사회적 웰빙 조사에서 평일 하루에 얼마나 자주 외로움을 느끼는지 물어본 결과에 따르면 5명 중 2명(40.1%)은 하루 동안 때때로 외로움을 느낀다. 그중에는 거의 항상 또는 자주 외로움을 느낀 사람도 8%에 달한다. 특히 70대 이상의 노인들 5명 중 1명(19.4%)은 외로움을 거의 항상 또는 자주 느낀다[그림 3-8]. 70대 이상 응답자의 3분의 1은 배우자와 사별했고, 10명 중 7명은 혼자 살거나 가족 1명과 같이 산다. 외로움을 느낄 만한 환경이다. 흥미로운 것은 20~30대도 외로움을 많이 느낀다는

[그림 3-8] 연령별 외로움을 자주 느끼는 사람들

(단위: %)

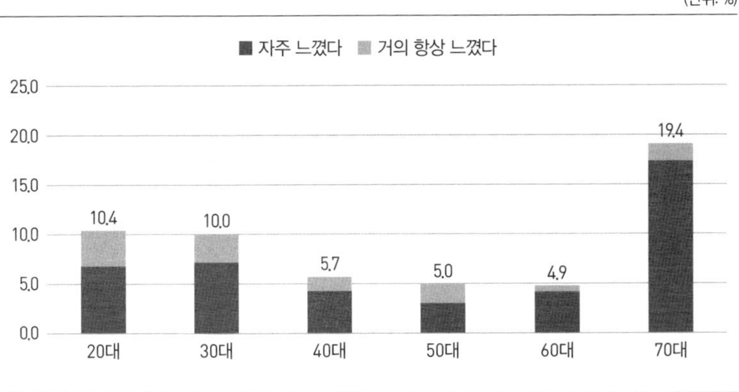

점이다. 이들은 대부분 미혼이고 절반은 3명의 가족과 함께 산다. 그래도 60대보다 2배나 더 외롭다고 토로한다. 거의 항상 외로움을 느낀다고 응답한 사람만 보면 20~30대가 70대보다 더 외롭다. 외로움의 강도가 깊은 것이다.

사실 탈산업 사회의 구조 변화와 불안정성, 불확실성의 증가는 우리나라에만 국한된 현상은 아니다. 유럽의 젊은이들도 취업이 어렵고 삶이 불안한 것은 마찬가지다. 그렇다면 그들도 우리만큼 외로울까? 상당수의 청년들이 외롭다고 느끼는 것이 우리나라만의 현상인지, 혹은 다른 나라 젊은이들도 느끼는 현상인지를 비교해봤다.[27] 결과는 놀라웠다. 다른 나라에 사는 20대 청년들과 비교할 때 한국의 20대가 가장 외로웠다[그림 3-9]. 북유럽에 사는 청년들이 외롭다고 느끼는 비중이 가장 적었는데 3.5%에 불과했다. 한국의 3분의 1 수준이다. 동유럽 국가들의 20대가 대체로 유럽 국가들 중에서 외롭다고 느끼는 데 그 비중은 7.5%다.

[그림 3-9] 외로움을 느끼는 20대 비중

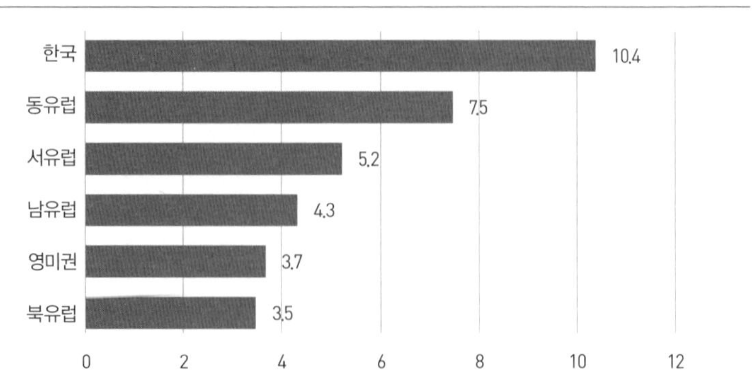

외로움이란 다른 사람과 소통의 결핍과 고립에 대한 경험 또는 이에 대한 평가다. 이는 단순히 물리적으로 혼자 있음이 아니라 심리적인 고립에 대한 주관적 경험이다. 사회관계망의 크기에 대한 277개의 연구를 메타 분석 결과[28]에 따르면, 가족 연결망은 생애를 거쳐 안정적으로 유지되지만 친구, 친지 등을 포함하는 개인적 연결망은 20대 중반에서 30대 초반까지 그 크기가 증가하다가 그 후로 감소한다. 20~30대는 다른 연령대와 비교하여 구조적으로 더 잘 연결되어 있는 세대인 것이다. 그렇다면 한국 청년들이 외롭게 느끼는 것은 연결의 문제라기보다는 친밀한 관계가 결핍된 것으로 보는 것이 옳을 것이다.

유년기부터 경험하는 극심한 경쟁과 미래에 대한 불안은 사람들과 맺는 관계의 문법을 흔든다. 관계 건강의 적신호인 셈이다. 결국 고립과 외로움이 노년뿐 아니라 청년 세대에서도 발견된다는 것은 한국인의 관계 건강이 위기에 직면하고 있음을 보여주는 징후다.

2. 내가 만약 도움이 필요할 때면 누가 날 도와주지?

사회관계는 긴장과 갈등을 불러일으키는 원천이 되기도 하지만 물질적·정서적 자원들을 공유하고 교환하는 잠재적인 경로로써 기능한다. 내가 아플 때, 외로울 때, 어려움에 처했을 때 필요한 도움을 청할 수 있는 누군가가 있다면 그 관계망은 필요한 도움을 받을 수 있는 실질적인 자원resource이 된다. 그뿐 아니라 내가 사랑받고 존중받으며 관계에 소속되어 있다는 믿음을 갖게 한다.[29]

사회적 지지 또는 사회적 지원social support은 타인이나 집단, 공동체로부터 개인이 얻을 수 있는 도움을 말한다.[30] 가족, 친척, 이웃, 친구 등 비공식적으로 도움을 제공받을 수 있는 사회관계와 공식적인 도움을 얻을 수 있는 전문가 또는 공적인 기관 등이 사회 지원망social support network을 구성한다. 사회적 지지는 일상에 필요한 정서적·정보적·경제적 지원을 중요한 타인으로부터 얼마나 얻고 있는지, 또 얻을 수 있다고 인식하고 있는지를 느끼는 정도로 파악된다.[31] 그래서 사회관계가 흔들리면 사회 지원망도 흔들린다.

한국인의 사회 지원망은 다른 나라와 비교했을 때 어떤 특징이 있을까. 한국인의 사회 지원망의 질은 다른 국가들에 비해 낮은 수준이다. 2015년 OECD의 '더 나은 삶의 지표'에 따르면 한국에서 문제가 있을 때 도움을 요청할 친척이나 친구, 이웃이 있는지를 묻는 문항에 대해 한국은 72%만이 있다고 답했다. OECD 국가의 평균은 88%다. 한국은 OECD 국가들 중 최하위권이다. 더 큰 문제는 사회 지원망의 질이 점점 악화되고 있다는 점이다. 도움을 요청할 대상이 있는 사람이 2011년에는 81%였고 2013년에는 80%였는데 2015년에는 72%로 불과 2년 사이에 8%p가 하락한 것이다. 2017년에는 76%로 다소 증가했지만 여전히 OECD 국가들 중 가장 낮다.

한국인은 지원망 중에서 사적인 지원망에 대한 의존도가 상대적으로 강하다. 특히 외환위기 이후 '가족 중시 경향과 연고주의가 강화'되는 경향이 강해지면서 가족과 연고는 의지할 것 없는 사람들의 '안식처'로 기능할 것을 기대 받았다.[32] 유교적 전통이 강하게 남아 있는 한국은 가족 중심의 지원망이 다른 나라와 비교해 강하다고 인식되어왔다. 그러나 사실 가족은 어느 사회, 어느 체제를 막론하고 가장 핵심적인 지원망이다. 2001년 ISSP 조사에 참여한 28개국을 대상으로 자료를 분석해보면 배우자를 포함해 가족은 가사 지원의 88%, 경제적 지원의 51.5%, 정서적 지원의 64.3%를 차지한다.

한국인의 사회 지원망이 다른 국가들과 차이가 나는 지점은 다른 데 있다.[33] 우선 친구, 이웃, 동료 등 가족의 범위를 넘어서는 지원망의 중요성이 크다. 가사에 대해서 한국인은 배우자에게 가장 많이 도움을 요청하기는 하지만 다른 국가들과 비교해보면 상대적으로 배우자 의존도가 낮다. 대신 친구, 이웃, 동료에게 의존하는 비중이 높다. ISSP와 한국종합사회조사Korean General Social Survery, KGSS 자료[34]에 따르면 가사에 도움이 필요할 때 배우자에게 우선 도움을 요청한다는 응답이 ISSP에 참여한 28개국의 평균이 54%인 데 비해 한국은 43.3%다.

큰돈을 빌릴 대상도 한국은 다른 국가들에 비해 친구, 이웃, 동료 등 친지 의존도가 높다. ISSP 28개국의 평균이 6.5%에 불과한 데 반해 한국은 19.1%가 친구나 이웃, 동료에게 경제적 도움을 구한다. 정서적 지원망의 경우에는 친구, 이웃, 동료에 대한 의존도가 더 커서

5명 중 1명(20.7%)만 배우자에게 의지하고 절반 이상(55.3%)은 친구, 이웃, 동료에게 의지한다. ISSP 28개국 평균 5명 중 2명(41.5%)이 배우자에게, 1명 정도(24%)가 친구, 이웃, 동료에게 정서적인 도움을 요청하는 것과는 정반대다. 한국의 경우 배우자와 가족 이외 지인에게 의지하는 경우가 ISSP 28개국 평균에 비해 2배 이상 높은 것이다.

한국인의 사회 지원망의 또 다른 특징은 지원 기능에 따라 핵심 지원 요청 대상이 분화되어 있다는 점이다. 한국의 경우 가사 지원은 배우자에게, 경제적 지원은 가족에게, 정서적 지원은 친구, 이웃, 동료 등에게 부탁한다. 반면 ISSP에서 조사한 다른 국가들에서는 가사 지원뿐 아니라 정서적 지원도 배우자에게 의지하는 경우가 가장 많다. 한국의 경우 유교적 전통에 뿌리를 둔 위계적 집합주의가 배우자를 포함한 가족 간의 감정적이고 정서적인 교환을 저해하는 요소로 지목되기도 하는데,[35] 친구, 이웃, 동료 등 친지와의 관계는 이를 대신하는 역할을 하고 있는 것이다. 그러므로 최근 가족 관계, 친구, 이웃 등 사적 관계가 소원해지는 현상은 한국인의 사회 지원망에 적지 않은 변화가 있을 것임을 암시한다.

그렇다면 최근 10년간 한국인의 사회 지원망이 어떻게 변했는지 살펴보자. 2004년 '한국종합사회조사'와 2015년 한국인의 사회적 웰빙 조사 결과[36]를 보면 한국인의 지원망이 갖는 기능적 분화라는 특성이 여전히 유지되고 있음을 확인할 수 있다. 즉 가사 지원의 경우 배우자에게 가장 많이 도움을 요청하고, 경제적 지원은 배우자 외의 가족에게, 정서적 지원은 친척, 친구, 동료, 이웃 등 가족 외의 지인에게 도움을 요청하는 사람이 가장 많다[그림 3-10].

그러나 다소 변화된 모습도 찾아볼 수 있다. 최근 10년간 가사 지

[그림 3-10] 지원 내용별 사회적 지원망 변화

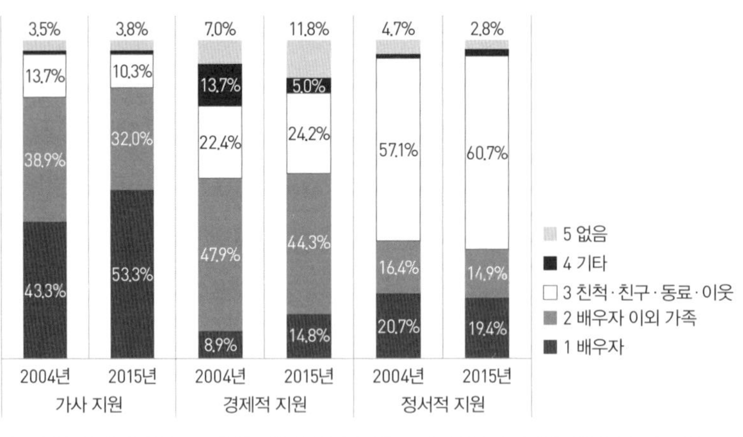

원과 경제적 지원 면에서 배우자에 대한 의존도가 증가하는 대신 배우자 외의 가족에 대한 의존도는 줄어들었다. 2004년과 비교해 가사 지원과 경제적 지원에 대해 배우자 의존도가 각각 약 10%p, 6%p 증가한 데 비해 배우자 외 가족에의 의존도는 약 7%p와 4%p 감소했다. 즉 배우자를 제외한 가족 지원망은 지원망으로서의 중요도가 상대적으로 약화된 것이다. 이는 부부와 자녀, 부부와 부모로 구성된 2세대 가구는 감소하는 대신 부부 중심의 1세대 가구가 증가하고, 평균 기대 수명이 늘어나면서 결혼한 사람이 배우자와 함께하는 기간이 늘어난 추세와 무관하지 않을 것이다. 친구 등 가까운 지인에 대한 의존도는 가사 지원에 대해서는 약간 감소했으나 경제적 지원이나 정서적 지원에 대해서는 다소 증가했다. 지원을 요청할 대상이 없다는 응답은 가사 지원이나 정서적 지원에 대해서는 큰 변화가 없으나 경제적 지원에 대해서는 2015년에 약 5%p 증가했다.

[그림 3-11] 지원 내용별 지원 요청 대상

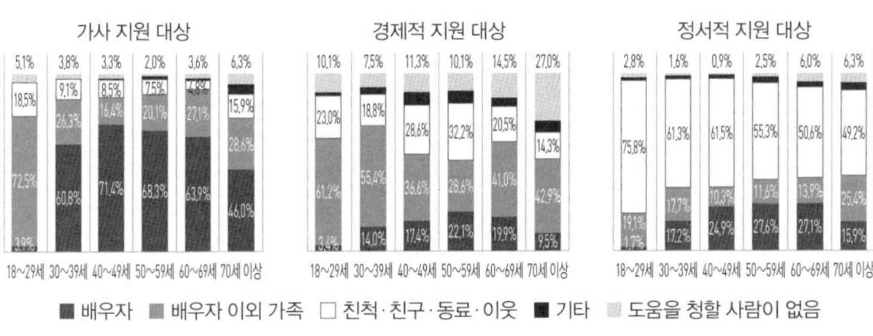

앞서 언급했듯이 사회관계의 변화는 생애 주기의 변화와 같이 간다. 나이가 들면서 가족, 친구, 이웃과의 관계가 재조정된다는 말이다. 2015년 자료[37]를 대상으로 가사 지원, 경제적 지원, 정서적 지원 요청 대상의 변화를 연령별로 살펴보면, 생애 주기에 따른 지원망의 변화를 미흡하나마 가늠해볼 수 있다[그림 3-11]. 가사 지원의 경우부터 보자. 대다수가 미혼인 20대는 아플 때 집안일을 부탁하는 대상이 배우자 외 가족이나 친구·친지 등인 경우가 대부분(91%)이지만, 평균 결혼 연령기를 지나는 30대부터는 그 대상이 배우자로 바뀌다가 60대를 넘어가면서 배우자는 줄고 가족이나 친구·친지가 다시 늘어난다.

경제적 지원은 생애 전반에 걸쳐 배우자 외의 가족과 친구·친지가 지원 요청의 60~70%를 차지하고 있다. 배우자에 대한 의존도는 50대까지 늘어나다가 그 후에는 줄어든다. 배우자 외의 가족은 20~30대에 주요 지원 대상이다가 가족으로부터의 경제적 독립 시기를 넘어서는 40대에 들어서면 배우자에 대한 의존도가 느는 것과 함께 줄어들다가 60대 이후 다시 늘어난다. 눈여겨볼 것은 돈을 빌릴 대상이 없다고 하는 사람들이 전 연령층에 걸쳐 10% 내외로 존재하며, 70대 이상이 되면 돈을 빌릴 대상이 없다고 응답한 사람이 27%로 크게 늘어난다는 점이다. 76세 이상 노인 상대 빈곤율[38]이 60.2%로 OECD 국가 평균(14.6%)과 비교해 압도적으로 높고[39] 국민연금 혜택을 받지 못하는 이들 집단이 돈을 빌릴 만한 대상도 없다는 것은 이들 삶의 고단함이 어느 정도인지를 짐작하게 한다. 한편 징서적 시원은 전 생애를 거쳐 친구나 친지에게 요청하는 경우가 절반 이상을 차지한다. 특히 20대의 4명 중 3명(75.8%)은 우울하거나 스트레스를 받을 때 친구나 친지에게 기댄다. 30대 이후에는 배우자에 대한 의존이 늘다가 70대가 되면 배우자나 배우자 외의 가족에 대한 의존이 늘어난다.

3. 누가, 어떤 상황에서 고립되는가?

사회적 지지는 도움의 유형, 도움의 대상과 방향 그리고 실질적 도움인지 아니면 잠재적 도움, 즉 도움을 줄 것으로 인식하고 있는지 등의 요소들이 복잡하게 결합해 특정한 구조를 형성한다. 앞에서도 확인했듯이 사회관계망 안의 관계들은 필요한 도움이 무엇이고, 얼마나 되는지에 따라 적절한 도움을 줄 수 있다고 판단되는 특정 사회관계를 지원 요청 대상으로 선택한다. 이러한 과정으로 인해 개인의 사회 지원망의 특징적 구조가 형성된다. 그 지원망 구조는 개인이 어떠한 타인과의 관계 속에 있는지를 드러낸다.

도움의 유형과 도움 요청 대상을 토대로 한국인의 지원망이 어떤 구조로 형성되어 있는지를 잠재 집단 분석 기법을 이용해 확인해보

[그림 3-12] 사회 지원망 유형별 사회 인구학적 특성

(단위: %)

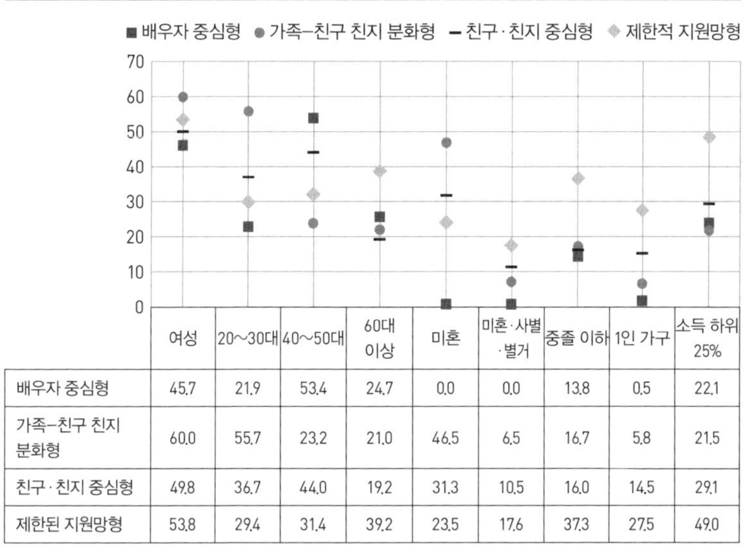

	여성	20~30대	40~50대	60대 이상	미혼	미혼·사별·별거	중졸 이하	1인 가구	소득 하위 25%
배우자 중심형	45.7	21.9	53.4	24.7	0.0	0.0	13.8	0.5	22.1
가족–친구 친지 분화형	60.0	55.7	23.2	21.0	46.5	6.5	16.7	5.8	21.5
친구·친지 중심형	49.8	36.7	44.0	19.2	31.3	10.5	16.0	14.5	29.1
제한된 지원망형	53.8	29.4	31.4	39.2	23.5	17.6	37.3	27.5	49.0

면 대략 4가지 유형이 도출된다.[40] 도움이 필요한 여러 상황에서 주로 배우자에게 의지하는 집단(배우자 중심형), 가사 지원이나 돈이 필요할 때는 가족에게, 위로가 필요할 때는 친구에게 의지하는 집단(가족–친구 친지 분화형), 배우자도 가족도 아니고 주로 친구와 친지에 의지하는 집단(친구·친지 중심형), 특정 도움에 대해 도와줄 사람이 없는 집단(제한적 지원망형)이 그것이다. 한국인의 39%가 배우자 중심형에, 28%가 가족–친구 친지 분화형에, 28%가 친구·친지 중심형에 속한다. 지원망이 제한적인 집단도 5%나 된다.

그런데 각각의 유형으로 구분되는 집단은 사회 경제적인 면에서 뚜렷하게 특징이 구별된다[그림 3–12]. 우선 배우자 중심형은 평균 연령이 50.1세로 가족–친구 친지 분화형이나 친구·친지 중심형보다 연령이 높다. 연령별로 보면 40~50대가 많고 기혼 남성이 많다. 교육 수준과 소득이 상대적으로 높다. 가족–친구 친지 분화형은 평균 연령이 41.2세로 4개 유형 중 가장 젊고 주로 20대의 미혼 여성이 많다. 친구·친지 중심형은 평균 연령이 44.7세로 낮지만 연령대별로 보면 젊은층과 장년층으로 나눠져 있으며 상대적으로 미혼이거나 이혼, 사별, 별거자 비중이 높다. 마지막으로 제한적 지원망형은 이혼, 사별, 별거 상태에 있는 노년층의 1인 가구가 많다. 또한 중졸 이상이 37.3%로 전체 평균(16.4%)의 2배가 넘으며 가구 소득 하위 25%에 속하는 사람이 절반 가까이(49%)나 되는 등 저학력, 저소득층 노인 1인 가구에 집중되어 있다.

지원망이 제한적인 사람들의 특성을 조금 더 들여다보면 이들이 사회 경제적으로 취약층임을 알 수 있다. 사회관계망은 그 사회의 구조적 조건과 맥락에 배태되어 있다. 개인이 복합적인 사회관계망 속에서 필요한 도움을 얻기 위해 도움받을 수 있는 대상을 선택할 때, 이러한 선택은 상당 부분 구조화되어 있다는 얘기다.

예를 들어 사회 연결망은 보통 비슷한 사회 경제적 배경을 가진 개인들로 구성되는데,[41] 그러다 보니 사회 경제적 지위가 낮은 사람들은 상호 연결되어 있더라도 도움이 필요한 정도가 비슷해서 사회 경제적 지위가 높은 사람들에 비해 도움을 요청할 수 있는 대상이 제한된다.[42] 다시 말하면, 경제적으로 가난하고 사회적 지위가 낮은 사람들의 지원망은 그 반대인 경우와 비교해 도움을 요청할 대상도 마땅치 않고 주고받는 자원도 충분하지 못한 경우가 많다는 것이다. 제한적 지원망으로 분류된 집단이 저소득과 저학력에 독거노인이라는 것은 바로 이 점을 확인시켜준다. 사회 경제적으로 취약한 상황이 지원망의 허약함으로 이어지고, 지원망의 허약함이 다시 사회 경제적 지위를 악화시키는 악순환이 발생하고 있는 것이다.

4. 고립되니 몸도 마음도 아프다

사회 연결망social network은 개인과 사회 수준에서 건강에 여러 경로로 영향을 주며, 궁극적으로는 개인의 삶의 질과 사회의 질을 증진시키는 데 중요한 역할을 하는 것으로 알려져 있다. 사회 연결망이 건강에 영향을 끼치는 여러 경로 중에서도 사회적 지지는 개인의 신체적·정신적 건강에 영향을 끼치는 가장 중요한 경로다.[43]

개인이 맺는 사회관계에서 안정적이고 효과적인 사회 지원망의 존재는 다양한 사회적 위험이 발생했을 때 실질적인 지원을 받을 수 있는 자원이 될 뿐만 아니라 스트레스를 완화하고 심리적 안정을 가져오며 건강에 도움이 되는 행동을 촉진하는 기제로 작용한다.[44]

지원을 받는 사람은 타인이 자신을 지지한다는 굳건한 믿음을 갖게 되면, 관계에 대해 긍정적으로 인식하고 건강한 자아를 갖게 된다. 이 믿음은 스트레스 수준을 낮추는 직접적 효과로도 이어진다.[45] 또 정보적 지원이나 도구적 지원을 통해 수혜자가 문제를 해결하는 것을 돕거나, 기분 전환이나 돌봐주기, 이해하기 등 정서적 지원을 통해 스트레스를 간접적으로 경감시키는 완충 효과를 낳기도 한다.[46] 반대로 사회 지원망의 부재나 부실은 사회적 고립감과 외로움을 가져오며 이로 인한 우울증 위험과 정서적 불안을 증가시키는 한편 주관적 웰빙subjective Well-being을 떨어뜨린다.[47]

홀로 살고, 사회관계가 거의 없고, 만나는 사람도 거의 없다는

[그림 3-13] 사회 지원망 유형별 신체 및 마음 건강

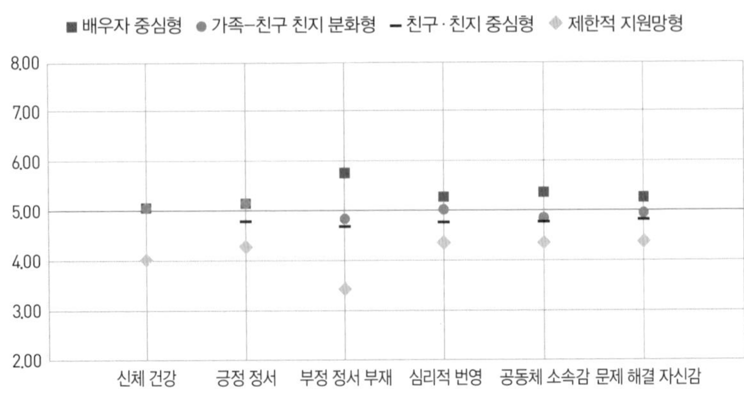

것은 사회적 고립의 전형적인 예다. 그런데 사회적 고립은 사망률을 높인다. 최근 외로움과 사회적 고립이 사망률에 어떠한 영향을 주는지를 확인하기 위해 기존의 연구들을 모아서 메타 분석한 결과[48]는 이를 경험적으로 분명하게 보여준다. 외로움과 사회적 고립은 조기 사망률을 높이는 위험 요인으로, 사회적 접촉이나 소통 또는 사회 활동에 참여가 거의 없는 경우, 혼자 사는 경우, 외로움을 느끼는 경우 사망률은 그렇지 않은 사람에 비해 각각 29%, 32%, 26%가 증가한다.

그렇다면 한국인의 사회 지원망과 건강은 어떤 관련성이 있을까. 사회 지원망 유형에 따라 신체 건강과 마음 건강 그리고 집합 의식이 차이가 나는지 확인해보았다. [그림 3-13]을 보면 배우자 중심의 지원망을 가진 사람이 신체적으로나 심리적으로 다른 집단에 비해 건강하다는 것을 알 수 있다. 또한 공동체 소속감이나 문제 해결에 대한 자신감도 높다. 반면 제한적 지원망형에 속하는 사람들은 신

[그림 3-14] 사회 지원망 유형별 사회적 웰빙 하위 요소 특징

(단위: %)

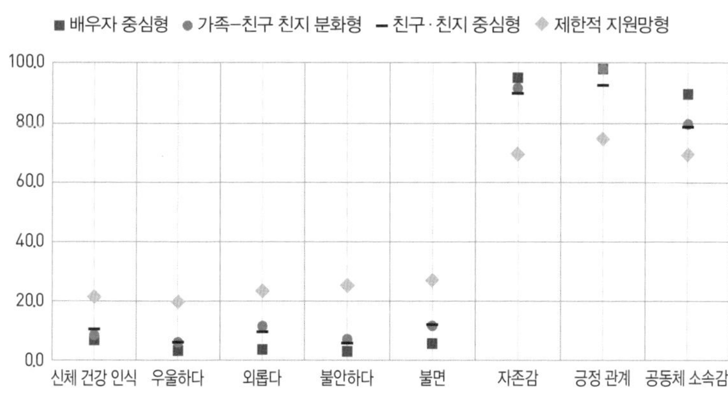

체적으로나 심리적으로 가장 건강하지 않고, 공동체 소속감이나 문제 해결 자신감 또한 낮다. 게다가 다른 집단과의 차이도 크다. 가족-친구 친지 분화형과 친구·친지 중심형은 배우자 중심형보다는 심리적 건강이나 공동체 소속감, 문제 해결 자신감이 낮지만 제한적 지원망형보다는 건강하다. 다른 집단과 제한적 지원망형에 속하는 사람들 간의 차이는 긍정적인 감정보다는 부정적인 감정의 정도에서 좀 더 두드러진다.

지원망이 제한적인 사람들의 건강 상태를 좀 더 세밀히 들여다보자[그림 3-14].[49] 배우자나 가족 중심의 지원망을 가진 사람들과 비교해보면, 제한적 지원망을 가진 사람들은 자신의 건강이 나쁘다고 생각한다. 또한 우울감, 외로움, 불안, 불면 등의 부정 정서를 더 자주 또는 거의 항상 경험한다. 자존감과 공동체에 소속되어 있다는 인식이 낮고 자신들을 진심으로 걱정해주는 사람이 없다고 생각하는 사람이 많다. 사회 구성원으로서의 소속감도 상대적으로 덜 느낀다. 이러한 결과는 관계 건강에서의 취약함이 신체, 마음, 집합 의식의 여러 영역에서의 취약함과 연결되면서 전반적으로 사회적 웰빙을 낮출 수 있다는 것을 의미한다. 실제로 신체, 마음, 관계, 집합 의식을 종합한 사회적 웰빙 점수가 제한적 지원망을 가진 집단의 경우 3.3점으로 평균인 5점에 많이 못 미친다.

5. 사회적 배제에 대한 해결책이 필요하다

근대화와 탈근대화 과정을 거치면서 전통적으로 친척, 이웃, 동료 등 가족 외의 관계를 통해 얻을 수 있었던 다각적인 지원 기능이 가족으로 내부화하는 경향이 나타난다. 특히 복지 제도가 발달하지 않아 사회적 안전망이 부실한 한국의 경우 외환위기 같은 충격은 사회 경제적인 불확실성에 대처하기 위한 방편으로 가족원 간의 의존 경향을 강화시키는 방향으로 작용한다.[50] 이런 경향에 비춰볼 때 배우자나 가족을 핵심 지원망으로 가지고 있는 사람들의 신체와 마음 건강이 그렇지 않은 사람들에 비해 상대적으로 더 좋다는 결과는 뒤집어보면 이를 핵심 지원망으로 형성할 수 없는 집단의 지원망의 불안정성을 드러내는 것이라고 할 수 있다. 결혼의 원하지 않는 지연, 이혼, 사별, 별거로 인해 가족 해체를 경험하는 사람들은 이를 대체할 만한 별다른 안전망이 없을 때 유효한 지원망을 형성하는 데 1차적으로 불리한 위치를 차지하게 된다.

지원망의 허약함은 경제적·사회적으로 양극화되어 있는 구조에서 더 큰 취약함으로 드러난다. 양극화는 서로 다른 사회 경제적 지위에 있는 사람들 간의 거리를 확대하고 이로 인해 사회 지원망의 불평등은 더욱 심화된다. 지원망이 제한적인 사람들이 빈곤한, 저학력의, 가족과 단절된 1인 노인 가구에 집중되어 있다는 것은 이들이 '삼중 배제triple exclusion'[51]의 문제를 겪고 있다는 것을 의미한다. 즉 이들은 경제적으로, 사회적으로 그리고 사회관계망에서의 배제가 중첩되어 낮은 질의 삶을 살아내고 있는 것이다.

따라서 사회적 웰빙을 증진하려면 이러한 삼중 배제의 악순환의 고리를 끊어내는 사회적 노력이 필요하다. 또한 이들의 허약한 지원망이 신체와 마음 건강, 집합 의식에 부정적인 영향을 준다는 사실은 결국 사회 구조적으로 존재하는 불평등과 양극화의 문제를 해결하는 것 없이는 사회적 웰빙을 높이는 것은 불가능하다는 것을 우리에게 가르쳐준다.

4장

백 없으니 힘들다

1. 성공하려면 백이 있어야 한다?

대부분의 사람들은 인생에서 성공을 꿈꾼다. 성공의 내용이 무엇이든 삶에서 성공은 우리를 행복하게 한다. 살아가면서 얻는 작은 성공들에 우리는 기뻐하고 반대로 실패했다는 생각이 들 때 절망한다. 성공에 대한 욕망과 실패에 대한 두려움은 성공에 매진하게 되는 동력이 되기도 하고 때로 몸과 마음을 압박할 만큼의 스트레스로 다가오기도 한다.

성공의 가능성을 조금이라도 높이기 위해서 우리는 어떻게 하면 성공할 수 있는지를 알고 싶어 한다. 가장 손쉬운 방법은 성공한 사람에게 어떻게 성공할 수 있었는지를 물어보는 것이다. 성공한 사람들의 답은 대체로 열정을 가지고 열심히 최선을 다했다고 말한다. 그리고 자기처럼 열심히 노력한다면 우리도 성공할 수 있을 것이라고 말해준다. 그러나 노력한 사람들 모두가 성공하지는 못한다는 사실을 우리는 경험적으로 알고 있다.

사실 성공의 조건은 한 사회가 사회적 지위를 평가하고 배분하는 규범과 규칙과 맞물려 있다. 사회적 지위가 출생 신분에 의해 결정되던 신분제 사회에서 성공은 특정 신분의 전유물이었다. 태어날 때 이미 신분에 따라 성공할 수 있는 층이 나눠지고 성공이 허락된 이들 간에 동원할 수 있는 자원과 노력의 차이에 따라 성공의 수준이 달라질 뿐이었다. 한마디로 '그들만의 리그'였던 셈이다. 근대 사회로 넘어오면서 신분제 철폐와 평등사상의 확산은 능력과 자질이 있다면 그리고 열심히 노력한다면 출신 배경에 상관없이 누구든 성공할 수 있다는 희망을 가져다주었다. 우리 사회는 이제 사회의 자원과 지위의 분배가 개인의 사회 경제적 배경과 관련된 귀속적 특성보다는 개인적 성취에 근거해야 한다는 신념을 공유하고 있다.

그렇다면 우리는 누구에게나 성공의 기회가 열려 있는 사회에 살고 있는가? 성공에 대한 열망을 가지고 열심히 노력하면 성공할 수 있는가? 2009년에 40개국이 참여한 ISSP의 결과는 흥미롭다.

2009년 조사는 성공 요인들을 늘어놓고 그 나라에서 각각의 요인들이 성공하는 데 어느 정도 중요하다고 생각하는지를 물어보았다. 유럽 선진국과 미국과 영국 등 영미권 국가, 아르헨티나, 칠레 등 남미, 중국, 일본, 한국 등 서로 다른 발전 단계에 있고 서로 다른 문화권에 속한 40개국이 참여했다. 결과는 '열심히 일하는 것'(75.7%), '본인의 좋은 학력'(72.6%), '야망을 갖는 것'(71.0%), '좋은 사람을 아는 것'(55.2%), '높은 교육을 받은 부모'(42.9%), '부유한 집안 출신'

[그림 3-15] 성공 요인의 중요도

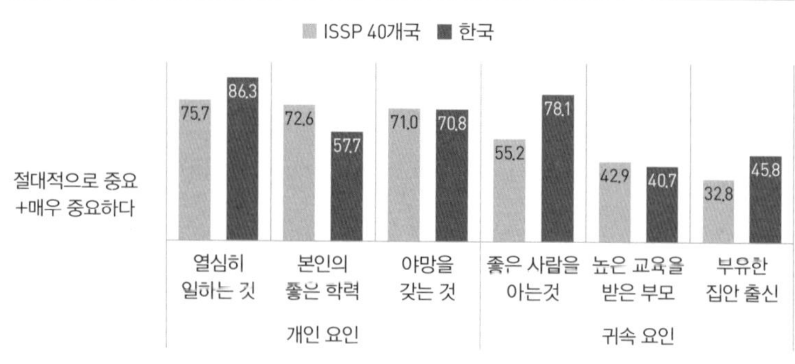

(32.8%) 등의 순으로 중요하다('절대적으로 중요하다'와 '매우 중요하다'를 합한 값이 기준)고 응답한 사람이 많았다[그림 3-15].

근면한 태도, 학력, 야망 등을 성공하는 데 필요한 개인 요인으로, 인맥이나 부모의 교육 수준 그리고 집안 배경 등을 귀속 요인으로 본다면 개인 요인을 귀속 요인보다 중요하게 생각한다는 것을 알 수 있다. 한국도 '열심히 일하는 것'이 중요하다고 응답한 사람이 86.3%로 가장 많았다. 그런데 그다음으로 중요하다고 응답한 사람이 많았던 요인은 '본인의 좋은 학력'이나 '야망을 갖는 것'이 아니라 '좋은 사람을 아는 것'이었다. '좋은 사람을 아는 것'이 성공에 중요하다고 응답한 사람이 78.1%로 한국을 제외한 39개국의 평균인 53.3%와 비교해 월등히 높다. 게다가 3명 중 1명(32%)은 인맥이 성공에 '절대적으로' 중요하다고 응답했다.

최근 퓨리서치센터Pew Research Center가 수행한 조사에서도 유사한 결과가 나왔다.[52] 퓨리서치센터는 2014년에 '본인의 좋은 학력', '열심히 일하는 것', '좋은 사람을 아는 것', '운이 따르는 것', '부유한 집안 출신' 등이 성공하는 데 어느 정도 중요하다고 생각하는지를 0(전혀 중요하지 않음)에서 10점(매우 중요함) 중 선택하도록 했다. 전체 44개국이 조사에 참여했는데, 그 결과 '본인의 좋은 학력'이 성공에 매우 중요하다(10점)고 응답한 사람이 60%로 가장 많았다. 그다음 '열심히 일하는 것'(50%)이 중요하다고 응답한 사람이 많았고, '좋은 사람을 아는 것'(37%), '운이 따르는 것'(33%), '부유한 집안 출신'(20%) 등이 뒤를 이었다. 여전히 성공은 자기 하기 나름이라는 인식이 지배적임을 알 수 있다.

그런데 한국은 매우 중요하다고 응답한 사람이 가장 많은 항목이 '좋은 사람을 아는 것'(39%)이었다. 그다음이 '열심히 일하는 것'(34%), '본인의 좋은 학력'(30%), '부유한 집안 출신'(12%), '운이 따르는 것'(11%) 순이었다. 한국은 44개국 중 성공하는 데 매우 중요하다는 응답이 가장 많은 요인이 '좋은 사람을 아는 것'인 유일한 국가였다.

사실 한국 사회는 인맥에 의해 좌우되는 사회라는 인식은 어제오늘 얘기가 아니다. 구직 과정만 보더라도 한국은 인적 네트워크를 통해 구직 정보를 얻는 사람들의 비중이 전체 구직 경험이 있는 사람들의 절반(50.1%)에 이른다.[53] 구직 과정에서 타인의 추천이 중요하게 작용하는 미국이 44.3%, 우리와 구직 환경이 비슷한 일본이 41.3%다. 공적인 직업소개소가 잘 갖춰져 있는 핀란드나 덴마크 같은 나라는 구직 과정에서 인적 네트워크를 동원하는 비중이 각각 25.8%와 28.1%에 불과하다.[54]

실제로 한국에서 인적 네트워크를 통해 구직에 성공한 사람이 얼마나 되는지를 추정해본 연구들은 그 비중이 적게는 30%, 많게는 60%에 이르는 것으로 보고 있다.[55] 인맥이 작동하는 곳은 구직 과정뿐만이 아니다. 한때 정치권에 회자되던 고소영(고려대, 소망교회, 영남 출신), 성시경(성균관대, 고시, 경기고등학교 출신) 내각 등과 같은 신조어는 고위 공직으로 진출하는 데 인적 네트워크의 힘이 강하게 작동하고 있다는 것을 여과 없이 드러낸다.

성공이 인맥이나 집안 배경에 달렸다는 것은 성공이 나의 통제권 밖에 있다는 것을 의미한다. 반대로 개인의 노력이나 능력을 성공의 우선 조건으로 생각한다는 것은 성공 여부가 내게 달렸다는 것, 즉 성공 여부가 나의 통제 아래에 있다는 것을 의미한다.

퓨리서치센터의 2014년 조사 결과를 다시 언급하자면, 한국은 4명 중 3명(75%)이 성공이 내가 통제할 수 없는 요인에 의해 결정된다는 데 동의하고 있다. 44개국 중 최고 수준이다. 개인주의적 성향이 강한 미국은 40%이고 한국같이 인맥이나 출신 배경을 중요하게 생각하는 중국도 58%에 불과하다. 성공과 실패가 내게 달려 있지 않다면, 내가 아무리 노력한들 성공이 보장되지 않는다면 노력할 이유가 없지 않은가? "노력의 사회에서 포기의 사회로"[56]라는 우려가 나오는 배경이다.

2. 연줄이 중요하다고 생각하는 사람들

이처럼 한국인은 나의 능력이나 노력이 나의 성공을 결정하지 못한다는 인식이 강하다. 또한 내가 어찌해볼 수 없는 요인 중에서도 집안 배경이나 부모의 교육 수준보다 인맥 또는 연줄의 중요성을 더 크게 인식하고 있다.

2015년 실시한 한국인의 사회적 웰빙 조사에서는 이를 좀 더 직접적으로 질문해보았다. 출세하는 데 능력이 중요한지 연줄이 중요한지를 물어본 것이다. 그 결과에 의하면 능력이 연줄보다 중요하다고 응답한 사람이 43.5%, 능력과 연줄 모두 중요하다고 응답한 사람이 37.5%였다. 응답자의 약 19%는 출세하는 데 연줄이 능력보다 중요하다고 응답했다.

연줄을 능력보다 더 중요시하는 사람들은 더 많은 인맥을 가지고 있고 이를 활용해 연줄이 없었다면 해결하지 못했을 난관을 해결해 본 경험이 있는 사람들일 수 있다. 아니면 연줄에 기대는 것 외에는 내세울 만한 능력이 없는 사람일 수도 있다. 우리는 실제로 연줄이 능력보다 중요하다고 응답한 사람들이 능력이 연줄보다 중요하다고 응답한 사람들과 비교해 이러한 특징을 가지고 있는지 알아보았다.

우선 가까운 사람 중에 고위 공무원이나 법조인, 대학교수, 언론인, 국회의원 등 사회적으로 파워를 가지고 있는 9개 직종에 종사하는 사람이 있는지에 따라 인맥의 유무를 구분하고, 이러한 인맥의 도움을 받은 적이 있는 사람과 그렇지 않은 사람들을 구분해 능력을 중시하는 집단과 연줄을 중시하는 집단 간에 의미 있는 차이가 있는지 검증해보았다. 그 결과 인맥 유무와 연줄 활용 경험 모두에서 두 집단 간에 차이는 없었다. 다음으로 능력과 밀접한 연관이 있을 것으로 생각되는 교육 수준, 가구 소득, 고용 상태 면에서 차이가 있는지를 살펴보았는데 역시 차이는 발견되지 않았다.

반면 세대별로는 차이가 났다. [그림 3-16]에서 확인할 수 있는 것같이 연령이 낮은 세대일수록 연줄이 중요하다는 응답이 늘어났다.[57] 특히 에코 세대에서 연줄을 중요시하는 경향이 다른 세대에 비해 강하게 나타났다. 노년 세대에서 연줄이 능력보다 중요하다고 응답한

[그림 3-16] 출세에 연줄 또는 능력을 중요시하는 집단의 특성

(단위: %)

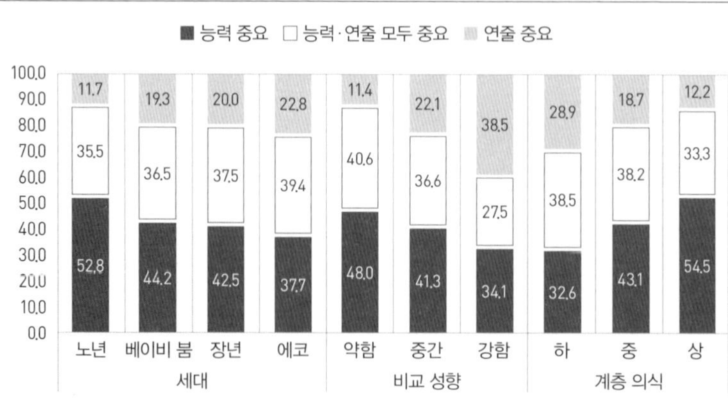

사람은 11.7%에 불과한 데 반해 에코 세대는 22.8%로 2배 가까이 늘어난다. 반대로 능력이 중요하다고 응답한 경우가 노년 세대는 절반이 넘는 52.8%인데 에코 세대는 37.7%로 큰 폭으로 줄어든다.

상식적으로 나이가 어릴수록 더 많은 기회가 보장되는 사회에서 많은 교육을 받고 스펙도 열심히 쌓았으니 능력이 중요하다는 응답이 많을 것 같지만 결과는 그 반대였다. 왜 이런 결과가 나오는 걸까?

세대는 비슷한 시기에 비슷한 역사적 경험을 함께 겪으면서 비슷한 가치관을 갖게 된다. 압축적 성장을 이룬 한국에서 세대 간의 경험은 매우 이질적이다. 노년 세대는 힘들고 어려운 유년 시기를 보냈지만 급속한 산업화로 인한 사회 구조의 변화와 생활 수준의 향상으로 많은 사람이 상향 이동(구조적 이동성)을 경험했다. 먹고살기는 힘들었고 교육 수준은 낮았지만 열심히 노력해서 돈을 모으면 집도 살 수 있고 자식도 교육시킬 수 있는 만큼의 경제적 상향 이동이 가

능했던 세대다. 노년 세대의 성공 경험은 그러한 성공이 온전히 자신들의 노력과 능력으로 성취한 결과라는 집단의식을 공유하게 되는 배경이 된다.[58]

반면 에코 세대는 대학 진학률이 70%를 넘어설 만큼 교육을 많이 받은 세대지만 저소득층이 중산층으로 올라갈 가능성은 점점 줄어들고 대신 중산층이 저소득층으로 떨어질 가능성은 커지고 있는 시기[59]에 성공 경쟁에 뛰어든 세대다. 가지고 있는 능력에 비해 성공의 기회가 줄어든 세대, 모 교수의 말을 빌리면 한국전쟁 이후에 부모 세대보다 나아지지 못하게 될 최초의 세대다.[60] 이런 세대 간 경험과 사회 구조적 조건의 차이가 출세 요인에 대한 세대 간 인식의 차이를 불러오는 요인이 될 수 있다.

연줄이 중요하다고 생각하는 사람과 능력이 중요하다고 생각하는 사람들을 가르는 요인 중 흥미로운 것은 계층 지위와의 관계다. 계층 지위는 한 달에 얼마를 버는지를 가지고 구분할 수도 있고, 스스로 계층 지위가 어느 정도 되는지를 물어보는 것을 통해 구분할 수도 있다. 흔히 전자를 객관적 계층 지위로, 후자는 주관적 계층 의식으로 부른다.

객관적 계층 지위와 주관적 계층 의식 면에서 두 집단 간의 차이를 확인해본 결과 객관적 계층 지위, 즉 응답자의 가구 소득 수준 면에서 두 집단 간의 차이는 없었다. 반면 스스로를 낮은 계층으로 인식하는 경우 연줄의 중요성을 더 크게 느낄 가능성은 커졌다[그림 3-16]. 자신이 얼마를 벌든 사회의 계층 사다리에서 상대적으로 낮은 위치를 점유하고 있다고 인식하는 경우, 그렇지 않은 사람들에 비해 연줄을 중요시하는 경향이 있다는 의미다.

연줄 중시 집단과 능력 중시 집단을 구분하는 또 하나의 흥미로운 특징은 비교 성향이다. 비교 성향이 약한 사람들 중 연줄이 더 중요하다고 응답한 사람은 10명 중 1명(11.4%)에 불과하다. 반면 비교 성향이 강한 사람들, 즉 자신을 타인과 자주 비교하고 이로 인해 스트레스를 많이 받는 사람들 중 연줄이 더 중요하다는 응답은 10명 중 4명(38.5%)으로 크게 늘어난다[그림 3-16]. 요약하면 스스로 사회적 시위가 낮다고 인식하고 끊임없이 타인과 자신을 비교하는 젊은 세대에서 연줄은 능력보다 출세에 더 중요한 요인으로 인식되고 있다.

3. 연줄주의자들의 마음은 건강하지 않다

연줄을 중요시하는 사람들의 마음 건강을 능력을 중요시하는 사람들과 비교해보면 여러 면에서 상당한 차이를 보인다. [그림 3-17]은 마음 상태를 묻는 여러 질문에 대해 한국인의 응답 평균을 '0'이라고 했을 때 능력을 중요시하는 사람과 연줄을 중요시하는 사람들이 평균에서 어느 방향으로 어느 정도 떨어져 있는지를 나타낸 것이다. 음의 값(왼쪽 방향)을 가지면 평균보다 낮음을, 양의 값(오른쪽 방향)을 가지면 평균보다 높음을 의미한다.

[그림 3-17]을 보면 출세하는 데 능력보다 연줄이 중요하다고 생각하는 사람들은 능력이 더 중요하다고 생각하는 사람과 비교해 대체로 마음 건강이 좋지 않다는 것을 알 수 있다.[61] 그들은 일상이 힘들고 불안하며 무슨 일을 할 의욕이 생기지 않는다. 삶의 활력도 떨어지고 나 자신을 좋게 생각하지도, 내 삶이 가치 있다고 느끼지도

[그림 3-17] 연줄 우위 집단과 능력 우위 집단의 마음 상태 비교

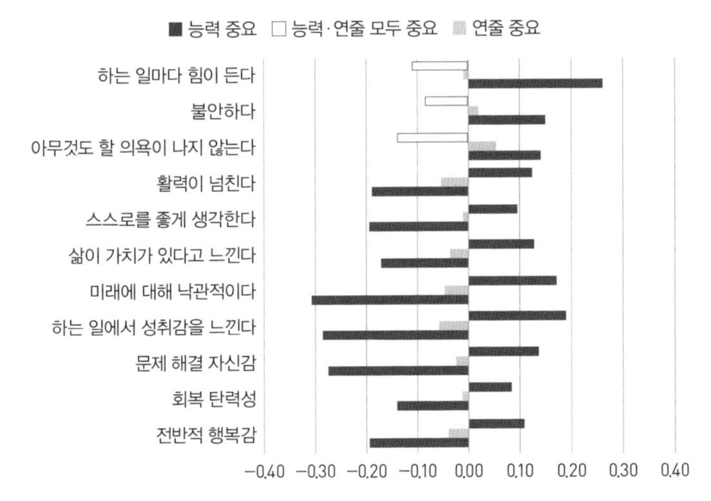

않는다. 나의 미래에 대해 낙관적이지도 않다. 하는 일에서의 성취감도, 노력을 기울여 어려운 문제나 예기치 않은 상황을 해결해나갈 수 있다는 자신감도 떨어진다. 어려운 일에 부딪혔을 때 원상복귀하는 데도 오랜 시간이 걸린다. 전반적으로 이들의 삶은 행복하지 않다.

연줄을 중요시하는 사람들이 능력을 중요시하는 사람들과 가장 크게 차이가 나는 항목은 미래에 대한 낙관적인 전망, 성취감, 문제 해결 자신감 등이다. 미래에 대한 낙관적인 전망과 문제 해결 자신감은 삶을 통제할 수 있다는 인식과 연관되어 있다. 특히 낙관주의는 지금 내가 어려움을 겪고 있더라도 이는 일시적인 것이고 내 삶의 모든 영역을 지배하지도 않으며 오로지 나 때문에 생긴 것도 아니라고 생각하는 성향이다.[62] 상황을 보다 낙관적으로 인식할 때 어떠한 문제도 해결해나갈 수 있다는 자신감을 가질 수 있다. 성취감

은 난관을 극복하고 자신의 삶의 목표를 달성할 때 느끼는 긍정적인 감정이다. 이런 면에서 볼 때 연줄을 중요시하는 사람들은 현재 나의 삶을 내가 통제하지 못하고 있다는 인식이 강하고, 이로 인한 패배감과 심리적 위축을 상대적으로 더 많이 느낀다고 볼 수 있다.

연줄을 중시하는 사람들에게서 왜 이러한 심리적 위축과 행복감의 저하가 발견되는 것인가? 혹자는 계층 의식이 낮고 비교 성향이 높은 사람들의 마음 상태가 다른 집단에 비해 좋지 않다는 점을 고려하면 연줄을 중시하는 사람들의 낮은 계층 의식과 높은 비교 성향이 결국 마음 상태와 관련이 있는 것이라 생각할 것이다. 그러나 계층 의식과 비교 성향을 통제한 상태에서도 연줄을 중시하는 사람들은 그렇지 않은 사람들에 비해 미래를 낙관적으로 보지 않고 성취감이 낮으며 문제 해결 자신감이 떨어진다.

그렇다면 연줄 중심주의가 마음 건강에 갖는 독자적인 효과가 있는 것은 아닐까? 연줄을 중요시하는 사람들에게 성공은 무엇이고, 성공을 가로막는 장애물은 무엇인가? 이를 확인해보면 이들의 마음 건강이 왜 낮은지 알 수 있을 것이다.

연줄을 중시하는 사람들은 능력을 중시하는 사람들에 비해 외적 성공에 더 큰 의미를 둔다. "나는 외적인 성공보다는 내적인 만족이 중요하다고 생각한다"는 데 동의하지 않는 사람이 능력을 중시하는 사람들에서는 11%인 데 반해 연줄을 중시하는 사람들에게서는 30%나 된다. 또한 연줄을 중시하는 사람들은 우리 사회가 여러 면에서 공정하지 않다고 생각한다[그림 3-18].[63] 조세 정의나 법 집행, 언론 보도 같은 사회를 운용하는 시스템에 대해 능력을 중시하는 사람들보다 2~3배 이상 '매우 공정하지 않다'고 생각한다. 행정

[그림 3-18] 사회 시스템에 대한 공정성과 청렴도 인식의 차이

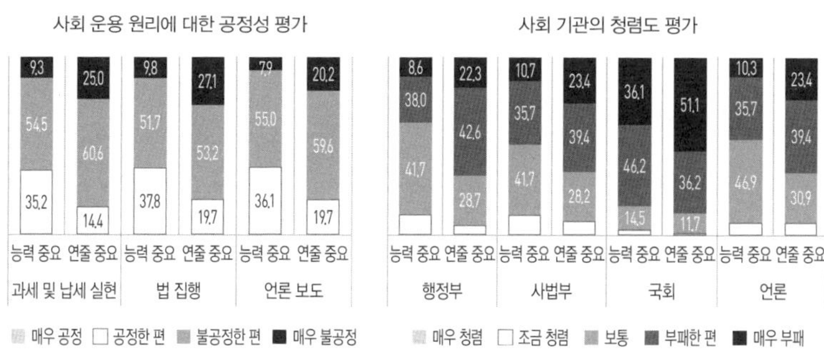

부, 사법부, 국회, 언론 등 힘 있는 기관들에 대해 능력을 중시하는 사람들보다 더 많이 부패해 있다고 생각한다.

이러한 인식은 이들이 능력에 대한 공정한 평가와 기회 공정성에 대한 의구심을 갖고 있다는 것을 말한다. 사회 시스템이 공정하게 작동하지 않는다면 내가 능력을 쌓더라도 정당하게 평가받지 못할 것이고, 출세 구조가 투명하지 않다면 성공 가능성을 높이기 위해 스펙 쌓기에 투자하는 것은 그다지 합리적인 전략이 되지 못할 것이다. 이들은 능력에 투자하기보다는, 또는 노력하기보다는 연줄 찾기나 연줄 맺기에 많은 자원을 투자하는 것이 더 낫다는 생각에 이르게 될 것이다.

이제 이들에게 인간관계는 심리적 안정감이나 위안을 기대할 수 있는 자원이 아니라 관리해야 할 대상이 된다. 그러다 보니 연줄 관리로 인한 피로감과 스트레스가 쌓인다. 혹여 연줄 맺기에 실패할 경우 연줄 집단 밖에 있다는 데 대한 불안감과 심리적 위축, 패배감에 사로잡힐 수 있다. 결국 타인의 인정이 필요한 외적 성공을 추구하지만 불공정한 사회 시스템으로 인해 정당한 성공을 기대할 수 없다는 생각에 연줄에 매달리다 보니 매사에 힘이 들 수밖에 없다.

4. 연줄 사회의 마음 건강도 좋지 않다

성공하는 데 연줄이나 출신 배경을 중요시하는 것은 개인이 가지고 있는 특징이지만 이 요인들이 실제로 성공하는 데 기여하도록 하는 것은 사회 시스템의 속성이다. 사회 시스템이 개인의 능력이나 노력보다 연줄이나 출신 배경이 중요한 성공의 요인으로 기능하도록 허용한다면 그 사회의 구성원들은 연줄에 얽매일 수밖에 없고 이들의 마음 건강은 그렇지 않은 사회에 비해 떨어질 것이다. 정말 그런지 확인해보자.

[그림 3-19]는 성공하는 데 개인 능력과 귀속적 요인의 상대적 중요도의 차이가 그 사회의 긍정 정서와 어떤 관계가 있는지를 나타낸 것이다.[64] 오른쪽으로 갈수록 개인의 노력과 능력을 인맥이나 출신 배경 등 귀속 요인보다 더 중요하다고 생각하고, 왼쪽으로 갈수록 개인 요인 대비 귀속 요인의 중요도가 높음을 나타낸다. 뉴질랜드, 아이슬란드, 영국, 호주, 미국 등 자유주의 국가들과 노르웨이, 스웨덴 등의 북유럽 국가가 개인 요인을 귀속 요인보다 중요하게 여긴다. 반면 우크라이나, 러시아, 에스토니아 등 동구권 국가와 중국, 한국, 터키 등과 같은 국가들은 개인 요인만큼 귀속 요인을 중요하게 생각한다.

이 차이를 갤럽세계여론조사가 산출하는 국가별 긍정 정서 점수와 연결시켜보면, 한 사회의 성공 조건이 그 사회의 긍정 정서와 어

[그림 3-19] 성공 요인에 대한 인식과 긍정 정서 경험 간 관계

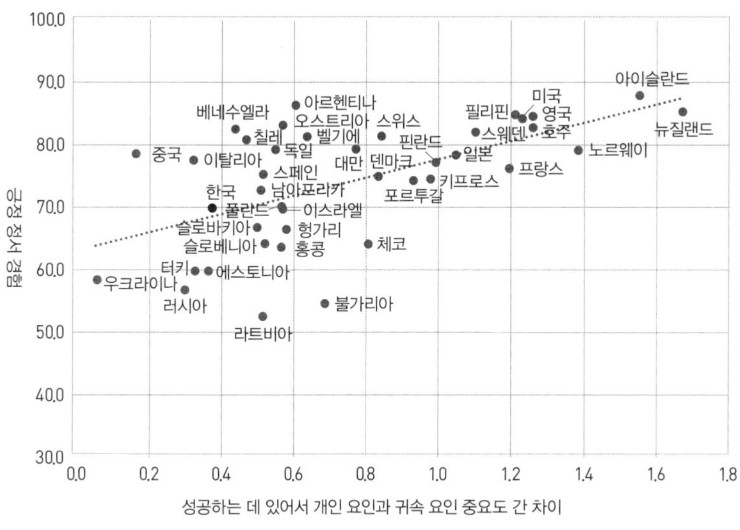

떤 관계가 있는지 알 수 있다. 갤럽세계여론조사는 매년 100여 개국을 대상으로 그 사회 구성원이 사회적으로 존중받고 있다고 생각하는지, 잘 쉬고 즐겁고 재미있고 웃음이 있는 하루를 보냈는지를 종합해 긍정 정서 점수를 산출하고 있다.

[그림 3-19]는 성공하는 데 개인의 노력과 야망 등 개인 요인을 연줄이나 출신 배경 같은 귀속 요인보다 더 크게 인식하는 국가들에서 사람들은 긍정 정서를 더 많이 경험함을 보여준다. 기존 연구들은 한 사회의 긍정 정서 수준은 그 사회의 경제 발전 수준과 상당한 연관이 있다는 점을 지적한다. 어느 정도 수준의 물질적 풍요는 행복감과 심리적 웰빙을 높이는 데 기본 요인이라는 것이다. 이를 감안하여 국가들의 1인당 GDP 수준을 통제한 후에 결과를 확인해

보았다. 여전히 무엇을 성공의 조건으로 인식하는가는 긍정 정서와 유의미한 상관관계가 있는 것으로 나온다(1인당 GDP 2006~2010년 평균값을 통제한 부분 상관 계수=0.468). 1인당 GDP와 성공의 조건은 국가들의 긍정 정서의 약 31%를 설명하는 데 이 중 성공의 조건이 긍정 정서의 18%를 설명한다.

5. 연결 사회와 연줄 사회는 다르다

사실 인맥은 중요한 사회 자본이다. 내가 누군가의 도움이 필요할 때 나를 도와줄 수 있는 사람과의 연결은 삶의 어려운 고비를 극복할 수 있도록 도와주는 유용한 자산이다. 그래서 개인의 웰빙을 증진시키는 가장 중요한 요소 중 하나로 꼽힌다. 사회적으로도 개인과 개인 간의 연결은 사회적 연대감을 강화하고 공동체를 유지하는 데 기여한다. 우리가 얘기하고 있는 연줄은 이러한 보편적인 연결망과는 다른 의미를 가지고 있다. 사회 자본과 사회 연결망 연구를 전문적으로 해온 김용학 교수는 연결과 연줄은 구분되어야 한다고 주장한다.[65] 김용학 교수는 연결이 보편적이고 개방적인 관계에 근거하는 것이라면, 연줄은 집단 간의 경계가 명확한 폐쇄적인 관계에 근거하는 것으로 정의한다.

사회 연결망은 연결망이 생산하거나 전달하는 자원과 관계 맺기의 방식에 따라 그 기능과 효과가 달라진다. 연줄주의는 연고 집단 내부의 사람들에 대한 편향적인 지원을 통해 이익을 공유하고 연고 집단 외부의 사람들에 대한 배제와 폐쇄성을 기반으로 이익을 독점하는 구조다.

그런데 이러한 연줄 또는 연고에는 힘의 논리가 지배한다.[66] 연고 집단 간, 연고 집단 내외 간에 약자와 강자가 존재하는 것이다. 연고가 있는 사람은 연고가 없는 사람에 비해, 힘이 있는 사람들의 연고는 그렇지 않은 사람들의 연고에 비해 더 큰 이익을 내부적으로 향유한다. 한국 사회에서 인맥 자산의 불평등 정도를 계산한 한 연구에서는 그 값이 0.815에 달한다고 말한다.[67] 1에 가까울수록 불평등 정도가 크고 0에 가까울수록 평등함을 나타내는 값이니 한국 사회의 인맥 불평등이 어느 정도인지 가늠할 수 있다. 연결 사회는 사회적으로 긍정적인 효과를 불러일으키지만 연줄 사회는 기회의 공정성과 결부되지 않는 한 부정적인 결과를 가져올 수 있다.

예를 들어 구직 과정에서 인맥은 구직자와 구인자 간의 효과적인 정보 교환을 통해 개인이 취업할 수 있는 기회를 높여줄 뿐 아니라 사회적으로 일자리 매칭의 효율성을 증가시킬 수 있다.[68] 그러나 그 과정이 폐쇄적인 인적 네트워크에 의존하게 될 때는 연고 집단에 속하지 못한 사람들에게 고용 기회를 박탈하는 것이 된다. 게다가 연줄을 통해 구직에 성공한 사람들이 기대한 만큼의 노동 시장 성과를 내지 못하기도 한다.[69] 일자리 매칭의 효율성이 확보되지 못한다는 말이다.

사회 자본의 양면성을 나타내는 연결 사회와 연줄 사회가 구성원의 마음 건강에 서로 다른 효과를 불러일으킬 수 있을까? 결론을 말하자면 '그렇다'다. [그림 3-20]은 ISSP 2009년 조사에 참여한 40개국을 대상으로 이를 탐색해본 결과를 요약한 것이다.[70]

연결 사회를 나타내는 문항으로 도움이 필요한 여러 상황에서 도움을 요청할 사람이 있는지를, 연줄 사회를 나타내는 문항으로 성

[그림 3-20] 연결 사회와 연줄 사회의 마음 건강

(단위: 점)

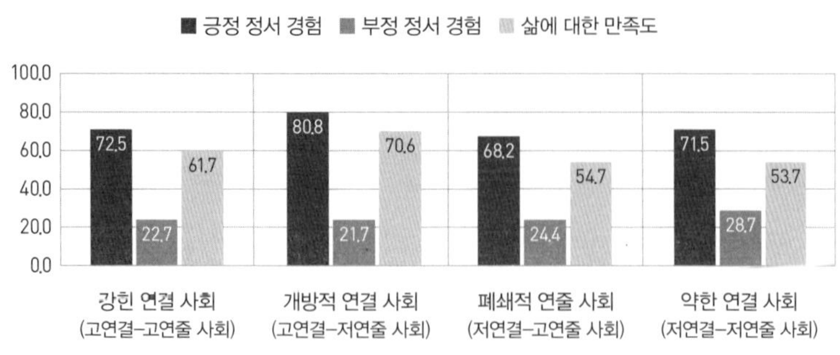

공하는 데 연줄이 중요하다고 여기는 정도를 선택해 40개국의 평균을 구한 뒤 평균을 기준으로 연결 사회와 연줄 사회의 정도를 구분하면 4개 유형으로 국가들을 구분하는 것이 가능하다.

고연결-고연줄 사회가 특별한 연고에 기반한 관계망이 강하게 작동하면서도 그러한 관계망에서 배제된 사람들이 많지 않은 사회라면, 저연결-저연줄 사회는 특수한 이해관계에 기초한 관계망의 밀도가 상대적으로 낮을 뿐 아니라 사회적으로도 고립되어 있는 사람이 많은 사회로 이해할 수 있다. 고연결-저연줄 사회는 특수한 연고 중심의 폐쇄적인 관계는 느슨한 반면 보편적이고 개방적인 관계가 지배적이어서 사회적으로 배제되거나 고립되어 있는 집단이 적은 사회다. 마지막으로 저연결-고연줄 사회는 폐쇄적이고 배타적인 관계망이 강하게 작동하는 대신 보편적인 관계망이 취약해 사회적으로 고립된 사람이 많은 사회를 나타낸다.

편의상 고연결-저연줄 사회를 개방적 연결 사회로, 저연결-고연줄 사회를 폐쇄적 연줄 사회로, 고연결-고연줄 사회를 강한 연결 사회로, 저연결-저연줄 사회를 약한 연결 사회로 명명해보자. 40개국들을 이 4개 범주로 분류해보니 강한 연결 사회(고연결-고연줄 사회)에는 아르헨티나, 오스트리아, 체코, 독일, 폴란드, 러시아, 슬로바키아, 슬로베니아, 남아프리카, 베네수엘라 등이 속했다. 약한 연결 사회(저연결-저연줄 사회)에는 키프로스, 라트비아, 필리핀, 포르투갈 등이 포함되었다. 덴마크, 핀란드, 노르웨이, 스웨덴, 프랑스, 벨기에, 스위스, 아이슬란드, 뉴질랜드, 영국, 미국, 스페인 등 영미권과 북유럽 국가들은 개방적 연결 사회(고연결-저연줄 사회)에 속했다. 반면 불가리아, 에스토니아, 헝가리, 크로아티아, 우크라이나 등 동유럽 국가들과 이스라엘, 이탈리아, 칠레, 터키 그리고 중국, 대만 등 동아시아 국가는 폐쇄적 연줄 사회(저연결-고연줄 사회)에 속했다. 한국은 폐쇄적 연줄 사회에 해당했다.

[그림 3-20]은 긍정 정서 경험, 부정 정서 경험, 삶에 대한 만족도 등이 매우 낮은 경우를 0으로, 매우 높은 경우를 100으로 점수화해 4개 유형으로 분류된 국가군들의 평균값을 표시한 것이다.

[그림 3-20]을 보면 연줄주의적인 성격이 약한 개방적 연결 사회의 긍정 정서 점수가 80.8점으로 가장 높고, 연결 사회의 성격이 약하고 대신 연줄 사회의 성격이 강한 폐쇄적 연줄 사회의 긍정 정서 점수가 68.2점으로 가장 낮다. 부정 정서 면에서는 국가군들 간에 큰 차이는 없지만 약한 연결 사회에서 부정 정서 점수가 다른 국가군에 비해 약간 높다. 삶에 대한 만족도는 긍정 정서 경험에 대한 국가군들의 차이와 유사한 패턴이 나타난다. 즉 삶의 만족도가 개방적 연결 사회에서 가장 높고, 폐쇄적 연줄 사회와 약한 연결 사회에서 낮다. 이 결과는 보편적인 연결망이 약하면서 폐쇄적이고 특수

한 관계가 지배적인 연줄 사회에서 마음 건강과 주관적 웰빙이 좋지 않음을 확인해준다.

6. 능력 사회가 답이라고?

연줄주의가 개인에게도, 사회적으로도 마음 건강에 부정적인 효과를 가져온다면 연줄주의의 폐해를 극복할 수 있는 대안은 무엇인가? 흔히 우리는 그 답을 공정하게, 능력으로 보상받는 능력 사회를 구현하는 데서 찾는다. 그런데 단순히 연줄이나 출신 배경의 영향력을 제거하고 철저하게 능력이나 노력에 따라 성공 여부가 갈리는 능력주의 사회로 가는 것이 답이 될 수 있을까? 기회의 공정성이 보장되고, 공정한 경쟁의 룰이 지켜지는 사회로 나아가면 우리의 마음은 건강해질까? 사실 연줄주의를 극복하고 능력 사회로 나아가자는 대안적 모색은 사회적 웰빙 수준을 끌어올리는 대안으로 한계가 있다. 왜 그런가?

능력과 노력에 따른 성공 또는 계층 상승의 신화는 한국인의 '일상을 지배하는 담론'[71]이다. 능력주의meritocracy는 개인의 노력과 능력에 비례해 보상을 해주는 사회 시스템을 말한다. 능력 사회는 개인에게 모든 기회가 공평하게 제공되며, 개인의 능력에 따른 차이를 정확하게 평가해 공정하게 보상할 수 있다는 것을 전제로 한다. 그리고 기회의 평등과 보상의 공정성이 전제만 된다면 개인의 능력, 의지, 노력에 따른 불평등은 정당한 것으로 받아들이기를 요구한다. 그런데 과연 우리가 연줄과 출신 배경의 효과를 능력과 노력의 효과와 구분할 수 있을까? 만일 우리가 구분해낼 수 있더라도 그런 방식으로 성공을 배분하는 것이 과연 정의로운 것일까?

산업 사회에서 교육은 능력을 가늠하는 정당한 기준 중 하나로 간주되어왔다. 그래서 교육 수준에 따른 직종 차이나 임금 차이는 사회적으로 허용되는 분위기다. 대학 교육을 받은 사람은 그렇지 못한 사람에 비해 고급 지식을 쌓은 덕분에 고급 지식이 필요한 일을 더 잘할 것이고, 따라서 그에 걸맞는 보상을 해주어야 하는 것이 당연하게 여겨진다. 대졸자 프리미엄이 생기는 이유다.

사실 우리 사회에서 대학 교육의 문은 누구에게나 열려 있지만 어떤 이들은 좀 더 쉽게 대학에 갈 수 있다는 것 또한 사실이다. 지능, 공부를 격려하는 가정 분위기, 이를 뒷받침할 수 있는 자원 등이 갖춰진 조건에서 '열심히' 공부만 한다면 능력이 있고 없음을 가르는 1차 관문인 수능 시험에서 좋은 성적을 거두어 좋은 대학에 들어갈 수 있다. 대학 등록금을 부모가 지원해줄 수 있다면 대학에서도 '열심히' 공부해 좋은 성적을 얻고 졸업 후 높은 임금을 받는 좋은 직장에 들어갈 수 있다. 좋은 직장은 안정적인 생활을 보장한다. 안정적인 생활이 보장된 이들은 비슷한 배경을 가진 배우자와 결혼해 자식을 낳고 '열심히' 자녀를 교육시킨다. 그러다 보면 '열심히' 공부한 그들의 자녀들은 좋은 대학에 들어가 지식 산업 사회에 필요한 고급 지식을 '열심히' 배우게 된다. 이들은 '열심히' 한 덕분에 부모 세대가 밟았던 것과 같은 안정적인 생활을 보장받는다. 능력이 세습되는 이 과정은 우리 주변에서 어렵지 않게 목격된다. 과연 이들의 성공은 어디까지가 자신의 몫인가?

능력주의를 처음 개념화한 마이클 영Michael Young은 능력주의는 공정한 시스템으로 인식되지만 사실상 개인의 능력만으로 운영되는 사회 시스템은 승자 독식과 약육강식이 지배하는 사회로 변질되기 쉽다는 점을 경고한 바 있다.[72] 능력에 따른 분배는 능력자들에 의한 자원의 독점을 초래하고 위계적 권력 체계와 연동해 능력 없는 사람들에 대한 능력자들의 억압과 지배를 강화한다는 것이다.

『정의란 무엇인가Justice: What's the Right Thing to Do?』의 저자 마이클 샌델Michael J. Sandel은 우리 재능 속에 숨겨져 있는 우연성, 즉 자신의 성공이 오직 자신으로 인한 것만은 아니라는 점을 인식해야 한다고 말한다.[73] 이러한 인식이 없다면 성공하지 못한 사람들을 능력도 없고 노력도 하지 않은, 그래서 보상을 해줄 가치가 없는 사람들로 간주하게 될 것이라고 경고한다.

이미 우리 사회에는 마이클 영이나 마이클 샌델이 우려했던 왜곡된 능력주의, 과잉 능력주의가 팽배해 있다. 지역 균형 선발 전형이나 기회 균등 선발 전형으로 대학에 들어온 학생들을 벌레 취급하듯 '지균충', '기균충'의 이름으로 부르는 것은 수능 시험이라는 능력을 가르는 관문에서 '능력이 없다고 판명된' 학생들이 대학에 들어온 데 대한 차별과 멸시의 표현이다. 능력에 상응하는 차등적 보상에 대한 믿음이 이를 넘어서서 무능력자나 저능력자에 대한 차별이 정당하다는 생각뿐만 아니라 능력 없는 이들에 대한 집단적 적대감으로까지 발전하고 있는 것이다.[74]

7. 성공의 패러다임을 바꿀 때다

그러므로 연줄이 작동하는 사회에서 능력이 기준이 되는 사회로 성공의 조건을 바꾼다고 하더라도 힘든 상황이 사라질 것이라고 기대하기 어렵다. 보다 근본적으로 성공 패러다임에 대한 반성과 고찰이 있어야 한다. 틀에 박힌 성공의 공식을 지배하고 있는 가치와 체계 자체에 대한 문제 제기 그리고 그것이 사회 구조적 한계에 기인하고 있다는 인식 없이는 사회적 웰빙을 증진시킬 수 있는 혁신적인 대안을 찾기 어렵다.

한 신문의 칼럼니스트는 한국 사회를 '추격 사회'라 지칭한다.[75] 그에 따르면 한국 사회는 전근대에서 현대 사회로 넘어오는 과정에서 두 차례의 집단적인 추격 운동을 경험했다. 18~19세기에 있었던 '온 나라 양반 되기'와 현대 자본주의 사회로 넘어오면서 있었던 '온 나라 강남 중산층 되기'가 그것이다. 전자는 기존의 신분제 질서가 무너지고 신분적 평등이 확산되는 데, 후자는 선진 자본주의를 추격하는 과정에서 계층적 평등을 이루는 데 기여했다. 문제는 이러한 추격 경험이 분배 자체를 문제 삼아 평등을 구현하기보다는 성공한 집단의 성공 수단들을 모방해 성공한 집단으로 편입되는 방식으로 상대적 평등을 이루고자 했다는 데 있다는 것이다.

한국의 성공 패러다임은 이러한 추격 경험과 무관하지 않는 듯하다. 성공의 기준이 양반처럼 되는 것, 강남 중산층처럼 되는 것으로 수렴되었던 경험은 성공의 기준을 남에게 인정받을 만한 높은 사회적 위치를 점하는 것같이 외적으로 보여지는 삶의 모습에서 찾으려는 성향과 맞닿아 있다. '남부럽지 않은 삶'에 대한 열망은 성공의 평가 주체가 자기 자신에게 있지 않다는 것을 드러낸다. 우리는 내적 만족보다는 외적 성공을 중요시하고, 성공해서 다른 사람으로부터 인정받는 것을 중요하게 여긴다.

2010년 세계가치관조사의 결과를 들여다보면, 3명 중 2명(66.2%)

은 자신이 성공해서 타인에게 인정받는 것을 중요하게 여기는 사람이라고 생각한다. 그런데 한국인에게 사회적으로 성공한 삶의 표상은 매우 획일화된 삶의 모습, 즉 정규직에 연봉이 높은 안정적인 일자리를 갖는 것이다. 대기업과 공기업, 공무원은 그러한 표상에 가장 근접한 직종이다. 그렇다 보니 그 길로의 쏠림 현상이 생겨난다.

한국에서는 성공을 위한 관문이 극도로 제한되어 있을 뿐 아니라 경로 의존적이어서 이전 관문을 통과하지 못하면 다음 관문을 통과하는 것은 더 어렵다. 반대로 이런 관문을 통과하면 모든 맥락에서 통용되는 '능력자'로 인정받는다.

수능 시험을 통과해 명문 대학에 입학하는 것은 첫 관문이다. 고시, 대기업, 공기업 입사 시험은 대다수가 원하는 성공에 근접해가는 또 다른 관문이다. 그리고 그 관문을 통과하는 순간 성공의 가능성은 매우 커진다. 대신 한 번 경로를 이탈하거나 실패하면 자신의 삶을 다시 일으킬 수 있는 기회가 거의 주어지지 않는다. 좋은 대학에 들어가기 위해 수차례 재수를 감수하고, 고시와 대기업 입사 시험에 청년들이 구름처럼 몰려들며, 대다수의 사람을 패자로 만들어 '이생망(이번 생은 망했다)'이라는 자조 어린 한탄을 하도록 만드는 것은 성공을 향한 폐쇄적이고 획일적인 경쟁 시스템에 있다.

이처럼 성공의 잣대가 타인에게 있고, 대부분의 사람이 비슷한 성공의 경로를 쫓아가려고 하는데 그 관문은 매우 협소하니 성공 경쟁은 무한 경쟁으로 치닫는다. 이로 인해 받는 스트레스도 이만저만이 아니다. 이번 조사에서도 우리 사회가 경쟁이 지나치게 치열하다고 생각하는 사람이 10명 중 8~9명(85%)이고 이 중 절반 이상(52.2%)은 경쟁으로 인해 스트레스를 받고 있다고 응답했다. 또 그들의 절반은 실패를 만회할 수 있는 가능성이 많지 않으므로 경쟁에서 이기기 위해 모든 수단을 동원할 수 있다고 생각한다. 이런 환경에서 기회 공정성과 능력과 노력에 따른 보상은 성공의 조건만을 조금 더 합리적인 요소로 바꿔치기하는 데 그치게 할 뿐 힘든 상황을 근본적으로 나아지게 하지는 못한다.

연줄주의는 삶을 힘들게 한다. 그러나 연줄주의 사회의 폐해는 능력에 따른 공정한 기회가 보장되는 것만으로 해결되는 문제가 아니다. 기회의 공정성은 어떤 형태로든 차별적인 요소를 가지고 있기 때문이다. 능력 사회는 능력을 배양할 수 있는 기회가 공정하게 열려 있고, 최대한 나의 노력과 능력으로 평가받되 성공의 경로와 기준이 획일적이지 않을 때 비로소 우리가 기대하는 긍정적인 효과를 만들어낼 수 있다.

아울러 연줄 사회의 문제를 극복하는 것은 성공하지 못하는 사람과 성공하는 사람 간의 격차가 커지지 않도록, 실패하는 사람도 다시 일어날 수 있도록 패자를 위한 사회적 시스템을 구현하는 것까지를 지향해야 한다. 다시 말해 성공의 기회뿐 아니라 성공 경로, 성공의 잣대, 실패로부터의 회복 가능성을 포괄하는 성공 패러다임 자체를 근본적으로 수정하는 방향으로 이뤄져야 한다. 이제는 무한경쟁에 기반을 둔 성공이 아니라 상생에 기반을 둔 성공 패러다임으로의 전환이 절실히 필요한 때다.

5장
비교하니 괴롭다

1. 무너지는 공동체

근 몇 년 사이에 가장 많이 회자된 단어로 "금수저"와 "충"을 꼽을 수 있을 듯하다.[76] 태어날 때부터 유복하게 태어나 어려움을 모르고 사는 계층을 일컫는 금수저는 소득 불평등이 심화된 사회상을 반영한다. 한편 "충"은 금수저보다는 조금 더 복잡한 사회적 관계로 인한 갈등을 보여주고 있다. 학교 다니는 청소년들을 비하하는 단어인 급식충, 자녀를 양육하는 여성을 비하하는 용어인 맘충, 고시생들을 비하하는 용어인 고시충까지…. 단일한 기준으로 구분될 수 없는 온갖 부류의 사람들이 벌레라는 접미사가 붙은 채 혐오의 대상으로 묘사되고 있다. 이처럼 우후죽순으로 퍼져나가는 혐오 문화의 원인을 두고 경제난부터 지나친 경쟁 의식 등 다양한 분석이 이뤄지고 있으나, 모든 논자가 동의하는 바는 한국 사회의 집합 의식이 심각하게 위협받고 있다는 것이다.

한국 사회에서 전통적 갈등으로 꼽혀온 것은 이념 갈등과 지역 갈등이었지만, 이 갈등들이 공동체를 해체하는 방향으로만 작동한 것은 아니었다. 물론 그 역기능이 훨씬 심했음에도 불구하고 이념과 지역은 각각의 내부 집단을 형성하고 일종의 단합심을 만들어내는 데 일정한 기능을 하기도 했다. 최근 들어 세대 갈등이 새로운 키워드로 떠올랐지만, 세대 갈등은 실제로는 허상에 불과하며 계급 갈등의 연장선에서 발생한 것이라는 지적 역시 만만치 않다. 그리고 계급 갈등 역시 이념 갈등이나 지역 갈등과 마찬가지로 외부자를 호명하는 방식으로 이뤄지기에 내부의 단결을 공고화하는 한편, 적당한 수준에서는 노동조합의 활성화 등 순기능을 가지고 있는 것도 사실이다.

그러나 "충"은 기존의 내부자–외부자 정치와는 상당히 다른 현상이다. 충이 되는 이유는 수도 없이 많다. 평소 해당 집단에 대해 어떤 감정도 없던 사람들이 사소한 언론 보도 하나, 논쟁 하나로 충이라는 단어를 붙이고 혐오 감정을 발산한다. 충은 반드시 외부자와 내부자 양쪽으로 편이 갈릴 필요도 없다. 이념은 좌우가 있고, 지역은 호남과 영남이, 계급은 노동자와 자본가가 있지만 충에는 반대 항이 없다. 맘충, 고시충, 급식충의 반대 항은 애초에 없고, 심지어는 한남충과 메갈충처럼 비하 대상의 반대 항까지 충인 경우도 있다. 혐오는 나와 다른 모든 방향으로 향하며, 심지어는 자기 자신도 자신의 혐오로부터 자유롭지 못하다.

이렇듯 무규칙한 혐오 확산 현상은, 대중적인 혐오 감정이 먼저 있고 혐오 대상은 상황에 따라 임의의 사회적 약자로 정해지는 것이라는 인상마저 준다. 연대 의식이 무너진 사회에서 만인의 만인에 대한 투쟁이 벌어지고 있는 것이다.

한편 광범위하고 파괴적인 혐오 현상의 이면에는 자기 자신만은 혐오로 인한 스트레스로부터 벗어나고자 하는 열망 역시 존재한다. 2017년 한국 언론들은 앞 다퉈 관태기(인간관계 권태기의 줄임말), 인맥 다이어트, 혼밥·혼놀·혼술·혼추(혼자 밥 먹기, 혼자 놀기, 혼자 술 먹기, 혼자 추석 맞기) 등의 신조어를 쏟아냈다. 이처럼 청년층을 중심으로 사회관계로부터 오는 스트레스를 호소하며, 관계를 피하고자 자발적 고립을 택하는 경우가 늘어나고 있다.

우리나라에서 모든 관계를 회피하는 개인을 일컫는 "자발적 외톨이"에 관한 최초의 논의를 펼친 사람 중 하나가 사회학자 김찬호다. 김찬호는 당시 청년 세대로부터 "일정한 범위의 인간관계 속으로 사회적 행동반경을 제한하는 자폐 증세"가 나타나고 있다고 봤다.[77] 그리고 이는 광활한 네트워크와 청년들이 맞닥뜨린 경제적 어려움이 중첩되어 발생한 결과로, 친한 친구와 미디어로 관계의 양상이 양극화되었기 때문이라 주장한다. 오늘날 한국인들에도 적용할 수 있는 설명이다.

그러나 한국 사회의 대중이 싫어하는 것은 관계에서 발생하는 스트레스와 혐오이지 인간관계 자체는 아니다. 몇 년간 서점가에서 가장 인기가 있었던 책은 기시미 이치로岸見一郎와 고가 후미타케古賀史健가 공저한 『미움 받을 용기: 자유롭고 행복한 삶을 위한 아들러의 가르침』이었다. 자존감의 심리학이라고도 불리는 아들러Alfred Adler 심리학에 근거한 이 책은, 과도한 자의식과 열등감, 인정 욕구를 괴로움의 원인으로 지목한다. 자기 정체성을 자신의 외부에 두고 타인의 평가에 좌지우지되는 까닭에 타인을 혐오하고 혐오를 받는 데 취약해진다는 것이다. 그리고 괴로움의 해결책으로 자신을 타인과 비교하지 말고, 타인과의 사회관계를 오롯이 "공동체 감각"을 구성하는 본래의 목적대로만 이용하라고 충고한다.

저자들의 지적은 현재 한국 사회에서 약화된 집합 의식의 원인을 짚어주고 있다는 점에서 귀 기울일 만하다. 사라진 것은 집합 의식의 토대가 되어줄 사회관계 자체라기보다는, 집합 의식의 내용이 되어줄 연대감으로서 공동체 감각이다.

2. 사회관계의 양면성

현대 사회에서는 과거와 달리 개인이 집단으로 묶이지 못한 채 원자화되어 공동체가 해체된다는 주장을 어렵사리 찾아볼 수 있다. 로버트 퍼트넘Robert David Putnam의 저서인 『나 홀로 볼링Bowling Alone』을 비롯해 사회관계의 왜소화가 사회 자본을 잠식하고 집합 의식을 떨어트린다는 지적이 잦았다.

그러나 과연 인간관계는 줄어들기만 했는가? SNS의 등장과 스마트폰의 보급은 오히려 개인을 더욱 광범위한 인간관계 속에 위치시키기도 했다. 사람 사이의 대화는 더 잦아졌고, 취미 생활을 함께하는 집단들 역시 어렵잖게 찾아서 가입할 수 있다. 과거의 면대면 관계만을 인간관계로 규정하지 않는다면, 오히려 현대인의 인간관계는 그 어느 때보다 넓다고 말할 수 있을지 모른다. 그렇다면 혹시 앞서 김찬호가 지적한 것처럼 낯선 사람을 만날 기회가 너무 늘어나버

렸기 때문에, 우리가 너무 많은 집단에 소속되어버렸기 때문에 관계로부터 스트레스를 받게 된 것은 아닐까? 그리고 이 스트레스가 다시 혐오로 이어질 가능성은 없을까?

현대 사회의 확장된 사회관계 속에서 오히려 집합 의식이 약화된 것을 설명할 수 있는 하나의 키워드가 바로 사회관계의 양면성이다. 사회관계가 넓어지면 동원 가능한 자원이 늘어나고, 외부인에 대한 신뢰 수준이 향상될 기회도 늘어나기 때문에 많은 사회 자본 연구는 사회관계가 집합 의식에 긍정적인 효과가 있음을 보여주었다. 그러나 한편으로 사회 자본의 부정적 효과에 대한 연구들은 사회관계가 반드시 긍정적인 효과만을 갖지 않는다는 통찰을 제공해주었다. 개인에게 사회관계를 유지하기 위한 비용이 발생하기도 하며, 마약 사용같이 특정 집단이 갖는 부정적인 양상을 빠르게 체득하기도 한다. 일례로 포르테스Portes는 사회 자본의 부작용을 사회 자본의 부작용이 나타나는 양상을 외부인 배척, 내부인 통제, 무임승차, 하향 평준화의 4가지로 정리한 바 있다.[78]

브라운Brown과 해리스Harris의 고전인 『우울의 사회적 기원Social origins of depression』은 활발한 사회관계가 오히려 정신건강을 악화시킬 수 있음을 이미 40여 년 전에 지적한 바 있다.[79] 그들은 스코틀랜드 아우터헤브리디스섬의 두 지역에 거주하는 여성들의 정신건강 수준을 연구했다. 그런데 종교 활동을 비롯한 공동체 참여와 수공예 작업에 더 활발히 참여하는 여성들은 우울감은 낮았지만 불안감은 높았다. 저자들은 이를 참여로 인한 소속감과 내부 규율로 인한 처벌의 불안이 중첩된 결과로 해석한다.

그 외에도 다양한 경험 연구들이 사회관계와 건강에 끼치는 악영향에 관심을 보여왔다. 특히 최근에는 SNS가 활성화되면서 온라인 네트워크가 정신건강 및 인간관계에 끼치는 영향력을 분석한 연구들도 속속 나타나고 있다. 네트워크화가 진전되면서 과거에는 볼 수 없었던 돌발적인 네트워크상의 쏠림 현상tipping들이 점차 위력을 발휘하고 있으며 이러한 상황에서 성장한 젊은이들, 즉 네트워크 세대는 그 가치관과 사고방식과 사유 방식에서도 기존 베이비 붐 세대나 노인 세대와는 질적으로 다른 모습을 보여준다. 특히 SNS에 의해 둘러싸여 생활하는 네트워크 세대는 실시간으로 타인의 소비나 생활 양식에 관한 정보를 공유하고 끊임없이 비교한다는 점에서 '쇼윈도 세대'라고 할 만큼 비교 준거 집단에 예민하게 반응하며, 상대적 박탈감을 가지기 쉽다.

모두가 서로의 사생활을 비교하게 되는 SNS 시대는 다른 누구보다 한국인들에게 치명적인 영향을 끼칠 수 있다. 이는 한국인들이 애초에 비교 성향이 높기 때문이다. 웰빙 연구의 권위자인 디너Diener 등은 한국인의 비교 성향이 높은 까닭에 소득 수준에 비해 웰빙 수준이 낮다고 주장한 바 있다.[80] 김희삼과 오타케가 시도한 기초적인 통계 분석에서도 비교 성향이 높은 한국인이 우울, 불안, 낮은 신체 건강 등의 건강 문제를 보인 바 있다.[81]

송호근은 이처럼 한국인이 비교 성향이 강한 까닭을 '평등주의적 심성'에서 찾는다.[82] 송호근의 말에 의하면 한국인의 평등주의적 심성은 공정성에 특히 민감하며 높은 성취동기, 시기와 질투, 분노와 불신 등과 뒤범벅되면서 급격한 성장을 추동하는 힘이 되기도 했지만 동시에 사회적 갈등을 폭발시키는 효과도 가져왔다. 나보다 나은 남에 대한 불신과 원망은 한국인이 더 나은 대상과 자신을 비교함으로써 사회 비교social comparison를 성장의 동력으로 삼기보다는, 대상을 배제하고 차별하는 도구가 됐다고 요약할 수 있다. 김찬호는 한국 사회에서 압축적 근대화로 인해 공동체의 연결은 느슨해졌으나, 개인주의적 세계관이 아직은 자리 잡지 못한 까닭에 한국인이 박약한 정체성을 갖게 되었고 이로 인해 비교 성향이 두드러지게 되었다고 지적한다.[83]

한준 등은 포돌니Joel Podolny를 인용하며 관계는 자원의 통로로서만 기능하는 것이 아니라, 일종의 거울처럼 스스로의 모습을 비춰 보는 역할을 하기도 한다고 말한다.[84] 문제는 이 거울이 자신의 처지를 왜곡해 보여주는 일그러진 거울이 되기도 한다는 데 있다. 상대와 나를 비교하면서 역할 모델을 찾고 성장의 계기로 삼을 수도 있지만, 억하심정에 빠져 모두를 원망하고 공동체를 떠나게 될 수도 있다는 말이다.

여기에서는 이 사회관계의 양면성으로서 비교 성향과 비교 스트레스에 초점을 맞추고자 한다. 넓어진 사회관계는 개인에게 다양한 지지 수단을 확보할 수 있는 기회이면서도 자신의 처지를 비교할 대상이 늘어났다는 의미이기도 하다. 페이스북Facebook 이용이 타인과의 비교를 매개로 우울증 유병률을 늘릴 수 있다는 최근 연구들은 대표 예다. 비교 대상의 광범위한 확산은 우상이나 역할 모델을 찾을 확률을 늘릴 수도 있지만, 잠재적인 적을 늘리는 기능을 하기도 한다. 현재 한국 사회에서 후자의 기제가 활성화되어 있다면, 확장된 사회관계가 오히려 집합 의식을 저해시키고 내적 가치를 망가뜨려 무분별한 혐오 문화를 확산시키는 데 부분적인 원인이 된다고도 말할 수 있을 것이다.

3. 한국인의 사회관계, 얼마나 활발한가?

(1) 단체 참여

2015년 한국인이 맺고 있는 사회관계의 양상을 살펴보기 위해 우선 얼마나 많은 단체에 참여하고 있는지 확인했다.[85] 단체의 경우 가족, 친지, 이웃 등 상대적으로 개인에게 가까운 사람들이 모이는 집단을 하나로 묶어 연고 집단으로 분류했다. 시민 단체, 정당, 취미 단체, 자선 단체 등 개인 활동이나 사상과 더 깊은 연관이 있는 집단은 자발적 결사체로 분류했다. 소극적 참여와 적극적 참여는 따로 구분하지 않고 참여 여부만 판단했다.

그 결과 응답자들은 5개 연고 집단(종친회, 향우회, 동창회, 계 등 상부상조 모임, 반상회 등 이웃 모임) 중 평균적으로 1.57개, 5개 자발적 결사체(취미/문화/연구 모임, 자선/사회봉사 모임, 정당 등 정치 단체, 시민 단체, 노동조합/직능 단체) 중 0.70개에 참여하는 것으로 나타났다. 가장 많이 참여하는 단체는 동창회로, 참여 유무를 살핀 결과 평균 0.52로 나타나 2명 중 1명은 동창회에 참여하고 있었다. 반면 가장 적게 참여하는 단체는 정당 등 정치 단체로 평균 0.06을 보여 17명 중 1명만이 정치 단체에 참여했다.

연령과 성별에 따라 살펴본 결과, 연고 집단과 자발적 결사체 모두 전반적으로 남성이 여성에 비해 단체 참여를 활발히 하고 있었으며 두 집단 모두 남성은 50대에, 여성은 60대에 참여율이 가장 높았다. 연고 집단 참여는 연령이 증가하며 늘어나는 모양새를 보인 반면, 자발적 결사체 참여는 70세 이상 여성에게서 급격히 감소하는 것을 제외하면 상대적으로 적은 연령별 차이를 보였다. 통계 기법을 이용한 분석 결과 남성이 여성보다, 50대가 20대보다 연고 집단 참여가 활발한 것으로 나타났으며, 자발적 결사체의 경우 역시 성별에 따른 차이(남성/여성)는 유의미했으나 연령에 따른 차이는 없는 것으로 분석되었다.

(2) 연줄망

단체 참여 다음으로 응답자들이 활용하는 연줄망의 범위와 문제 해결을 위한 연줄망 활용 경험에 대해 살펴보았다. 연줄망을 확인하기 위해 "귀하의 가족 혹은 8촌 이내 친지, 친한 친구, 동창 중에 다음의 직업을 가진 사람이 있습니까?"라는 질문을 활용해 4급 이상 공무원, 법조인, 대학교수, 언론인, 의사, 경영자, 군인 혹은 경찰(대령 및 총경 이상), 예술가, 국회의원 중 자신과 밀접한 관계를 가진 사람이 있는지를 살펴보았다. 그리고 해당 직군에 밀접한 사람이 있다는 응답자들에게는 다시 "그 사람의 도움을 받아 어려운 문제를 해결한 경험이 있습니까?"라고 물어 연줄망을 활용한 적이 있는지도 확인했다.

그 결과 설문에 포함된 직군 중 응답자들이 가장 밀접한 관계를 맺고 있고, 도움을 많이 받은 적 있는 대상은 의사로 나타났다. 전체 응답자의 22.58%가 관계가 밀접한 의사가 있다고 대답했으며, 그중 43.67%는 그 의사로부터 도움을 받은 적이 있다고 답해 다른 직종과 상당한 차이를 보였다. 반면 국회의원은 희소성으로 인해 3.78%만이 밀접한 관계의 국회의원을 알고 있다고 응답했으며, 도움을 받은 경험은 그중에서도 11.76%에 지나지 않았다. 의사 다음으로는 경영자, 대학교수 순으로 밀접한 관계에 아는 사람이 있다고

[그림 3-21] 세대 및 성별 응답자의 연줄망 크기

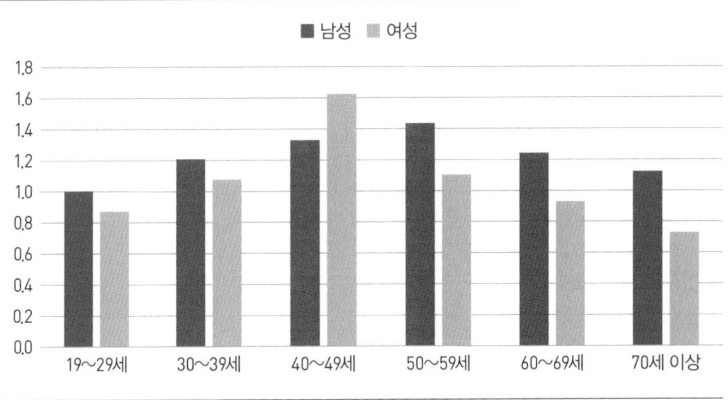

답했으며, 도움을 받은 경험은 법조인, 경영자 순이었다.

[그림 3-21]은 세대와 성에 따른 응답자의 연줄망 크기를 보여주고 있다. 연줄망 크기는 응답자 1명이 위의 해당 직군 중 몇 개나 되는 직군과 관계를 맺고 있는지를 살펴본 것으로, 전체 평균은 1.18개이며 표준 편차는 1.75였다. 즉 한국인의 대다수는 가까운 관계에 있는 사람들 중 위의 직종 하나에 속한 사람이 있다는 의미다. 이 크기가 크면 클수록 한 개인이 다양한 직종에 속한 사람들과 긴밀한 관계를 가지고 있다고 판단할 수 있으며, 이는 개인이 처한 관계망의 양적·질적 측면을 간접적으로 가늠하는 자료가 된다.

연줄망 크기는 50대 남성과 40대 여성에서 각각 1.43과 1.63으로 가장 높았으며, 전반적으로 개인이 사회에 분명한 역할을 가지게 되는 중년에 연줄망이 커지는 것으로 나타났다. 40대를 제외한 연령대에서 남성이 여성보다 큰 연줄망을 가지고 있어, 사회생활에서 여전히 남성이 여성보다 활발함을 보여주고 있다.

좀 더 엄밀한 판단을 위해 통계 분석을 실시한 결과, 신뢰 수준 95%에서 40대가 20대 및 70세 이상 노인층에 비해 큰 규모의 연줄망을 가지고 있는 것으로 밝혀졌다. 한편 성별에 따른 차이는 통계적으로 유의하지 않게 나타났다. 연줄망 이용 경험의 경우에는 성별과 연령 모두 연줄망 이용 경험과 상관관계를 갖지 않는 것으로 분석되었다. 이러한 결과가 도출된 까닭은 연줄망을 갖추게 되는 과정은 사회생활과 밀접한 변수들의 영향을 받는 한편 도움을 받는 과정은 자신이 연줄망을 활용할 수 있는 사건이 발생했는지, 자신과 친분이 있다고 대답한 대상과 얼마나 밀접한지 등 다양한 변수들이 개입되기 때문인 것으로 보인다.

(3) 온라인 네트워크

스마트폰의 보급 등으로 온라인 네트워크는 더욱 한국인의 삶에 밀접하게 연결되고 있다. 특히 페이스북, 트위터twitter, 인스타그램Instagram 등의 소셜 네트워크 서비스Social Network Services/sites, SNS는 젊은 층을 중심으로 유행하기 시작해, 이제는 세대를 막론하고 인간관계를 새롭게 구성해가고 있다. 단순하게 생각하자면 SNS의 이용 빈도가 높을수록 온라인상에서 더욱 잦은 관계 형성 기회를 가지게 될 것이라고 판단해볼 수 있다. 한국인의 사회관계를 파악하기 위해 단체 참여 및 연줄망과 더불어 SNS 이용 빈도에도 주목해야 하는 이유다. 사회적 웰빙 조사의 SNS 이용 빈도 문항은 SNS의 범주에 페이스북, 트위터 등 전형적인 소셜 네트워킹 서비스와 더불어 카카오톡KakaoTalk, 라인LINE 등의 스마트폰 기반 메신저 서비스들을 포함시키고 있다. 따라서 해당 조사에서 측정된 SNS 이용 빈도는 통신망을 기반으로 한 소통의 빈도로 보는 것이 더욱 정확할 수 있다.

기타 미디어들과 더불어 SNS 이용 빈도를 조사한 결과, 성과 연령에 따른 SNS 이용 빈도는 20대에서 가장 높았고 연령대가 높아짐에 따라 서서히 줄어들어 70대 이상 노인층에서는 평균 이용 빈도가 4점 리커트 척도Likert scale 기준 1.2점에 불과했다. 특히 70대 이상 여성은 응답자 30명 중 SNS를 이용한다고 답한 사람이 1명에 불과했으며, 그 경우에도 거의 이용하지 않는다고 답했다.

인구학적 변수들에 따른 SNS 이용 빈도의 차이를 통계 분석 기법을 통해 확인한 결과, 성별에 따른 SNS 이용 빈도의 차이는 없는 것으로 나타났다. 반면 연령의 경우 신뢰 수준 99%에서 40대 이하와 60대 이상에서 유의한 차이가 있었다. 학력의 경우에는 고졸 이상이 중졸 이하에 비해 역시 신뢰 수준 99%에서 SNS를 더욱 많이 이용했으며, 가구 소득의 경우에는 291만 원 이상 가구 소득 집단과 120만 원 이하 집단 사이에 통계적으로 유의한 차이가 있었을 뿐만 아니라, 가구 소득이 늘어나면 늘어날수록 SNS를 더욱 많이 이용하는 선형적인 양상 역시 나타났다. 이는 기존의 SNS 이용 실태에 대한 연구 결과들과 궤를 같이하는 것이다.

4. 한국인의 비교 성향

그렇다면 한국인은 얼마나 주위 사람과 자신을 자주 비교할까? 사회적 웰빙 조사에서 응답자의 비교 성향은 자신의 생활 수준을 누구와 비교하는지 물은 후, 얼마나 자주 비교하는지를 묻는 방식으로 구성되어 있다. 이 2가지 문항을 하나로 통합해 비교를 전혀

[그림 3-22] 연령 및 성별에 따른 응답자의 생활 수준 비교 빈도

(0: 비교 안 함, 2: 자주 비교함)

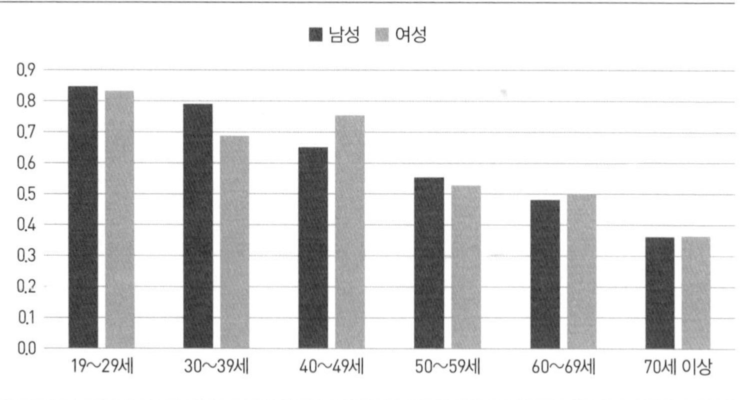

하지 않는 집단, 비교를 하기는 하나 별로 하지 않는다고 응답한 집단, 비교를 자주 한다고 응답한 집단의 3개 군으로 비교 빈도를 분류했다. 그러자 비교를 '전혀 하지 않는다'고 응답한 사람이 447명으로 44.5%, '약간 한다'고 대답한 사람이 465명으로 46.3%로 나타났으며, '자주 비교한다'는 응답은 93명으로 9.3%에 그쳤다. 국제 비교가 되지 않아 얼마나 잦은지 쉽게 평가할 수는 없지만, 적어도 설문조사를 통해 한국인 2명 중 1명은 주위 사람과 자신을 비교하고 있는 것으로 나타났다.

[그림 3-22]는 연령과 성별에 따른 응답자의 비교 빈도를 나타낸다. 0점이 전혀 비교하지 않는 집단이며, 2점이 자주 비교하는 집단이다. 성별에 따른 비교 빈도의 차이는 크지 않으며, 남녀 모두에서 연령이 증가함에 따라 비교 빈도가 점차적으로 낮아지는 경향을 보인다. 다만 40대 여성에서 비교 빈도가 높아지는데, 이는 연령에 따른 비교 빈도 감소 추세에서 혼자 벗어난 것으로서 특기할 만하다.

[그림 3-23] 학력과 가구 소득에 따른 응답자의 생활 수준 비교 빈도

(0: 비교 안 함, 2: 자주 비교함)

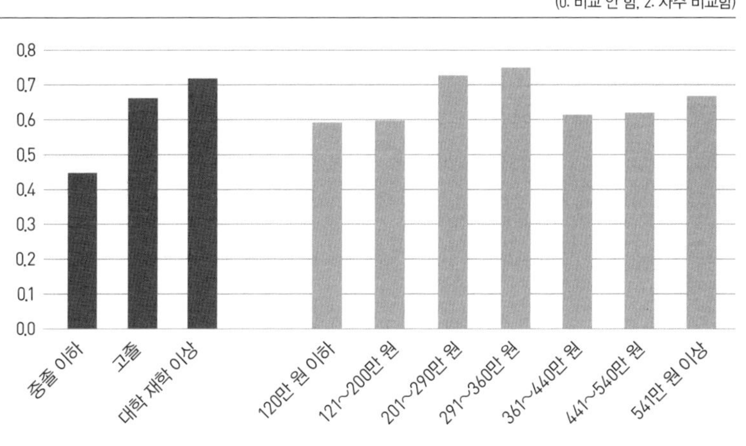

[그림 3-23]은 학력 및 가구 소득에 따른 비교 빈도의 차이를 나타낸 것이다. 학력은 올라갈수록 비교 빈도가 올라가는 것으로 나타나지만, 가구 소득은 201~360만 원 구간에서 가장 높고 나머지는 큰 차이가 없는 것을 볼 수 있다. 일원 배치 분산 분석을 이용한 통계 검정 시에도 학력에 따른 비교 빈도의 차이는 신뢰 수준 99%에서 유의한 반면, 가구 소득에 따른 비교 빈도에는 뚜렷한 통계적 차이가 발견되지 않았다.

그렇다면 사람들은 주로 누구와 자신을 비교할까? 설문지에서 제시한 보기들 중 가장 많은 응답을 얻은 것은 동창이었다. 응답에 답한 576명 중 192명이 동창과 자신의 생활 수준을 비교한다고 답했다. 그다음은 이웃과 비슷한 경력을 가진 근로자가 115명으로 공동 2위에 있었다. 그 뒤를 평균적인 한국인, 직장 동료, 친척, 주위 학부모 순이었다. 이 결과를 통해볼 때 한국인들에게는 동창과 이웃

그리고 자신과 비슷한 능력을 가졌을 것으로 판단되는 사람이 주 비교 대상임을 엿볼 수 있다.

심리학의 사회적 비교 연구들에서는 비교 대상이 자신보다 우월한지 열등한지도 중요하다고 본다. 이는 자신보다 높은 처지에 있는 사람과 자신을 비교할 때와 그 반대일 때의 스트레스 수준은 물론이거니와 발생하는 심리적 효과도 다를 수밖에 없기 때문이다. 조사 결과 응답자 중 자신보다 낮은 생활 수준을 가진 사람과 자신을 비교한다는 응답자는 겨우 5.9%에 불과했다. 한편 비슷한 수준이라는 응답은 57.8%, 자기보다 높은 수준을 지닌 사람들과 비교한다는 응답은 36.3%로 나타났다. 앞서 한국 사회에서 비교와 평등주의, 사회관계의 특징을 지적했던 학자들의 분석과 비슷하다.

한국인은 자신과 비슷한 수준, 비슷한 경력을 가진 사람과 자신을 비교하며 자신의 성취가 충분한지를 가늠하거나 자신보다 높은 수준의 사람을 보며 동기부여를 하는 한편 그런 결과물이 과연 공정한지를 따져보고 있는 것으로 판단된다.

비교의 양적 측면과 더불어 한국인이 비교로 인해 얼마나 스트레스를 받고 있으며, 이로 인한 사회정신건강의 결과는 어떤지 살펴보았다. 자신이 사회적 비교를 한다고 응답한 사람들 중 비교로 인해 얼마나 스트레스를 받고 있는지를 4점 리커트 척도로 물어보았다. 1을 '거의 스트레스 받지 않음', 4를 '매우 스트레스 받음'으로 두고 전체 응답자의 응답 경향을 살핀 결과, 응답 대상 558명 중 '스트레스를 거의 받지 않는' 집단이 11명(2%), '별로 받지 않는' 집단이 199명(35.7%), '약간 받는다'고 응답한 집단이 306명(54.8%), '매우 받는다'고 답한 집단이 42명(7.5%)이었다. 전체 평균은 2.68이며 표준

[그림 3-24] 학력과 가구 소득에 따른 응답자의 비교 스트레스

(1: 별로 받지 않음, 4: 매우 받음)

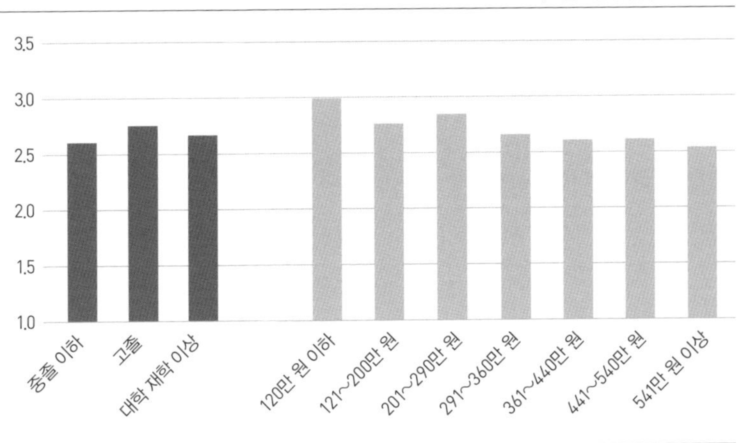

편차는 0.639로, 타인과 자신의 생활 수준을 비교하는 경우 많은 사람이 보통 이상으로 스트레스를 받는 것으로 나타났다. 성별과 연령에 따른 비교 스트레스 수준을 살펴본 결과, 전 연령대에 걸쳐 차이가 아주 미미해 특징을 나타내지 않았다.

한편 [그림 3-24]에서처럼 학력과 가구 소득에 따른 차이를 살펴본 결과, 학력 역시 통계적으로 비교 스트레스와는 관계가 없는 것으로 나타났다. 반면 가구 소득의 경우 가구 소득 수준이 향상될수록 비교 스트레스가 줄어드는 것으로 나타났다. 특히 신뢰 수준 99%에서 291만 원 이상의 가구 소득을 가진 집단과 120만 원 이하의 가구 소득을 가진 집단 사이의 비교 스트레스 수준은 유의한 차이가 있는 것으로 드러났다.

비교 빈도와 비교 스트레스의 결과를 하나로 묶어 설명하면 다음과 같다. 학력이 높고 연령이 낮을수록 생활 수준을 남과 자주 비교하지만, 비교 스트레스 수준은 기타 인구학적 변수가 아닌 가구 소득의 영향을 주로 받는다. 즉 학력이 높고 연령이 낮지만 가난한 사람일 경우 사회적 비교로 인한 영향에 더욱 심하게 노출된다.

그렇다면 비교 빈도와 비교 스트레스, 비교 대상 사이에도 연관관계가 있을까? 통계 분석 결과 3가지 변수 사이에는 매우 강한 관계가 있는 것으로 나타났다. 비교 대상보다 자신의 생활 수준이 낮다고 생각하는 경우는 비교를 많이 하고 비교 스트레스를 많이 받았다. 비교 대상보다 생활 수준이 낮을 때 스트레스를 받는 것은 어찌 보면 당연한 결과다. 그러나 그렇게 스트레스를 받으면서도 더욱 더 비교를 하게 된다는 데 한국인들이 처한 문제의 핵심이 있는지도 모른다.

5. 정말 사회관계의 부작용이 있을까?

그렇다면 정말 한국의 빽빽한 사회관계가 비교 빈도를 늘리고 비교 스트레스를 악화시키고 있을까? 이론에서 가정한 대로 사회관계의 양면성, 즉 사회관계 활성화로 인한 비교 빈도 및 비교 스트레스의 증가가 경험적인 자료로 나타나는지를 자료를 이용해 확인해보았다. 가장 간단한 통계적 방법 중 하나인 상관 계수를 활용해 연고집단 참여 수, 자발적 결사체 참여 수, 연줄망 규모, 연줄망 이용 경험, SNS 이용 빈도와 비교 빈도, 비교 빈도 및 비교 스트레스 사이의 관계를 살펴보았다.

비교 빈도 및 비교 스트레스와 사회관계 변수들과의 상관 계수를 확인한 결과, 비교 스트레스는 사회관계 변수들과 상관관계가 나타나지 않았고, 비교 빈도는 신뢰 수준 99%에서 연줄망 활용 및 SNS 이용과 정적正的 상관관계가 있는 것으로 드러났다. 곧 SNS를 많이 이용하는 집단과 연줄망 활용 경험이 풍부한 집단에서 생활 수준을 타인과 비교하는 경향성이 나타난다는 의미다. 그러나 이 분석 결과를 완전히 신뢰할 수 없는 이유는 비교 빈도가 연령과 깊은 연관성이 있는 한편, SNS 이용 역시 연령이 높아질수록 낮아지는 경향을 보였다는 것 때문이다. 연령 변수가 혼란 변수로 작용해 SNS 이용과 비교 빈도 사이에 상관관계가 있는 듯한 착시 현상을 만들었을 수 있다. 다행히 통계적으로 이런 상황에서 제3의 요인을 통제하는 방법이 있으므로, 비교 빈도에 영향을 주는 것으로 나타난 연령, 학력, 비교 스트레스와 관계가 있는 인구학적 변수인 가구 소득 등을 통제했다.

그 결과 연령, 학력, 가구 소득 등과 무관하게 비교 빈도와 연줄망 활용 사이에 관계가 있는 것으로 나타났으며, SNS 이용과 비교 빈도 사이의 관계는 연령에 의한 착시인 것으로 나타났다. 연줄망을 이용한 경험이 많으면 많을수록 자신의 처지를 주위와 비교하고 있을 가능성이 높다는 뜻이다. 통계를 통해 인과관계를 알 수는 없으므로 그런 경향이 있다고 파악하면 된다.

단체 참여의 경우 연고 단체 참여와 자발적 결사체 참여는 전반적으로 얼마나 단체에 참여하는지를 확인하는 변수이며, 앞선 분석을 통해 특정 단체에 대한 참여 여부와 비교 빈도, 비교 스트레스 사이의 관계를 확인할 수는 없다. 이에 연고 단체로 분류된 5개 단체 참여 여부 및 자발적 결사체 5개 참여 여부와 비교 빈도, 비교 스트레스 사이의 관계를 확인해보았다.

그 결과 비교 빈도는 반상회 등 이웃 모임 참여 여부와 정적 상관관계가, 비교 스트레스는 동창회 참여 여부와 부적 상관관계가 있었다. 풀어 쓰면 반상회에 자주 나가는 사람들은 주위 사람들과 자신의 처지를 자주 비교하고, 동창회에 자주 나가는 사람들은 비교함으로써 스트레스를 덜 받는 사람들이다. 자발적 결사체 참여의 경우, 비교 빈도는 취미/문화/연구 모임 참여 여부와 정적 상관관계가 있었다. 이는 인구학적 변수들을 통제한 이후에 나온 결과다.

각 단체 참여 여부에 따른 비교 빈도 및 비교 스트레스의 차이는 흥미로운 결과이기는 하나 명확한 원인을 확인하기 어려우며, 개연성도 아직은 불명확하다. 다만 연령 효과를 통제한 이후에도 젊은층이 상대적으로 자주 참여하는 취미/문화/연구 모임 참여가 비교 빈도를 늘린다는 결과가 나타난 것은, 왜 젊은층이 점점 "볼링을 혼자 치는" 식의 혼자 놀기 문화를 발전시켜가는지에 대한 실마리를 던져주고 있다는 점에서 흥미롭다. 한국인의 주요 비교 대상 중 하나가 이웃임을 떠올려볼 때 반상회에 자꾸 참여하는 것이 비교할 기회를 늘리는 것도 상식적으로 이해가 되는 결과다. 동창회와 비교 스트레스의 관계는 비교 스트레스를 덜 받는 사람만 동창회에 참석한다고 해석할 수 있을 것이다.

6. 비교 스트레스가 개인과 사회를 고장 낸다

스트레스가 항상 나쁜 작용을 하는 것은 아니다. 적당한 수준의 스트레스는 오히려 적응을 키워주고, 어려움을 이겨낼 힘을 길러줄 수도 있다. 한국인들의 비교 스트레스는 과연 지금 적당한 정도의

[그림 3-25] 비교 스트레스에 따른 우울 점수(CES-D 8 척도)

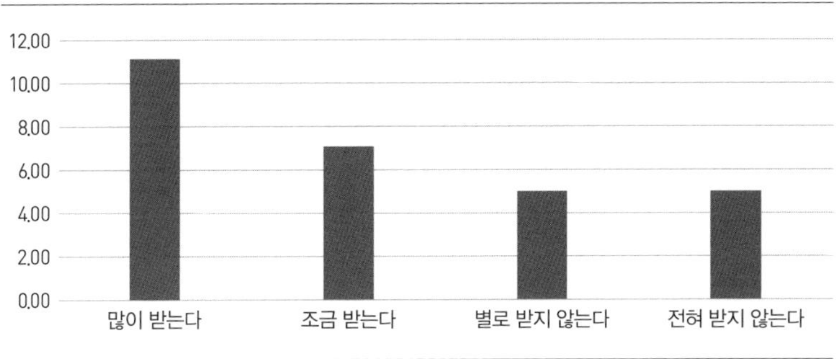

장애물로 기능하고 있을까? 관계가 가진 양면성은 한국인의 사회적인 웰빙 수준에 어떤 영향을 끼치고 있을까? 이를 확인하기 위해 개인적 차원에서 비교 스트레스를 많이 받는 사람일수록 우울 점수가 높은지 살펴보았다. 그리고 사회적 차원에서 앞서 살펴본 바 있는 내적 가치 점수와 비교 스트레스 사이에 관계가 있는지 분석했다.

먼저 비교 스트레스에 따른 우울 점수를 살펴본 결과 '스트레스를 많이 받는다'고 응답한 사람의 우울 점수 평균은 11점, '조금 받는다'는 사람은 7점, '별로 받지 않거나 전혀 받지 않는' 사람은 5점으로 뚜렷하게 확인 가능한 결과가 나왔다[그림 3-25].

우울 점수는 8개 문항의 보기 각각에 0~3점을 주고 합산한 값으로, 0~24점까지 분포해 24점이 가장 심각한 상태이며, 0점이 전혀 우울하지 않은 상태임을 뜻한다. 비교 스트레스를 받지 않는 사람과 많이 받는 사람의 평균 점수 6점 차이는 다음과 같이 해석할 수 있다. 비교 스트레스를 받지 않는 사람이 조금 우울하다고 대답할 때, 많이 받는 사람들은 보통 우울하다고 대답한다. 비교 스트레스가 적은 사람이 슬프다고 말할 때, 많은 사람들은 너무 슬프다고 이

[표 3-4] 비교 빈도와 비교 스트레스 및 내적 가치 하위 개념과의 상관관계

	소속감	가치 지향성	문제 해결 자신감	내적 가치
비교 스트레스	−0.11	−0.19	−0.22	−0.21

야기한다. 비교 스트레스가 큰 사람들은 우울증 문항들에 한 단계 더 우울한 응답들을 하고 있는 셈이다.

그렇다면 비교 스트레스를 가진 사람들은 자신을 공동체의 일원으로서 제 역할을 다하고 있다고 인식하는 데도 어려움을 겪고 있을까? 통계 분석 결과 '그렇다'는 결론을 내릴 수 있었다. 평균 점수를 통해 확인하면 비교 스트레스 정도에 따른 내적 가치 점수는 스트레스가 매우 적을 때보다는 약간 적다고 응답했을 때가 53점으로 가장 높았으며, 이 점수는 생활 수준을 전혀 비교하지 않는 집단의 54점과 별반 차이가 나지 않는다.

그러나 그 외의 경우에는 곧 상당한 수준으로 내적 가치 점수가 낮아졌는데, 스트레스가 매우 크다고 응답한 집단은 41점에 불과한 내적 가치 점수를 기록했다. 내적 가치 점수를 구성하는 각 영역들과 비교 스트레스 사이의 상관 계수를 살핀 결과, 비교 스트레스는 소속감, 영성, 문제 해결 자신감 3가지 하위 영역 모두와 부적 상관관계가 있는 것으로 나타났다[표 3-4].[86] 즉 비교 스트레스가 큰 사람들은 공동체에 소속감도 느끼지 못하고, 뚜렷한 삶의 목표를 갖기 어려워하며, 자신이 닥친 문제를 주체적으로 해결할 수 있다는 자신감도 부족하다.

사회적 웰빙 조사를 통해 알 수 있는 것은 한국 사회에서 사회관계의 양면성이 크다는 통계적 증거는 분명치 않다는 것이다. 특히

사회관계의 범위가 확장되고, 그 규모가 커지면서 비교 빈도와 비교 스트레스에 악영향을 줄 것이라는 가설은 아주 일부분을 제외하고는 그릇된 것으로 나타났다. 사람들은 주로 이미 알고 있는 사람들과 자신을 비교하고 있었고, 특히 자신과 비슷한 수준을 가진 사람들의 사례를 통해 자신이 정당한 보상을 받고 있는지 확인하고 싶어 했다. 비교 스트레스가 큰 사람들은 다른 것은 몰라도 동창회에는 참석하고 싶어 하지 않았고, 주위와 자신을 자주 비교하는 사람들은 반상회나 취미/여가 모임에 활발히 나가는 사람들이었다. 그리고 자신이 가지고 있는 연줄을 더 자주 "잡아당겨" 도움을 받은 경우 비교 빈도가 높아지는 것으로 나타났는데, 이는 해석은 어렵지만 자신의 능력보다 연줄을 강조하는 성향의 사람이 갖게 되는 외향적인 태도가 아닌가 싶다.

사람들이 맺는 사회적 관계가 꼭 비교 빈도나 비교 스트레스로 이어지는 것은 아니었지만, 비교 스트레스의 결과는 파괴적이었다. 비교 스트레스가 높은 사람들은 개인적으로는 우울증 위험이 높았고, 사회적으로는 스스로를 공동체의 구성원이자 주체로 인식하기 어려워했다. 비교 스트레스가 높은 사람의 경우 주로 가구 소득이 적었는데, 한국 사회에서 비교의 기능을 주로 돈이 수행하고 있음을 보여준다. 돈을 잘 벌지 못하는 사람들이 사회로부터 고립되고 숨어 지내게 되는, 그나마 벌이가 있어 사회에 남은 사람들은 직장에서 반상회에서 동창회에서 다시 자신과 비슷한 처지의 사람들과 자신을 비교하고 있는 것이 지금의 한국 사회인 것이다.

미주

1장 장애물 찾아내기

1 Cresswell, 1998.

2 Hoppe et al., 2004.

3 Bazeley, P., & Jackson, K., 2014.

2장 사회의 무게가 버겁다: 고뇌하는 청년 세대

4 Bircher, J., 2005.

5 Arendt, 1973; 고프만, 2016.

6 김현경, 2015.

7 Haslam et al., 2009; Jetten et al., 2012.

8 3부 2장은 초점집단면담을 활용하여 자료를 수집했다. 그 방법은 3부 1장을 참고하기 바란다. 이 글의 분석 방법은 주제 분석이다. 주제 분석이란 자료에서 주요하거나 자주 등장하는 주제들(패턴들)을 확인하고 분석하는 방법이다(Braun& Clarke, 2006). 자료와 익숙해지기, 기초 코딩 생성, 주제 찾기, 주제들 간 일관성 및 타당성 검토, 주제 정의 및 이름 붙이기, 글쓰기 등 6단계에 따라 진행했다. 이 밖에도 신문 기사, 선행 연구, 사회 통계도 제시하며 자료를 보완했다.

9 초점집단면담 참여자들 중 청년 세대들은 1978~1988년생이다. 2014년에 면담이 진행되었으므로, 연구 참여자들은 당시 27~37세다.

10 면담 내용은 큰따옴표를 사용하거나 단락을 나눠 적었다. 연구 참여자가 의미하는 바를 선명하게 전달하기 위해 부득이하게 면담 내용을 간추려야 할 경우 [...]로 표시했다. 의미를 명확하게 전달하기 위해 주어나 소유격 등이 보조적으로 필요한 경우, 괄호 안에 해당 말을 썼다. 면담에 사용된 단어가 연구 참여자의 신원을 드러낼 가능성이 있다면 해당 언어를 상위 언어로 바꾸고 괄호 안에 적었다. 면담 질문도 괄호 안에 적었다.

11 《국민일보》, 2017년 6월 23일.

12 통계청·여성가족부, 2017.

13 통계청, 2017.

14 여성가족부, 2017a.

15 여성가족부, 2017a.

16 응답자들은 양성평등을 위해 해결해야 할 과제로 가사·육아에의 남성 참여 저조(23.4%), 성별 임금 격차(22.7%), 대중 매체에서의 성차별적 표현(16.4%)을 꼽았다(여성가족부, 2017b). 여성은 가사·육아에의 남성 참여 저조(27.4%), 성별 임

금 격차(26.7%), 여성에 대한 폭력(15.4%) 순으로 응답했다. 남성은 대중 매체에서의 성차별적 표현(21.3%), 가사·육아에의 남성 참여 저조(19.5%), 성별 임금 격차(18.6%) 순으로 응답했다.

17 《연합뉴스》, 2016년 6월 22일.

18 한국인의 사회적 웰빙 조사와 ESS 자료를 활용해 비교했다. 마음 건강의 하위 영역은 긍정 정서, 부정 정서 없음, 심리적 번영으로 구성된다. 지표 구성과 국가 비교 방법과 관련해 보다 자세한 내용은 1부 3장과 2부 2장에서 다루었다. 비교 국가는 30개국으로 알바니아, 벨기에, 불가리아, 키프로스, 체코, 덴마크, 에스토니아, 핀란드, 프랑스, 독일, 헝가리, 아이슬란드, 아일랜드, 이스라엘, 이탈리아, 코소보, 리투아니아, 네덜란드, 노르웨이, 폴란드, 포르투갈, 러시아, 슬로바키아, 슬로베니아, 스페인, 스웨덴, 스위스, 우크라이나, 영국, 한국이다. 분석 대상인 청년 세대는 ESS(2012) 자료에서 만 27~37세와 한국인의 사회적 웰빙 조사(2015) 자료에서 만 27~37세(1978~1988년생)를 비교했다.

19 European Social Survey, 2012; 한국인의 사회적 웰빙 조사, 2015. 긍정 정서는 자주 경험할수록 높은 점수가 되고, 부정 정서는 경험하지 않을수록 높은 점수가 되도록 조정해 분석하였다.

3장 고립되니 아프다

20 3부 3장은 구혜란·박상희(2016a, 2016b)의 글을 토대로 재구성한 것이다.

21 통계청, 2016.

22 통계청, 2016.

23 서울대 사회발전연구소, 2009; 서울대 사회발전연구소, 2012.

24 통계청, 2015.

25 정수남, 2010.

26 《중앙일보》, 2017년 7월 20일; 《주간조선》, 2016년 8월 30일; 《경향신문》, 2017년 7월 23일 등.

27 ESS, 2012; 한국인의 사회적 웰빙 조사, 2015. '외로움을 자주 느꼈다' 혹은 '외로움을 거의 항상 느꼈다'고 응답한 비율를 말한다. 북유럽 국가는 덴마크, 노르웨이, 핀란드, 스웨덴, 영미권 국가는 영국, 아이슬란드, 아일랜드, 남유럽 국가는 이탈리아, 포르투갈, 서유럽 국가는 프랑스, 독일, 네덜란드, 스위스, 벨기에, 동유럽 국가는 불가리아, 체코, 헝가리, 폴란드, 슬로바키아, 슬로베니아를 합한 평균값이다.

28 Wrzus, C. 외, 2013.

29 Cobb, S., 1976.

30 Lin, N. 외, 1979.

31 Bovier, P. A. 외, 2004.

32 송호근, 2003.

33 구혜란, 2005.

34 ISSP, 2001; KGSS, 2004. 각각의 사회 지원망 모듈을 활용했다.

35 정재기, 2007.

36 KGSS, 2004; 한국인의 사회적 웰빙 조사, 2015. 가사 지원은 '감기에 심하게 걸려 식사 준비나 장보기 같은 집안일을 부탁해야 할 경우', 경제적 지원은 '큰돈을 갑자기 빌릴 일이 생길 경우', 정서적 지원은 '우울하거나 스트레스를 받아서 누군가와 이야기를 나누고 싶을 경우' 가장 먼저 도움을 청할 대상에 대한 응답이다.

37 한국인의 사회적 웰빙 조사, 2015.

38 노인 상대 빈곤율은 소득이 중위 소득의 50% 이하인 인구 비중을 말한다.

39 OECD, 2017b.

40 구혜란·박상희, 2016a.

41 Lin, N., 1986.

42 Krause, N., 2001.

43 Berkman, L. F. 외, 2000; Uchino, B. N., 2004; 2006.

44 Cohen, S., 1988; Uchino, B. N. 외, 1996.

45 Cohen, S. 외, 2000.

46 Thoits, P. A., 2011.

47 채수원·오경옥, 1991; 허준수·유수현, 2002.

48 Holt-Lunstad, J. 외, 2015.

49 한국인의 사회적 웰빙 조사, 2015. 신체 건강 인식의 경우 '나쁜 편'과 '매우 나쁨'의 합을 나타낸 것이다. 우울하다, 외롭다, 불안하다, 불면(숙면을 취하지 못한다)은 '자주 느꼈다'와 '거의 항상 느꼈다'의 합이다. 자존감(자신을 좋게 생각한다), 긍정 관계(나를 진심으로 걱정해주는 사람들이 있다), 공동체 소속감(사회의 구성원으로서 소속감을 느낀다)은 '동의하는' 편과 '매우 동의'하는 응답자의 합을 측정한 것이다.

50 장경섭, 2011.

51 Letki, Natalia and Inta Mierina, 2015.

4장 백 없으니 힘들다

52 Pew Research Center, 2014.

53 KGSS, 2004.

54 ISSP, 2001.

55 정한나·김상기, 2013; 김영철, 2010.

56 《신동아》, 2013년 12월 19일.

57 한국인의 사회적 웰빙 조사, 2015. 노년 세대는 1954년 이전 출생; 베이비 붐 세대는 1955~1963년 출생; 장년 세대는 1964~1978년 출생; 에코 세대는 1979년 이후 출생. 비교 성향은 남들과 비교를 얼마나 자주하는지, 비교하면서 스트레스를 어느 정도 받는지 질문해 구성했다. 비교 성향이 높음은 남들과 비교를 자주하면서 스트레스를 많이 받는 사람을 나타낸다. 계층 의식은 한국 사회를 10개의 층으로 나누었을 때 응답자의 가정이 어느 계층에 속하는지 질문한 것을 상중하의 3개 층으로 구분한 것이다.

58 류동민, 2016.

59 원종학, 2013.

60 《경향신문》, 2016년 1월 1일.

61 한국인의 사회적 웰빙 조사, 2015.

62 Martin Seligman, 2008.

63 한국인의 사회적 웰빙 조사, 2015.

64 ISSP, 2009; Gallup World Poll Positive affect index, 2009.

65 김용학, 2003b.

66 손종현·김부태, 2016.

67 이재열, 2014.

68 김영철, 2012.

69 정한나, 2015.

70 ISSP, 2009; Gallup World Poll Positive affect index, 2009. 긍정 정서 경험은 어제 존중받은 경험, 즐거운 일, 웃을 일이 있었는지, 잘 쉬었는지, 흥미 있는 것을 배우거나 한 경험이 있는지를 종합해 산출한 것이다. 부정 정서 경험은 어제 겪었던 신체적 고통, 걱정, 슬픔, 분노, 스트레스 등을 종합해 산출한 것이다. 삶에 대한 만족도는 현재의 삶이 자신이 생각하는 가장 좋은 또는 가장 나쁜 삶과 비교해 어떠한지를 질문해 얻은 값이다.

71 강준만, 2016.

72 스티븐, J. 맥나미, 로버트 K. 밀러 주니어, 2015.

73 마이클 샌델, 2008.

74 《한겨레》, 2016년 9월 7일.

75 《프레시안》, 2017년 8월 1일.

5장 비교하니 괴롭다

76 3부 5장은 양준용·조병희(2017)의 글을 수정 및 보완한 것이다.

77 김찬호, 2005.

78 Portes. A., 1998.

79 Brown and Harris, 1978.

80 Diener, E. 외, 2010a.

81 Kim and Ohtake, 2014.

82 송호근, 2006.

83 김찬호, 2016.

84 한준 외, 2014.

85 여기에서 활용하고 있는 자료는 한국인의 사회적 웰빙 조사(2015)를 분석한 결과다.

86 신뢰 수준 99%에서 검정한 결과다.

4부

어떻게 넘어설 것인가?

개인–관계–사회 차원의 대안 모색

SUFFERING KOREA

1장
개인 차원의 대안

1. 몸을 잘 다스려 건강하자

불행하다고 생각하는 사람들은 건강하지 못한 경향이 있다. 행복을 찾기 위해 가장 먼저 해야 할 일은 건강을 단단하게 다지는 일이다. 흔히 하는 말로 건강을 잃으면 아무것도 하지 못한다. 건강이 인생에서 최고의 가치인지는 논란의 여지가 있지만 행복을 찾기 위해 전략적으로 건강해질 필요가 있다.

중국 고대 진나라의 시황제가 불로장생의 비법을 찾다가 죽었다고 전한다. 우리 문화에서 불로장수는 오래된 소망이었다. 그런데 장수하는 것 자체가 삶의 목표가 되기는 어렵다. 농경 사회의 사람들은 죽는 날까지 농사를 짓다가 죽었다. 비록 당시의 수명이 40세를 넘기기 어려웠지만 죽을 때까지 농업에 종사했고, 사회적으로도 삶의 지혜를 갖춘 노인으로서 제 역할을 다했다. 그런데 지금 평균 수명이 80세를 넘게 되면서 우리는 정년퇴직이라는 관문을 통과하고도 짧게는 20년 길게는 30여 년을 무엇을 해야 할지 잘 모르는 채 살아가기 십상이다. 평생 돈 버는 일, 성공하는 일에만 몰두했는데 그 과업에서 벗어나니까 비생산적인 일, 성공과는 관계없는 일을 하게 되면 일의 의미를 찾기가 쉽지 않다. 그러다 보면 장수가 축복받는 대상이 아니라 불행의 단초가 될 수도 있다.

그런데 불로장수 대신 행복이 삶의 목표가 되면 정년퇴직과 관계없이 행복을 찾을 수 있는 여러 행로가 있음을 알게 된다. 남을 이기는 방법은 제한적이지만 남과 함께 어울려서 사는 방법은 무궁무진하다. 불로장수도 목표로서보다는 행복한 삶의 수단이 될 때 의미가 있다. 건강하지 못하면 하고 싶은 많은 일을 못하게 되고, 그럴수록 행복의 길이 멀어질 수 있다.

질병은 흔히 장기간에 걸쳐서 보람 있는 일을 하고 사회적으로 교류할 수 있는 역량을 축소시키므로 병자는 점차 자신을 사회적으로 무력한 존재로 인식하게 되고 자아 정체성의 훼손으로 이어진다. 이런 상황이 개선되지 않으면 병자는 불행의 나락으로 빠져들게 된다. 우리가 건강하려는 것은 단순히 장수하려는 데 목적이 있다기보다는 행복할 수 있는 토대가 되기 때문이다. 불행한 사람은 건강도 나쁜 경향이 있다. 그것은 투병 생활에 지쳐서 불행한 측면도 있지만 무언가 보람 있는 일을 하기 어려워지고 사회적 교류가 차단되기 때문에 행복의 근거가 무너지면서 불행하게 되는 것으로 볼 수 있다.

여기서 건강을 관리하는 방법으로서 건강 증진을 생각해볼 필요가 있다. 건강 증진은 자신의 몸과 마음을 잘 다스리는 것이다. 미래의 건강은 현재의 자신의 몸을 어떻게 인지하고 관리하는가에 달려 있다. 노인들의 건강 상태가 나쁜 것은 퇴직 이전의 건강 관리가 소홀한 탓이다. 건강 증진은 건강이 나쁜 사람들만의 과업이 아니라 모든 사람, 모든 연령대의 사람들이 노력해야 하는 과업이다.

질병 치료가 아닌 건강을 증진하는 방법에는 무엇이 있을까? 통계청이 매년 실시하는 '사회 조사'에는 우리나라 국민들이 흔히 실천하는 건강 증진의 방법으로 아침 식사하기(67.2%), 하루 6~8시간 적정 수면 취하기(77%), 규칙적 운동 실천율(28.3%) 등을 제시해놓았다. 물론 이외에도 개인적으로 비타민을 비롯한 여러 건강식품을 먹을 수도 있고, 금연과 절주를 실천할 수도 있으며, 명상과 마음 수련을 하면서 스트레스를 다스릴 수도 있다. 이 방법들은 효과의 차이는 있겠으나 모두 건강 증진에 기여하는 것들이므로 꾸준히 실천하면 여러모로 도움이 될 것이다.

그런데 이 방법들의 한계도 분명하다. 왜냐하면 각 개인이 건강 증진 실천의 필요성을 인지해야 하고, 실천의 의지를 가져야 할 수 있기 때문이다. 안타깝게도 건강 증진의 필요성을 인지하는 것부터가 쉽지 않다.

질병관리본부는 매년 국민 건강에 대한 조사 보고서를 발표한다. 2016년도에 발표한 '국민건강영양조사'에 의하면 성인 남성의 비만율이 42.3%에 달했다. 30세 이상 고혈압 유병률도 전년보다 1.3% 높아져서 29.1%에 달했다. 당뇨병 유병률 역시 전년보다 1.3% 높아져서 11.3%가 되었다. 그동안 감소하던 흡연율도 다시 상승해 40.7%에 달했고, 월간 음주율도 61.9%로 최근 10여 년 사이에 가장 높은 수치를 보였다. 아침 식사 결식률은 계속 증가해 29.6%에 달한 반면

걷기 실천율은 계속 감소해 39.6%에 달했다.[1]

이러한 건강 지표를 종합해보면 국민들의 건강 행동 실천은 약화되고 있고, 대사 증후군은 증가하고 있어 향후 국민들의 건강 상태가 악화될 가능성이 높아진 것이다. 이 통계를 살펴보면 아침에 결식하고, 걷기나 운동은 하지 않고, 술과 담배를 즐기는 것이 건강을 악화시키는 습관임을 인식하는 것이 쉬운 것이 아님을 알 수 있다. 이러한 습관들이 건강에 나쁘다고 하지만 그 효과가 장기간에 걸쳐 나타나므로 나쁜 건강 습관의 위험성을 실감하기가 쉽지 않을 수 있다. 건강 상태가 상대적으로 나쁜 중노년층은 자신의 나빠진 건강 상태로 인해 건강 위험을 쉽게 인지할 수 있고, 따라서 금연·절주나 신체 활동 실천에 보다 수월하게 나서기 때문에 젊은층보다 건강 행동 실천율이 더 높게 나온다. 반면 청장년층은 자신의 건강 상태가 양호한 까닭에 건강 위험을 인지하기 다소 어렵고 건강 습관을 실천하기도 쉽지 않다.

건강 위험을 인지하더라도 건강 행동의 실천을 어렵게 만드는 요인들이 의외로 많다. 세계적으로 노동 시간이 긴 회사원들로서는 운동을 하고 싶어도 시간 내기가 여의치 않을 수 있다. 또 운동이 그 자체로 재미있고 즐거운 것이 아닐 수 있으므로 운동을 오랫동안 실천하고 생활화하는 것이 어려울 수도 있다. 운동 시간을 내기 어려운 것은 개인이 해결하기 어려운 난관이다. 따라서 국가의 정책이나 기업의 관행의 변화가 필요하다. 즉 국민이 운동할 수 있도록 제도 환경의 변화가 있어야 운동 실천율이 높아질 수 있다. 또한 재미없는 운동을 오랫동안 실천하려면 같이 운동하는 동반자나 그룹이 필요하다. 조기 축구회나 동네 배드민턴 모임 또는 산악회 등 조직 또는 네트워크에 속하게 되면 인간관계의 틀 속에 위치하기 때문에 운동을 동기화하는 것이 훨씬 수월해진다. 설사 운동을 나가기 싫더라도 친한 사람들을 만나보러 모임에 나갈 수도 있고, 운동 실력이 향상되도록 응원과 협력을 얻어낼 수도 있다. 즉 운동을 제대로 실천하려면 건강 위험을 인지하고 건강 증진을 실천하려는 개인의 의지와 슬기가 필요하고, 그러한 개인을 독려하고 지원하는 주변 사람들의 지지가 있어야 하며, 운동을 쉽게 하고 운동 접근성을 높이도록 국가 정책과 기업 관행의 뒷받침되어야 한다.

이러한 건강 증진의 3요소는 국제적으로는 이미 오래전에 건강 증진의 원리로 알려진 것들이다. WHO를 중심으로 1970년대부터 건강 증진의 방법들이 논의되어왔고, 그 경험들이 축적되면서 1986년에 캐나다 오타와에서 제1차 건강 증진 국제회의가 개최되었고, 여기서 '오타와 헌장'이 발표되었다. 질병 예방과 건강 증진이 개인들의 노력만으로는 한계가 있는 탓에 정책적·제도적으로 건강 증진이 수월하도록 사회적 환경을 구축해야 할 필요성이 강조되었다. 즉 건강 증진은 개인의 기술skill, 주변 사람들의 지지, 사회적 환경의 3요소가 어우러질 때 달성될 수 있다는 원리가 천명되었다.

여기서 '개인의 기술'이란 본인에게 적합한 건강법에 대한 지식과 방법을 터득하고 실천하는 것을 말한다. 건강은 영양제나 보약을 먹어서 달성할 수 있는 것이 아니다. 몸을 움직여야 하고, 적절하고 균형 잡힌 식사를 해야 하고, 충분한 숙면을 해야 하며, 휴식과 여가와 일의 균형을 유지해야 한다. 어떻게 신체 활동을 하는 것이 좋은지, 어떤 식재료를 골라서 어떻게 먹어야 하는지, 어떻게 하면 숙면을 할 수 있는지 등 하나하나가 과학적 원리와 합리적 사고를 필요로 한다. 개인의 신체 조건도 다르고 흥미와 능력 수준도 다르므로 본인에게 적합한 방법을 잘 찾아야 하는 것이다.

또한 건강 증진은 단기적으로 완료되는 것이 아니며 오랜 시간에 걸친 실천적 노력이 요구된다. 건강에 대해 과학적 사고를 할 수 있어야 할뿐 아니라 게으른 마음을 다스려서 오랫동안 실천할 수 있는 지혜와 인내도 있어야 한다. 자신의 몸과 마음을 어떻게 다스릴지 여부는 교과서에 쓰여 있지 않다. 교과서는 원리만 제공해준다. 자신에게 맞는 운동, 자신에게 적합한 음식을 찾아서 실천하고 노력하는 것이 건강 증진이다. 이렇듯 자신의 몸과 마음을 바람직한 상태로 만들어가는 일은 웰빙의 토대가 된다.

그런데 건강 증진은 길고 지루한 길이 될 수 있다. 불건강한 요소들은 유혹적일 때가 많다. 흡연이 그렇고 음주와 약물이 그렇다. 흡연의 건강 위해성이 많이 알려진 상황에서 흡연의 유혹에서 벗어나고자 하는 것은 거의 당위적인 행동이지만 금연을 실천하기는 매우 어렵다. 금연의 실패가 다반사로 발생하는 것은 흡연의 유혹이 그만큼 강하기 때문이다.

여기서 주변 사람들의 도움이 필요해진다. 금연 시도자를 한편으로는 격려하고 다른 한편 감시하면서 금연을 실천할 수 있게 도와주면 금연에 성공할 확률이 높아진다. 사회적 환경은 제도적으로 건강 증진을 실천할 수 있게 규제 장치를 만들거나 편의 시설을 만들어주는 것을 말한다. 금연 구역을 설정하고 담뱃값을 올리는 것이 여기에 해당된다. 또한 절주를 위해 술 판매 시간과 장소를 규제하는 입법을 하거나 회식 문화의 방식을 바꿔나감으로써 '술 권하는 사회'를 '절주하는 사회'로 변화시킬 때 개인의 금연 노력이나 절주 노력이 보다 수월하게 성공할 수 있다.

그렇지만 건강 증진의 시작은 개인일 수밖에 없다. 앞서 살펴본 것처럼 우리나라 성인 흡연율은 OECD 국가 중 가장 높은 수준이다. 이를 낮추기 위해 금연 구역 설정이나 담뱃값 인상 같은 여러 정책적 시도가 있어왔고 흡연율도 일정하게 하락하기도 했으나 최근에는 흡연율이 다시 높아지고 있다. 이 수치는 개인의 노력 없이는 제도와 정책만으로 건강 증진이 이뤄지기는 어렵다는 점을 여실히 보여준다.

이렇게 보면 건강 증진은 행복의 원리와 매우 닮아 있다. 행복은 최소한의 물질적 기반과 함께 주변 사람들과 서로 도우며 살기, 공정한 경쟁 규칙 유지 등에 의해 달성될 수 있다. 건강 증진 또한 건강을 위한 개인의 노력과 주변 사람들의 사회적 지지 그리고 건강을 추구하는 사람들이 좌절하지 않고 수월하게 목적을 이루도록 사회적 환경을 조성하면 달성될 수 있다.

2. 운명이란 허상에서 벗어나도록 비판적 의식을 기르자

불행하다고 여기는 사람들은 자신의 노력에도 불구하고 운이 따르지 않고, 주변에 도와줄 연줄도 없으며, 세상은 약자가 살아가기 너무 힘겹다고 생각한다. 운이 없다고 생각할수록 세상은 더 살아갈 가치를 느끼지 못하게 되고 급기야 극단적 선택을 하기도 한다. 우리나라의 높은 자살률은 흔히 사회 해체의 징표로 간주된다.

우리나라 자살률은 2016년에 인구 10만 명당 25.6명으로 10여 년째 OECD 국가 중 1위를 기록하고 있다. 그나마 2011년에 31.7명이던 것이 감소한 것이지만 여전히 매우 높다. OECD 평균이 12명 정도이니까 우리는 높아도 너무 높은 수준이다. 특히 10~30대의 자살이 사망 원인 1위를 기록하고 있다.

자살의 원인은 다양하다. 그중 경제적 곤란과 신체적·정신적 질환으로 인한 자살이 대종을 이루고 있다. 그런데 과거에는 지금보다 더 빈곤했고 건강 상태도 더 나빴지만 지금처럼 자살자가 많지 않았다는 점을 생각하면, 자살은 빈곤이나 질병이 절대적 원인으로 작용하기보다는 '상황적 요인'이 사람들로 하여금 자살로 이끄는 것으로 볼 수 있다. 자살의 증가는 경제적 양극화의 심화나 빈곤한 노년층의 증가 같은 구조적 요인이 크게 작용하는 것이므로 이에 대응하는 사회 정책을 잘 펼치는 것이 중요할 것이다.

그런데 실제의 자살자 수보다 수십 수백 배 더 많은 사람들이 자살 충동을 느낀다. 통계청의 2016년 사회 조사 결과를 보면, 15세 이상 조사 대상자의 6.4%가 자살 충동을 느꼈다고 했다. 이유로는 경제적 어려움(35.5%), 가정불화(14.4%), 외로움(14.2%), 질환 장애(13.5%), 직장 문제(9.5%) 등이 제시되었고 그 외에 이성 문제, 학교 성적, 친구와의 불화 등 다양한 이유가 있었다.

인구의 6%가 자살 충동을 느낀다는 것을 환산해보자. 학교를 예로 들면 한 반이 25명씩 4개 반으로 구성되어 있다면 반마다 1~2명은 이 순간 자살을 생각할 수도 있음을 의미한다. 이것은 직장이나 동네에서도 마찬가지다. 즉 자살이 내 주변에 인접해 있는 문제라는 점을 깨달을 수 있다. 한 반의 급우가, 한 직장의 동료가, 옆집 사람이 자살 충동에 직면하고 시도하거나 실제 자살했다면 우리의 삶은 아무 영향이 없는 것일까? 우리는 어떻게 해야 할까?

브라질의 교육학자 파울로 프레이리Paulo Freire는 오래전에 『피압박자의 교육학The Pedagogy of the Oppressed』이라는 책을 펴냈다. 제목은 매우 '정치적인' 선전물처럼 보이지만 실제 내용은 전혀 다르다. 산업 사회에서 우리는 구조에 억압되어 정해진 좁은 틀 속에 생각이 갇혀 있게 된다는 것이다. 예를 들어 산업 구조가 변해 우리가 걷지 않고, 종일 책상머리에 앉아 있으며, 고칼로리 가공 식품을 먹게 되는 것은 우리 의지의 선택이 아니며 구조의 결과이고 그것을 당연시하며 살게 된다는 것이다.

자살의 경우 사회적 약자를 둘러싼 환경 변화가 삶을 어렵게 하는 것이 근본 원인이지만 실제로는 변화된 환경에 잘 적응하지 못하는 현실이 자신의 무능력함으로 인식되고 그럴수록 절망의 늪에서 벗어나기 어렵게 된다. 우리가 행복하려면 사회의 영향, 또는 구조의 모순을 인식하고 내 삶을 옥죄이는 운명론의 틀에서 벗어나야 한다. 자신의 삶과 세상을 바라보는 비판적 안목을 길러야 함을 프레이리는 역설했다. 즉 교육이란 단순히 표면적인 의미, 첫인상, 지배적 신화, 공식적 견해, 전통 가치 같은 것을 전달하는 데 목적이 있는 것이 아니라 일상적인 쓰기, 읽기, 말하기, 생각하기를 통해 보다 심층적인 의미, 본질적인 원인, 사회적 맥락, 이데올로기 등을 제대로 깨닫고 이해하는 데 있다는 것이다. 이 과정이 쉬운 것이 아니기 때문에 대화dialogue에 의한 훈련 또는 의식화 과정이 필요하다.

비판적 교육학이란 개념은 어렵지만 현실에서는 이미 활용되고 있다. 1부 1장에서 소개한 건강 증진 이론에서도 프레이리의 이론을 수용해 자신이 왜 불건강한지를 성찰하는 것을 건강 증진의 시작점으로 파악한다. 우리의 주거 환경, 먹거리, 교통 여건, 생활 방식 등

에 내재되어 있는 불건강의 요소를 발견할 수 있는 비판적 안목을 길러야 건강을 실천할 수 있게 된다.[2]

다른 예로는 노숙자 문제를 해결하는 데 철학과 인문학 강의를 하는 것에서 찾을 수 있다. 노숙자는 단순히 잠잘 곳이 없는 사람들이 아니라 자립 의지가 상실된 상태에 처해 있는 사람들이다. 이들에게 숙소나 일터를 마련해주어도 거리로 회귀하고는 한다. 공공숙소에서는 규율이 필요하고 이들에게 음주 행위를 금지시킨다. 노숙자들은 음주의 자유를 제한받지 않으려고 거리로 나온다. 따라서 노숙자들에게는 알코올중독 치료가 선행되어야 한다. 문제는 이들을 강제로 중독 치료를 받게 하기 어렵다는 것이다. 따라서 노숙자들이 자립 의지를 되찾지 않으면 아무것도 하기 어렵다. 인문학 교육을 통해 삶의 가치를 되새기도록 하자는 제안은 이런 배경에서 시작되었다. 스스로 자신의 처지와 주변 상황을 비판적으로 성찰하는 안목을 기르는 것이 '비판적 교육학'이라 할 수 있다.

자살을 생각하는 사람이나 금연·절주를 생각하는 사람들에게도 비판적 교육학이 필요하다. 자살을 생각하는 사람은 신체적·개인적·가족적·사회적 요인 때문에 살아갈 의미를 상실한 사람들이다. 이들의 인식 틀을 바꾸어 살아야 할 이유나 가치를 하나라도 만들어주어야 자살 시도를 멈추게 할 수 있을 것이다. 금연·절주를 생각하는 사람들은 자신들의 생활이 음주와 흡연을 하지 않을 수 없게 만든다고 생각하거나 금연·절주의 과정이 너무 고통스럽다고 생각한다. 이들에게는 자신들의 삶이 구조의 사슬에 의해 묶여 있고 지배당하고 있음을 깨닫게 해야 할 것이다.

그러면 이러한 비판적 교육학은 누가 어떤 방법으로 해야 하는가.

비판적 교육학은 독서, 상담, 교양 강좌, 동아리 모임 등 다양한 기회를 통해 이뤄질 수 있다. 개인의 노력으로 얻을 수도 있지만 주변과의 소통을 통해 얻는 것이 더 수월할 수 있다. 때로는 집합적 깨달음의 형태로 이뤄지기도 한다.

서울시 강서구 보건소의 정신건강증진센터에서는 독특한 자살 예방 사업을 펼쳤다. 강서구는 서울시 자치구 중 자살자 수가 가장 많은 편에 속했다. 그동안 자살 예방 사업은 전문가나 기관 중심으로 진행되었다. 자살 예방 사업을 하는 생명의 전화 같은 곳이나 각종 상담 홍보 교육을 하는 기관들, 동네 약국이나 병원에서 자살 충동 위험자를 모니터링하는 방식 같은 것들이다.

그런데 강서구 정신건강증진센터에서는 관내 주민들을 대상으로 자살에 대한 주민 인식 제고 사업부터 벌였다. 강서구의 자살 현황과 대응책에 대해 여러 차례에 걸쳐 주민 토론회를 열었다. 주민들은 왜 우리 주변에 자살이 많은지, 누가 자살 위험이 높은지, 어떻게 하면 그들을 도울 수 있는지 여러 차례에 걸친 집중 토론을 했다. 동시에 관계자들의 정책 간담회도 열렸다. 2012년과 2013년에 4회의 주민 토론회를 개최해 446명의 주민이 참여했다. 통반장 간담회 4회에 176명, 실무자 간담회 3회에 63명이 참여했다. 보통 정부의 보건 사업은 대상자를 모집해 곧바로 서비스를 제공하는 것이 전형적이다. 금연 사업을 한다면 금연 지원자를 모집하고 몇 달간 서비스를 제공하는 식이다. 그것이 통상적인 보건소의 사업 성과이기도 하다. 그런데 주민 토론회처럼 사업 성과로 잡기 어려운 일을 2년간이나 지속하는 것은 매우 드문 일이다.

주민 토론회는 처음에는 강서구 전체에서 관심 있는 사람들이 모여 진행하다가 나중에는 마을 단위로 세분화되어 진행되었다. 이 과정에서 주민들은 누가 왜 자살을 하려는지 구체적으로 파악했다. 예를 들어 "매번 떨어지는 곳에서 자살을 한다. 왜 그 장소에 끌림이 있는지…", "서로 사정이 힘드니 서로의 어려움을 들어줄 수 없다", "혼자 사는 독거 세대에 대한 정신 관리가 시급하다" 등 자살 위험에 처한 사람들의 실태가 주민들에 의해 파악되었다. 주로 독거 세대가 위험하고, 이들은 경제-가족 문제-건강 문제가 복합되어 있으며, 다른 주민과 소통이 어렵고, 정신건강 문제가 있어 개입도 쉽지 않다는 공통 요인까지 파악되었다. 더불어 이러한 위험에 처한 사람들을 돕기 위해 자신들이 관여해 무엇인가 이뤄내야 하는 것임을 깨닫게 되었다.

이후 토론회 참석자를 중심으로 주민 건강 돌봄 조직이 구성되었고, 자체적으로 모임의 리더leader를 발굴하고 자살 예방 활동에 필요한 각종 지식을 습득하기 위한 '건강 마을 아카데미'가 정신건강증진센터 지원으로 만들어져 몇 달씩 교육을 이수하기도 했다. 이들은 어느 동네에나 있는 일반 봉사자들과 달리 지역 문제를 스스로 인식해 의식화되었고 문제 해결 방법까지 스스로 모색했다. 즉 봉사를 요청받아서 봉사 활동을 하는 것이 아니라 자신의 동네가 가진 문제를 스스로 인식하고, 진단하고, 해결책을 모색하는 적극적 참여자가 된 것이다. 이 변화 과정이 단독의 개인들에 의한 것이 아니라 함께 그룹으로 진행되었다는 점에 특징이 있다. 주민의 노력이 강서구의 자살률을 크게 낮추는 데 상당한 기여를 했을 것으로 보인다.[3]

자살 외에도 우리의 생활 주변에는 많은 문제가 산재해 있고 위험에 처한 개인들은 혼자서 해당 문제에 직면해 애쓰다가 지치고 절망하기 일쑤다. 문제 해결이 온전히 개인의 몫은 아닐 것이다. 정부나 지역 사회가 우선적으로 대처해야 할 과제일 것이다. 그럼에도 한 공간에 함께 사는 주변 사람들의 처한 위험과 위기가 그들만의 문제가 아님을 인식할 수 있는 비판적 안목을 기르는 것은 우리의 일상을 더 보람되고 안전하게 만드는 길이 될 것이다.

3. 성공의 눈높이를 바꾸자

내 삶에 대한 비판적 안목을 갖추게 되면 우리는 세속적 성공의 기대를 벗어나서 진정한 행복의 길을 찾을 수 있게 된다. 그렇지만 우리 현실은 비판적 안목을 기르기보다 세속적 성공을 강조하는 경향이 있고, 그 속에서 방황하다 불행을 겪게 되는 사례가 너무 많다.

1986년에 한 중학생이 1등을 바라는 부모의 기대와 다른 꿈을 꾸는 자신 사이에서 갈등하다가 "행복은 성적순이 아니잖아요"라는 유서 1장을 써놓고 자살한 사건이 있었다. 이 사건은 사회적으로 큰 반향을 일으켜서 같은 제목으로 영화도 만들어졌다. 또한 모두가 1등을 지향하는 공부가 아닌 각자의 개성을 보살피는 '참교육'을 지향하는 사회 운동이 일어나는 계기가 되기도 했다.[4]

30년이 지난 오늘의 학교 현장은 변화되었을까? 안타깝게도 근본 변화는 없는 것처럼 보인다. 2014년에 교육방송EBS은 '공부 못하는 아이'를 주제로 공모전을 열었다. 학생들의 출품작들은 공부 못하는 학생들이 학교에서 어떻게 낙인찍히고 무시당하는지를 적나라하게 보여주었다.[5] 오로지 공부 1등이라는 유일한 잣대로 학생들의 모든 됨됨이를 평가하다 보니 공부를 못하면 곧바로 무능력한 바보로 간주되어 차별하는 행위들이 만연되어 있었다.[6]

행복이 성적순이 아님은 분명하다. 우리 사회에서는 중고등학교 시절 성적이 좋아야 일류 대학을 갈 수 있고 일류 대학을 나와야 좋은 직업을 가질 수 있으며, 그래야 더 많은 소득과 부를 누릴 수 있고 궁극적으로 풍요로운 삶을 살 수 있다고 생각한다. 물질적 풍요가 곧 행복이고, 그렇게 행복한 삶의 출발점은 학교 공부를 잘하는 것이 된다. 학교 공부를 잘하려면 남들보다 먼저 공부를 시작해야 하고, 그러다 보니 공부를 시작하는 연령이 계속 낮아져서 초등학교, 유치원, 어린이집을 계속 거슬러 올라가다가 드디어 출산 단계에서 좋은 산후 조리원을 선택해 '산후 조리원 동기회'를 확보하는 경쟁까지 붙는 실정이 되었다.[7]

그런데 공부를 잘해서 좋은 직업과 더 많은 수입을 얻는 것이 행복을 보장하지는 못한다. UN의 세계 행복 보고서에서 보았던 것처럼 수입이 행복에서 차지하는 비중은 절반도 안 된다. 우리보다 학력 수준도 낮고, 수입도 낮고, 기대 수명도 짧은 남미 사람들이 더 행복한 것은 우리의 삶의 목표가 수정될 필요가 있음을 잘 보여준다. 과거의 생활 방식은 무조건 공부를 잘하는 것이었다. 그러면 성공해서 행복해진다는 것이다. 그런데 그렇게 노력해 잘살게 된 대한민국이 온통 불신과 불만과 분노에 차 있다는 것은 오로지 성공만을 위해 전력투구해온 우리의 삶이 반드시 옳은 길은 아니었음을 보여준다. 이제 우리에게 필요한 것은 성공 신화로부터의 탈출이다. 성공(대부분은 물질적 풍요로서의 성공)이 목표로 고정되어 있는 한 공부 1등에 매달리지 않을 수 없게 된다. 그리고 그 1등 학생에게만 찬사가 쏟아지면 그렇지 못한 다수 학생들에게는 깊은 공부 상처가 남을 수밖에 없다.

성공 일변도인 우리의 목표는 바뀌어야 한다. 성공은 1등부터 줄 세우기 경쟁을 기본 원리로 한다. 성공만을 유일한 인생행로로 만들어두었기 때문에 성공하지 못한 다수는 곧 불행한 삶으로 간주되어버린다. 성공 대신 무엇이 인생의 목표가 되어야 하는가? 우리 연구진은 웰빙이나 행복을 조심스럽게 제시해본다.

지금까지 성공은 비교적 분명하게 행로가 제시되어 있다. 흔히 말하는 성공은 명문 대학, 대기업 취업이나 전문직 진출, 대도시 요지에 위치한 넓은 아파트, 사회 주요 인사들과의 교분 관계 같은 것들이 성공 지표다. 그런데 행복의 지표는 분명하지 않다. 즉 지금까지 행복을 느껴보지 못했고 행복한 삶에 대해 깊게 생각해보지도 않았으므로 어떻게 사는 것이 행복한 삶인지 모르는 사람들도 상당수 있을 것이다. 특히 가족과 관련해 문제가 심각할 수 있다. 행복은 다분히 개인적 삶의 가치로 제시된다.

그런데 한국인에게는 개인보다 가족의 의미가 절대적으로 크다. 성공을 위해 노력하는 이유가 가족을 부양하고 자식을 잘 키우기 위한 것이라는 규범적 사고가 쉽게 발견된다. 이런 상황에서 성공 모델을 포기하자는 제안을 수용하는 것이 쉽지는 않을 것이다. 그렇지만 정신 분석학자 김현수 교수가 지적하는 것처럼, 한국의 가족이 모자母子 일체화되어 자식을 성인으로 분리해내지 못하고 자신의 실패를 자식의 성공으로 보상받고자 하는 현재의 실태가 개선되지 않으면 개인이나 가족, 사회 모두 불행할 수밖에 없을 것이다.

성공의 눈높이를 낮추자는 제안은 낮은 수준에서 성공하자는 것이 아니라 성공이 삶의 목표인 것처럼 매달리지 말고 다른 길로 가도 재미있고 보람된 인생이 될 수 있음을 성찰해보자는 것이다. 성공과 달리 행복에 이르는 길은 여러 가지다. 공부를 못하거나 꼴찌를 해도 행복할 기회가 박탈되는 것은 아니다. UN의 세계 행복 보고서에서는 소득과 건강 외에 생애의 선택, 사회적 지지, 기부와 봉사, 반부패와 투명성 등을 행복 요소로 밝히고 있다.

'생애의 선택'은 기본적으로 하고 싶은 일을 스스로 정할 수 있는 자유를 말한다. 성공을 위한 길이 아니라 내가 흥미를 느끼고 보람을 얻으며 잘할 수 있는 일을 할 수 있는 자유를 말한다.

'사회적 지지'는 일상에서 주변 사람들과 필요할 때 서로 도울 수 있는 협력적 관계를 말한다. 이것은 일종의 품앗이 관계라고 할 수 있다. 성공 지향 사회에서는 경제적 재화를 창출할 수 있는 재능이 아니면 개인의 능력이 평가받지 못한다. 그러나 행복 지향 사회에서는 사회관계를 증진시키는 데 기여할 수 있는 모든 요소가 중요한 자산이 될 수 있다. 사람마다 잘하는 일, 할 수 있는 일이 서로 다르다. 누구는 어린아이들과 잘 놀 수 있는 재질이 있는 반면 누구는 아픈 사람을 잘 돌볼 수 있다. 이러한 일과 소질은 성공하는 데는 기여하지 못할 수 있지만 행복할 수 있는 길이 될 수 있다.

사람들이 서로 도움을 주고받는 사회적 지지의 관계가 지역 사회에 형성될 때 사람들은 행복해질 수 있다. 기부와 봉사는 품앗이 관계가 성립되기 어려운 사회적 약자들을 위한 헌신과 부조의 의무를 실천하는 행위를 말한다. 기부와 봉사는 사회적 약자들이 사회와의 관계의 끈을 놓지 않게 하는, 즉 사회적으로 고립되지 않게 하는 수단이 된다. 기부와 봉사를 할 때 삶의 보람을 느낀다는 경험담은 그것이 남에게 베풂으로써 행복해짐을 알 수 있게 한다. 성공은 매우 이기적인 목표이고 불법적으로라도 경쟁에서 이기고자 하는 목적과 수단의 전도 현상을 만들어낸다. 여기서 뇌물과 청탁과 결탁으로 경쟁의 공정성을 훼손하면서까지 성공하고자 하는 이기심이 발동하게 된다. 반면 행복하고자 노력하는 사람에게는 굳이 불공정한 거래를 통해서라도 경쟁에서 이기고자 하는 욕구가 원천적으로 필요 없게 된다.

2장

관계 차원의 대안

1. 건강한 사회관계를 위하여

최근 진화심리학의 연구 결과에 따르면, 인간이 타인과 관계를 맺고 상호 작용하는 것은 생존과 번식을 위한 것이며 인간의 뇌는 생존 능력을 높이기 위해 사회적 연결에 적합하도록 설계되어 있다.[8] 즉 인간은 타인과, 사회와 긴밀하게 연결되려고 하는 내면적인 욕구를 가지고 있는데 이는 생존을 위해 필수적이라는 말이다. 사회관계는 행복을 결정하는 가장 중요한 요인으로 꼽힌다.[9] 행복을 연구하는 심리학자 서은국 교수는 『행복의 기원: 인간의 행복은 어디서 오는가』(2014)에서 국가가 어느 수준의 경제적 성장 같은 객관적 행복 조건을 갖고 있다면 행복의 대척점에 있는 것은 불행이 아니라 삶에서 사회관계가 끊어진 채 혼자 사는 것이라고 말한다.

이 연구를 통해 우리도 개인과 사회의 웰빙에 사회관계가 중요한 영향을 끼친다는 것을 확인했다. 사회관계가 단절되면 몸도 마음도 아프고 힘들다(3부 3장). 우려스럽게도 한국은 다른 나라들에 비해 사회관계의 질이 형편없이 낮다. 아프고 힘들 때 도움을 요청할 사람이 없는 고립된 사람이 많다. 게다가 가족은 양육과 돌봄의 부담으로 다가오고, 일터에서는 위계 관계를 이용한 갑질이 난무하며, 이웃과의 만남은 줄어들고 공동체에 대한 소속감은 떨어진다. 다양한 삶의 공간에서 한국인은 건강하지 못한 사회관계망 속에서 살고 있다. 또한 이로 인해 엄청난 스트레스에 시달리고 있다. 따라서 한국인의 사회적 웰빙을 증진시키려면 사회적으로 고립된 사람들을 돌보고 가정과 일터, 공동체에서 친밀하고 건강한 사회관계를 맺을 수 있는 환경을 마련하는 것이 시급하다.

그러나 앞서 확인한 것처럼 사회적 연결이 항상 웰빙에 긍정적인 효과만을 가져오지는 않는다(3부 4장). 특정 집단에 배타적이고 집단 내의 이익만을 추구하는 연줄의 존재는 사회관계의 부정적 단면이다. 최근 관태기, 또는 인맥 다이어트(인간관계에서 오는 부담과 피로감으로 인해 관계를 정리하고자 하는 행태) 같은 말들이 회자되는 것은 사회관계가 우리의 삶을 힘들게 하고 있음을 드러낸다. 그래서 관계 차원에서 사회적 웰빙을 높이려면 사회관계의 양면성을 인식하고 사회관계의 긍정적 기능은 강화하고 부정적 기능은 약화시키는 두 방향의 경로를 함께 고려해야 한다.

생애 과정을 거치면서 사회관계가 건강 행태에 주는 양면 효과에 대한 연구를 진행해온 움버슨Umberson과 몬테즈Montez[10]는 사회관계가 건강에 주는 효과를 극대화하기 위한 정책 개입의 방향을 제시한 바 있다. 사회적 연결이 가져올 수 있는 혜택을 극대화할 것, 관계에 부담과 스트레스를 가져올 수 있는 정책 개입을 지양하고 사회관계에 해가 되는 장애물을 제거하는 데 필요한 조치를 할 것, 사회적으로 고립되는 집단을 줄여나가고, 특히 가장 도움이 필요한 집단을 파악해 지원할 것 등이 그것이다. 이러한 원칙들은 한국 사회에도 유효하다. 이를 염두에 두고 사회적 웰빙을 높이기 위해 관계 차원에서 어떠한 개인적·사회적 노력들을 해야 할지 생각해보자.

2. 사회적 웰빙은 더불어 잘 사는 것

사회관계를 복원하는 정책 개입이 효과를 거두려면 사회적으로 웰빙이란 함께 행복해지는 것이라는 데 대한 인식의 확산이 필요하다. 우리는 오랫동안 행복한 삶이란 우리가 가지고 있는 욕구와 필요가 충족되는 삶이고, 좋은 사회란 다수가 자신의 욕구를 최대한 충족시킬 수 있는 사회라는 믿음을 가져왔다. 그래서 개인은 각자 자신의 욕구에 초점을 맞추고 이를 극대화함으로써 행복을 얻을 것으로 기대했다. 각자의 욕구를 충족시킬 수 있는 자원은 제한되어 있으니 나의 행복을 극대화하려면 타인과의 경쟁이 불가피하다고 여겨왔다. 그런데 한 언론 기관의 조사 결과에 따르면, 한국인은 10명 중 4명이 한국에서 다시 태어나고 싶지 않다고 응답했고 가장 큰 이유로 치열한 경쟁을 꼽았다.[11] 각자의 행복을 위해 경쟁하지만 결국은 경쟁으로 인해 행복해지지 못하는 셈이다.

한국에서 행복 추구가 치열한 각자도생이 되는 것은 한국인이 행복을 추구하는 방식과 밀접히 연관되어 있다. 한국 사회에서 나타나는 행복 추구의 모습을 성찰한 김문조 교수는 한국인의 마음속에는 '아는 사람들끼리 한평생 만복을 누리며 살아가는 것'을 행복이라고 여기는 심리가 지배하고 있다고 말한다.[12] 게다가 한국인이 추구하는 행복이란 부귀영화같이 안락한 삶을 위해 물질적 가치를 쌓아두는 것으로 귀결된다. 이러한 심리는 과도한 경쟁을 유발하고 그로 인한 열패감은 한국인의 행복감을 낮추는 요인이 된다는 것이다.

행복을 위한 경쟁이 우리를 힘들게 하는 이유는 무엇일까? 시장 경제의 파괴적 속성에 주목한 헝가리 경제학자 칼 폴라니Karl Paul Polanyi는 사적 이익을 극대화하는 시장 경제의 확대에 대응해 그것을 사회적으로 수용할 수 있는 범위로 제한하려는 사회의 대응을 시장 사회의 '이중 운동'으로 칭한 바 있다.[13] 한 사회에서 이윤 극대화로 인한 사회관계의 위협은 적절한 사회적 견제를 통해 제어됨으로써 균형점을 찾게 된다.

칼 폴라니의 논리를 잠시 빌려 한국 사회를 들여다보자. 한국에서 경쟁이 삶을 힘들게 하는 것은 한국인의 삶 속에 시장 친화적 가치들과 사회 지향적 가치가 균형 있게 자리 잡고 있지 못하기 때문이다. 이는 경험적인 자료를 통해서도 확인된다.

한국과 스웨덴을 대상으로 경쟁, 성공, 물질주의 같은 시장 친화적 가치와 연대, 관용, 평등, 이타주의 등 사회 친화적 가치들 중 어떤 가치가 가장 중심을 차지하고 있는지를 비교해보면 한국은 성공과 경쟁이 중심 가치를 이루는 반면 스웨덴은 관용과 경쟁이 중심 가치를 이룬다.[14] 두 나라 모두 시장 지향적 가치인 경쟁이 중요한 가치인 것은 동일하다. 그러나 스웨덴은 경쟁이 사회 지향적 가치인 관용과 함께 연결되어 있는 데 반해 한국은 또 다른 시장 친화적 가치인 성공과 함께 연결되어 있다는 점에서 다르다. 이 차이는 스웨덴에서는 타인에 대한 배려와 존중에 기반을 둔 가치가 경쟁의 가치와 단단히 결합해 무한 경쟁으로의 경로를 적절히 견제하는 기능하지만, 한국에서의 경쟁은 개인의 욕구 충족과 성공과 묶여 무한 경쟁으로 치닫도록 한다. 경쟁의 속도를 조절할 수 있는 브레이크가 없는 것이다.

'사회관계가 웰빙에 중요하다'는 연구 결과는 남보다 잘살기 위해, 남보다 더 높은 사회적 지위를 얻기 위해 각자도생하며 다른 사람을 밀어내고 승자가 되는 것으로는 자신의 웰빙을 달성할 수 없다는 것을 분명히 드러낸다. 따라서 개별적인 경쟁에서 살아남기가 아니라 타인의 욕구와 필요를 인정하고 집합적인 연대를 통해 함께 의지하면서 행복하게 사는 것이 곧 개인과 사회의 웰빙에 다가가는 길이라는 데 대한 사회적 공감대가 형성되어야 한다.

'더불어 잘 사는 삶'에 대한 공감대는 현재 우리가 가지고 있는 삶과 사회의 목표에 대한 성찰을 필요로 한다. 독일의 한 연구[15]에 의하면 삶의 목표를 성공과 물질적 풍요에 두는 사람은 삶의 목표를 가족, 친구, 사회적·정치적 참여 등 사회관계에 두는 사람보다 삶의 만족도가 낮다. 전자는 제로섬zero sum의 특징을 가지지만 후자는 제로섬이 아니기 때문이다. 한국은 반세기 동안 성장 우선적인 근대화, 산업화를 이루었다. 덕분에 식민지와 전쟁을 경험한 빈국에서 세계 15위권 안에 드는 경제 선진국으로 도약했다. 이 여정에서 돈, 지위, 성장같이 물질적인 것, 겉으로 드러나는 것을 성취하는 것이 삶의 목표로 자리 잡았다.

그런데 물질적으로 풍요로워진 지금도 이러한 성향은 변하지 않았다. 얼마를 버는지, 몇 등을 하는지는 여전히 성공적인 삶을 평가하는 일상적인 잣대다. 세계인의 가치관 변화를 연구해온 로널드 잉글하트Ronald Inglehart는 '경제적으로 성장하고 사회가 발전하면서 물질적 가치가 약화되고 탈물질적 가치가 확산된다'고 말한다. 물질적 가치는 경제 성장과 물리적인 안전과 같이 생존과 연관된 가치를, 탈물질적 가치는 다양한 삶의 모습들에 대한 관용과 자신의 목소리를 냄으로써 사회적·정치적 의사 결정에 참여하고자 하는 가치를 말한다. 그런데 한국인은 1980년대 이후로 탈물질적, 자기 표현의 가치관이 거의 늘지 않았다.[16] 오히려 물질적 가치관이 지배하고 있다. 심지어 교육 수준이 높을수록, 소득이 높을수록 물질적 가치관은 더 강하다. 삶에서 비물질적인 가치, 타인의 다름을 인정하고 공통의 문제에 대한 연대나 더불어 사는 문제에 대해 그만큼 가치를 두지 않는 것이다.

개인의 웰빙은 타인의 웰빙과 연결되어 있다. 그러나 한국인이 추구하는 웰빙의 모습은 지극히 개인적이고 경쟁적이며 물질적이다. 더불어 잘 사는 삶은 우리가 중요하게 여기고 있는 삶의 목표와 가치관의 전환 없이는 만들어나가기 어렵다.

3. 타인과 사회에 대한 감수성 기르기

더불어 사는 삶은 친밀하고 긍정적인 관계에 기반한다. 좋은 관계를 맺고 유지하려면 타인에 대해 배려하고 존중하는 마음, 다양한 삶의 방식에 대해 이해하고 포용하는 자세가 필요하다. 그런데 한국인은 타인에게 존중받고 있는 느낌을 받는 정도가 선진국과 비교해도, 선진국이 아닌 나라와 비교해도 20~30%가 낮다. 특히 소득 수준 하위 20%인 사람은 상위 20%인 사람보다 존중받는 느낌을 훨씬 덜 갖는다.[17]

존중받는다는 것은 내 모습과 내가 가지고 있는 생각, 삶의 양식을 있는 그대로 인정받는 것을 의미한다. 이는 서로 다름을 받아들이고 이해하는 관용의 자세와 연결된다. 그런데 한국에서 관용의 가치는 상대적으로 중요시되지 않는다. 이는 관용이 자녀 교육에서 주변적인 덕목이기 때문이다.

세계가치관조사(2010~2014년 6차 조사) 결과를 다시 들여다보자. '타인에 대한 관용과 존중'을 자녀 교육에 중요한 덕목으로 생각하는 사람이 한국은 10명 중 4명(40.8%)에 불과하다. 일본은 64.6%, 미국은 72.5%, 52개국 평균은 69.9%다. 52개국 중 자녀가 배워야 할 덕목으로 타인에 대한 관용과 존중이 다섯 손가락 안에 들지 않는 국가는 한국밖에 없다. 한국은 11개 항목 중 일곱 번째다.

대체로 선진국에서는 교육 수준이 높을수록, 소득이 높을수록 관용의 가치를 중요한 덕목으로 자녀들에게 강조하는 경향이 나타난다. 그런데 한국은 대학 교육을 받아도, 소득이 높아도 관용을 중요하게 가르치지 않는다. 타인에 대한 배려와 존중을 배우지 못하니 학교에서는 왕따와 폭력이 발생하고, 사회에서는 힘을 가진 갑들의 횡포가 난무한다. 결국 타인과 관계 맺기는 부담이고 스트레스가 될 수밖에 없다.

타인과 사회에 대한 감수성을 갖으려면 가정과 학교에서 관용의 가치를 중요한 가치로 인정하고 가르쳐야 한다. 최근 '유럽연합European Union, EU 보고서'[18]에 따르면 관용의 마음은 가르칠 수 있다. 특히 유아 및 청소년기에 배경이 서로 다른 타인과의 긍정적인 상호 접촉을 경험하도록 하고, 학교와 지역 사회에서 관용적인 태도를 지지하는 제도적인 지원을 하는 것은 성인이 된 이후에 관용적인 태도를 갖도록 하는 데 효과적이다.

그러나 관용을 가르치는 교육은 타인을 존중하고 배려해야 한다는 원론적인 내용을 전달하는 것과 같은 소극적인 방식으로는 효과를 거두기 어렵다. 'EU 보고서'는 관용적인 태도를 가르치려면 학교와 지역 사회의 역할이 중요하다고 말한다. 학교와 지역 사회가 협력해 세심하게 접근할 때 그 효과가 클 수 있음을 여러 국가들의 사례를 인용하며 제시하고 있다.

차별과 배제가 제지되고 배려와 존중이 보상을 받는 환경에서 상호 간의 접촉 기회를 늘리는 것은 타인의 처지에 공감할 수 있는 역량을 키우며 서로 다른 사회적 배경을 가진 타인과 교류하는 데서 오는 불안감을 줄일 수 있다.[19]

최근 특수 학교 설립에 대해 집값 하락을 이유로 지역 주민들이 반대하는 모습[20]은 경제적 손익을 위해 관계를 희생하는 한국인의 모습을 적나라하게 드러낸다.

점차 계층별로 분리되고 있는 일반고와 특목고 같은 분리 교육 정책 또한 계층 간의 접촉 기회를 약화시킨다. 배경이 서로 다른 사람들과 직간접적인 접촉을 할 기회가 충분히 있어야 나와 다른 사람들이 세상에 존재한다는 것, 그들과 함께 살아가야 한다는 것 그리고 서로 도와야 할 부분이 있다는 것을 배워나간다. 세대 간, 계층 간 접촉의 기회가 없다면 사실상 서로를 이해할 수 있는 기회를 잃는 것이나 마찬가지다.

4. 좋은 관계 맺기를 위한 물질적·시간적 여유 보장받기

한국은 일 중심 사회다. 가족과 일터 모두 일이 중심이 되어 돌아간다. 한국인은 2016년에 평균 2,069시간을 일하면서 보냈다. OECD 국가 평균(1,763시간)보다 306시간, 약 2주 남짓을 더 일했다. 주당 50시간 이상 일하는 장시간 노동자 비중도 21%로 OECD 국가 평균(13%)보다 8%p나 많다. OECD 35개국 중 터키, 멕시코, 일본 다음으로 많다.[21]

일에 올인하다 보니 가족이나 친구, 동료, 이웃과 보낼 수 있는 시간은 그만큼 줄어든다. 한국이 가족과 보내는 시간은 105분에 불과하다. 반면 미국은 하루에 330분을 가족과 보낸다. 3배 이상 차이가 난다. 은퇴를 했거나 가사를 하는 사람들이라도 가족과 보내는 시간은 133분으로 크게 늘지 않는다.[22]

한국인의 64.6%는 지금보다 가족과 시간을 더 많이 보내고 싶어 하고 58.6%는 여가 시간도 더 많이 갖고 싶어 한다(KGSS, 2007년 결과). 그러나 경제적·사회적 여건은 여유를 허락하지 않는다. 가족과 보내는 시간 부족은 경제적 여건이 어려운 사람들에게 더 크다.[23] 소득 수준 하위 20%인 사람들은 상위 20%인 사람들과 비교해 가족들과 하루 평균 17분, 일주일이면 약 2시간을 더 적게 보낸다. 격차는 주중보다 주말에 몰려 있어서 상위 20%인 사람은 주말에 가족과 1시간 16분의 추가 시간을 같이 보내지만 하위 20%인 사람은 26분만을 더 같이 보낸다.

일하는 사람들만 놓고 보면 소득 상위 20%인 사람들은 주중에 가족과 72분을 함께 보내고 주말에는 70분을 더해서 142분을 가족과 보낸다. 그러나 소득 하위 20%에 속하는 사람은 주말에 29분의 추가 시간을 더해서 104분을 가족과 같이 보낸다. 게다가 주말에 소득 하위 20%에 속하는 사람들은 소득 상위 20%에 속하는 사람보다 즐겁지 않은 활동에 더 많은 시간을 쓰는 것으로 나타났다. 저자들에 따르면 이유는 이들이 주말에도 일을 하면서 보내는 시간이 많기 때문이다. 결국 장시간 노동은 교육이나 소득 수준을 막론하고 긍정적인 관계 형성을 위한 시간의 결핍을 초래하며, 특히 저소득층의 장시간 노동은 시간 결핍을 넘어 시간 빈곤을 가져온다.

사회관계의 질을 제고하는 데 장시간 노동은 걸림돌이다. 장시간 노동은 일과 가정생활을 균형 있게 하지 못하게 한다. 장시간 노동은 건강에도 부정적인 영향을 끼친다. 따라서 가족과 친구, 이웃과 좋은 관계를 맺을 수 있는 물리적인 시간을 확보하려면 장시간 노동을 줄여나가야 한다. 그러나 노동 시간을 줄이는 것만으로는 문제가 해결되지 않는다.

이와 관련해 최근 호주에서 발표된 연구 결과는 노동 시간 단축과 관련해 의미 있는 시사점을 제공한다. 호주국립대학 경제학과 딘 교수와 보건학과 스트라딘스와 웰시 교수 연구팀은 24~64세 근로자를 대상으로 노동 시간과 건강 간의 관계를 살펴보았다.[24]

연구팀은 일정 정도의 노동 시간은 정신건강에 긍정적인 관계가 있다는 점을 고려할 때 노동 시간이 정신건강에 부정적인 영향을 주기 시작하는 지점threshold이 있을 것으로 가정하고 그 지점을 확인하고자 했다. 또한 가사와 돌봄 부담과 성별에 따라 최고점이 달라지는지를 검증하고자 했다.

이 연구팀의 연구 결과에 따르면, 노동 시간과 정신건강 간에는 역U자형 관계가 있고 최고점은 39시간이다. 39시간이 될 때까지는 노동 시간이 증가하면서 정신건강도 좋아지지만 39시간을 넘어가면 정신건강은 악화되기 시작한다. 한국의 주당 최장 근로 시간인 52시간과는 차이가 크다. 이 연구팀의 연구 결과 중 흥미로운 것은 노동 시간 외에 가사와 돌봄 부담이 많고 적음에 따라 최고점이 달라진다는 것이다. 가사나 돌봄 부담이 많은 경우, 정신건강이 나빠지는 지점은 34.5시간인 데 비해 가사나 돌봄 부담이 적다면 그 지점이 45.5시간까지 올라갔다. 가사와 돌봄 부담이 크면 남성과 여성 간에 차이는 더 벌어지지만, 가사와 돌봄 부담이 적으면 성별 차이는 크지 않았다.

이 결과는 노동 시간 단축 논의는 노동 시간 외에 가사나 돌봄 부담을 어떻게 분배하고 해결할 것인가와 맞물려 있다는 것을 암시한다. 설령 노동 시간을 줄여 가족과 친구와 보낼 물리적인 시간을 확보한다고 하더라도 가사와 돌봄의 부담을 덜어줄 수 있는 방안이 마련되지 않는다면, 가사와 돌봄 노동에서 성별 격차를 줄여나가지 않는다면, 좋은 관계 맺기를 위한 시간은 평등하게 주어지지 않을 것이다. 따라서 좋은 관계 맺기를 위한 질적 시간을 보장받으려면 가사와 돌봄에 대한 지원과 제도적으로 존재하는 불평등의 문제를 함께 해결해야 한다.

아울러 시간 빈곤이 저소득층에서 더 심각하다는 사실은 이들을 위한 물질적 여유도 함께 보장되어야 한다는 것을 의미한다. 장시간 일할 수밖에 없는 환경에 있는 저소득층에게 노동 시간 단축은 생계를 위협하는 요인이 될 수 있다. 따라서 이들의 기본 생활을 보장할 수 있는 조치들을 마련해 지원하는 것이 필요하다.

5. 구멍 난 사회관계를 이을 수 있는 시스템 만들기

한국인의 관계 건강 면에서 우선 해결되어야 할 문제는 헐거워진 사회 지원망을 보완하는 것이다. 3부 3장에서 확인한 것처럼 한국인의 10명 중 3명은 도움을 청할 사람이 없다. 게다가 지원망이 허술한 집단은 주로 이혼, 사별, 별거로 인해 가족 관계에 변화를 겪은 저소득 노인 1인 가구층이다. 이들은 사회적 취약층이다. 따라서 사회적 취약층을 확인하고 사회관계를 가로막는 요인들을 파악해 도움을 제공할 수 있는 제도적 기반을 마련하는 것이 필요하다.

유념할 것은 이러한 사회 지원망의 변화가 인구 변화, 가족 구조의 변화, 도시화 등 사회 변화에 따른 변화와도 무관하지 않다는 것이다. 그러므로 지원망 확충을 위한 사회관계나 지역 사회 공동체 복원은 이전 사회 구조에서 작동했던 시스템으로의 회귀를 지향하는 것이 되어서는 곤란하다. 전통적으로 지원망으로써 핵심 역할을 담당했던 주체는 가족과 친족 공동체였다. 한국전쟁, 급격한 산업화와 도시화 등으로 인해 지원망의 한 축이던 공동체가 붕괴하면서 가족은 사회 안전망의 유일한 축으로 기능해왔다.[25]

탈산업화 이후의 불확실성과 사회적 위험의 증가는 사회적으로 구축된 안전망의 부재를 대신해 지속적으로 개인과 가족에게 위험을 전가해왔다. 그러나 사회 구조의 변화와 맞물려 가족 제도에도 커다란 변화가 있었다. 여성의 노동 시장 진출로 가사와 돌봄, 양육을 온전히 여성이 담당하기는 어려워졌다. 부모 자녀로 구성된 가구는 줄고 1인 가구는 빠른 속도로 늘고 있다. 더는 이전의 가족 구조가 유지되지 않는 상황에서 기존 가족 중심 모델을 축으로 지원망을 재조직하는 것은 자칫 안전망의 사회적 책임을 가족에게만 떠넘기게 될 위험이 있다.

그런 면에서 최근 가족센터나 다세대센터 등을 지원하는 방향으로 정책을 전환하는 독일의 시도는 눈여겨볼 만하다. 독일의 가족센터는 전통적으로 가족이 담당해온 육아, 교육, 돌봄의 기능을 지역 사회와 연계해 제공하는 지역 사회 가족 서비스 거점 기관이다.[26] 독일 내에서 주된 사회관계망이던 가족과 이웃의 기능이 약화되는 것에 대응해 가족 개념을 지역 사회로 확대하는 방향으로 만들어진 장이다. 그 배경에는 가족과 이웃을 분리해보는 것이 아니라 '이웃과의 네트워크 형성을 통해 건강한 가정을 구성한다'는 육아 지원 모델이 자리 잡고 있다.

다세대센터 프로그램은 여러 세대가 한 건물 안에서 공동으로 편의 시설을 이용하며 거주하도록 지원하는 것이다. 독일 정부는 이를 통해 세대 간의 소통과 돌봄의 상호 교환, 궁극적으로는 세대의 통합과 사회적 유대 형성을 기대하고 있다. 이러한 교육과 돌봄, 세대 간 교류, 이웃 간 교류 등의 복합적 성격을 갖는 지역 기반 센터들은 사회적 지원과 사회 참여 기능을 동시에 담당하는 제도적 장치로 사회 지원망을 확충하고 세대 간 통합과 지역 사회에의 참여를 활성화시키는 데 긍정적인 효과를 불러일으킬 것이다.

6. 공동체 내 사회 자본 쌓기

사회 자본이란 상호 이익을 위한 조정과 협력을 활성화시키는 연결망, 규범, 신뢰 또는 개인이나 집단이 서로 신뢰하면서 함께 일할

영국의 '연결된 공동체 프로그램' 사례

'연결된 공동체 프로그램Connected Communities programme' 연구팀은 지역 공동체가 가지고 있는 자산을 활용해 프로그램의 모든 과정에 지역 주민을 참여시켜서 연구와 실험을 진행했고, 공동체 내 관계를 강화하는 방법을 모색해 실행했다. 영국 내 7개의 지역 공동체에 대한 사례 연구를 진행한 결과, 지역 공동체 내 연결된 사회관계는 웰빙과 시민성, 역량뿐 아니라 경제적 가치도 창출한다는 점을 확인했다. 그중 하나인 '머튼 맘스Murton Mams' 프로그램을 소개해보자. 연구진들은 머튼 마을 공동체의 사회 연결망과 웰빙을 조사한 결과, 한부모들의 웰빙 수준이 평균적으로 낮았으며 여성은 더욱 고립되어 있다는 점을 발견하고, 문제의 해결책을 찾기 위해 한부모 여성들을 대상으로 초점 집단 인터뷰를 진행했다. 이 과정에서 발견된 문제는 그 지역에 한부모 여성들이 긴장을 풀고 마을 공동체에 어울릴 수 있는 활동이나 클럽이 없었다. 머튼 맘스는 매주 모임을 갖고 사회적 지지와 레크레이션을 제공한다. 이를 통해 머튼 마을에 사는 한부모 여성들의 사회 연결망을 확대하고 사회적 포용을 향상시켜 정신적 웰빙에 긍정적으로 기여할 수 있었다.

수 있도록 하는 연결망, 공유된 가치를 말한다. 공동체의 사회 자본은 공동체 내 자산과 관계를 이해하고understand, 공동체 사람들과 공유된 해결책을 함께 만들어내도록 서비스 제공자와 참여자가 함께 참여하고involve, 개인과 지지 자원들을 중개하거나 사람과 집단들의 연결망 짜기처럼 공동체 내 사람들을 서로 연결하는connect 노력을 통해 축적될 수 있다.

영국은 2010년부터 '연결된 공동체connected communities'의 가치에 주목하고 영국왕립예술협회RSA, 센트럴랭커셔대학UCLan, 런던정치경제

대학LSE이 공동으로 공동체의 회복 탄력성과 포용성을 높이고, 공동체 구성원들이 높은 주관적 웰빙을 누릴 수 있는 사회를 만들기 위한 연구와 실험을 진행하고 있다.[27] '연결된 공동체'의 이상理想은 사람들이 지역 사회의 사회적 지원망에 배태되어, 사회적 고립이 감소되고, 이웃의 '공동체 자본community capital'을 잘 이해하고 동원하고 성장시켜서 더 많은 웰빙과 혜택들을 경험하는 것이다.

한국에서도 최근 지역 사회를 기반으로 사회 자본을 증가시키고자 하는 시도들이 있다. 서울시의 마을 만들기 사업이나 의료협동조합 같은 것들이 그것이다. 2012년 서울시를 필두로 다수의 지자체에서 시행되고 있는 마을 공동체 만들기 사업은 지역 사회를 중심으로 '마을 공동체 회복'과 '주민 자치 실현'에 어느 정도 긍정 효과를 불러일으키는 것으로 보고되고 있다.

2015년에 마을 공동체 지원 사업에 참여한 주민 746명을 대상으로 어떠한 변화들이 있었는지를 확인한 결과에 따르면,[28] 참여 주민 대부분이 공동체 회복과 이웃과의 관계 형성의 중요성에 공감했고 이웃에 대한 관심과 이해도 증대되었다. 관계망이 확장되었을 뿐 아니라 어려움에 처했을 때 도움을 요청할 수 있는 이웃도 증가했고, 힘들 때 이야기 나눌 이웃도 증가했다. 모임 또는 마을에 대한 소속감이 늘어났다. 또 마을 활동에 참여해 즐거워했고 만족감도 높았다.

자기의 건강을 혼자서 지키기는 어려운 일이지만, 주위에서 도와주고 격려해준다면 조금은 더 수월하고 즐겁게 건강한 삶을 영위할 수 있을 것이다. 의료협동조합은 조합원들의 참여와 의료 전문직의 노력을 조화시킴으로써 공동체의 건강을 증진시키고자 하는 자발적 결사체다. 조합원들의 출자금을 통해 의료 기관을 직접 운영하

'홍성 문당환경농업마을' 의료협동조합 사례

우리나라의 성장 우선적인 근대화, 산업화 속에서 마을의 의미는 점점 퇴색되어가고 있다. 도시에서는 마을의 전형을 찾아보기 어려워지고 농촌과 어촌, 산촌에서도 그 유형이 퇴색되어간다.[29] 대도시로 인구가 몰려들고 촌락에는 주로 노인들이 정주한다. 또 농촌 지역의 비료와 농약 사용 등 환경 오염도 마을의 생태 환경을 악화하는 요인이기도 하다.

문당마을http://mundang.invil.org은 충청남도 홍성군 홍동면 문당리에 위치하고 있다. 이 마을은 지속 가능하고 살기 좋은 농촌 생태 마을을 조성해 마을 공동체 회복의 성공 사례로 자주 거론된다. 주민들이 주도적으로 문당마을 백년 계획을 수립하고 경제, 사회, 환경이라는 3가지 차원으로 구성했다. 주민들은 마을의 경제적 자립을 통해 넉넉한 마을을 목표로 한다. 또 생태계 보전과 관리, 자연 에너지 사용을 통해 자연이 건강하고 자연과 조화되는 마을을 만들고 있다. 사회적 지속 가능성을 위해 주민들은 주민들의 소속감 강화와 마을의 공동체 문화 복원에 힘쓰고 있다.

문당마을은 주민들에게 평생 교육의 기회를 제공하며, 10~30대 젊은 귀농인들이 마을로 이주해 마을의 주민으로 잘 살 수 있도록 돕는다. 마을의 한약원과 더불어 인근 지역의 의료 시설을 연계해 평생 의료 체계를 확보하고, 마을의 정보 네트워크화를 통해 정보 접근성을 높이며 두레 공동체를 활성화하는 것도 주요 계획이다. 친환경 유기 농산물 생산과 오리 농법, 풀무학교 생활협동조합, 홍동밝맑도서관, 두밀리책방 등에서 더불어 살아가는 문당마을 주민들의 지혜를 볼 수 있다.

는 한편, 다양한 소모임을 구성하고 지역 사회의 각종 건강 관련 주체들과 연결망을 형성함으로써 단순히 신체의 건강을 넘어선 사회적 웰빙 수준의 향상을 꾀한다.

여러 의료협동조합은 각기 다른 지역에서 조금씩은 다른 이상을 가지고 출범했지만 큰 틀에서는 유사한 문제의식을 가지고 있다. 과잉 치료가 아닌 적정 치료, 치료보다는 예방을 우선시하는 태도, 환자를 환자 이전에 인간으로 대하는 태도, 가까운 곳에 의사가 위치함으로써 주치의의 역할을 수행하는 것, 취약 계층에 대한 선제적인 접근 등이다.

의료협동조합의 뿌리는 1987년 경기도 안성의 작은 주말 진료소까지 거슬러 올라가지만, 본격적인 시작은 1994년 안성의료생활협동조합이 출범하면서부터다. 한국의료복지사회적협동조합연합회 www.hwsocoop.or.kr 등을 이용하면 거주 지역 근처에 어떤 의료협동조합이 있는지 확인할 수 있으며, 가입 절차 역시 어렵지 않다.

문제는 이러한 지역 기반의 공동체 활동들의 성과가 단기간에 나타나는 것이 아니므로 공동체 관계 형성을 위한 사업들을 장기적으로 유지하고 관계 맺기의 긍정적인 효과를 극대화할 수 있는 제도적인 지원을 지속할 수 있는 사회적·정책적 분위기를 만들어나가는 것이 필요할 것이다.

3장
사회 차원의 대안

1. 국민 웰빙 계정을 만들자

소득이 높다고 행복이 높아지는 것은 아니라는 것이 최근 웰빙 연구의 발견 사항이다. 만일 경제 성장에도 불구하고 국민들이 행복하지 않다면, 성장을 위한 정부 정책의 정당성을 찾기 어렵게 된다. 1인당 GDP로 대표되는 국민계정만으로 국민 행복을 측정할 수는 없다. 그렇다면 그 대안으로 사회적 웰빙을 종합적으로 파악하는 국민계정이 필요하다. 정부가 국민들의 주관적 웰빙에 관심을 가져야 하는 이유는 성장에 몰입해 만들어진 사회적 스트레스가 국민들의 생활 세계에 많은 영향을 끼치기 때문이다. 장시간 노동과 피로 누적, 과도한 가계 부채와 교육비 부담 등은 국민들의 삶의 경험, 감정, 사회에 대한 인식에 직간접적인 영향을 끼친다.

기상 변화를 파악하려면 강수량과 풍향과 온도를 잘 측정해야 하고 어떤 농작물을 얼마나 파종할 것인지 예측해 과도한 가격 하락이나 품귀 현상을 막으려면 농업 관측 사업이 필요하듯, 사회적 웰빙을 높이려면 국민 웰빙을 측정할 수 있는 관측 시설이 필요하다.

영국의 신경제재단New Economic Foundation, NEF은 국민 웰빙 계정을 만들 것을 제안한 바 있다. 그렇게 해야 사회의 발전과 진보를 가늠하는 진정한 기준이 될 수 있기 때문이다. 또한 국민의 웰빙을 제대로 측정해야 정부의 다양한 사회 정책이 정책 공급자인 공무원들의 투입 중심이 되기보다, 수요자인 국민에게 끼치는 사회적 임팩트를 측정할 수 있다. 그리고 이렇게 정책 소비자 친화적인 정책을 시행해야 정부와 국민 간의 거리를 줄일 수 있을 것이다.

이 책의 1부 2장에서 제안한 것처럼 국민들의 웰빙을 측정하려면 삶에 대한 만족이라는 단일 차원의 것 이상의 다차원적이고 역동적인 측면들을 포착할 수 있어야 하는데, 그 요소로 개인 수준에서는 신체적·심리적·관계적·집합 의식적 수준에서의 웰빙과 특성들을 측정할 것을 제안한 바 있다. 또한 개인적 수준뿐 아니라 사회적 수준에서의 웰빙도 측정할 수 있어야 하는데 그 사회의 질적 측면, 즉 얼마나 사회 경제적 안전성이 보장되고, 사회적 응집성이 유지되며, 포용적이고, 개개의 역량을 증진시키는가를 측정할 것을 제안했다.

문제는 국민 웰빙을 대하는 정부 정책의 진정성이다. 그동안 역대 정부에서는 모두 '국민 행복'과 '삶의 질'을 높이겠다는 공약을 제안한 바 있다. 그러나 결말은 늘 용두사미였다. 정부 내에서는 GDP 중심의 성장주의자들이 주도하는 경제 부처의 강력한 비토veto가 문제였다. 그동안 발표된 웰빙 관련 국제 비교에서 늘 OECD 국가들 중 꼴찌가 예상되는 부실한 성적표도 문제였다. 어차피 좋은 평가를 받지 못할 바에 매를 벌 일은 하지 말자는 것이다. 그러나 이제는 정부가 분명하게 국민 웰빙을 챙겨야 한다. 문재인 정부도 국민들의 행복과 삶의 질을 챙기겠다고 공약했다. 이제 그것을 집행하기 위한 진정성을 구체적 실천으로 보일 때다.

일반인의 눈에는 비교적 간단해 보일지 모르나, 국민 웰빙 계정을 만들려면 상당한 인프라 투자와 주도면밀한 준비가 필요하다. 우선 필요한 것은 국제적으로 비교 가능하면서, 동시에 장시간의 누적을 통해 추세를 확보할 수 있는 주관적 웰빙 조사 자료를 모으는 일이다. 이는 하루아침에 만들어지지 않는다. 지금 시작한다면 다음 정부부터 제대로 그 추이를 확인할 수 있을 것이다. 이러한 노력은 국민 경제 계정을 추계하는 데 들어가는 것보다는 적은 규모겠지만, 상당한 정도의 예산과 인력과 자원을 투입해야 한다. 그리고 조사의 객관성과 보고서의 정당성을 확보하려면 통계청의 기능만으로는 부족하고, 학계와의 협력이 필수적이다. 아직 국제 표준이 확실하게 정해진 것이 없는 개념이다 보니, 학계의 활발한 연구와 결합해야 개념과 측정의 지표가 가다듬어질 수 있기 때문이다.

OECD에서 '더 나은 삶의 지표'라는 독자적 웰빙의 지표를 만들어낸 과정을 보아도 이러한 노력은 매우 중요하다. 11개 영역에서 불과 22개의 지표를 선정하기까지 OECD에서는 10년 이상 다양한 국가의 전문가들과 토론했고, 그 결과로 만들어진 지표는 여전히 개선 중이다. GDP가 가진 문제를 해소하기 위해 프랑스의 사르코지 대통령이 시작한 개선 작업도 3명의 노벨상 수상자를 포함한 학계와 프랑스 통계청의 긴밀한 협조하에 이뤄졌지만, 그 결과는 여전히 미완성이다. 그럼에도 우리가 우물을 파는 일을 주저할 수는 없다. 국제 수준에서는 상당한 진전이 이뤄졌기 때문이다.

국민들의 웰빙 수준은 어떤지, 다른 나라와 비교해 특별히 뒤지는 부분은 없는지, 특별히 웰빙 수준이 떨어지는 취약 집단은 누구인지, 웰빙 측면에서의 불평등은 심각하지 않은지 등을 살필 수 있게 하는 것이 국민 웰빙 계정의 가장 주된 기능이다.

또한 국민 웰빙에 영향을 끼치는 다양한 미시적·거시적 요인들과의 비교를 통해, 특히 거버넌스governance 역량과의 관련성을 분석함으로써 어떻게 정부의 정책 집행 역량과 거버넌스를 변화시켜야 할지에 대한 함의를 끌어낼 수 있다. 그간의 연구에 따르면, 국민들의 주관적 웰빙에 거버넌스가 끼치는 효과는 매우 유의미했다. UN의 연구자들이 2005~2012년까지 갤럽세계여론조사로 157개국을 조사한 자료를 분석한 결과를 들여다보자. 거버넌스의 수준과 국민 웰빙 간에는 유의미한 관련성이 존재했다. 특히 거버넌스 역량이 뛰어난 상위 10대 국가의 경우, 최하위 10개국에 비해 국민들의 만족도 증가가 마치 GDP가 40% 증가했을 때와 효과가 유사했다.

2. 투명성을 높일 확실한 제도적 장치를 마련하자

개인의 웰빙에 영향을 끼치는 핵심 요인 중 하나는 공정성이다. 그간 연구에 따르면 경쟁이 격화되더라도 규칙이 공정하다고 느끼면 결과를 승복하는 경향이 있는데, 공정성을 의심하게 되면 승복하지 않게 된다는 점이다. 2장에서 지적한 것처럼 한국의 경우 공공성의 수준이 OECD 국가들에 비하면 상당히 떨어지는데, 그 심각한 요인 중 하나가 공개성, 즉 규칙이 얼마나 공개되고 투명하게 지켜지느냐에 심각한 문제가 있다는 점이었다.

부패 문제는 그런 점에서 사회적 웰빙에 부정적 영향을 끼친다는 것이 다양한 연구에서 확인되고 있다. 부패는 공정한 규칙의 집행을 원천적으로 방해한다. 그래서 자원의 비효율적 배분과 불공정 경쟁을 가져온다. 투명성은 웰빙의 주요 원천 중 하나인 신뢰와 밀접하고도 중첩적인 연관을 맺는다. 투명성이 떨어진 사회에서는 사회 제도나 기구에 대한 신뢰가 낮아지며, 동시에 연고와 인맥의 중요성이 두드러지게 된다. 보편적 신뢰와 투명성이라는 두 축을 교차할 때, 한국은 과거 부패했음에도 불구하고 제도와 기관에 대한 신뢰가 높았던 권위주의 사회에서 출발했다.

30년간 민주화를 거치면서 제도에 대한 신뢰는 지속적으로 감소한 반면, 투명성의 개선은 지체되었다. 그래서 우리는 '전환의 계곡'에서 벗어나지 못하고 있다. 확실하게 투명성을 높이지 못하면 전환지대에서 광범하게 나타나는 소위 '관피아'로 대표되는 엘리트 간의 카르텔cartel의 피해를 입게 된다. 이들 엘리트들은 공적 자원을 운용하는 위치에 있으면서, 실질적으로는 장기간에 걸쳐 자신의 미래를 위해 현재의 규제력과 자원 통제력을 인맥으로 연결된 피규제 기관의 편의를 봐주는 방식으로 이해관계를 공유하고 있다. 세월호 참사를 계기로 부각된 관료들의 회전문과 낙하산 인사가 대표적이다.

문제는 부패를 해결하기 위해 '김영란법'이라는 획기적인 행동 규범을 공직자들과 공직 유관 기관의 임직원들에게 요구했지만 정작 구조적이고도 근본적인 부패, 즉 엘리트들 간의 카르텔로 일컬어지는 전관예우 등을 규제하는 조항은 빠져 있다는 점이다. 1부 2장에서 다룬 문제이기도 하지만, 지도층의 부패는 일반 국민의 규칙에 대한 불복을 초래하기도 한다. 사회 통합을 하려면 예외를 인정치 않는 공정한 법 집행이 필수적이다. 한국 사회의 높은 공공성에 대한 요구는 최근 들어 다양한 갑질 경영자에 대한 온라인상의 대규모 분노 표출로 확인되고 있다. 국민들이 요구하는 공정성은 경쟁의 결과 생겨난 심각한 불평등을 분배적 정의에 입각해 국가가 개입해 재분배하는 것을 의미한다기보다, 법 앞에서 특권을 갖는 예외를 인정해서는 안 된다는 원초적인 공정성에 기초를 두고 있다.

따라서 부패를 막으려면 부패를 구조화하는 데 문제가 되는 권력의 독점과 관료의 재량권을 약화시키고 책임성을 강화시키는 데서 그 해법을 찾아야 한다. 권력의 독점을 줄이려면 과잉 규제와 비합리적 규제를 해소해야 한다. 관료의 재량권을 약화시키려면 규제 법정주의나 규제 일몰제, 인허가 제도의 혁신 등을 고려할 수 있다. 관료의 책임성을 강화하려면 현재 공무원과 일반 국민 간의 현격한 인식의 격차를 줄이기 위한 다양한 캠페인과 제도 개혁을 해야 한다.

부패에 대한 수요와 공급을 줄이는 개혁도 절실하다. 부패에 대한 수요는 규제나 인허가, 조세권, 지출권, 보조금 등이 강화될수록 심각해진다. 따라서 이 조건들을 줄여나가는 것이 중요하다. 또한 부패의 공급 요인으로 작동하는 낮은 공공 부문의 임금, 허술한 처벌과 징벌 체계, 법 집행의 불공정 등의 요소를 개선해나가야 한다.

부패는 손해보다 이익이 많을 경우 쉽게 사라지지 않는다는 점에서 전형적인 화이트칼라 범죄의 성격을 갖는다. 그래서 적발 가능성을 높이거나, 처벌 강도를 강화하고, 사면을 불허해 기회비용을 높이는 것이 효과적이다. 검찰이나 법원, 국회 등의 권력 기관이 가진 자의성과 불공정성을 타파하려면 '불신의 제도화'에 기반을 둔 상호 견제 강화가 꼭 필요한데, 그 점에서는 독립적인 공직자 비리 수사처를 설치하는 것이 바람직하고, 청와대 민정수석실의 대통령 친인척과 측근에 대한 감시 기능도 이곳으로 옮겨 강화하며 검찰의 비리에 대한 견제 역할을 할 수 있어야 한다.

3. 제도의 공공성을 높여 공화를 실현하자

웰빙의 중요한 측면 중 하나는 함께 살아가는 것이다. 사회적 관계가 풍부하고 꼭 필요한 때 경제적·심리적 지지를 얻을 수 있어야 외톨이가 되지 않고 함께 살아갈 수 있다. 그런데 우리는 경쟁 지향적이다. 그 모두가 각자도생할 수밖에 없다고 생각한다. 남들과의 경쟁에서 뒤지면 낙오자가 된다는 것을 어려서부터 학습해온 탓이다. 그래서 서로 협력하고 배려하는 마음이 부족하다. 그렇다고 협력만 강조할 수 없다. 거시적으로 보면 불평등이 심한 사회에서는 협력과 신뢰가 점점 어려워지기 때문이다. 사는 수준이 비슷하고 사는 모양은 각기 다르더라도 서로 보완적이어야 협력도 용이해진다.

심지어는 시장에서의 경쟁도 협력 없이는 불가능하다. 함께하는 것이 살아가는 최선의 방법인 이유는 경쟁이란 '교역의 삶the life of trade' 이자 '삶의 교역the trade of life'이기 때문이다. 협력을 하는 주된 이유는 무조건 이타적일 것을 요구받아서라기보다는 궁극적인 경쟁의 구도이자 형태이기 때문이다. 따라서 공유의 플랫폼을 갖추는 일은 경제활동에서나 사회적 시스템 구축에서 모두 중요한 번영의 토대가 된다. 공유의 플랫폼을 갖추면, 소유로는 해결하기 어려운 문제를 풀

수 있다. 나눔으로 해서 자원의 불필요한 낭비를 줄이고 사회적인 지속 가능성을 높일 수 있다. 잉여의 자원과 지식, 설비와 운송 수단을 공유해 사회 전반의 활용 효율성이 높아지고 지속 가능성이 높아지는 것처럼, 공동의 문제를 해결하는 공공성을 높여서 개인들이 풀기 어려운 문제들을 풀어낼 수 있다. 이는 소유에 대한 집착이 과도한 각자도생으로 가는 것을 막는 첩경임을 이해해야 한다. 불평등을 줄이는 것은 궁극적으로 사회적으로는 재분배 기능을 강화하고, 다양한 사회적 위험에 대비할 수 있는 시스템 역량을 높이는 길이다.

핵심은 제도의 공익성을 높이는 것이다. 외부성 효과가 큰 위험일수록 민간이나 시장에만 맡길 수 없다. 사회적 위험에 대비해 복지 지출과 사회 서비스도 확대되어야 한다. 제도의 공정성도 더욱 높아져야 한다. 공정한 과세와 복지비 지출이 이뤄져야 '새로운 사회적 위험'을 정교하고 효과적인 '적극적 노동 시장 정책'을 통해 극복할 수 있고 건전한 재정 균형도 이룰 수 있다. 이를 위해 시민들의 참여를 확대할 수 있는 정치 개혁이 절실하다. 승자 독식의 단임제 대통령과 양당 독점 체제로는 그동안 복잡한 문제를 제대로 다루는 데 실패해왔다. 역설의 시대 불안의 증상들을 치유하려면 시민들이 직접 자신들의 문제에 대해 토론하는 공론장이 활성화되어야 한다. 또한 시민들의 요구에 부응하는 정치인들이 성장할 수 있게 정당 공천의 기준이 비례성 위주로 바뀌어야 한다.

산업화로 '성장'을, 민주화로 '자유'를 구현한 한국이 지향할 다음 단계는 복지 사회를 통한 '공화共和'의 구현이다. 파국적 위험에 대비한 공익적 제도, 공정한 규칙, 높은 신뢰와 개방성, 시민적 참여의 확대를 통해 우리는 '각자도생'을 넘어 '함께 사는 안심 사회'로 나아

UAE 행복부

국가적 수준에서 국민 행복을 챙기는 전담 부서를 설치한 대표 사례는 UAE다. 7개 왕국의 연합체로 구성되어 있는 UAE는 아부다비의 지도자가 대통령, 두바이의 지도자가 총리를 맡는다. 병석에 있는 대통령을 대신해 실권을 행사하는 셰이크 모하마드 UAE 총리 겸 부통령은 2016년 2월 행복부를 개설하고 쉐이카 오후드 총리실 국장을 행복부 장관에 임명했다. 국민 행복을 국정 운영의 핵심 목표이자 가치로 삼아 정책 조정의 근거와 명분으로 활용하기 위해서다.

모하마드 부통령은 "정부의 역할은 국민들이 꿈과 희망을 이룰 수 있고, 행복을 즐길 수 있도록 하는 여건을 조성해주는 것"이라고 말한다. 행복부의 3대 영역별 프로그램은 이렇다. (1) 일터에서의 행복과 긍정성을 높이기 위해 공공, 민간 부문 종사자들의 일과 행복, 고객 행복을 위한 교육·훈련 프로그램을 운영하는 일. (2) 국민과 외국인 대상 설문 조사와 면접 등을 통해 행복과 긍정성을 측정하는 일. (3) 각종 페스티벌과 학생 참여 프로그램을 개최해 행복과 긍정성을 생활 양식으로 정착시키는 일.

또한 아랍 지역 최초로 행복연구소를 설치했다. 매년 2월경에 '글로벌행복대화'를 개최하고 세계 각국의 관련 분야 전문가들을 초청한다. 제프리 삭스 교수를 비롯한 주요 인사들을 '글로벌행복위원회' 위원으로 위촉하고 있다. UAE는 행복을 정책과 직접 연결하기보다는 행복을 중심으로 정부 정책들을 평가하고 조정하는 기제로 활용하고 있다.

갈 수 있을 것이다. 효율성 못지않은 정당성에 대한 관심, 결과 못지않은 과정에 대한 관심, 성장 못지않은 배분과 배려를 소중히 여기는 사고방식으로 전환하지 않고는 발전의 병목 지점을 넘을 수 없고, 설사 소득이 향상되더라도 사회의 품격을 유지할 수 없다.

미주

1장 개인 차원의 대안

1 질병관리본부, 2017년 11월 7일.
2 Minkler and Wallerstein, 2003.
3 《중앙일보》, 2014년 10월 14일.
4 《오마이뉴스》, 2013월 4월 3일.
5 EBS, 〈공부 못하는 아이-1부 공부 상처〉.
6 김현수, 2014.
7 《조선일보》, 2016년 11월 24일.

2장 관계 차원의 대안

8 리버만, M., 2015.
9 베일런트, 조지, 2010; Helliwell, J. 외, 2017.
10 Umberson, Debra and Jennifer K. Montez, 2010.
11 《한국일보》, 2016년 1월 19일.
12 김문조, 2016.
13 칼 폴라니, 2009.
14 구혜란, 2015.
15 Headey Bruce, 2008.
16 장덕진, 2017.
17 Lim, Chaeyoon and Keuntae Kim, 2013.
18 Van Driel, B. 외, 2016.
19 Pettigrew, T. and Tropp, L. 2011.
20 《동아일보》, 2017년 9월 10일.
21 OECD stat., 2017.
22 Lim, Chaeyoon and Keuntae Kim, 2013.
23 Lim, Chaeyoon and Keuntae Kim, 2013.
24 Dinh, Huong 외, 2017.
25 함인희, 2003a.
26 서수경, 2015.
27 Parsfield, Matthew 외, 2015.
28 서울시 마을 공동체 종합지원센터, 2016.
29 양병이 외, 2002.

참고 문헌

논문&단행본

강서구 정신건강증진센터(2014), 「저소득 밀집 지역 자살 예방 사업 강서구 생명사랑 마을 치유 프로젝트」.

강영호 외(2015), 「우리나라 광역시도와 시군구의 소득 수준별 기대 여명 차이」, 건강보험 빅 데이터 개방 2차 연도 연구 성과 공유 심포지엄 발표 자료.

강준만(2016), 「왜 부모를 잘 둔 것도 능력이 되었나? '능력주의 커뮤니케이션'의 심리적 기제」, 《사회과학연구》 55(2), pp.319~355, p.324.

구혜란(2005), 「한국인의 사회적 지원망, 국제비교연구」, KGSS 제2차 심포지엄 자료집, 성균관대학교 서베이리서치센터.

구혜란(2015), "문제는 공공성이야", 장덕진 외, 『세월호가 우리에게 묻다』, 한울아카데미.

구혜란·박상희(2016a), 「연결되어야 건강하다」, 사회적 웰빙의 새로운 모색 토론회 자료집, 서울대학교 호암교수회관, 2016년 2월 15일.

구혜란·박상희(2016b), 「한국인의 마음 건강: 어떤 사회 지원망 속에서 건강한가?」, 《보건과 사회과학》 제43집, pp.33~62.

김공현(2014), 「건강 증진Health Promotion? 질병 예방Disease Prevention? 차이점은?」, http://blog.naver.com/kimkongh21c/220059257909

김문조(2016), 「한국 사회에서의 행복의 자리」, 이재열·박명진·이태수·김문조·고세훈·박명림·이삼성, 『공동체의 삶』, 민음사.

김수영(2014), 「다중 상태 생명표를 이용한 한국의 혼인 상태 변화 분석」, 《한국인구학》 37(1), pp.59~80.

김영철(2010), 『인적 네트워크(개인의 사회적 자본)의 노동 시장 효과 분석』, 한국개발연구원.

김영철(2012), 「연줄인가, 연결인가? 인적 네트워크의 노동 시장 효과 분석」, 《한국개발연구》 34(3), pp.136~186.

김완진(2005), 「경제적 합리성과 게임 이론」, 《철학사상》 20, pp.23~44.

김용학(2003a), 『사회 구조와 행위』(개정3판), 나남출판.

김용학(2003b), 「한국 사회의 학연: 사회적 자본의 창출에서 인적 자본의 역할」, 김성국 외, 『우리에게 연고는 무엇인가』, 전통과현대.

김찬호(2005), 「'N 세대'의 문화적 등장에 대하여」, 《문학과사회》 18(3), pp.187~201.

김찬호(2016), 『모멸감: 굴욕과 존엄의 감정사회학』, 문학과지성사.

김태형(2010), 『불안 증폭 사회』, 위즈덤하우스.

김현경(2015), 『사람, 장소, 환대』, 문학과지성사.
김현수(2014), 『공부 상처 학습 부진의 심리학, 배움의 본능 되살리기』, 유듀니티.
김홍중(2009), 『마음의 사회학』, 문학동네.
김홍중(2013), 「사회적인 것의 합정성을 찾아서」, 《사회와 이론》 23, pp.7~48.
김홍중(2014), 「마음의 사회학을 이론화하기: 기초 개념들과 설명 논리를 중심으로」, 《한국 사회학》 40(4), pp.179~213.
데이비드 리스먼(1999), 『고독한 군중』(이상률 옮김), 문예출판사.
류동민(2016), 「능력주의 이데올로기의 위기」, 《황해문학》.
리처드 윌킨슨(2008), 『평등해야 건강하다: 불평등은 어떻게 사회를 병들게 하는가』(김홍수 옮김), 후마니타스.
마이클 마멋(2017), 『건강 격차』(김승진 옮김), 동녘출판사.
마이클 샌델(2008), 『공동체주의와 공공성』(김선욱 외 옮김), 철학과현실사.
마틴 셀리그만(2008), 『학습된 낙관주의』(최호영 옮김), 21세기북스.
매튜 리버먼(2015), 『사회적 뇌: 인류 성공의 비밀』(최호영 옮김), 시공사.
문석윤(2014), 『동양적 마음의 탄생』, 글항아리.
민성길(2010), 「정신 역동적 측면에서 본, 서울의 문화적 특징」, 전우택·민성길, 『서울을 정신 분석하다』, 청년의사, pp.272~402.
사이토 준이치(2009), 『민주적 공공성』(윤대석·류수연·윤미란 옮김), 이음.
서수경(2015), 「지역 사회 네트워크의 중심이 된 독일의 가족센터」, 젠더브리프 12월, 서울시여성가족재단.
서울특별시 마을 공동체 종합지원센터(2016), 「2016 서울시 마을 공동체 지원 사업 성과 연구: 성과 측정을 위한 지표 개발과 주민 인식 변화를 중심으로」.
손종현·김부태(2016), 「한국 학력·학벌 기반 연줄 사회의 실재성과 그 이데올로기적 성격」, 《열린교육연구》 24(2), pp.147~174.
송호근(2003), 『한국, 무슨 일이 일어나고 있나: 세대, 그 갈등과 조화의 미학』, 삼성경제연구소.
송호근(2006), 『한국의 평등주의 그 마음의 습관』, 삼성경제연구소.
스티븐 J. 맥나미, 로버트 K. 밀러주니어(2015), 『능력주의는 허구다: 21세기에 능력주의는 어떻게 오작동되고 있는가』(김현정 옮김), 사이.
양병이·이관규·송병화(2002), 「주민이 주도하는 지속 가능한 '문당' 마을 백년 계획」, 『한국생태환경건축학회 논문집』 2(2), pp.5~13.
양준용(2016), 「비교할수록 괴롭다」, 사회적 웰빙의 새로운 모색 토론회 자료집, 서울대학교 호암교수회관, 2016년 2월 15일.
양준용·조병희(2017), 「단체 참여의 양면성과 우울: 사회 비교 스트레스의 억제 효과를 중심으로」, 《보건과 사회과학》 46, pp.5~30.

어빙 고프만(2016), 『자아 연출의 사회학: 일상이라는 무대에서 우리는 어떻게 연기하는가』(진수미 옮김), 현암사.

원종학(2013), 「소득 계층 이동의 원인과 정책적 대응 방안」, 《재정포럼》, 2013년 8월호, 한국조세재정연구원.

유경원·노용환(2007), 「국가별 패널 자료를 이용한 자살률 결정 요인 분석」, 《한국경제연구》 18, pp.59~78.

유명순(2016), 「사회정신 불건강의 조건과 맥락초점집단면담FGD 분석 결과를 토대로」, 사회적 웰빙의 새로운 모색 토론회 자료집, 서울대학교 호암교수회관, 2016년 2월 15일.

윤현숙·구본미(2009), 「노인의 건강 상태가 우울에 미치는 영향에 대한 사회적 지지의 매개효과」, 《한국 사회복지학》 61(2), pp.303~324.

이명숙(2015), 「청년 세대의 행복감과 정서적 안녕에 미치는 건강, 사회적 지지, 삶의 기대 요인의 상대적 영향 분석」, 《청소년학연구》 22(7), pp.179~199.

이재열(2014), 「중산층이 사라진 서민 사회의 등장」, 강원택 외, 『당신은 중산층입니까』, 21세기북스.

이재열 외(2015), 『한국 사회의 질: 이론에서 적용까지』, 한울아카데미.

이재열·박상희(2016), 「변화하는 한국 사회, 왜 사회 정신건강인가」, 사회적 웰빙의 새로운 모색 토론회 자료집, 서울대학교 호암교수회관, 2016년 2월 15일.

이재열·박상희(2017), 「사회적 웰빙 개념의 이론적 재구성」, 《보건과 사회과학》 44, pp.5~43.

이현정(2012), 「'부모-자녀 동반 자살'을 통해 살펴본 동아시아 지역의 가족 관념: 한국, 중국, 일본 사회에 대한 비교 문화적 접근」, 《한국학연구》 40, pp.187~227.

이현정(2013), 「중국 농촌의 자살 현상에 관한 의료인류학적 분석: 구조적 폭력과 체현 개념을 중심으로」, 《보건과 사회과학》 34, pp.61~86.

장경섭(2011), 「개발 국가, 복지 국가, 위험 가족: 한국의 개발자유주의와 사회 재생산 위기」, 《한국 사회정책》 18(3), pp.63~90.

장덕진(2017), 「데이터로 본 한국인의 가치관」, 김우창·송복·송호근·장덕진, 《한국 사회 어디로?: 박태준미래전략연구총서 6》, 아시아.

장덕진 외(2015), 『세월호가 우리에게 묻다: 재난과 공공성의 사회학』, 한울아카데미.

전상인(2008), 「앵그리 시대의 사회 갈등과 사회 통합」, 《철학과 현실》, pp.30~40.

정수남(2010), 「공포, 개인화 그리고 축소된 주체」, 《정신문화연구》 33(4), pp.329~357.

정수복(2012), 『한국인의 문화적 문법』, 생각의나무.

정준표(1994), 「집단 행동과 게임 이론」, 《한국정치학회보》 27(2-2), pp.109~139.

정한나, 김상기(2013), 「사회 연결망을 통한 입직 결정 요인 분석」, 《고용직업능력개발연구》 16(3), pp.1~28.

정한나(2015), 「사회 연결망 입직의 노동 시장 성과 분석」, 《고용이슈》 36(2), pp.22~32.

조대엽(2012), 「현대성의 전환과 사회 구성적 공공성의 재구성: 사회 구성적 공공성의 논리와 미시 공공성의 구조」, 《한국 사회》 13(1), pp.3~62.

조병희(2015a), 『질병과 건강의 사회학』, 집문당.

조병희(2015b), 「한국인의 정신건강」, 통계개발원(편), 《한국의 사회동향》, pp. 106~114.

조병희(2016), 「사회 정신건강과 행복: 국제 비교로 본 한국」, 사회적 웰빙의 새로운 모색 토론회 자료집, 서울대학교 호암교수회관, 2016년 2월 15일.

조지 베일런트(2010), 『행복의 조건』(이덕남 옮김), 프런티어.

질병관리본부(2016a), 2015 건강 행태 및 만성 질환 통계.

질병관리본부(2016b), 2015 국민 건강 통계.

채수원·오경옥(1991), 「노인의 사회적 지지와 삶의 질에 관한 연구: 일반 가정 노인과 양로원 노인을 대상으로」, 《대한간호학회지》 22(4), pp.552~568.

칼 폴라니(2009), 『거대한 전환』(홍기빈 옮김), 길.

통계청(2015), 한국의 사회 동향 2015, 대전: 통계개발원.

통계청(2016), 2016년 사회 조사 보고서.

하인츠 부데(2015), 『불안의 사회학』(4~6장), 동녘.

한준·김석호·하상응·신인철(2014), 「사회적 관계의 양면성과 삶의 만족」, 《한국 사회학》 48(5), pp.1~24.

함인희(2003a), 「사회 구조적 변화와 가족의 적응 및 저항」, 《사회연구》 5, pp.11~40.

함인희(2003b), 「한국인의 감성 문화: 사회학적 패러다임에 비추어본 감성 연구」, 《한국문화연구》 5, pp.7~40.

허준수·유수현(2002), 「노인의 우울에 영향을 미치는 요인에 관한 연구」, 《정신보건과 사회사업》 13, pp.7~22.

Agnew, R.(2009), Revitalizing Merton: General Strain Theory. In F. T. C., F. A., C.L. J.&A. J. Meyer(Eds.), *Advances in Criminological Theory: The Origins of American Criminology*(p.16), New Brunswick, New Jersey: Transaction.

Antonovsky, A.(1979), *Health, Stress, and Coping*, San Francisco: Jossey-Bass.

Antonovsky, A.(1987), *Unravelling the Mystery of Health: How People Manage Stress and Stay*

Well, San Francisco: Jossey-Bass.

Antonovsky, A.(1990), Studying Health vs. Studying Disease, Lecture at the Congress for Clinical Psychology and Psychotherapy, Berlin, 19 February 1990(1979), *Health, Stress, and Coping*, San Francisco: Jossey-Bass.

Antonovsky, A.(1993), Some Salutogenic Word of Wisdom to the Conferees, Sweden: The Nordic School of Public Health in Gothenburg.

Arendt, H.(1973), *The Origins of Totalitarianism*, Harvest Books.

Bazeley, P., & Jackson, K. (2014), Qualitative data analysis with NVivo. Los Angeles [etc.] : Sage.

Bellah, R. N., Madsen, R., Sullivan, W. M., Swidler, A.&Tipton, S. M.(1985), *Habits of the heart: Individualism and commitment in American life*, Univ of California Press.

Berkman, L. F., Glass, T. Brissette, I.&Seeman, T. E.(2000), From Social Integration to Health: Durkheim in the New Millennium, *Social Science&Medicine*, 51, pp.843~857.

Bircher, J.(2005), Towards a dynamic definition of health and disease, *Medicine, Health Care and Philosophy*, 8(3), pp.335~341.

Bircher, J.&Kuruvilla, S.(2014), Defining health by addressing individual, social, and environmental determinants: New opportunities for health care and public health, *Journal of public health policy*, 35(3), pp.363~386.

Bovier, P. A., Chamot, E.&Pemeger, T. V.(2004), Perceived stress, internal resources, and social support as determinants of mental health among young adults, *Quality of Life Research*, 3(1), pp.161~170.

Braun, V.&Clarke, V.(2006), Using thematic analysis in psychology, *Qualitative research in psychology*, 3(2), pp. 77~101.

Brown, G. W.&Harris, T. O.(1978), *Social origins of depression: A study of psychiatric disorder in women*, London: Tavistock.

Callahan, D.(1973), The WHO definition of 'health', *Hastings Center Studies*, pp.77~87.

Cobb, S.(1976), Social support as a moderator of life stress. *Psychosomatic Medicine*, 38(5), pp.300~313.

Cohen, S.(1988), Psychosocial Models of the Role of Social Support in the Etiology of Physical Disease, *Health Psychology*, 7, pp.265~297.

Cohen, S., Gottlieb, B. H.&Underwood, L. G.(2000), *Social Relationships and Health.*

In Cohen, S., Underwood, L. G.&Gottlieb, B. H.(Eds.), Social Support Measurement and Intervention: A Guide for Health and Social Scientists(pp. 3~25), New York: Oxford University Press.

Coleman, S. J.(1990), *Foundations of Social Theory*, Cambridge Mass.: University Press.

Covey, S. R.(1989), *The 7 Habits of Highly Effective People*, New York: Simon&Schuster.

Cresswell, J. W. (1998), *Qualitative inquiry and research design: Choosing among five traditions*, CA: Sage Publications, Inc.

Csikszentmihalyi, M.(2002), *Flow: The Classic work on how to achieve happiness*, London: Rider Books.

Cummins, R.(2010), Subjective wellbeing, homeostatically protected mood and depression: A Synthesis. *Journal of Happiness Studies*, 11, pp.1~17.

Diener, E., Suh, E. M., Kim-Prieto, C., Biswas-Diener, R.&Tay, L. S.(2010), Unhappiness in South Korea: Why it is high and what might be done about it. paper presented at the special symposium organized by Korean Psychological Association.

Diener, E., Wirtz, D., Tov, W., Kim-Prieto, C., Choi, D. W., Oishi, S.&Biswas-Diener, R.(2010), New well-being measures: short scales to assess flourishing and positive and negative feelings, *Social Indicators Research*, 97(2), pp.143~156.

Dinh, H., Strazdins, L.&Welsh, J.(2017), Hour-glass ceilings: Work-hour thresholds, gendered health inequities, *Social Science&Medicine*, 176, pp.42~51.

Dodge, R., Daly, A. P., Huyton, J.&Sanders, L. D.(2012), The challenge of defining wellbeing, *International journal of wellbeing*, 2(3).

Durkheim, E.(1951), *Suicide: a study in sociology*. Spaulding, J. A.&Simpson, G.(Translation), Glencoe, Illinois: The Free Press(Original work published in 1897).

Durkheim, E.(1997), *The Division of Labour in Society*. Halls, W.D.(trans.), New York: the Free Press(Original work published in 1893).

Eriksson, M.(2007), Unravelling the Mystery of Salutogenesis: The evidence base of the salutogenic research as measured by Anotonovesky's Sense of Coherence Scale(PhD thesis), Turku, Fenland: Folkhalsan Research Centre.

Farmer, P.(2004), An Anthropology of Structural Violence, *Current Anthropology*,

45(3), pp.305~325.

Fiori, K. L.&Jager. J.(2012), The impact of social support networks on mental and physical health in the transition to older adulthood A longitudinal, pattern-centered approach, *International Journal of Behavioral Development*, 36(2), pp.117~129.

Freire, P.(1970), *Pedagogy of the oppressed*, New York: Constinuum.

Frenk, J.&Gómez-Dantés, O.(2014), Designing a framework for the concept of health, *Journal of public health policy*, 35(3), pp.401~406.

Frey, B. S.&Stutzer, A.(2010), Happiness and economics: how the economy and institutions affect human well-being, Princeton University Press.

Friedli, L.(2009), Mental Helath, Resilience and inequalities, WHO Regional Office for Europe.

Fukuyama, F.(1995), *Trust: The Social Virtues and The Creation of Prosperity*, Free Press.

Gallup(2016), 2016 Global Civic Engagement report. Gallup Inc.

Galtung, J.(1969), Violence, Peace and Peace Research. *Journal of Peace Research*, 6(3), pp.167~191.

Gardner, H.(1983), *Frames of Mind: The Theory of Multiple Intelligences*, Basic Books.

Gleibs, I. H., Morton, T. A., Rabinovich, A., Haslam, S. A.&Helliwell, J. F.(2013), Unpacking the hedonic paradox: A dynamic analysis of the relationships between financial capital, social capital and life satisfaction, *British Journal of Social Psychology*, 52(1), pp.25~43.

Goleman, D.(1998), What Makes a Leader?, *Harvard Business Review*, 76(6), pp.93~102.

Greenfield, S.&Nelson, E.(1992), Recent Development and Future Issues in the Use of Health Status Assessment Measures in Clinical Settings, *Medical Care*, 30, MS23–41.

Hall, P. A.&Lamont, M.(Eds.),(2009), *Successful societies: How institutions and culture affect health*, Cambridge University Press.

Haslam, S. A., Jetten, J., Postmes, T.&Haslam, C.(2009), Social identity, health and well-being: an emerging agenda for *applied psychology*, Applied Psychology, 58(1), pp.1~23.

Headey, B.(2008), Life goals matter to happiness: A revision of set-point theory, *Social indicators research*, 86(2), pp.213~231.

Headey, B., Holmström, E.&Wearing, A.(1984), Well-being and ill-being:

Different dimensions?, *Social Indicators Research*, 14(2), pp.115~139.

Headey, B.&Wearing, A.(1991), Subjective well-being: A stocks and flows framework, Strack, F. E., Argyle, M. E.&Schwarz, N. E. *Subjective well-being: An interdisciplinary perspective*(pp. 49~73), Pergamon press.

Helliwell, J. F.(2008), *Life satisfaction and quality of development*(No. w14507), National Bureau of Economic Research.

Helliwell, J. F.(2012), *Understanding and improving the social context of well-being*(No. w18486), National Bureau of Economic Research.

Helliwell, J. F., Barrington-Leigh, C. P., Harris, A.&Huang, H.(2009), *International evidence on the social context of well-being*(No. w14720), National Bureau of Economic Research.

Helliwell, J., Layard, R.&Sachs, J.(2017), *World Happiness Report 2017*, New York, NY(USA): Sustainable Development Solutions Network.

Helliwell, J. F.&Putnam, R. D.(2004), The social context of well-being, *Philosophical Transactions of the Royal Society B: Biological Sciences*, 359(1449), 1435.

Hewlett, E.&Moran, V.(2014), *Making mental health count: the social and economic costs of neglecting mental health care*, OECD.

Hirschi, T.(1969), *Causes of Delinquency*, Berkeley: University of California Press.

Holt-Lunstad, J., Smith, T. B., Baker, M., Harris, T.&Stephenson, D.(2015), Loneliness and social isolation as risk factors for mortality: a meta-analytic review, *Perspectives on Psychological Science*, 10(2), pp.227~237.

Hone, L. C., Jarden, A., Schofield, G. M.&Duncan, S.(2014), Measuring flourishing: The impact of operational definitions on the prevalence of high levels of wellbeing, *International Journal of Wellbeing*, 4(1).

Hoppe MJ, Graham L, Wilsdon A, Wells EA, Nahom D, & Morrison DM.(2004). Teens speak out about HIV/AIDS: focus group discussions about risk and decision-making. J Adolesc Health. 2004 Oct;35(4):345.e27–35.

Horton, R., Rice, S. K., Piquero, N. L.&Piquero, A. R.(2012), On the variability of anger cross-culturally: An assessment of general strain theory's primary mediator, *Deviant Behavior*, 33(4), pp.260~281.

Huber, M., Knottnerus, J. A., Green, L., Van der Horst, H., Jadad, A. R., Kromhout, D.&Schnabel, P.(2011), How should we define health?, *British Medical Journal*, p.343.

Huppert, F. A.&So, T. T.(2013), Flourishing across Europe: Application of a new conceptual framework for defining well-being, *Social Indicators Research*, 110(3), pp.837~861.

Huppert, F. A.&Whittington, J. E.(2003), Evidence for the independence of positive and negative well-being: Implications for quality of life assessment, *British journal of health psychology*, 8(1), pp.107~122.

Jetten, J., Haslam, C.&Alexander, S. H.(Eds.)(2012), *The social cure: Identity, health and well-being*, Psychology Press.

Karademas, E. C.(2007), Positive and negative aspects of well-being: Common and specific predictors. *Personality and Individual Differences*, 43(2), pp.277~287.

Keller, M. J.(1981), Toward a definition of health, *Advances in Nursing Science*, 4(1), pp.43~64.

Keyes, C. L.(2002), The mental health continuum: From languishing to flourishing in life, *Journal of health and social behavior*, pp.207~222.

Keyes, C. L.(2005), Mental illness and/or mental health? Investigating axioms of the complete state model of health. *Journal of consulting and clinical psychology*, 73(3), p.539.

Keyes, C.&Lee, M.(1998), Social Well-Being, *Social Psychology Quarterly*, 61(2), pp.121~140.

Kim, H.&Ohtake, F.(2014), *Status Race and Happiness: What Experimental Surveys Tell Us*, KDI.

Kleinman, A., Das, V.&Lock, M. M.(Eds.),(1997), *Social suffering*, Univ of California Press.

Kloep, M., Hendry, L.&Saunders, D.(2009), A new perspective on human development, In Conference of the International Journal of Arts and Sciences(Vol. 1, No. 6, pp. 332~343.

Krause, N.(2001), Social support. in Binstock, R. H.&George, L. K.(eds.), *Handbook of aging and the social sciences 5th edition*, Academic Press.

Larson, J. S.(1993), The measurement of social well-being, *Social Indicators Research*, 28(3), pp.285~296.

Larson, J. S.(1999), The conceptualization of health, *Medical Care Research and Review*, 56(2), pp.123~136.

Lawson, A.(1989), A sociological and socio-anthropological perspective. In Williams, P. E., Wilkinson, G. E.&Rawnsley, K. E(Eds.), *The scope of epidemiological psychiatry: Essays in honour of Michael Shepherd*, Taylor&Frances/

Routledge.

Lee, J., Min, S. K., Kim, K. H., Kim, B., Cho, S. J., Lee, S. H.&Suh, S. Y.(2012), Differences in temperament and character dimensions of personality between patients with Hwa-byung, an anger syndrome, and patients with major depressive disorder, *Journal of affective disorders*, 138(1), pp.110~116.

Lerner, M.(1973), Conceptualization of health and social well-being, *Health services research*, 8(1), p.6.

Letki, N.&MieriĐa, I.(2015), Getting support in polarized societies: Income, social networks, and socioeconomic context, *Social science research*, 49, pp.217~233.

Lim, C. Y.&Kim, K. T.(2013), A Better Life in First Class: Inequality in Experienced Well-being and Time Use in Korea, Unpublished manuscript.

Lin, N.(1986), Modeling the effects of social support, in Lin, N., Dean, A.&Ensel, W. M.(Eds.), *Social support, life events, and depression*, Academic Press.

Lin, N., Ensel, W. M., Simeone, R. S.&Kuo, W.(1979), Social support, stressful life events, and illness: A model and an empirical test, *Journal of Health and Social Behavior*, pp.108~119.

McKeown, T.(1980), *The role of medicine: dream, mirage, or nemesis?*, Princeton University Press.

Merton, R. K.(1938), Social structure and anomie, *American sociological review*, 3(5), pp.672~682.

Michaelson, J., Abdallah, S., Steuer, N., Thompson, S., Marks, N., Aked, J.&Potts, R.(2009), National accounts of well-being: Bringing real wealth onto the balance sheet.

Minkler, M.&Wallerstein, N.(Eds.)(2003), *Community-based participatory research for health: From process to outcomes*, John Wiley&Sons.

Niebuhr, R.(2013), *Moral man and immoral society: A study in ethics and politics*, Westminster John Knox Press.

OECD(2013), *How's life? 2013: Measuring well-being*, OECD Publishing.

OECD(2016), *Society at a Glance 2016: OECD social indicators*, OECD Publishing.

OECD(2017a), *How's life? 2017: measuring well-being*, OECD Publishing.

OECD(2017b), *Preventing Ageing Unequally*, OECD Publishing.

OECD(2017c), *Understanding the socio-economic divide in Europe*, OECD.

OECD&Joint Research Centre(2008), *Handbook on constructing composite indicators: methodology and user guide*, Paris: OECD.

Parsfield, M., Morris, D., et al.(2015), Community Capital: the value of connected communities, RSA.

Parsons, T.(1951), *The Social System*, New York: Free Press.

Patrick, D. L.&Erickson, P.(1993), *Health status and health policy: quality of life in health care evaluation and resource allocation*.

Pettigrew, T. F.&Tropp, L. R.(2013), *When groups meet: The dynamics of intergroup contact*, Psychology Press. Van Daniel et al. 2016에서 재인용.

Pew Research Center(2014), Emerging and developing economies much more optimistic than rich countries about the future, *Pew Research Center Inequality Report*.

Pilgrim, D.&Rogers, A.(2005), Social psychiatry and sociology, *Journal of Mental Health*, 14(4), pp.317~320.

Portes, A.(1998), Social capital: Its origins and applications in modern sociology, *Annual review of sociology*, 24(1), pp.1~24.

Ritzer, G.(1975), Sociology: A multiple paradigm science, *The American Sociologist*, pp.156~167.

Ritzer, G.(1981), *Toward an integrated sociological paradigm: The search for an exemplar and an image of the subject matter*, Longman.

Rogers, A.&Pilgrim, D.(2003), *Mental health and inequality*, Palgrave Macmillan.

Russell, J. A.(1991), Culture and the categorization of emotions. *Psychological bulletin*, 110(3), pp.426~450.

Ryff, C. D., Magee, W. J., Kling, K. C.&Wing, E. H.(1999), Forging macro-micro linkages in the study of psychological well-being, *The self and society in aging processes*, pp.247~278.

Saracci, R.(1997), The World Health Organisation needs to reconsider its definition of health, *BMJ: British Medical Journal*, 314, pp.1409~1410.

Saylor, C.(2004), The circle of health a health definition model, *Journal of Holistic Nursing*, 22(2), pp.97~115.

Seligman, M. E.(2011), *Flourish: A visionary new understanding of happiness and well-being*, Simon and Schuster.

Shaw, C. R.&McKay, H. D.(1942), *Juvenile delinquency and urban areas*.

Stiglitz, J., Sen, A.&Fitoussi, J. P.(2009), The measurement of economic performance and social progress revisited, Reflections and overview, Commission on the Measurement of Economic Performance and Social Progress, Paris.

The Lancet(2016), Editorial: Health and happiness, *The Lancet*, 387(10025), 1251, March.

Thoits, P. A.(2011), Mechanisms linking social ties and support to physical and mental health, *Journal of health and social behavior*, 52(2), pp.145~161.

Uchino, B. N.(2004), *Social support and physical health: Understanding the health consequences of relationships*, Yale University Press.

Uchino, B. N.(2006), Social support and health: a review of physiological processes potentially underlying links to disease outcomes, *Journal of behavioral medicine*, 29(4), pp.377~387.

Uchino, B. N., Cacioppo, J. T.&Kiecolt-Glaser, J. K.(1996), The relationship between social support and physiological processes: a review with emphasis on underlying mechanisms and implications for health, *Psychological bulletin*, 119(3), p.488.

Umberson, D.&Karas Montez, J.(2010), Social relationships and health: A flashpoint for health policy, *Journal of health and social behavior*, 51(1_suppl), S54~S66.

UN Sustainable Development Network(2015), *World Happiness Report 2015*.

UN Sustainable Development Network(2017), *World Happiness Report 2017*.

Van Driel, B., Darmody, M.&Kerzil, J.(2016), Education policies and practices to foster tolerance, respect for diversity and civic responsibility in children and young people in the EU, In *NESET II Report*, Luxembourg: Publications Office of the European Union.

Waitzkin, H.(1983), *The Second Sickness: Contradictions of Capitalist Health Care*, New York: Free Press.

Wang, S.(Eds.)(2014) Measuring and Explaining Subjective Well-being in Korea, Korea Development Institute Research Monograph.

Ward, P. R.&Meyer, S. B.(2009), Trust, social quality and wellbeing: a sociological exegesis, *Development and Society*, 38(2), pp.339~363.

Wigglesworth, C.(2014), Deep Intelligence: The Critical Intelligences for Leadership Success in the 21st Century.

Wilkinson, R.&Pickett, K.(2010), *The spirit level: Why equality is better for everyone*,

Penguin UK.

World Health Organization(1948), Preamble to the Constitution of the WHO, Official records of the WHO(No.2, p.100), Entered into force April, 7, 1948.

World Health Organization(2003), Investing in mental health, Geneva: World Health Organization.

World Health Organization.(2008), The global burden of diseases: 2004 update, Geneva: World Health Organization.

Wrzus, C., Hänel, M., Wagner, J.&Neyer, F. J.(2013), Social network changes and life events across the life span: a meta-analysis, *Psychological bulletin*, 139(1), p.53.

언론 자료

강애란(2016년 6월 22일), 「40대 남성 직장인 업무 스트레스 가장 높아」, 《연합뉴스》 www.yonhapnews.co.kr/bulletin/2016/06/22/0200000000AKR20160622075700017.HTML

강영온(2014년 10월 14일), 「강서구 자살률 뚝!… 자살 예방 대책 효과」, 《중앙일보》 http://news.joins.com/article/16104964

구정은(2017년 7월 23일), 「늘어나는 '외로운 죽음'들… '고독사' 5년 새 80% 증가」, 《경향신문》 http://news.khan.co.kr/kh_news/khan_art_view.html?artid=201707231104011&code=940100

김동우(2015년 11월 13일), 「대한민국 세계 치안 순위 1위 영광 "술에 적신 밤도 안전"」, 《국민일보》 http://news.kmib.co.kr/article/view.asp?arcid=0010057787&code=61121111&sid1=al

김민희(2016년 8월 30일), 「그 많던 친구들은 다 어디 갔을까? 고독사 몰리는 50대 은퇴男의 관계 빈곤」, 《주간조선》 http://premium.chosun.com/site/data/html_dir/2016/08/22/2016082202383.html?Dep0=twitter

김선엽(2016년 11월 24일), 「[NOW] 군대 동기 못잖네… 산후 조리원 동기맘들」, 《조선일보》 http://news.chosun.com/site「/data/html_dir/2016/11/24/2016112400159.html

김행수(2013년 4월 3일), 「전교 1등 그 아이는 왜 죽음을 택했을까」, 《오마이뉴스》 www.ohmynews.com/NWS_Web/Mobile/at_pg.aspx?CNTN_CD=A0001850507#cb

다큐프라임(2015년 2월 16일), 「공부 못하는 아이, 1부 공부 상처」, 《EBS》 www.ebs.co.kr/tv/show?prodId=348&lectId=10278072

박권일(2016년 9월 7일), 「[박권일, 다이내믹 도넛] 과잉능력주의」, 《한겨레》 www.hani.co.kr/arti/opinion/column/760382.html

보건복지부(2017년 4월 11일), 「성인 4명 중 1명, 평생 1번 이상 정신 질환 겪어」, 보도 자료.

안규영·조효석·홍석호(2017년 6월 23일), 「[절벽 세대, 세상에 묻다] 간신히 취업 절벽 넘자 결혼 절벽이 눈앞에…」, 《국민일보》 http://news.kmib.co.kr/article/view.asp?arcid=0923770911&code=11151100&cp=nv

연합뉴스(2016년 6월 22일), 「40대 남성 직장인 업무 스트레스 가장 높아」, 《연합뉴스》 www.yonhapnews.co.kr/bulletin/2016/06/22/0200000000AKR20160622075700017.HTML?input=1195m

이명희(2016년 1월 1일), 「[기타뉴스] 장하성 "젊은 세대, 6·25 이후 부모 세대보다 더 못 나아진 최초의 세대"」, 《향이네》 http://h2.khan.co.kr/201601011158161

장석준(2017년 8월 1일), 「중산층 추격 사회, 진보의 상식을 깨다」, 《프레시안》 www.pressian.com/news/article.html?no=164506

질병관리본부(2017년 11월 7일), 「비만 고혈압 등 만성 질환 증가, 건강 행태 개선 필요」, 보도 자료.

채지은(2016년 1월 19일), 「한국인 40% "다시 이 땅에 태어나고 싶지 않다"」, 《한국일보》 www.hankookilbo.com/v/254baeeb761a49838a86144d3ccffad3

최동현(2017년 9월 10일), 「"집값과 온정 사이"… 공진초 특수 학교 설립 두고 주민 온도차」, 《뉴스1》 http://news1.kr/articles/?3097094

최순화(2014년 10월 5일), 「[마켓&마케팅] 韓 소비자 '집단 분노'는 함께 쌀농사 짓던 문화에서 비롯」, 《중앙선데이》 http://news.joins.com/article/16020039

허태균(2013년 12월 19일), 「노력의 사회에서 포기의 사회로」, 《신동아》 http://shindonga.donga.com/Series/3/990245/13/112691/1

황선윤(2017년 7월 20일), 「젊어지는 고독사… 한 해 사망 1,700명 중 46%가 4050」, 《중앙일보》 http://news.joins.com/article/21773592

Khaishgi, A. E.(2016. 3. 20), 'Happiness is a serious job': UAE's Minister of Happiness embraces new role, The National, https://www.thenational.ae/uae/government/happiness-is-a-serious-job-uae-s-minister-of-happiness-embraces-new-role-1.201750

MacKenzie, D.(2014. 5. 8), How your ancestors' farms shaped your thinking, New Scientist, https://www.newscientist.com/article/dn25538-how-your-

ancestors-farms-shaped-your-thinking/
The Times(1951. 10. 1. 사설).

통계 자료

국제사회조사프로그램International Social Survey Programme, ISSP, 사회 연결망 조사(2001), 사회 불평등 조사(2009), 건강과 건강 관리 조사(2011).
삼성사회정신건강연구소(2015), 한국인의 사회적 웰빙 조사.
서울대 사회발전연구소(2009), 안전한 생활 환경에 대한 인식 조사.
서울대 사회발전연구소(2012), 삶과 사회에 관한 조사.
성균관대 서베이리서치센터(2004), 한국 종합 사회 조사.
여성가족부(2017a), 경력 단절 여성 등의 경제 활동 실태 조사, 인포그래픽.
여성가족부(2017b), 제1차 양성평등 실태 조사.
유럽사회조사European Social Survey(2012), 개인과 사회적 웰빙Personal and Social Well-being 조사.
유엔 지속 가능 발전 네트워크UN Sustainable Development Network(2017), World Happiness Report 2017, 온라인 데이터.
통계청(2016), 한국의 사회 동향 2016, 보도 자료 통계표.
통계청(2017), 2017년 상반기 지역별 고용 조사, 부가 항목 보도 자료(경력 단절 여성 및 사회 보험 가입 현황).
통계청·여성가족부(2017), 2017년 통계로 보는 여성의 삶, 보도 자료.
KOSIS, e-나라 지표.
OECD stat(2017), Better life index.

사회적 웰빙 연구 관련 출간 목록

사회적 웰빙의 새로운 모색 토론회 발표문

이재열·박상희(2016), '변화하는 한국 사회, 왜 사회정신건강인가', 사회적 웰빙의 새로운 모색 토론회 자료집, 서울대학교 호암교수회관, 2016년 2월 15일.

조병희(2016), '사회정신건강과 행복: 국제 비교로 본 한국', 사회적 웰빙의 새로운 모색 토론회 자료집, 서울대학교 호암교수회관, 2016년 2월 15일.

구혜란·박상희(2016), '연결되어야 건강하다', 사회적 웰빙의 새로운 모색 토론회 자료집, 서울대학교 호암교수회관, 2016년 2월 15일.

양준용(2016), '비교할수록 괴롭다', 사회적 웰빙의 새로운 모색 토론회 자료집, 서울대학교 호암교수회관, 2016년 2월 15일.

유명순(2016), '사회정신 불건강의 조건과 맥락초점집단면담FGD 분석 결과를 토대로', 사회적 웰빙의 새로운 모색 토론회 자료집, 서울대학교 호암교수회관, 2016년 2월 15일.

논문

구혜란·박상희(2016), 「한국인의 마음 건강: 어떤 사회 지원망 속에서 건강한가?」, 《보건과 사회과학》 제43집, pp.33~62.

이재열·박상희(2017), 「사회적 웰빙 개념의 이론적 재구성」, 《보건과 사회과학》 제44집, pp.5~43.

양준용·조병희(2017), 「단체 참여의 양면성과 우울: 사회 비교 스트레스의 억제 효과를 중심으로」, 《보건과 사회과학》 제46집, pp.5~30.

2017 보건사회학회 추계학술대회 발표문

양준용·조병희(2017), '단체 참여와 우울의 관계에서 사회 비교 스트레스의 억제 효과', 포스터 발표, 서울대학교 보건대학원 221동 113호, 2017년 11월 10일.

2017 한국사회학회 정기사회학대회 발표문

이재열(2017), '왜 사회적 웰빙인가, 사회-정신-건강 사이에서 새로운 모델 찾기', 2017 한국사회학회 정기사회학대회 자료집, 서울대학교 신양학술정보관, 2017년 12월 14일.

구혜란(2017), '누가 아픈가? 실증 분석을 통해 본 한국의 사회적 웰빙 현황', 2017 한국사회학회 정기사회학대회 자료집, 서울대학교 신양학술정보관, 2017년 12월 14일.
박상희·양준용(2017), '왜 아픈가? 사회적 웰빙을 가로막는 것들', 2017 한국사회학회 정기사회학대회 자료집, 서울대학교 신양학술정보관, 2017년 12월 14일.
유명순(2017), 'Suffering Korea 어떻게 넘어설 것인가?', 2017 한국사회학회 정기사회학대회 자료집, 서울대학교 신양학술정보관, 2017년 12월 14일.

색인

(ㅅ)

(ㅇ)

(ㅈ)

KI신서 7356

아픈 사회를 넘어

1판 1쇄 인쇄 2018년 3월 23일
1판 2쇄 발행 2020년 1월 13일

지은이 조병희 이재열 구혜란 유명순 박상희 양준용
펴낸이 김영곤 **펴낸곳** (주)북이십일 21세기북스

출판사업본부장 정지은 **인문기획팀장** 양으녕 **책임편집** 김찬성
영업본부장 한충희 **출판영업팀** 오서영 윤승환
마케팅팀 배상현 김윤희 이현진
디자인 제이알컴
제작팀 이영민 권경민

출판등록 2000년 5월 6일 제406-2003-061호
주소 (10881) 경기도 파주시 회동길 201(문발동)
대표전화 031-955-2100 **팩스** 031-955-2151 **이메일** book21@book21.co.kr

ISBN 978-89-509-7403-9 03330